काम, भय, चिन्ता के लिए

निश्चित समाधान

भय से मुक्ति

परमहंस नित्यानंद

(आनन्द स्फुरण, लाइफ ब्लिस कार्यक्रम इत्यादि
चक्र ध्यान कार्यक्रमों में दिये गये
व्याख्यानों से संकलित)

डायमंड बुक्स

यह पुस्तक उस व्याख्यान पर आधारित है जो आनन्द स्फुरण कार्यक्रम के ध्यान साधना शिविर में दिये गये और जिसका उद्देश्य उन लोगों को पूर्णता प्रदान करना था जिन लोगों ने उपरोक्त कार्यक्रम में भाग लिया, इस पुस्तक में विस्तृत व्याख्या को भी संकलित किया गया है, जो ध्यान तकनीक से सम्बन्धित है और जिन्हें कार्यक्रम के समय बताया गया था। उक्त तकनीक का प्रयोग अनुमन्य है केवल तब जब नित्यानन्द ध्यानपीठम् के आचार्य का व्यक्तिगत संरक्षण हो। इस पुस्तक को पहली बार पढ़ने वाले को यह बताया जा रहा है कि उपरोक्त तकनीक का प्रयोग तब तक न करें जब तक कि इस चक्र साधना कार्यक्रम में भाग न ले लें, यदि इसके पश्चात् बिना किसी कार्यक्रम में सहभागिता के कोई उपरोक्त ध्यान तकनीक का प्रयोग करता है तो वह उसकी व्यक्तिगत जिम्मेदारी होगी जिसके लिए न तो नित्यानन्द ध्यानपीठम् जिम्मेदार होगा और न ही लेखक अथवा प्रकाशक।

ISBN : 978-81-288-3923-8

प्रकाशक : डामंड पॉकेट बुक्स (प्रा.) लि.
X-30, ओखला इंडस्ट्रियल एरिया, फेज-II
नई दिल्ली-110020
फोन : 011-40712200
ई-मेल : sales@dpb.in
वेबसाइट : www.diamondbook.in
संस्करण : 2012
मुद्रक : जी.एस. इन्टरप्राइजिज
BHAYA SE MUKTI
by : Paramahamsa Nithyananda

आधुनिक युग के वैदिक गुरु परमहंस नित्यानंद जी

धर्म-अध्यात्मक एवं योग और ध्यान की दुनिया में 'परम हंस नित्यानंद जी' एक बहुत ही लोकप्रिय एवं चर्चित नाम बनता जा रहा है। इतनी कम आयु में परमहंस नित्यानंद जी ने अध्यात्मक की जिन ऊंचाइयों, शक्तियों एवं उपलब्धियों को छुआ है शायद ही किसी और संत या गुरु ने छूआ होगा। युवाओं पर खासा प्रभाव डाल रहे हैं। अपनी आध्यात्मिक शक्ति के चलते आज नित्यानंद जी पूरे विश्व में एक करोड़ लोगों के साथ जुड़े हुए हैं और उन्हें अपनी साधना एवं योग से 'जीवन मुक्ति' की कला सिखा रहे हैं।

जितने यह वैदिक व सुसंस्कृत हैं उतने ही व्यावहारिक एवं आधुनिक हैं। आज की टेक्नोलॉजी से भली-भांति परिचित हैं। हर बात का मात्र धार्मिक पक्ष ही नहीं वैज्ञानिक पक्ष भी प्रकट करना जानते हैं। कर्मकांड और मनोविज्ञान का पूरा-पूरा तालमेल हैं। आप एक साधक होने के साथ-साथ इंजीनियरिंग में भी शिक्षा प्राप्त है। आपकी वाणी आपके ज्ञान से मिलकर सुनने वाले के लिए एक औषधि की तरह बन जाती है जो सुनने वाले को आरोग्यता प्रदान करती है। यही कारण है कि आज आप इंटरनेट के जरिए यू-ट्यूब पर सबसे अधिक देखे जाने वाले 'आध्यात्मिक गुरू' के रूप में उभरकर सामने आए हैं।

इतना ही नहीं आज पूरे विश्व में आपके 10 मिलियन से अधिक अनुयायी हैं। विश्व के 150 से अधिक देशों में आपके लगभग 1000 केंद्र हैं। आपकी अब तक 26 भाषाओं से 200 से अधिक पुस्तकें प्रकाशित हो चुकी हैं। आपके छूने भर से बहुतों ने नए जीवन व आरोग्यता को पाया है। लोग जिसके जरिये एवं असाध्य रोगों से मुक्त हुए हैं। आज आप पूरे विश्व में आत्म-रूपांतरण के गुण सिखा रहे हैं। प्रबंधन हो या ध्यान, धर्म हो या संबंध, संसार हो या संन्यास, इन सबके बीच व साथ खुद को कैसे स्थापित व संतुलित रखें यह सब वह अपने ज्ञान व ध्यान की विधियों के माध्यम से बड़ी ही सरलता एवं सहजता से कर रहे हैं।

आपके स्पर्श मात्र से आज हजारों लोग जटिल एवं असाध्य रोगों से मुक्ति पा चुके हैं। इतना ही नहीं बेगलूरू में बसा अपका 'नित्यानंद ध्यानपीठ आश्रम' आज

अपनी वैदिक एवं आध्यात्मिक गतिविधियों के चलते कई ऐसे व्यापक प्रकल्पों में जुटा है जिसके इतने कम समय में इतने अच्छे परिणाम हैरत में डालते हैं। जिसका श्रेय स्वामी नित्यानंद जी को ही जाता है। यह सब विलक्षण क्षमताएं व उपलब्धियां आपको अतुलनीय व अद्‌भुत संतों व गुरुओं की श्रेणी में ला खड़ा करती हैं।

आपका आज कोई साल-दो साल का परिणाम नहीं बरसों की तपस का फल है। आप बचपन से ही धार्मिक एवं आध्यात्मिक प्रवृत्ति वाले थे। सदियों से योगियों का आकर्षण केंद्र रही अरूणाचल की पवित्र पहाड़ियां, जहां भगवान 'रमण महर्षि' जैसे सिद्ध पुरुषों को ज्ञान प्राप्त हुआ वह आपको भी अपनी ध्यान साधनों लिए मूक निमंत्रण देती थी। आपकी बचपन से आज तक की यात्रा अपने आपमें जितनी रोचक है उतनी ही अद्‌भुत भी।

जन्म और बचपन

परमहंस नित्यानंद जी का जन्म 1 जनवरी 1978 में तिरुवन्नामलाई, तमिलनाडु में हुआ। आपके बचपन का नाम 'राजशेकरन' था। आप अपने पिताजी स्व. श्री अरूणाचलनम तथा माता जी श्रीमती लोकनयकी देवी की दूसरी संतान है। आपने एक समृद्ध तथा परोपकारी परिवार में जन्म लिया जो 'सैवा वेलालर संप्रदाय' से ताल्लुक रखता है। आपके दादा एक धर्मपरायण व्यक्तित्व थे जो विभिन्न मंदिरों तथा आध्यात्मिक संस्थानों को अपना सहयोग दिया करते थे। स्वामी नित्यानंद जी के दादा वो पहले परामर्श दाता थे जिन्होंने आपको आध्यात्मिक रीति-रिवाज और भारतीय संस्कृति से अवगत कराया।

आध्यात्मिक झुकाव

परमहंस नित्यांनद जी का अध्यात्मक की ओर झुकाव बहुत ही कम आयु से हो गया था। आप छोटी सी आयु से ही पूजा-पाठ, योग तथा ध्यान की तरफ आकर्षित हो गए थे आप घंटों अपनी स्कूली शिक्षा के अलावा प्रभु की पूजा-पाठ में गुजारा करते थे।

आपने योग तिरूवनमलाई के जाने-माने गुरु रघुपति योगी जी से योग सीखा तथा योग की पूरी शिक्षा ग्रहण की। साथ ही साथ अपने वैदिक धर्मग्रंथों की शिक्षा लेनी आरंभ की जैसे पुराणा तथा उपनिषद् आदि आपने

अपने ही कस्बे तिरुवनमलाई के अनेक गुरुओं से शिक्षा प्राप्त की जिसमें से स्वामी अन्नामलाई योगी रामसूरत कुमार तथा माता श्री कुप्पामल विशेष उल्लेखनीय हैं।

'योगी रघुपति जी' का नित्यानंद जी के जीवन में विशेष योगदान रहा है। यहां तक कि नित्यानंद जी का पहला प्रवचन जिसे उन्होंने अपनी दस वर्ष की आयु में तिरुवन्नामलाई में पंतजलि योग सूत्र पर दिया था उसका श्रेय भी योगी रघुपति जी को ही जाता है कहते हैं इस प्रवचन को सुनने वालों की संख्या एक हजार थी।

भगवान श्री रमण महर्षि के समकालीन योगी 'रामसुरत कुमार' के साथ नित्यानंद जी का विशेष आध्यात्मिक लगाव था। आप उनके नियमित दर्शनार्थियों में से एक थे। देवी माताजी 'कुप्पामल' जी का भी आपके आध्यात्मिक उत्थान में विशेष सहयोग रहा। अरुणाचल की प्रारंभिक आध्यात्मिक यात्रा में वह आपकी आध्यात्मिक मार्गदर्शिका रहीं। साथ ही साथ आपके रख-रखाव पर भी उन्होंने विशेष ध्यान दिया। बारह वर्ष की आयु में जब नित्यानंद जी को आध्यात्मिक ज्ञान का अनुभव होना शुरू हुआ था उस समय भी माता जी कुप्पामल जी ने उन्हें आध्यात्मिक प्रशिक्षण देने में तथा विभिन्न साधनाओं को साधने में उनकी मदद की थी।

आप जब 12 वर्ष के थे तब पवित्र अरूणाचल पर्वत तिरुवन्नामलाई में ध्यान करने के दौरान आपको बुद्धत्व का ज्ञान प्राप्त हुआ। इस आध्यात्मिक ज्ञान के बाद आप आध्यात्मिक पथ पर अग्रसर हो गए। आपने ध्यान के माध्यम से अपने अंतर्मन को जाना तथा उसे महसूस किया।

आध्यात्मिक संकल्प एवं प्रयास

परमहंस नित्यानंद जी आध्यात्मिकता को आम लोगों की जिंदगी तक पहुंचाना चाहते हैं। उपासना, अराधना, संस्कार तथा कीर्तनों के माध्यम से मध्यवर्ग के लोग इनके प्रवचनों को सुनकर इनकी ओर उन्मुख हो जाते हैं। उन्हें अपनी समस्याओं

का समाधान परमहंस नित्यानंद जी के पास मिलता है। इनके प्रवचन तथा भाषण भारत ही नहीं बल्कि विदेशी लोगों को भी अपनी शिक्षाओं से अपनी ओर आकर्षित करते हैं।

परमहंस नित्यानंद जी ने वैदिक संस्कृति तथा आध्यात्मिक ज्ञान को घर-घर पहुंचाने का संकल्प लिया है जिसके तहत वे 2006 से निरंतर यात्रा में हैं। जिसमें पदयात्रों के साथ-साथ रथ यात्रा आदि भी शामिल है। वह हर वर्ग के लोगों तक भारत की वैदिक आध्यात्मिक धरोहर को पहुंचाना चाहते हैं। दक्षिण भारत के मंदिरों, आश्रमों तथा मठों आदि में नित्यानंद जी की यात्राओं द्वारा प्रचार-प्रसार का कार्यक्रम नियमित देखा जा सकता है। जिसके चलते वहां के लोग परंपरागत अराधना एवं धार्मिकता की ओर उन्मुख हो रहे हैं।

युवाओं एवं बच्चों से जुड़ाव

खुद युवा परमहंस नित्यानंद जी युवा पीढ़ी की व्यवहारिक सोच को समझना चाहते हैं। स्वामी नित्यानंद जी के पास ऐसा कौशल है जिससे वो आध्यात्मिकता को युवाओं तक ले जाते हैं युवाओं की मानसिक समस्या, कार्य प्रबंधन, तनाव तथा संबंधों की समस्याओं का समाधान वो बड़े ही सरल तरीके से करते हैं। सभी तरह की आधुनिक तकनीक अपनाते हुए वो सभी के दिलों पर राज कर रहे हैं नित्यानंद जो अपने आधुनिक माध्यम से वेदांत जैसे गूढ़ विषयों की शिक्षा भी देते हैं।

बच्चों में भारतीय परंपरागत मूल्यों को अंतर्निविष्ट करने का प्रयास स्वामी नित्यानंद जी निरंतर कर रहे हैं इन्होंने एक गुरुकुल की स्थापना की है जहां सभी छात्रों की खासी देखरेख की जाती है तथा उस स्तर की शिक्षा दी जाती है जिससे वह अपने पैरों पर खड़े हो सकते।

इसके अलावा स्कूलों तथा कॉलेजों में भी समय-समय पर ध्यान शिविरों का आयोजन किया जाता है तथा ऐसे ही शिविर लगाकर कैदियों को भी ध्यान की विधियों से रू-ब-रू कराया जाता है। परमहंस नित्यानंद जी इन-क्रिया के माध्यम से ध्यान को एक आम आदमी की जीवन शैली बनाने में प्रयासरत हैं।

इन आठ सालों में जब से स्वामी नित्यानंद

जी ने विदेशों में यात्राएं तथा प्रवचन देना प्रारंभ किया, आपने विश्वभर में एक आध्यात्मिक छाप छोड़ी है। आपने शिक्षित लोगों तथा अनुयायियों को वैदिक सत्य की ओर उन्मुख किया है। पश्चिमी भक्तों के लिए आपकी शिक्षा बहुत शांत प्रदायक साबित हुई है।

2006 में परमहंस नित्यांनद जी ने पहले 'विश्व शांति संगम' को आरंभ किया जो एक आध्यात्मिक कार्यक्रम है जिसमें लगभग 5000 लोग उपस्थित हुए तथा जिसमें 20 विश्वक्रत संस्थाओं (आध्यात्मिक) तथा सामाजिक संस्थाओं ने भाग लिया।

मिशन

परमहंस नित्यानंद जी उन कुछ एक आध्यात्मिक गुरुओं में से एक हैं जिन्होंने ध्यान को लोगों की एक बड़ी संख्या तक पहुंचाया है। नित्यानंद जी के निःशुल्क सत्संग कार्यक्रमों में लाखों लोग आते हैं नित्यानंद जी लोगों की ध्यान की आसान विधियों से अवगत कराते है। सबसे पहले तनाव तथा संबंध के बारे में नित्यानंद जी बताते हैं तथा ध्यान को इतना आसान बना देते हैं, जिससे सभी लोग ध्यान की ओर अकर्षित हो सकें। परमहंस नित्यानंद जी के अलावा उनके सभी आश्रमों में विभिन्न ध्यान के प्रशिक्षित शिक्षकों के द्वारा ध्यान की विभिन्न विधियों को आम लोगों को सिखाया जाता है।

परमहंस नित्यानंद जी ने एक ऐसे समाज की परिकल्पना की है जहां समानता हो तथा लोग एक दूसरे के उत्थान में उनका साथ दें। सभी दूसरों की सहायता करें और अध्यात्म के बताए रास्ते पर अपने कदम रख सकें। परमहंस नित्यांनद जी ने लोगों के खुद के रूपांतरण की बात तो कही ही है साथ ही समाज के रूपांतरण को भी महत्व दिया है।

ऑनलाइन आध्यात्मिक क्रांति

अन्य आध्यात्मिक गुरुओं से भिन्न परमहंस नित्यानंद जी ने शिक्षा तथा उपदेशों के विशेष नियमों को हर वर्ग तक पहुंचाने के लिए इंटरनेट का सहारा लिया, जिसके माध्यम से वे युवाओं में सबसे प्रसिद्ध आध्यात्मिक गुरू के तौर पर उभकर कर सामने आए।

पूरे विश्व में सत्संग को फैलाने के लिए 2009 सितंबर में परमहंस नित्यानंद जी ने एक

इंटरनेट सत्संग सेवा भी शुरू की। इसके बाद में नित्यानंद ध्यानपीठ में ऑनलाइन प्रोग्राम्स का आयोजन हर सुबह किया जाता है जिसमें 35 देश से भी अधिक देश निःशुल्क ज्ञानवर्द्धक सत्संग में भाग लेते हैं।

ध्यान तथा नित्यानंद जी का प्रातः काल का संदेश सभी तक ऑनलाइन के माध्यम से पहुंचाया जाता है।

100 से अधिक संस्थान तथा शिक्षक भी इसी तरह के कार्यक्रमों का आयोजन करते हैं जिसमें योग तथा ध्यान की विधियों को भक्तों तक इंटरनेट के माध्यम से विश्वभर में पहुंचाया जाता है।

परमहंस परमहंस नित्यांनद जी ने जीवन मुक्ति के चार सूत्रों को प्रतिपादित किया है। इन सूत्रों को अपनाकर आप अपनी बाह्य और आंतरिक दशा को बदल सकते हैं तथा परमात्मा से साक्षात्कार कर सकते हैं।

शक्ति : ऐसी ऊर्जा जो सब कुछ बदल सके।

बुद्धि : ऐसा ज्ञान जो न परिवर्तित होने वाली चीजों को स्वीकार करे।

युक्ति : बदलाव के लिए स्पष्टता और समझ तथा जिसे आप सच्चाई कहते हैं वो निरंतर बदलता सपना है।

भक्ति : अपरिवर्तनीय ऊर्जा की दिशा में भक्ति

इनर अवेकनिंग

'इनर अवेकनिंग' कार्यक्रम आपको अध्यात्मक के परलौकिक आनंद से भर देता है। 21 दिन के इस कार्यक्रम में ध्यान, योग, आरोग्यता आदि के माध्यम से आंतरिक रूपांतरण को संभव किया जाता है जिससे आप प्राकृतिक और सुरक्षित माध्यम से कुण्डलिनी जागरण तक को उपलब्ध हो जाते हैं और एक स्वस्थ ऊर्जावान जीवन व्यतीत करते हैं।

कल्पतरू, भीतरी इच्छाओं और वासनाओं को जानने और प्रकट करने का, एक दिन का यह बहुत ही उपयोगी कार्यक्रम है। जिससे आप अपने सोचने समझने की शक्ति को दुरुस्त करते हैं। इतना ही नहीं इस कार्यक्रम से कई हजारों लोगों ने अपने असाध्य लोगों में चमत्कारिक परिवर्तन पाया है तो बहुतों ने अपनी आर्थिक स्थिति संबंधों मे सुधार पाया है।

आत्मरूपांतरण का प्राकृतिक ऊर्जा स्थल नित्यानंद ध्यानपीठ

इस पृथ्वी पर यूं तो आश्रम कई हैं परंतु बेंगलुरू के बिदाड़ी में बसा नित्यानंद ध्यानपीठ आश्रम अपने आप में अद्‌भुत है। यहां की आध्यात्मिक ऊर्जा व वैदिक वातावरण इंसान को आकर्षित ही नहीं करता बल्कि आंतरिक यात्रा के लिए भी प्रेरित करता है।

नित्यानंद ध्यानपीठ स्वामी नित्यानंद जी द्वारा स्थापित आश्रम है जो बेंगलुरू (बेंगलुरु) से कुछ ही कि.मी. दूर बिदाड़ी में स्थित है। यह आश्रम एक प्राकृतिक शक्ति का केंद्र लगता है। बेंगलुरू जो आज भारत की आई.टी. क्रांति का सबसे बड़ा शहर बनता जा रहा है। वहीं यह आश्रम अपनी ऊर्जा शक्ति से पूरे विश्व को जीवन मुक्ति के गुण सीखने की कला सिखा रहा है।

इसका निर्माण पूर्व वैज्ञानिक पद्धतियों द्वारा किया गया है। एक अद्‌भुत प्रबंधन द्वारा निर्मित यह क्षेत्र सभी के लिए एकता तथा समानता की नींव रखता है। आश्रम के भीतर विभिन्न स्थल एवं केंद्रों का निर्माण भी पूरी तरह वैज्ञानिक तौर-तरीके से किया गया है। आश्रम का आध्यात्मिक वातावरण व स्पंदन हर कोई महसूस करता है आश्रम में कई वैदिक मंदिर हैं जो आध्यात्मिक ऊर्जा को फैलाने के लिए बनाए गए हैं। इस क्षेत्र को सकारात्मक ऊर्जा का मुख्य ग्रह कहा जा सकता है जहां आने वाले सभी भक्तों तथा अनुयायियों में ये ऊर्जा देखी जा सकती है।

यहां प्रशिक्षित शिक्षकों के द्वारा नए लोगों को अध्यात्म की शिक्षा दी जाती है तथा वह उनके जीवन को रूपांतरित करने में उनकी मदद भी करते हैं।

इच्छापूर्ति करने वाला वट वृक्ष

आश्रम में एक प्राचीन बरगद का वृक्ष है जो 'कल्पतरू' के नाम से विश्वभर में प्रसिद्ध है। इसे इच्छाओं को पूर्ण करने वाला वृक्ष भी कहते हैं। ये वृक्ष परमहंस

नित्यानंद जी की पवित्र दूरदर्शिता एवं व्यापकता को दर्शाता है। इस वृक्ष के आस-पास भी एक सकारात्मक ऊर्जा का प्रवाह अनुभव किया जा सकता है जो कई सदियों से लोगों में भक्ति की जड़े बुनता आ रहा है। इस प्राचीन कल्पतरू वृक्ष को आज पूरा विश्व जानता है। परमहंस नित्यानंद जी ने इस वृक्ष को अपनी आध्यात्मिक यात्रा के दौरान सभी के सामने ला दिया। पिछले कई सालों से ये वृक्ष मनोकामना पूरी करने वाला, श्रद्धा का पात्र तथा आध्यात्मिक जागरूकता का प्रतीक बन गया है। वृक्ष के नीचे एक प्राकृतिक शिवलिंग निकला था जिसे परमहंस नित्यानंद जी ने आज निर्माण करवाकर 'आनंदेश्वर मंदिर' की स्थापना की है।

आनंद लिंग

आश्रम की दूसरी पवित्र जगह है 'आनंद लिंग' जिसकी विशेषता है वहां का 21 फुट ऊंचा शिवलिंग जिसे आनंद लिंग कहा जाता है। इस पवित्र लिंग का

निर्माण पवित्र नवपाषाण तथा 1008 पवित्र एक दुर्लभ जड़ी-बूटियों के द्वारा किया गया है। पानी के फव्वारे आनंद लिंग को स्नान कराकर 'वैद्य सरोवर' में जा गिरते हैं। इस पानी में लगाई गई एक डुबकी शरीर को विशेष ऊर्जा प्रदान करती है। इस सरोवर में स्नान करने से दिमाग फिर से नया व ताजा हो जाता है। स्नान के बाद जातक को स्वयं में एक रूपांतरण दिखाई देने लगता है। इस सरोवर में वो सभी ऊर्जाएं जो गुरुओं के द्वारा इसमें प्रवाहित की गई हैं, मौजूद हैं। ये सरोवर पवित्रता का अनोखा रूप हमारे सामने रखता है।

आनन्देश्वरा - आनंदेश्वरी मंदिर

कल्पतरू वृक्ष से कुछ कदम की दूरी पर यह मंदिर बना है जिसमें भगवान शिव और पार्वती की संलग्न मूर्ति स्थापित है जो धर्म और अध्यात्मक के समन्वय एवं संतुलन की प्रतीक है।

मूर्तियों को पांच तरह की धातुओं से गढ़ा गया है जिनकी प्राण प्रतिष्ठा स्वयं परमहंस नित्यानंद जी ने अपने हाथों से की है। मंदिर में मंत्रोच्चारण से इर्द-गिर्द एक कवच तैयार हो जाता है। जिससे भक्तों को सकारात्मक ऊर्जा मिलती है पवित्र आरती भारतीय संस्कृति वैदिक चलन को तथा लोगों में श्रद्धा एवं आस्था को प्रवाहित करती है। त्यौहारों के दिनों में बिदाड़ी आश्रम में लगभग 50 हजार भक्त तथा सैलानी आते हैं।

समकालीन वैदिक मठ

आश्रम का मुख्य केंद्र वैदिक मठ है यह परम ज्ञान को सीखने व उपलब्ध होने का विशेष केंद्र है। यहां विश्व भर से सैकड़ों आध्यात्मिक जिज्ञासु अपनी आध्यात्मिक यात्रा को सुदृढ़ करने में जुटे हैं इतना ही नहीं यह विश्व में आरोग्य ऊर्जा एवं आत्म-रूपांतरण के सूत्रों का भी प्रचार-प्रचार कर रहे हैं।

इसके अलावा यहां पर आने वाले दर्शनार्थी स्वयं सेवी तथा आश्रम की गतिविधियों में भाग लेने वाले लोग आश्रम के वैदिक माहौल में स्वयं को आसानी

से ढाल पाते हैं। विभिन्न धर्म, जाति, वर्ग और स्थान के लोग यहां बिना किसी भेदभाव के एक वैदिक सूत्र में बंध कर आत्म-रूपांतरण के गुण सीखते हैं और स्वयं को रूपांतरित करते हैं। भीतरी विकास के लिए यह स्थान एक अच्छा अवसर व वातावरण उपलब्ध कराता है तथा स्वयं को प्रस्तुत कर विश्व में अपनी सेवाओं को देने के लिए तैयार भी करता है।

घर से परे एक और घर

आश्रम का वातावरण बहुत ही अपना एवं घर की तरह सुरक्षित है यहां आकर ऐसा नहीं लगता कि आप किसी अनजान जगह पर हैं। हजारों लोगों के लिए जो तीन महीने या उससे अधिक के लिए आवासीय कार्यक्रम में शामिल होते हैं उनके लिए यह घर से परे एक और घर ही है।

साधारण सहभागी ग्रह प्रतियोगियों के लिए सुख-साधनों के साथ यहां सब कुछ उपलब्ध है।

आश्रम में शुद्ध शाकाहारी एवं सात्विक भोजन के लिए रेस्तरां की भी सुविधा है जहां नॉर्थ इंडियन, साउथ इंडियन तथा कॉंटिनेन्टल भोजन मुख्य रूप से उपलब्ध है।

यहां पर इन्टरेनट की सुविधा पूरे दिन सुचारु रूप से उपलब्ध रहती है जिससे आश्रम में रहने वाले तथा उसकी गतिविधियों में भाग लेने वाले नए लोग एक दूसरे के संपर्क में सरलता से रहते हैं।

नैमीशारण्या

नैमीशारण्या पहला आध्यात्मिक विश्वविद्यालय था जो जिज्ञासुओं को आध्यात्मिक शिक्षा बिना किसी बाध्यता के देता है। यहां दूसरों को जगाने वाले अर्थात अध्यात्मक का पाठ पढ़ाने वाले आध्यात्मिक शिक्षक स्वयं जाग्रत अवस्था को उपलब्ध है इसलिए वह दूसरों के आत्म-जागरण में सहायक सिद्ध होते हैं।

एक सच्ची विचारधारा के आध्यात्मिक विश्वविद्यालय का आश्रम कैंपस हमेशा एक ऊर्जा से भरपूर नजर आता है।

स्वागत केंद्र पहला द्वार है सैलानियों के स्वागत का, इसके बाद वो आश्रम प्रांगण में अपने पांव रखते हैं। इसके बाद मिशन का कार्यालय है जहां पब्लिकेशन एवं वेब डेवलपमेंट की टीम स्वामी जी के संदेश को विश्वभर में पहुंचाने के लिए जोर-शोर से अपना काम निंरतर करती रहती है। इसके अलावा अन्नालय (रेस्तरां) में सभी को निःशुल्क भोजन उपलब्ध कराया जाता है।

भारतीय संस्कृति को विश्वभर में विख्यात करना

नित्यानंद ध्यानपीठ का पश्चिमी मुख्यालय लांस एंजिल्स, कैलिफोर्निया यू.एस.ए. में है। इस संस्थान के द्वारा लगभग 30 वैदिक मंदिरों का संचालन हो रहा है जिसमें हजारों देवी-देवताओं की मूर्तियां स्थापित है। जहां भक्तों द्वारा निरंतर उपासना, धार्मिक समारोह, ध्यान, संस्कृत कक्षा, वैदिक मंत्रों का उच्चारण और सत्संग होते हैं जहां भारतीय तथा विदेशी भक्त एक साथ पूजा पाठ तथा इन समारोह में शरीक होते हैं। इन मंदिरों में रोजाना लगभग 20,000 श्रद्धालु आते हैं। इसके अलावा श्रद्धालुओं ने लगभग 400 पादुका मंदिर तथा लगभग 1000 गृह मंदिरों का निर्माण भी करवाया है।

विषय-सूची

अध्याय 1

परिसंवाद

अध्याय-1

परिसंवाद

मैं प्रेम और आदर सहित आप सबका स्वागत करता हूँ, आप सब यहाँ कुछ न कुछ अपेक्षायें लेकर या आशा लेकर आये हैं, अपने ज्ञान की वृद्धि करने या जीवन का कोई नया आयाम जानने, या शायद यह जानने कि क्या आप अपना जीवन बेहतर तरीके से जी सकते हैं।

इसके पूर्व कि मैं मुख्य विषय पर आऊँ मैं आपको कुछ बातें बताना चाहता हूँ, जिससे आप यहाँ रुकने का अधिकतम लाभ उठा सकें।

आप कई स्थानों पर गये होंगे बहुत से व्याख्यान सुने होंगे और बहुत सी तकनीकों को, यहाँ आने के पूर्व अभ्यास भी किया होगा। यह सब ठीक है, पर एक बात है, जब आप यहाँ हैं तो पूर्णतः यहाँ ही रहें, बस इतना ही।

वह सारा ज्ञान जो यहाँ आने के पूर्व आपने विभिन्न स्थानों से एकत्रित किया है उसे पीछे छोड़ दीजिए। आपने बाहर एक पटल देखा होगा जिसपर लिखा है, "अपने मस्तिष्क और जूतों को बाहर ही छोड़ दें" आपको आश्चर्य हुआ होगा कि इसका क्या अभिप्राय है, इसका अर्थ है, जब आप अपने जूते बाहर निकालते हैं, मस्तिष्क को भी वहीं छोड़ने का निर्णय ले लें। बस अपने समस्त एकत्रित किए हुए ज्ञान को उन्हीं जूतों के बगल में छोड़ दें और अन्दर आएँ। उसे आप वापस ले जा सकते हैं, जब बाहर जायेंगे, चिंतित मत हों उसके लिए, मस्तिष्क कोई नहीं ले जायेगा वह पूर्णतः सुरक्षित है।

हो सकता है आपके जूते लोग ले जाएँ मगर आपका मस्तिष्क लोग छुयेंगे भी

नहीं। मैं आपको इस बात के लिए निश्चिन्त करता हूँ। लोग अपना ही मस्तिष्क नहीं संभाल पा रहे हैं। वह निश्चित रूप से आपके मस्तिष्क को छूयेंगे भी नहीं। जब आप शांत मस्तिष्क से आओगे, बिना किसी पूर्वाग्रह के, तब जो मैं कह रहा हूँ उसे आप पूर्ण रूप से ग्रहण करोगे। यदि आप अपने ज्ञान के साथ आये हो तो मेरे हर शब्द को, किसी और से जो कहीं और सुना है निरंतर तुलना करते रहोगे और बस चूक जाओगे उस चीज को समझने में जो मैं बताना चाहता हूँ। आप मुझे आत्मसात कर सकते हो अपने आप में, जब आपके अन्दर में मेरे लिए कोई जगह हो अगर आप पहले से ही भरे हुए हो, तब आप मुझे कैसे आत्मसात कर पाओगे।

एक छोटी सी कथा है :

> पश्चिम के एक विद्वान प्राचार्य, जापान में एक जेन शिक्षक से मिलने गये।
>
> प्राचार्य अति विद्वान थे और विभिन्न क्षेत्रों में बहुत सा शोध कार्य किया था। वह शिक्षक के पास आध्यात्मिक ज्ञान प्राप्त करने के लिए गये थे, उनके साथ विभिन्न पहलुओं पर चर्चा करने के लिए, आध्यात्मिकता को बेहतर स्वरूप में समझने के लिए।
>
> वह जब शिक्षक के स्थान पर पहुँचे, शिक्षक चाय बना रहे थे, शिक्षक ने उन्हें देखा बैठने का इशारा किया और चाय बनाते रहे।
>
> "प्राचार्य बैठ गए और थोड़ी देर के पश्चात् अपनी पृष्ठभूमि, अपना सारा अध्ययन, अपनी खोज, पूरे विश्व में अपनी यात्राएँ, विभिन्न लोगों के साथ अपने अनुभव, व विभिन्न विषयों पर अपने निष्कर्ष इत्यादि बताने लगे।"
>
> तब तक चाय बन गई और शिक्षक ने टेबुल पर दो कप रखे दोनों की चाय के लिये। शिक्षक ने प्राचार्य के कप में चाय डालना प्रारम्भ किया, डालते गये डालते गये कप भरने के बाद भी चाय उडेलते रहे यहाँ तक कि चाय नीचे प्लेट में गिरकर फिर बाहर गिरने लगी, पर शिक्षक चाय डालते ही रहें।
>
> प्राचार्य जो हो रहा था उसे देख रहे थे और अपने आप को रोक नहीं पाये। वह चीख पड़े। शिक्षक आप क्या कर रहे हैं? उड़ेलना बंद कीजिए प्याला भर चुका है। शिक्षक रुके और शांति से बोले, हाँ! "आप ही की तरह"।

प्राचार्य हतप्रभ थे परन्तु समझ गए थे कि शिक्षक उनसे क्या कहने की कोशिश कर रहे थे।

प्राचार्य उसी चाय के प्याले की तरह भरे हुए थे जो और ज्यादा चाय नहीं ले सकता थे। शिक्षक ने कुछ भी बताया होता तो वह उनके बाहर ही बहता उनके अंदर नहीं। प्राचार्य शिक्षक के एक शब्द से समझ गये कि उनका अभिप्राय क्या था और वह उन्हें क्या बताने का प्रयास कर रहे थे।

तो समझो यदि आप मुझे अनुभव करना चाहते हो, यदि वास्तव में आप इन दिनों के समय का लाभ उठाना चाहते हो तो बस उसी खाली प्याले की तरह यहाँ रहे। पूर्णतः खुले हुए और ग्रहण करने के लिए तत्पर। उस बालक की तरह रहो, जो निश्छल और जिज्ञासु हो, उस स्पंज की तरह जो ग्रहण करने के लिए तत्पर हो, इतना ही पर्याप्त है।

आप देखो ज्ञान तीन प्रकार का होता है प्रथम बौद्धिक ज्ञान जो मस्तिष्क का ज्ञान होता है। इसके लिए आपको मस्तिष्क की आवश्यकता होती है और किसी चीज की नहीं अगर आप एकाग्र हो और अच्छी स्मरण शक्ति है, इतना पर्याप्त है। यदि अच्छी तरह तर्क का प्रयोग करते हो, अगर आपके पास थोड़ी सामान्य समझ हो तो आप चीजों को समझ सकते हो और जोड़ सकते हो इतना पर्याप्त है। इस तरह का ज्ञान अपना विद्यालय में प्राप्त करते हो अपनी पुस्तकों से। गणित एवं विज्ञान पढ़ने के लिए आपका मस्तिष्क पर्याप्त है। आप महान गणितज्ञ बन सकते हो या महान वैज्ञानिक।

दूसरे प्रकार का ज्ञान हृदय का ज्ञान होता है। यहाँ अपने मस्तिष्क के साथ आपको अपने हृदय का भी प्रयोग करने की आवश्यकता है। कला, संगीत, कविता, नृत्य - यह सब इस श्रेणी के अन्तर्गत आते हैं। इनके लिए आप केवल अपने मस्तिष्क का प्रयोग नहीं कर सकते कुछ भी नहीं होगा अगर आप केवल अपने मस्तिष्क का प्रयोग करोगे, आपको अपने हृदय का भी प्रयोग करना है। चित्रकारिता करने के लिए, कविता लिखने के लिए, गाने के लिए, आपको भावना की आवश्यकता है।

यह सब कृतियाँ हैं। यह आपके हृदय की कृतियाँ हैं। यह हृदय की अभिव्यक्ति है। क्या आप कविता लिख सकते हो जो भावना शून्य हो क्या कोई कलाकार केवल अपने मस्तिष्क से रेखांकन और रंग भर सकता है? नहीं उसे अपने हृदय से जुड़ना पड़ता है और तब वह सरलता से कार्य करता है।

आप चित्रकारी या कविता लिखने से संबन्धित थोड़ा बहुत तकनीक की जानकारी प्राप्त कर सकते हो या कुछ सूत्र सीख सकते हो, परन्तु अन्ततोगत्वा जो तथ्य निकलेगा वह केवल आपके हृदय से ही निकलेगा। आपको कोई चित्रकारिता या कविता लेखन नहीं सिखा सकता आपको केवल तकनीकि सिखाई जा सकती है, बस। बाकी तो चीजों को आत्मसात करके स्वतः ही प्रारम्भ करना होगा।

तीसरे प्रकार का ज्ञान आध्यात्मिक ज्ञान है वह ज्ञान जो न तो मस्तिष्क का है और न ही हृदय का, बल्कि आत्मा का ज्ञान है। वस्तुतः आप इसे ज्ञान नहीं कह सकते यह केवल एक तर्क से परे एक गहरी समझ है, यह न तो सिखाई जा सकती है और न ही किसी से सीखी जा सकती है यह केवल घटित होती है, आत्मा के स्तर पर एक गहरी समझ से।

मैं लोगों से हमेशा बताता हूँ कि मैं आपको आध्यात्मिकता नहीं सिखा सकता, मगर आप उसे सीख सकते हो, शिक्षक के शब्दों को बस ग्रहण करते रहो आत्मिक स्तर पर, ऊर्जा की तरह। शिक्षा के शब्द के पीछे वह शक्तिशाली ऊर्जा होती है जिसे आप यदि ग्रहण करो तो वह आत्मिक स्तर पर आपके अंदर प्रवेश कर जाएगी और छू जाएगी, यह परिवर्तन लाएगी जो न तो मस्तिष्क के शब्दों से संभव है और न ही हृदय के भावों से। मैं जब कहता हूँ तो मैं अपने सत्य के अनुभव से कहता हूँ, अपनी आत्मा की गहराइयों से कहता हूँ। जब आप सुनो तो पूर्णतः सुनो, आत्मस्थित होकर, केवल तब आपको मेरे अनुभव की झलक मिलेगी। मैं यहाँ आपसे केवल शब्द कहने के लिए नहीं हूँ, मैं आपको शब्दों से परे ले जाने के लिए हूँ, यदि आप यहाँ कुशाग्र समझ और शांति के साथ हों तो आप शब्दों से परे जाकर के अपने अस्तित्व की झलक पा जाओगे। ठीक है, अब हम बैठने की व्यवस्था को थोड़ा परिवर्तित करते हैं जब आप बैठते हो, तो अपने संबंधियों, मित्रों और उन लोगों को जिनको आप जानते हो, के साथ मत बैठो- कहीं भी बैठ जाओ, किसी ऐसे के बगल में जिसे बहुत नहीं जानते, जिससे आप बहुत ज्यादा घुले-मिले नहीं हो। जब आप उन लोगों के साथ बैठते हो जिनसे परिचित हो तो आप बाध्य होगे एक-दूसरे को देखने के लिए बातें करने के लिए और शब्दों का आदान-प्रदान करने लिए उस समय जब मैं बोलता रहूँगा और जो मैं कह रहा हूँ वह छूट जायेगा यदि आप अपरिचितों के साथ बैठते हो तो खुले होते हो, और बेहतर तरीके से ग्रहण करते हो।

और एक बात समझ लें यह बात मैं हमेशा अपने व्याख्यान के दौरान ही बताता हूँ कि जब सत्र चल रहा हो तो एक खूबसूरत बहाव होगा, एक ऊर्जा बनेगी, जो कमरे में व्याप्त रहेगी। एक गहरा एकीकरण आपमें और मुझमें होगा, इसमें विलम्ब से आकर व्यवधान न करें, धारा टूट जाएगी।

यह उसी तरीके का व्यवधान होगा जो सड़क पर गति अवरोधक काम करता है। गति अवरोधक एक छोटा व्यवधान है परन्तु उसे पार करने के लिए आपको गति धीमी करनी पड़ेगी उसको पार करना होगा और तब गति में आना पड़ेगा शांत और अबाधित बहाव टूटेगा।

कृपया अपने दूरभाष्य यंत्र बंद कर दें यह भी आजकल के साधारण गति अवरोधक हैं वस्तुतः यह यात्रा को उथल-पुथल वाला बना देगा। एक गति अवरोधक उसके बाद दूसरा गति अवरोधक। मुझे विश्वास है आपके पास दूरभाष्य यंत्र यहाँ होगा। जब आप यहाँ हो आप चिंतित व आक्रांत मत होना। सुनने में निष्ठावान रहें और एकाग्रता और शांति से सुनें। यह अपेक्षा न कर लें कि पहले ही सत्र में आप ईश्वर को जान जायेंगे। शांत और सरल भाव से बिना किसी अपेक्षा के आप मुझमें बहुत कुछ पा सकते हैं। यदि आप पूर्वाग्रसित मस्तिष्क से आयेंगे बहुत सी अपेक्षाओं के साथ तब आप केवल अपनी ही अपेक्षाओं का चिंतन करेंगे। आप यहाँ अपनी अपेक्षाओं पर केंद्रित होने नहीं आये हैं आप यहाँ जो मैं कह रहा हूँ उस पर ध्यान देने के लिए आये हैं।

और दूसरी बात, अपने समस्त सामाजिक अहंकार को बाहर छोड़ दें और जब तक यहाँ हैं एक साधारण व्यक्ति की तरह रहें। आश्रम, और शिक्षक की उपस्थिति सबसे अच्छी प्रयोगशाला है आपके लिए, अपने आप से प्रयोग करने के लिए, अपने अभिमान का त्याग करने के लिए, अपने भ्रम दूर करने के लिए और यह समझने के लिए कि आप वास्तव में अस्तित्व का एक भाग हैं, और अपने आप को अनुभव करने के लिये।

तो यदि आप समाज में महत्वपूर्ण हो फिर भी यहाँ साधारण बनने की कोशिश करें और सबसे ह्दय से मिलें। केवल मेरे शब्द नहीं अपितु हर क्षण यहाँ की पारस्परिकता और आपका यहाँ होना आपके अंदर एक परिवर्तन ला सकता है। आपको केवल सजग रहने की आवश्यकता है, इतना पर्याप्त है।

एक छोटी कथा :

> एक महान जेन महात्मा थे, जो एक जाग्रत शिक्षक थे, एक दिन जापान के राज्यपाल उनसे मिलने आये। राज्यपाल महोदय ने अपना पत्र शिक्षक के पास भेजा उस पर लिखा हुआ था, (Zak San - Governor of japan)
>
> शिक्षक ने एक दृष्टि उस पत्र (कार्ड) पर डाली और कहा, "मुझे इस मूर्ख से कोई प्रयोजन नहीं है। उससे कहो इसी क्षण चला जाए।"
>
> जब किसी के मस्तिष्क को या अहंकार को तोड़ना होता था तो जेन शिक्षक अत्यन्त कठोर होते थे। वह कठोर शब्द का प्रयोग करने में हिचकिचाते नहीं थे। इन शब्दों के पीछे वह ऊर्जा होती थी, जो किसी भी व्यक्ति के अन्दर प्रवेश करके उसका परिवर्तन कर देती थी।
>
> बौद्ध भक्त वह पत्र (कार्ड) राज्यपाल के पास वापस ले गए और जो बात

शिक्षक ने कही थी वही बात दोहरा दी।

राज्यपाल ने कार्ड देखा और समझ गए। वह एक बुद्धिमान व्यक्ति थे। केवल विद्वान नहीं, बल्कि प्रज्ञावान भी थे। जब वह पत्र (कार्ड) और संदेश उन्हें वापस मिला, तो उन्होंने शांति के साथ उस पत्र (कार्ड) पर से "राज्यपाल-जापान" शब्द काट दिया और पुनः शिक्षक के पास वह पत्र (कार्ड) भेजा।

शिक्षक ने पत्र (कार्ड) पर एक दृष्टि डाली और कहा उन्हें अन्दर लाओ।

हमारी सारी उपाधियाँ व पद, सब हमें समाज द्वारा प्राप्त हैं और ये सब एक तरह के लेबल हैं, जो हमारे ऊपर चिपका दिए गए हैं और हम यही चिंतन करते रहते हैं कि हम यही हैं। धीरे-धीरे हमें यह विस्मरण हो जाता है कि हम अंतःकरण के तत्व हैं ये लेबल नहीं। हम अपने आप को इन लेबलों के आधार पर बहुत महान समझते हैं, परन्तु किसी स्वामी के समक्ष इन लेबल के साथ नहीं पहुँचा जा सकता। इन लेबल के साथ हम अपने अस्तित्व के बारे में नहीं जान पाएँगे।

जो राज्यपाल ने किया उसे गलत नहीं कहा जा सकता। सामाजिक रूप से और सामाजिक व्यवस्था व सामाजिक आचार (प्रोटोकॉल) के हिसाब से वह ठीक था, परन्तु स्वामी के पास पहुँचने का सही मार्ग नहीं था।

तो यदि आप आऐं, तो अपने राज्यपाल के पद को बाहर छोड़ दें नहीं तो आप बहुत कुछ खो दोगें। यहाँ एक जिज्ञासु और शिक्षक में जो होता है वह आंतरिक संसार से संबंधित है, वाह्य जगत के लेबल इस प्रक्रिया में व्यवधान उत्पन्न करते हैं। अपने व्यक्तित्व को भूलना ही आध्यात्मिकता है, क्योंकि व्यक्तित्व सामाजिकता है और यहाँ हम अपने अस्तित्व को जानने, अपनी आंतरिक प्रकृति को जानने और उस एकाकीपन को अनुभव करने आए हैं, जो अपनी माँ के गर्भ में अनुभव किया था जिसका संबंध हमारे अस्तित्व से है। वह एकमात्र संबंध, जिसे हमें समझना है और आनन्दित होना है।

ठीक है, अब मैं चाहूँगा कि आप लोग अब एक-दूसरे को अपना परिचय दें और एक-दूसरे से मिलें, आप सब। हम लोग यहाँ कुछ दिन एक साथ रुककर के एक सामूहिक ऊर्जा का निर्माण करेंगे। जाइए समूह के हर एक से मिलिए और अपना परिचय दीजिए। यदि वह आपके परिवार के ही हों, तो भी अपना परिचय दें। ध्यान रहे हर क्षण, हर व्यक्ति एक अलग व्यक्ति है। यह मत सोंचो कि आप अपने परिवार को अच्छी तरह जानते हो, आप नहीं जान सकते, क्योंकि वह हर क्षण परिवर्तित हो रहे हैं तो अब जाओ और सबको अपना परिचय दो (लोग

घूमकर एक-दूसरे से हँसी और वार्तालाप के मध्य अपना परिचय दे रहे थे) ठीक है यह पूर्ण हुआ। अब आप आराम और सहजता का अनुभव करेंगे, इस बात के लिए चिंतित नहीं रहोगे कि आप अपरिचितों के साथ बैठे हो।

आने वाले चंद दिनों में हम लोग कई बातों पर चर्चा करेंगे। केवल हर बात को ध्यान से सुनना, अपने अन्दर एक स्थान बनाना जहाँ आप जो कुछ सुनोगे उसे धारण कर सकोगे। ध्यान रहे जो मैं आपसे कह रहा हूँ वह आपको आचरण में लाना होगा न कि दूसरों को उपदेश देने के लिये और आचरण में लाने का अभ्यास प्रारम्भ करने के लिए सबसे अच्छा समय अब है अभी से आचरण में उतारो इसके लिए अच्छे समय को मत खोजो शुरु करने के लिए वह अभी है, यहाँ ही है या कहीं नहीं है।

जब आप मेरी बात सुनोगे, तो आपका मस्तिष्क दो प्रकार से कार्य करेगा, पहला उसे संदेह होगा (और) अथवा दूसरा उसे विश्वास होगा।

संदेह बौद्धिक मस्तिष्क का एक तरीका है, संदेह के साथ बहुत सा तर्क, बहुत से कारण व्यवधान का कार्य करेंगे जब आप मुझे अपने आप में ग्रहण कर रहे होगे। यदि यह हुआ तो आप पूर्णरूपेण चूक जाओगे। आस्था के साथ भी यही स्थिति है। यदि आप सीधे मेरे प्रति आस्था रखते हो तो भी आप चूकोगे। समझो, आपको किसी के ऊपर विश्वास करने की आवश्यकता नहीं है तथाकथित जो लोग आस्थावान कहे जाते हैं वह सबसे कमजोर लोग होते हैं, क्योंकि आस्था के बगैर जीने में महान साहस की आवश्यकता पड़ती है। अगर आपके अन्दर आस्था नहीं है तो आपके पीछे आपकी क्रियाओं को समर्थन देने वाली पृष्ठभूमि-प्रक्रिया भी नहीं होगी। आपके पास तात्कालिक कोई सोच नहीं होगी, जो आपको बता सके कि क्या सोंचो और कैसे क्रिया करो। आस्था के बगैर जीने के लिये महान साहस की आवश्यकता पड़ती है, क्योंकि तब आपको आश्रित रहना पड़ता है अपनी प्रज्ञा पर और यह आपको असुरक्षा और अनिश्चिता महसूस कराती है। आस्था व संदेह दोनों एक ही सिक्के दो पहलू हैं - एक बहुत गहरे स्तर पर आपका सबसे बड़ा संदेह अपने साथ थोड़ी आस्था लिए हुए होगा और तुम्हारी सबसे बड़ी आस्था अपने अन्दर कुछ संदेह लिए हुए होगी, मैं आपको इस बात का विश्वास दिलाता हूँ।

तब आपको क्या करना चाहिए? कैसे सुनना चाहिए?

सिर्फ सुनो श्रद्धा के साथ बस इतना ही। श्रद्धा वह ऊर्जा है, जो शिक्षा को व्यावहारिक जीवन में परिवर्तित करने का सामर्थ्य रखती है। जब मैं आपसे कहता हूँ, "सूर्य पूरब में उदय होता है" इसमें आपको न तो विश्वास करने की

आवश्यकता है न संदेह की- आप इसे जानते हो बस इतना ही, या ये कोई ऐसी चीज है जिसे आपने नहीं देखा है, तो हमेशा प्रातःकाल उठकर खुद अपने आप देख सकते हो एक प्रयोग की तरह। हाँ, मैं आपसे इसी मानसिकता की अपेक्षा करता हूँ। मैं चाहता हूँ आप हर चीज खुले हुए मस्तिष्क से ग्रहण करो, अनुभव करो जो मैं कह रहा हूँ। हर क्षण और विभिन्न स्थितियों को जिनसे आपका दिन में सामना हो। मैं कह रहा हूँ उसे एक परिकल्पना की तरह लो, अपने जीवन का एक अंश बनाओ और अपने आप देखो कि वह प्रभावी है या नहीं। यह जानने के लिए कि एक सेब स्वादिष्ट है, आपको न तो विश्वास करने की जरूरत है और न संदेह, बस उसे खाओ और आप जान जाओगे।

प्राचीन समय से अब तक बार-बार प्राचीन ऋषियों ने कहा है कि मानव का मूल स्वभाव परमानन्द है। अनन्त काल से अनेक स्वामी एवं अवतार इस पृथ्वी ग्रह पर आते रहे है, चाहे वह बुद्ध रहे हो या ईशु, कृष्ण या महावीर, उनके संदेश का मूल एक ही था। उन सब ने कहा कि मानव की वास्तविक प्रकृति परमानन्द है और उन सब ने उस मूल से, परमानन्द से जुड़ने के विभिन्न तरीके व तकनीक बताए। उनकी अभिव्यक्तियाँ भिन्न रही होंगी, परन्तु उनका संदेश एक ही था, हाँ निश्चित ही बार-बार लोगों ने स्वामी का संदेश पाने में चूक की, क्योंकि लोगों ने ने स्वामियों के व्यक्तित्व को पकड़ा उनके संदेश को नहीं। यह मूल कारण था धार्मिक अंधविश्वास का, धार्मिक युद्ध का और वह सब जो आज पृथ्वी ग्रह पर हो रहा है। फिर भी, हरेक स्वामियों ने एक ही संदेश दिया कि मानव का मूल परमानन्द है और मानव का हर प्रयास वास्तव में उसी आंतरिक स्थान की प्राप्ति है, जो परमानन्द का स्थान है और उसके अन्तःकरण में है परन्तु समय के साथ-साथ सामाजिक प्रभाव और ध्यान विकेन्द्रीकरण में मानव अपने को भूल गया और वह ढूँढने लगा इस परमानन्द को वाह्य जगत की वस्तुओं में और सांसारिक चीजों में, ख्याति में और विभिन्न स्वरूपों में समाज द्वारा प्रदत्त लेबलों में, संबंधों मे ंऔर विभिन्न अन्यान्न चीजों में।

एक छोटी कथा :

> एक वृद्ध आदमी अपने परिवार के साथ सिनेमाहाल में फिल्म देखने गया।
>
> फिल्म अभी प्रारम्भ हुई थी जब वह व्यक्ति अचानक जमीन पर कुछ ढूँढने लगा। उसकी पौत्री उसके बगल में ही बैठी थी कुछ नाराज हुई और पूछा कि वहाँ फर्श पर क्या कर रहे हो।
>
> उसने कहा, "प्रिय मैंने अपना च्विंगम खो दिया वो बाहर गिर गया।"

बच्ची ने चिढ़कर कहा, "बाबा ठीक है उसे जाने दीजिए हम आपके लिए कुछ और च्विंगम खरीद देंगे आप सिनेमा देखिए।"

वृद्ध आदमी ने कहा, "मैं वही च्विंगम चाहता हूँ।"

पौत्री ने कहा, "बाबा, बच्चों की तरह व्यवहार मत कीजिए हम आपके लिए और च्विंगम ला देंगे।"

वृद्ध ने कहा, "प्रिय मेरे दाँत भी उसी में हैं।"

आप देखो : हम वास्तव में जो खोज रहे हैं, लेकिन उसे दूसरे नाम से खोज रहे हैं। और अंत में हम ये पाते हैं कि विश्व की समस्त भौतिक वस्तुएँ प्राप्त करने के पश्चात् भी हम निश्चित रूप से असफल रहते हैं। हमारे अन्दर एक निश्चित असंतोषजनक हूक होती है। यह असंतोषजनक हूक इसलिए होती है, क्योंकि वास्तव में हम परमानन्द को ढूँढते रहते हैं, परन्तु हम उस विभिन्न वस्तुओं के नाम में ढूँढते है, इसीलिए हम कभी पूर्णतृप्ति का अनुभव नहीं करते। यह असंतोषजनक हूक हमारे अस्तित्व की पुकार है। हम अपने अस्तित्व को पूर्णतः भूल जाते हैं, क्योंकि हम डूब जाते हैं वाह्य जगत में। हमें आत्म केन्द्रित होने की आवश्यकता है और वाह्य जगत की चीजें उसी तरह करनी है जैसे किसी नाटक का पाठ। पर हम वाह्य जगत की वस्तुओं में इतनी गहराई तक लिप्त हो जाते हैं कि हम पूर्णरूपेण अपने अन्तःकरण से दूर हो जाते हैं।

जब तक कि हम आत्म केन्द्रित नहीं होंगे हम पूर्णत्व का अनुभव नहीं करेंगे और पूर्णतृप्ति का भी अनुभव नहीं करेंगे। हम अपनी वाह्य जगत की उपलब्धियों से तृप्त हो सकते हैं, परन्तु पूर्णतृप्त नहीं और क्योंकि हम पूर्णतृप्त नहीं होते इसलिए हमारे अन्दर बची रहती है असंतोषजनक हूक। हम बराबर सोचते रहते हैं कि हमारा कुछ खो गया है और हम उसे पुनः वाह्य जगत में खोजने लगते हैं। यदि आप आत्म केन्द्रित हो अन्तःकरण में सजगता के साथ तो आप हर क्षण पूर्णतृप्त रहोगे। चाहे वाह्य जगत में आप जो भी कर रहे होगे, क्योंकि जो आप बाहर कर रहे हो उससे पूर्ण तृप्ति नहीं मिलती। वह आती है अन्तःकरण से।

तो यह आवश्यकता है कि हम गहराई से देखें कि स्वामियों ने समय-समय पर क्या कहा है। तथाकथित साधकों (Seekers) ने जीवन के उपरांत जीवन खोया है बस रुके नहीं और प्रयास करते रहे बिना रुके हुए। उस सत्य और ऊर्जा की झलक पाने के लिए जो स्वामी के शब्दों के पीछे थी जिस साहस और छलाँग की आवश्यकता थी उस अनुभव के लिये उसकी हिम्मत न जुटा पाये। वह अन्तःकरण की शाश्वत यात्रा पर है।

उपरोक्त यात्रा की अवधारणा उसी तरह से है जैसे किसी पुस्तक को उठाने का प्रयास करना, परन्तु न उठा पाना। क्या ऐसा हो सकता है जैसे पुस्तक उठाने का प्रयास किया जाए? या तो आप पुस्तक उठाओगे या नहीं, आप कैसे पुस्तक उठाने का प्रयास कर सकते हो? जब आप कहते हो कि आप पुस्तक उठाने का प्रयास कर रहे हो आप अपने साथ छल कर रहे हो। आप दूसरों के साथ छल नहीं कर सकते, क्योंकि वो जानते हैं यह मूर्खतापूर्ण है।

यह कुछ इस तरह से है जिन लोगों के अन्दर धनोपार्जन करने की क्षमता नहीं होती वह इस बात का दावा करते हैं कि वे बहुत ईमानदार हैं, इसलिए धनोपार्जन नहीं कर पाए। वास्तविकता यह है कि उनके अन्दर सामर्थ्य नहीं है, यह एक सत्य है, परन्तु वह इसका कारण अलग साबित करते हैं।

जब हम आध्यात्मिकता में वास्तविक प्रवेश नहीं कर पाते और उसी समय हम उसे स्वीकार भी नहीं करते कि हम कुछ नहीं जानते तो हम अपने अहंकार की पुष्टि करते हैं। हम अपने अलग दर्शन का निर्माण करते हैं और यह कहते घूमते हैं कि हम आत्मज्ञान को छोड़कर आध्यात्मिकता के बारे में सब जानते हैं।

मैं कहता हूँ, मात्र यह स्पष्ट हो जाना कि हम आध्यात्मिकता के बारे में कुछ नहीं जानते, रूपान्तरण का प्रारम्भ है, एक परिवर्तन की प्रक्रिया का शुरू होना है। सत्य और ईमानदारी हमें स्वतः वहाँ तक ले जाएगी, परन्तु हम वह नहीं चाहते हैं। हम अपने और सत्य के बीच में अपने अहंकार को लाते हैं। जिस तरीके से कार में झटका बर्दाश्त करने का एक यंत्र होता है जिसके कारण हमें चोट न लगे उसी तरह हमारा अहंकार सत्य से दूर रखता है वह हमारे और सत्य के बीच में दूरी बनाने का काम करता है और अपने इसी अहंकार के कारण ही खुशी-खुशी इस निष्कर्ष पर पहुँचते हैं और जीवन भर जिज्ञासु ही बने रह जाते हैं। इन कुछ दिनों में हम आपसे जो भी कहेंगे उसे बस आप पूर्ण सजगता से सुनना और मुख्य सूत्र को पकड़ने का प्रयास करना, जो जोड़ने वाला सूत्र है, जो हर बात को जोड़ रहा होगा। यदि आपने ऐसा किया तो आप अपने में स्थान का निर्माण करोगे जो आपके अन्दर परिवर्तन संभव करेगा अन्यथा आप केवल शब्दों को ग्रहण करोगे और हमेशा जिज्ञासु रहोगे। यदि आपके अन्दर परिवर्तन न हुआ तो हर शब्द निरर्थक है और परिवर्तन संभव है केवल तब जब आप गहरी सजगता से रहो।

और बहुत स्पष्ट रहो इस प्रांगण में आप हजारों लोग हैं, मैं आपसे बात कर रहा हूँ मैं जब कहता हूँ आप तो मेरा मतलब है केवल आप। हर एक के पास मैं एक अलग सूत्र से जुड़ा हुआ हूँ। तो यह कभी मत सोचना कि मैं दूसरों से कह रहा हूँ, आप बस सब कुछ खो दोगे।

हमारे अन्दर एक सामान्य रुझान होता है कि जब हम अपने स्वास्थ्य के बारे में कोई चर्चा सुनते हैं तो हम तुरन्त उसे अपने ऊपर लागू करते हैं और ये देखते हैं कि हमें वह समस्या है क्या? हम देखने लगते हैं कि क्या हमारे अन्दर वह कोई लक्षण है जिसकी चर्चा हो रही है। यदि मैं त्वचा के बारे में बात करूँ, आप अपनी त्वचा के बारे में अनुभव करोगे और उसे देखोगे। यदि मैं हृदय के बारे में बात करूँ तो आप अपने हृदय को देखोगे और अनुभव करोगे, परन्तु जब हम आध्यात्मिकता के बारे में सुनते हैं किसी से तो हम उसे दूसरों के ऊपर लागू करते हैं, जैसे अपना परिवार, अपने मित्र, अपने पड़ोसी पर परन्तु अपने ऊपर नहीं यही समस्या है। जो भी मैं कहता हूँ आप सोचते हो ओह मैं तो अपने आप को अच्छी तरह जानता हूँ। यह संदेश तो मेरी पत्नी के लिए हैं। ओह मैं तो अपने आप को जानती हूँ यह संदेश तो मेरे पति के लिए था, स्वामी जी ने जो कहा उससे, "हमारे पति अपने अन्दर परिवर्तन लाएँ मैं आशा करती हूँ कि उन्होंने यह संदेश समझ लिया होगा।"

जब मैं चिंताओं के बारे में बात करता हूँ आप तुरन्त सोचते हो कि हमारी माता कितनी चिंतित होती है। आप भूल जाते हो कि आप भी कितने चिंतित हो। यह बात मैं आपसे इसलिए बता रहा हूँ कि आप भी चिंतित हो शायद आपकी माँ आपसे ज्यादा चिंतित हो, परन्तु बात यह नहीं है।

समझो हर शब्द आपके लिए हैं यह एक तीर की तरह होगा जो आपके लिए ऊर्जा लाएगा उससे बचने का प्रयास मत करो उसे लगने दो और अपने अन्दर परिवर्तन करने दो, इसलिए दूसरों की तरफ मत देखो यह देखने के लिए कि उनके अन्दर परिवर्तन हो रहा है कि नहीं। अगर आप यह करते रहे तो अपने बारे में चूक जाओगे।

यदि आप वास्तविक रूप से अपने आपको पहले से जानते हो तो आपके पास कोई चिंता नहीं होगी, किसी प्रकार का असंतोष नहीं होगा, कोई पीड़ा नहीं होगी, न भय होगा, न तृष्णा होगी, न ईर्ष्या होगी, न अहंकार होगा। परन्तु ये सब आपके अन्दर हैं। यह ही दिखाता है कि आप अपने आप के बारे में सब कुछ नहीं जानते। सर्वप्रथम यह जानों कि आप नहीं जानते, तब कम से कम आप यह जानोगे कि आप नहीं जानते। यदि आप यह भी नहीं जानते कि आप नहीं जानते, तब आप इतना भी जानते कि आप नहीं जानते।

प्रश्न : किन्तु स्वामी जी, हम आत्म ज्ञान की तरफ यात्रा कर रहे हैं अतः इस समय भी कुछ-कुछ तो जान गये होंगे हम?

मैं आपको बताता हूँ, एक गहरे आध्यात्मिक अनुभव में कोई यात्रा नहीं होती एक

अचानक अनुभव होता है बस। यात्रा इत्यादि ये सब तथाकथित जानकारी है अपने अन्दर एक स्थान बनाने के लिए हैं जिससे पूर्णरूपेण जानकारी हो सके, परन्तु अंततः गहराई से समझा जाए कि या तो हम जानते हैं या नहीं जानते। परन्तु जब हम (जानते) जानने लगते हैं ज्यादा से ज्यादा तो यह स्पष्ट होता है कि हम नहीं जानते इतना ही पर्याप्त है। यह हमें वास्तविक जानकारी की तरफ उन्मुख करेगा।

भगवत् गीता के प्रथम अध्याय में अर्जुन का विषाद योग जो अर्जुन की पीड़ा का योग है जहाँ केवल अर्जुन बोलते हैं और श्रीकृष्ण शांत रहते हैं। जब अर्जुन अंततोगत्वा समर्पण कर देते हैं यह कहते हुए कि, "मैं कुछ नहीं जानता" वह श्रीकृष्ण के संदेश को ग्रहण करने के लिए तैयार है। हालांकि कृष्ण व अर्जुन बचपन के मित्र है और उनके मध्य सैकड़ों सहज स्थितियाँ रही होंगी, परन्तु अर्जुन को भगवत् गीता पहले किसी अवसर पर प्रदान नहीं की गई क्यों?

इसलिए कि तब तक अर्जुन ग्रहण करने के लिए परिपक्व नहीं हुए थे। केवल जब उन्होंने यह कहा कि, "मैं नहीं जानता" वह जानने लायक हो गए। आध्यात्मिक उन्नति की आधार शर्त, "यह स्पष्ट रूप से जानना है कि आप नहीं जानते यही वास्तविक ज्ञान की तरफ यह पहला कदम है।"

हाँ, कोई प्रश्न.......?

मैं आपसे कह रहा हूँ प्रश्न पूछने में स्वतंत्रता का अनुभव करो। यह मेरे तरफ से कोई धर्मोपदेश नहीं है तो कृपया संवाद रखो और प्रश्न करो या कम से कम अपने भ्रम बताओ जिसे मैं स्पष्ट करने का प्रयास करूँ। एक और बात जब आप प्रश्न पूछोगे, तो मैं निश्चिंत हो जाऊँगा कि आप सो नहीं रहे थे।

एक छोटी कथा :

> एक बस चालक एवं महान प्रचारक मृत्यु को प्राप्त हुए और यमराज की अदालत में पहुँचे- मृत्यु के राजा की अदालत ने सर्वप्रथम बस चालक से उसके कर्मों के बारे में प्रश्न किया, जो उसने जीवन में किए थे।
>
> अभिलेखों से उसकी पुष्टि की गई तब उसे स्वर्ण की एक चाभी दी गई एक परिचाारक दिया गया और एक आरामदायक कमरे में भेज दिया गया।
>
> धर्मोपदेशक अपनी बारी की प्रतीक्षा कर रहा था और यह सब देख रहा था। उसने अपने आप में सोचा, "यदि बस चालक को एक स्वर्ण की चाभी और आरामदायक वस्तुएँ मिलीं हैं तो निश्चित रूप से मुझे कुछ

ज्यादा ही मिलेगा।" आखिरकार, उसने पूरे जीवन ईश्वर के बारे में उपदेश दिए हैं।

उसकी बारी आई और उसके अभिलेख प्रस्तुत किए गए। उसके फैसलों की घोषणा हुई उसे नर्क भेजा गया।

वह अत्यन्त क्रोध में आया इस निर्णय पर। उसे विश्वास ही नहीं हो रहा था। उसने कारण पूछने का दावा किया, उत्तर मिला हम केवल देखते हैं कि आपके कर्म का क्या परिणाम था।

बस चालक जब बस चलाता था, तो वह इस तरह से चलाता था कि उस बस के यात्री लगातार ईश्वर का ही चिंतन करते थे। जब आप उपदेश देते थे हालांकि आप ईश्वर के बारे में ही बोलते थे परन्तु जो लोग आपके साथ थे ज्यादातर समय सोते थे।

तो कृपया, यहाँ रहे और सजग रहें अगर अपने लिए नहीं तो मेरे लिए जिससे कि यमराज की अदालत में मुझे उचित तरीके से स्वीकार किया जाए। प्रश्न पूछो और चीजों को स्पष्ट करो अपने आप के लिए एवं दूसरों के लिए भी स्पष्ट करो। केवल आप जब प्रश्न करोगे तभी चीजों को प्रायोगिक रूप से स्पष्ट किया जा सकता है और आपके जीवन में ग्रहण करने योग्य बनाया जा सकता है।

आपमें से कुछ सोच रहे होगे कि प्रश्न पूछने पर आपको मूर्ख न समझा जाए। मैं तुम्हें बता दूँ कि ऐसा पूछोगे तो केवल मूर्ख दिखोगे, प्रश्न नहीं पूछोगे तो मूर्ख रह जाओगे। तो अगर किसी अवधारणा से आप मतैक्य नहीं करते तो हाथ उठाओ और स्पष्ट करो।

प्रश्न : *स्वामी जी, हम अपनी नकारात्मकता को नष्ट करके इन दिनों में एक नए व्यक्ति की तरह पुनर्जन्म चाहते हैं........।*

समझो : इस पृथ्वी ग्रह पर कोई भी नष्टीकरण नहीं हो सकता केवल रूपान्तरण होता है। तुम्हारी तथाकथित नकारात्मक भावनाएँ रूपान्तरित कर दी जाएँगी। सकारात्मक भावनाओं में जैसे शुद्ध प्रेम और सजगता।

समाज आपको हमेशा नष्ट होना व विघटित होना सिखाता है आपको एक होना नहीं सिखाता और आपमें एक दीवार खड़ी करता है जिससे वह आपके ऊपर नियंत्रण कर सके। आपसे ऊँच और नीच की भाषा की बात करता है इसीलिए आप इतने पीड़ित होते हो।

आपसे यह चिंतन कराता है कि आप नीचे हो आपको आपसे लड़ाता है। समाज आपके ऊपर केवल तब राज कर पाएगा जब आप अंतःकरण से आक्रांत हो।

कहीं आपको यह महसूस कराता है कि आप किसी काम के नहीं हो और तब आपके लिए समाधान लाता है, इसलिए आप इस तरह की भाषा में बोल रहे हो।

एक छोटी कथा :

एक व्यक्ति साधारण सर्दी से पीड़ित था।

वह चिकित्सक के पास गया और दवा माँगी।

वह एक साधारण सर्दी से ग्रस्त था। चिकित्सक ने देखा और थोड़ी देर बाद कहा, "आप कुछ करते क्यों नहीं बस जरा थोड़ी देर के लिए रात में बाहर जाओ थोड़ी ठंडी हवा का स्पर्श लो और वापस आ जाओ।"

मरीज स्तब्ध था। उसने कहा, "लेकिन डॉक्टर! यदि मैंने ऐसा किया तो मुझे निमोनिया हो जाएगा।"

चिकित्सक ने कहा, "हाँ निमोनिया मैं तुरन्त ठीक कर सकता हूँ।"

समाज पहले आपको कुछ बनने के लिए विवश करता है और तब आपको उससे बाहर आने के लिए मार्ग सिखाता है। अब मैं आपको बताता हूँ : न तो कोई ऊँचा है न नीचा, केवल परिवर्तन है। जब आप सजगता के साथ देखना सीख जाते हो आप स्वतः परिवर्तित हो जाते हो। स्वामी का हमेशा यही तरीका है वह आपको सजगता के साथ देखना सिखाता है वह आपको विभाजित नहीं करता, वह आपको हमेशा जोड़ता है।

वह आपको कभी नहीं बताता कि आप नकारात्मक हो। नकारात्मक है ही नहीं। जिसे आप नकारात्मक या सकारात्मक कहते हैं वह मात्र उसी वर्णक्रम (स्पेक्ट्रम) के एक आखिरी विपरीत सिरे हैं। नकारात्मकता कोई भौतिक वस्तु नहीं है जिसे आप उठाकर फेंक दो। यदि आप परिवर्तित होते हो, तो वर्णक्रम (स्पेक्ट्रम) में ऊँची सकारात्मक ऊर्जा की तरफ बढ़ते हो। इतना पर्याप्त है।

जैसा मैंने पहले कहा था यह परिवर्तन संभव है। अगर आप खुले हुए हो और जो कुछ यहाँ हो रहा है उसको ग्रहण कर रहे हो।

प्रश्न : *स्वामी जी, हमने कई पुस्तकों में पढ़ा है कि हमारा मन कुछ नहीं, बल्कि माया या भ्रम है और हमारे प्रश्न केवल एक भ्रम हैं। क्या आप हमें कुछ इसके बारे में बताएँगे?*

(स्वामी जी हँसे.......) माया के बारे में वह मशहूर प्रश्न एक बार फिर पूछा गया। देखो पहली चीज ये है कि अपने आप को जटिल अध्ययन से भ्रमित मत करो। दूसरी चीज, इस बात को स्पष्ट रूप से समझ लो कि ऐसा कुछ भी नहीं है

जो मन के द्वारा समझा जाए। जीवन का रहस्य मन के द्वारा नहीं सुलझाया जा सकता। आप अपने जीवन का लक्ष्य मनसे नहीं जान पाओगे, इसलिए लोग कहते हैं कि मन एक भ्रम है।

जीवन के रहस्य को सुलझाने के लिए पहला कदम यह है, "अपने मन को दूर करो।" अगर आपने अपने मन को क्रियाशील रहने दिया, तब केवल आपका मन ही क्रियाशील रहेगा। जीवन पर्यन्त, एक जीवन के पश्चात दूसरा जीवन, मन के खेल में खेलते रह जाओगे। तुम्हारी गहरी आंतरिक प्यास अतृप्त ही रह जाएगी। शायद आपकी जिज्ञासा पूर्ण हो, परन्तु उससे कोई लाभ नहीं होगा। आप अपने आप के अंतःकरण में और भ्रमित हो जाओगे।

अपनी क्रियाशीलता का केन्द्र मन से हटाकर हृदय या अपने आप पर लाओ। अगर आप क्रियाशील अपने मन को केन्द्र बनाकर रहे, तो प्रश्न के उपरान्त प्रश्न ही होंगे। प्रश्न से आप नहीं जान पाओगे, आप केवल सजगता से जान सकते हो।

यदि आप अपने हृदय से क्रिया करते हो, सजगता एवं समझ आपके अन्दर स्वतः आएगी और आपके प्रश्न समाप्त होना प्रारम्भ कर देंगे, उसी तरह से जैसे जब सूर्योदय होता है तो अंधकार अदृश्य हो जाता है, जब आपके अन्दर सजगता आएगी, समझ आएगी तब आपके प्रश्न स्वतः समाप्त हो जाएँगे।

आप चीजों को प्रश्न उठने के पूर्व ही समझ जाओगे, और इस तरह प्रश्न उठेगा ही नहीं। इसे समझना कठिन है, परन्तु एक बार आप इसका अनुभव करोगे तो आप निश्चित रूप से जानोगे कि सजगता से मेरा क्या अभिप्राय है। प्रश्न अदृश्य हो जाएँगे और आप समझ से लगातार परिपूर्ण होगे। यदि आप इसे पूर्णरूपेण समझते हो तो आपको माया या भ्रम के लिए चिंतित होने की आवश्यकता नहीं है। इसके साथ-साथ मेरे शब्दों को बुद्धिमानी के साथ समझो, ध्यान आपको मदद करेगा वह सजग प्रक्रिया आसानी से प्राप्त करने में। आप घण्टों माया और भ्रम के बारे में चर्चा कर सकते हो, परन्तु आप और ज्यादा भ्रमित हो जाओगे। इसके अलावा यह ज्यादा श्रेयस्कर है कि समाधानों को याद कीजिए जो हमारी मदद बुद्धिमानी से जीने में करेगी। इतना पर्याप्त है। एक बात मैं आपको बताना चाहता हूँ माया या भ्रम वह है जो आपका मन उत्पन्न करता है, इसीलिए मैं कहता हूँ बस अपने मन को दूर करो, इतना पर्याप्त है।

आप देखो, जैसा पहले कहा था परमानन्द हमारे अन्दर हमेशा रहता है। यह आधार सत्य है, परन्तु हम लगातार उस परमानन्द के बहाव को रोकते हैं और इसीलिए जीवन की पीड़ा का अनुभव करते हैं। परमानन्द ऐसी वस्तु नहीं है जो

आपको बाहर से मिलें और जिसे आप अन्दर रख लो। नहीं, यह तुम्हारी आंतरिक प्रकृति है जब आप इस संसार में पदार्पण करते हो, आप परमानन्द की स्थिति में होते हो। समाज आपको अवधारित करता है जैसे-जैसे समाज आपको अवधारित करता हे, आप निपुण होते जाते हो उस परमानन्द से दूर जाने में और खोजना शुरू करते हो अपने आप से बाहर उसे प्राप्त करने के लिए।

इन कुछ दिनों में, हम ये देखेंगे कि परमानन्द के बहाव की बाधा को कैसे दूर करे जो हमारे अन्दर लगातार हो रही है। जब मैं परमानन्द की बात करता हूँ तो मेरा अभिप्राय उस साधारण खुशी से नहीं है जो दिन-प्रतिदिन हम अपने जीवन में अनुभव करते हैं। साधारण खुशी जो हमारे हमारे जीवन में होती है वह वाह्य जगत की घटना से संबंधित होती है। जो कुछ वाह्य जगत में होती है - कोई खुशी का मौका, कोई भौतिक लाभ, कोई खुशी की खबर, कोई संबंध जो कारगर साबित हुआ या किसी व्यक्ति से किसी चीज से जो वाह्य जगत से संबंधित है। इस तरह की खुशी पूर्णतः आधारित है उन लोगों पर और उन परिस्थितियों पर जो हमारे बाहर की हैं और इस तरह की खुशी आपको दुःख भी प्रदान करती हैं, क्योंकि लोग और परिस्थितियाँ परिवर्तनशील होती हैं। वह हमेशा एक जैसे नहीं रहते उनका व्यवहार भिन्न होता है। भिन्न समय पर जब उनका व्यवहार परिवर्तित होता है, हमारी खुशी भी प्रभावित होती है।

जिस परमानन्द की बात हम कर रहे हैं वह भिन्न है। वह शुद्ध रूप से एक स्थिति है हमारे अन्दर, जो वाह्य जगत की किसी गतिविधि से किसी तरह प्रभावित नहीं हो सकती। वह आपका अन्तःकरण है, एक स्थाई स्थिति। और जब आप इसे प्राप्त कर लोगे। तब आप साक्षी भाव से वाह्य जगत के लिए रहोगे आप परमानन्द में स्थित एकदृष्टा होगे। आप उस पर पूर्णरूपेण सहभागी होगे, बिना अपने परमानन्द को खोये हुए।

एक छोटी कथा :

> एक परिवार में एक वृद्ध आदमी था। जो किसी भी कीमत पर खुश नहीं होता था।
>
> वह जिद्दी था और गुस्सैल था चाहे जितना उसका परिवार उसे अच्छे वातावरण और अच्छी भावना में रखने का प्रयत्न करे।
>
> उसके बच्चे और प्रपौत्र उसके पास आते थे और उसे खुश करने का प्रयास करते थे, परन्तु उसमें कोई परिवर्तन नहीं होता था।
>
> अचानक एक दिन वह अति आनन्दित और सरल हो गया उसका

परिवार अचंभित था इस अचानक परिवर्तन से। उसकी प्रपौत्री जो साहसी थी ने उससे पूछा, "बाबा एकाएक आप के अन्दर इतना परिवर्तन कैसे?"

वृद्ध व्यक्ति ने उत्तर दिया, "सारा जीवन मैं प्रयास करता रहा अपने मन को संतुष्ट करने में परन्तु इसमें सफल न हुआ। अब मैंने इसी के साथ संतुष्ट रहने का निर्णय ले लिया।

हर चीज आपके मन की उत्पत्ति है। अपने मन के माध्यम से अपने अन्दर के परमानन्द के बहाव को हम रोक देते हैं। परमानन्द हमें बाहर से कभी नहीं मिलेगा, वह पहले से ही हमारे अन्दर है केवल हमें उसे देखना है, इतना पर्याप्त है।

समझो : एक ब्रह्माण्डीय चेतना है जो सारे संसार में सर्वव्यापक है और एक व्यक्तिगत चेतनता है जो हमारे अन्दर व्याप्त है। मानव का लक्ष्य प्रयास करके दोनों में संबंध स्थापित करना है। जब यह संबंध स्थापित हो जाता है तो कहा जाता है कि परमानन्द की प्राप्ति हो गई या वह परमानन्द में है या वह नित्यानन्द में है।

नित्यानन्द का अर्थ है शाश्वत परमानन्द।

इन सारे व्याख्यानों को सुनने और तकनीकों के प्रयोग के माध्यम से हम धीरे-धीरे और ज्यादा जानते हैं और अनुभव करते हैं इस संबंध को और अधिक सजगता से। हमारे सारे प्रयासों का यही मुख्य लक्ष्य है।

मैं हमेशा कहता हूँ, दो तरह के लोग होते हैं एक वो जो दूसरों से लड़ते हैं और उन पर विजय प्राप्त करते हैं और दूसरे वे जो अपने आप से लड़ते हैं और विजय प्राप्त करते हैं। दूसरों से लड़ना बहुत सरल है, परन्तु अपने आप से लड़ना कठिन है जब आप सचमुच साहसी होते हो, आप अपने आप से लड़ोगे और जीतोगे। जो आप नहीं हो उसे नष्ट करोगे और एक आनन्दस्वरूप अस्तित्व के रूप में उभरोगे। एक पुष्प के रूप में खिलोगे।

मानव की सबसे बड़ी चुनौती अपने समस्त सामर्थ्य (Potentiality) को अनुभव करना है। यह तभी किया जा सकता है जब वह अन्तःकरण की तरफ बढ़े और बार-बार अपना शुद्धिकरण करे, जब तक वह अन्तर विद्वान नहीं हो जाये और बाहर की गन्दगी को अन्दर ग्रहण न करे।

वास्तव में स्वामी का अर्थ होता है वह जिसने अपने समस्त सामर्थ्य को जान लिया है। इस पृथ्वी ग्रह पर सारी समस्यायें इसलिए है, क्योंकि हम अपने

सामर्थ्य को नहीं जान पाए हैं। एक कहावत हैं यदि शेर को शेर की तरह नहीं रहने दिया जाएगा, तो वह लोमड़ी बन जाएगा। यदि हमें अपनी सही सामर्थ्य ऊर्जा को नहीं महसूस करने दिया गया, तो हम गलत तरीके से अभिव्यक्ति करने लगेंगे या स्वतः को नष्ट करेंगे या दूसरों को।

तो रचनात्मक ऊर्जा या सामर्थ्य ऊर्जा, को अबाधित रूप से व्यक्त होने देना चाहिए। समाज द्वारा हमें यह करने देना चाहिए, यह एक बात है और हमें इसकी अभिव्यक्ति करने की तकनीक आनी चाहिये। स्वामी वह है जिसने अपना सामर्थ्य जान लिया है और अभिव्यक्त करने भी जानता है। जो अपने से एकाकार है और सदैव परमानन्द में है।

आपके अन्दर अपरम्पार सामर्थ्य है। समय-समय पर बार-बार मनोवैज्ञानिकों ने और रहस्य को जानने वालों ने यह बात कही है कि मानव अपने पूरे सामर्थ्य के साथ नहीं कार्य कर रहा है। हम कहाँ चूक रहे हैं? हम कहाँ अटके हुए हैं? हम अपने पूर्ण सामर्थ्य को क्यों अनुभव नहीं कर पा रहे हैं?

हमें आवश्यकता है साहस की जिससे हम आगे बढ़ें और खोजें, इतना पर्याप्त है। तब आप इन सारे प्रश्नों का उत्तर जानोगे। यदि आप निष्ठा के साथ खोजोगे, तो आप चेतनता की तरफ बढ़ना अनुभव करोगे और यह आपके अन्दर एक स्थान बनाएगा और आप एक पुष्प की तरह खिलोगे।

जब आप पूर्णरूपेण खिल जाओगे आप एक राजा होगे, तब आप वसुंधरा पर एक राजा की तरह रहोगे। लोगों के पास सुख-सुविधाओं के समस्त साधन हो सकते हैं पैसा हो सकता है, ज्ञान हो सकता है और सब कुछ हो सकता है। परन्तु वे भिखारी की तरह रहेंगे अगर वह अपने अंतःकरण के स्थान को नहीं खोज पाए हैं, अपने अस्तित्व को जानना ही धनी बनना है। आंतरिक रूप से धनी होना ही वास्तविक धनी होना है। वाह्य जगत की गतिविधियों से हम इतना ज्यादा ग्रसित हैं कि हम पूर्णतः अनभिज्ञ हैं अपने अंतःकरण से। हम वाह्य जगत के अन्वेषण से इतने ज्यादा ग्रसित हैं कि हम अंतःजगत के आश्चर्यजनक अन्वेषणों को जानने से चूक जाते हैं। हम चूक जाते हैं यह जानने से जो महान ऋषियों और स्वामियों ने अपने जीवन में अनुभव किया। यही वह अनुभव है जो मैं आप सब में बाँटना चाहता हूँ।

प्रश्नः *स्वामी जी......आप आध्यात्मिकता को थोड़े में कैसे परिभाषित करेंगे?*

आध्यात्मिकता और कुछ नहीं है, बल्कि आपके अन्दर चार चीजों का खिलना है, शारीरिक स्वास्थ्य, मानसिक स्वास्थ्य, सरल अंतर व्यक्तिगत संबंध और तात्कालिक

सहज उत्तर की क्षमता - जिसे मैं जिम्मेदारी कहता हूँ।

शारीरिक स्वास्थ्य उसे कहते हैं जिसे कोई रोग न हो। जब आप किसी चिकित्सक के पास जाते हो, तो वह आपको यह प्रमाणपत्र देता है कि आप चिकित्सकीय तरीके से ठीक हो।

दूसरा - मानसिक स्वास्थ्य वह है जो पूर्वाग्रसन नकारात्मक सोच पद्धति से ग्रसित न हो और हर तरह की चिंता या विद्ववेश, अहंकार, असंतोष और तृष्णा इत्यादि से मुक्त हो।

तीसरा - अन्तर व्यक्तिगत संबंध का अभिप्राय वह है कि आप अपने आस-पास सबसे संबंध रखो केवल यही नहीं पर्याप्त है कि आप सबसे विनम्र हो, परन्तु किसी भी व्यक्ति से किसी भी तरह की क्रिया-प्रतिक्रिया की किसी सीमा तक आप में जा सकने की क्षमता हो बिना किसी तरह का दबाव या पीड़ा का अनुभव किए हुए। जहाँ अपने दबाव या पीड़ा का अनुभव किया तो इसका अर्थ हुआ कि कहीं कोई व्यवधान आपके अन्दर है। कहीं कोई व्यवधान आपके मानसिक स्वास्थ्य में है।

चौथा - सहज प्रक्रिया व्यक्त करने की क्षमता, जिसे मैं कहता हूँ उत्तरादायित्व। जब आप उत्तरादायित्व लेने के लिये तैय्यार रहते हो, जब आप किसी चीज के प्रति हाँ कहने को तैय्यार रहते हो, आपका विस्तार हाँ कहने के लिए उसी क्षण से होता है और उसी क्षण से आपके अन्दर ऊर्जा साथ देने के लिए बहती है। निश्चित रूप से ये आपका दायित्व है कि आप उस ऊर्जा का उस कार्य में प्रयोग करो। आप यह करते रहोगे तो आपका विस्तार होता रहेगा।

यदि ये चारों जैसे आपके अन्दर प्रस्फुटित (flower) होती हैं, तो आप आध्यात्मिक हो तब यह बात महत्वपूर्ण नहीं रह जाएगी कि आप किस पेशे में हो, आप विवाहित हो या अविवाहित, आप युवा हो या वृद्ध या उससे संबंधित और चीज।

प्रश्न : *स्वामी जी, शाकाहारी भोजन खाने व माँसाहारी भोजन खाने के बारे में आप क्या कहते हैं?*

पहले यह कहते चारों तरफ मत घूमों कि माँसाहारी भोजन नहीं खाना चाहिए। कम से कम उन क्षेत्रों में जिन्हें आप नहीं जानते, ज्यादा अच्छा होगा कि आप अपने को इसमें न सम्मिलित करो और न समस्या में फँसो। आप देखो : कुछ पहलुओं को तर्क से सुलझाया नहीं जा सकता। यदि हम लोगों से बताएँ कि माँसाहारी भोजन नहीं करना चाहिए तो वो प्रश्न करेंगे कि जानवर पेड़-पौधों को खाते हैं उनमें भी तो जान होती है, परन्तु क्यों खाते हैं? आप उनसे क्या

बताओगे? इस विषय का कोई अन्त नहीं है।

मैं आपको इतना बता सकता हूँ : मैं पूर्ण शाकाहारी हूँ। मैं शाकाहारी भोजन करता हूँ, क्योंकि वह मेरे शरीर के लिए अनुकूल है, इतना पर्याप्त है। पहले भी बहुत से आत्मदर्शी स्वामी हुए जो माँसाहारी भोजन खाते थे। निश्चित रूप से जब आत्मज्ञानी स्वामी कुछ करते हैं तो हम उनके ऊपर अपना निर्णय नहीं दे सकते, क्योंकि उनकी क्रिया हमारे सामान्य शब्दकोष द्वारा समझायी नहीं जा सकती। हम पूरी चीज का गलत निष्कर्ष निकालेंगे और चूक जाएँगे।

केवल एक बात : लोगों को इस आधार पर विभाजित मत करो कि उनकी आदतें क्या हैं और वो क्या करते हैं और किसी को बाध्य मत करो कि वह माँसाहारी भोजन खाना छोड़ दें।

एक छोटी कथा :

> उस समय जब दूरदर्शन का भारत में आगमन हुआ था, एक नया दूरदर्शन यंत्र भिक्षुकों के आश्रम में लाया गया।
>
> एक को छोड़कर सब उस पर आने वाले कार्यक्रमों को देखा करते थे।
>
> वह व्यक्ति जो कार्यक्रम नहीं देखता था वह संरक्षक के घर जाकर शिकायत करता था कि किस तरीके से और घण्टों बैठकर के और लोग दूरदर्शन यंत्र के कार्यक्रम देखा करते थे।
>
> कई बार की शिकायत के बाद संरक्षक ने उससे कहा, "कल से आप भी कार्यक्रम देखा करो।" वह व्यक्ति हतप्रभ था और पूछा कि उन्होंने ऐसा क्यों कहा।
>
> संरक्षक ने उत्तर दिया, "आप दुःखी हो कार्यक्रम न देखकर के इसलिए आप उन लोगों के देखने पर भुनभुनाते हो। आपके अन्दर देखने की कामना है, परन्तु आप नहीं देखते क्योंकि आप अन्दर से मजबूत महसूस करना चाहते हो परन्तु यह दबाव आपको शिकायत करने के लिए प्रेरित करता है।"

आप देखो : यदि आप माँसाहारी भोजन न खाकर के पूर्णतः खुश नहीं हो, तो आप दूसरों को बाध्य करोगे कि वो शाकाहारी हो जाएँ।

यदि आप कोई चीज पूर्णता के साथ करते हो, आप दूसरों को करने के लिए बाध्य नहीं करोगे केवल तब जब आप संदेह के साथ या अर्द्ध-हृदय से कुछ करोगे, आप दूसरों को बाध्य करोगे वही करने के लिए यही वह माप है यह देखने के लिए कि आप पूर्णता से हो या नहीं। जब आप पूर्ण होगे, तो आप

पर्याप्त हो अपने आप में। किसी को इससे कोई शिकायत नहीं होगी और आप किसी से प्रश्न नहीं करोगे और दूसरों को उनकी स्वतंत्रता से रहने दोगे।

वास्तव में, मैं यहाँ तक कहूँगा कि वो लोग बेहतर है जो माँसाहारी भोजन दिन में एक घण्टे खाते हैं और भूल जाते हैं बजाय उनके जो शाकाहरी भोजन खाते हैं और 24 घण्टे माँसाहारी भोजन का चिंतन करते हैं।

एक छोटी कथा :

> एक जेन स्वामी अपने भक्त के साथ धीरे-धीरे चल रहे थे। रास्ते में एक नदी बहती थी। एक खूबसूरत लड़की वहाँ खड़ी थी।
>
> जब उसने देखा तो स्वामी से कहा कि वो नदी पार करने में उसकी मदद करे। स्वामी तत्काल उसको गोद में लेकर के नदी के दूसरे किनारे गए उसको वहाँ छोड़कर वापस आ गए। भक्त पूर्णतः परेशान हुआ उससे जो देखा था। वह अन्दर ही अन्दर जल रहा था उससे जो देखा था। जब वह शहर की तरफ चल रहा था वह अपने आप को पूछने से रोक नहीं पाया, "स्वामी" आप कैसे, (एक स्वामी होकर, एक बयस्क लड़की को कैसे छू सकते हैं और गोद में उठा सकते हैं।)
>
> स्वामी ने कहा, मैंने तो बहुत पहले उस लड़की को नदी के पार ऊतार दिया था, तुम उसे अभी तक ढो रहे हो?

स्वामी हमेशा उत्तर देते हैं उत्तरकर्ता को, प्रश्न को नहीं इस कथा में स्वामी अपनी स्थिति के बारे में समझा सकते थे, अपनी स्वामी होने की परोक्ष स्थिति को बता सकते थे उस भक्त को और समझा सकते थे कि उनके लिए स्त्री या पुरुष का कोई मतलब नहीं है। लेकिन उन्होंने ऐसा नहीं किया, उन्होंने भक्त को यह समझाया कि रुकावट उसके मस्तिष्क में थी न कि स्वामी के।

यदि आप सोचते हो कि आप माँसाहार नहीं छोड़ सकते आसानी से बिना पीड़ा के तब खाओ जब तक कि वह अपना महत्व न खो दे। ध्यान रहे इसका मतलब यह नहीं है कि मैं माँसाहारी भोजन की वकालत कर रहा हूँ। मेरे जीवन के लिए, शरीर के लिए और मस्तिष्क के लिए शाकाहारी भोजन सहायक है, इसलिए आप मेरा जीवन ग्रहण करना चाहते हो तो शाकाहारी बनो, इतना पर्याप्त है।

परन्तु उसको छोड़कर के उसका लगातार चिंतन मत करो और दूसरों को छुड़वाने की पीड़ा मत पहुँचाओ। आप सब इस तरह के छोटे मुद्दों पर जैसे शाकाहारी होना इत्यादि, पर घण्टों एक साथ चर्चा करते हैं, समस्या यह है।

तीन श्रेणी हैं जिनमें आप सब आते हो पहली, माँसाहारी भोजन न खाना और

उसका चिंतन भी न करना। दूसरी श्रेणी यह होगी उसको खाएँ और उसको भूल जाएँ और तीसरी श्रेणी वह होगी न खाएँ और अपने आप को वंचित समझें और दूसरों को पीड़ित करें। घूम-घूम कर कि माँसाहारी भोजन नहीं खाना चाहिए। कृपया इस तीसरी श्रेणी में मत आना, इतना पर्याप्त है।

प्रश्न : *स्वामी जी, जब भी मैं अच्छा करना चाहता हूँ उदाहरण के लिए, जब मैं बस यात्रा करता हूँ और मैं देखता हूँ एक वृद्ध मेरे बगल में खड़ा है और उसे मैं अपनी सीट देना चाहता हूँ, परन्तु यह सोचकर कि सारी यात्रा मुझे खड़ा रहना पड़ेगा तब सीट न देने का निर्णय लेता हूँ। लेकिन जब मैं सिगरेट पीना चाहता हूँ तब अन्दर से भी सोचता हूँ कि मुझे इच्छा है और यह होता है कि सिगरेट पियो एक सिगरेट से जीवन नष्ट नहीं हो जाएगा। क्यों मैं अपने आप को नियंत्रित नहीं कर पाता वह करने के लिए जो सही है?*

आप देखो, जब आप कुछ सोचकर अमल में लाते हो वह चीज जो आपको बाहर से बताई गई है तब आप गहराई से अच्छाइयाँ नहीं देखते हालांकि आप समझते हो उसे एक बौद्धिक स्तर पर, परन्तु जब आप गहराई से अनुभव करते हो तो वह तुम्हारी समझ बन जाती है और आप उसी के साथ खड़े हो जाते हो बिना किसी समस्या के।

सिगरेट आपके अस्तित्व में मिल चुका है यह आपने अनुभव किया है। यह किसी अन्य के उपदेश के कारण नहीं यह आपका अपना अस्तित्व है, इसलिए आपका हृदय इसे स्वीकार करता है।

परन्तु वह खुशी जो आपको दूसरे को सीट देकर मिलती है उसे आपने गहराई से अनुभव नहीं किया। यह आपको लोगों द्वारा बताया गया है कि यह अच्छा है कि अपने से वृद्ध को यात्रा में सीट दे देनी चाहिए, ज्यादा से ज्यादा आपको एक प्रकार की संतुष्टि का अनुभव होगा जो सामाजिक व्यवहार है, बस।

सिगरेट के बारे में आप अनुभव स्वतः हो गए हो आप स्वयं अनुभव हो गए हो।

जो आपने खुद अनुभव नहीं किया वह आपको आकर्षित करके अपनी तरफ नहीं खींचेगा। यदि आपने दूसरों की मदद करने के आनन्द का वास्तविक अनुभव किया होता, तो आपने उस वृद्ध को अपना स्थान दे दिया होता। सही अनुभव घटने के लिए ध्यान मार्ग है। जब आप ध्यान करते हो तो हमारा हृदय जो पत्थर की तरह कठोर है वो खिलेगा और नर्म और संवेदनशील हो जाएगा रुई की तरह और हम दूसरों की मदद करने की आवश्यकता का अनुभव करेंगे।

इस समय या तो पत्रिकाओं में पढ़ा है या बुज़ुर्गों द्वारा हमें बताया गया है कि बुज़ुर्गों को बस में अपना स्थान दे देना चाहिए, बस। इसके अलावा जो होना चाहिए यह है कि मदद करने की भावना हमारे अंतःकरण में खिलनी चाहिए कि हम दूसरों की मदद करें।

संवेदनशीलता हमारे जीवन का एक तरीका बन जाएगी यदि आपने ध्यान किया अन्यथा केवल त्वचा की गहराई में ही रह जाएगी। उपदेशों को आपके मस्तिष्क और हृदय में प्रवेश कराने के लिए एक ड्रिलिंग मशीन की आवश्यकता है - यही ध्यान है। तब, ईमानदारी और इस तरह की अच्छाइयाँ जो आपको बताई गई है आपके जीवन का भाग बन जाएँगे और एक तरह का रस आप अनुभव करोगे जब आप उसके पीछे चलोगे।

अन्यथा ये सब अच्छाइयाँ केवल बौद्धिक ज्ञान के रूप में रह जाएँगी बिना अनुभव के ज्ञान में परिवर्तित हुए।

इस मध्यान जब आप वास्तविक विषय पर आओगे, तब आपको वृहद उत्तर मिलेगा कि आप अजाग्रत रूप में क्यों काम कर रहे हो? इसके बावजूद कि आप ज्ञानते हो कि सही क्या है।

ठीक है इतना पर्याप्त है अब हम मध्यान के बाद फिर मिलेंगे और सीधे विषय पर आएँगे। धन्यवाद।

अध्याय 2

भूमिका

अध्याय - 2

भूमिका

अच्छा तो अब हम विषय पर आते हैं।

इस चक्र साधना शिविर में क्यों भाग लेना चाहिए? आपके लिए इसका क्या महत्व है? इस सत्र में मैं इस प्रश्न का उत्तर दूँगा उसके लिए पहले हमें मस्तिष्क की कार्यप्रणाली का विश्लेषण करना पड़ेगा। मस्तिष्क ही एक मात्र वह चीज है जो आप और आपके मध्य खड़ा है। यदि आप अपने मस्तिष्क को हटा सकते हो तो आप जाग्रत हो जाओगे।

मस्तिष्क कैसे कार्य करता है? सामने के पृष्ठ पर जो चित्र बना है उसे देखिये यह चित्र दर्शाता है कि नेत्रों के माध्यम से सूचना को कैसे धारण किया जाता है। वास्तव में, सिर्फ नेत्रों के माध्यम से ही सूचना नहीं बल्कि सारी इन्द्रियों के माध्यम से प्राप्त किया जा सकता है, जैसे नाक से, कान से, जिह्वा से, स्पर्श से और नेत्रों से, समझने के लिए, हम अपने नेत्रों को लेते हैं।

जब आप किसी चीज को देखते हो, तो सर्वप्रथम उसे नेत्र देखता है। संस्कृत में एक शब्द चक्षु का प्रयोग किया गया है। देखने की यह जो प्रक्रिया है जो दृश्य होता है उससे प्राप्त सूचना को चक्षु एक स्वरूप में परिवर्तित करता है। यह परिवर्तन होता है उन सारी सूचनाओं में जो पाँचों इन्द्रियों को मिलती हैं केवल नेत्र से ही नहीं सूचना स्मरण में आ जाती है। संस्कृत में हम इसे चित्त कहते हैं। चित्त में इस सूचना इसके बाद कुछ और कार्य होता है उदाहरण के लिए, जैसे आप मुझे देख रहे हो तो यह सूचना चक्षु से होते हुए चित्त में जाती है और चित्त इसका विश्लेषण करता है। यह सूचना में से निष्कासन की प्रक्रिया करता है।

वह कहना शुरू करता है, यह कोई जानवर नहीं है, यह कोई पौधा नहीं है, यह कोई पत्थर नहीं है इत्यादि। यह निष्कासन की प्रक्रिया चित्त के द्वारा की जाती है। इस प्रक्रिया के पूर्ण होने के पश्चात यह सूचना मनस जाती है। मस्तिष्क इस सूचना को पहचानने की प्रक्रिया करता है। वह कहता है यह तो मनुष्य है वह मनुष्य जो पढ़ा रहा है। मस्तिष्क यहीं रुक जाता है कहता है, ये हैं।

इसके पश्चात् समस्त सूचना पूर्णरूपेण आपके अहम की ओर जाती है और आपका अहम अपने पूर्व अनुभवों के आधार पर यह निर्णय लेता है कि आपका अगला कदम क्या होगा या अगला निर्णय क्या होगा। यदि आपके पूर्व अनुभव उसी श्रेणी के हैं, योग या साधना, और वे अनुभव आपके लिए ठीक रहे हैं और उनसे आपको मदद मिली है तब तो आप वहाँ रुकने का निर्णय लोगे अन्यथा आप यह सोचोगे कि उस स्थान को छोड़ देना चाहिए।

मात्र इस प्रक्रिया को समझने का प्रयास करिये : नेत्र इस सूचना को चक्षु को देता है। चक्षु इसे परिवर्तित करता है। चक्षु इसे अंकीय संकेतों में परिवर्तित कर देता है। स्मृति तब इस सूचना पर निष्कासन की प्रक्रिया लाती है- 'यह नहीं है'......'यह नहीं है'......तब इस पर मस्तिष्क पहचानने की प्रक्रिया करता है - 'यह वह है'। तब यह सूचना आपके अहम की ओर जाती है। यहाँ, आप अपने पूर्व अनुभव के आधार पर निर्णय लेते हो, कि यहाँ बैठना चाहिए या इस प्रांगण को छोड़ देना चाहिए।

अब हम इस समयकाल को जो नेत्र और मस्तिष्क के बीच की प्रक्रिया में लगता हैं, (Tp) कहेंगे। (Tp) वह समय काल है, जो नेत्र और मस्तिष्क के बीच की प्रक्रिया में लगता है। यह प्रक्रिया आपकी भिज्ञता में होती है और यह प्रक्रिया नेत्र और मनस के बीच की पूर्ण तार्किक एवं चेतन स्थिति में होती है।

अब, पूरी सूचना का आपके मस्तिष्क से अहम को जाना अधिकतर अवचेतन में होता है, यह वह समय है जब वास्तविक निर्णय लिए जाते हैं यह ज्यादातर आपके लिए एक अवचेतन प्रक्रिया होती है और यह बिना किसी सजगता के होती है। इस प्रक्रिया में लगे समय को हम (Tq) कहेंगे। इस समय में, बस अतार्किक ढंग से निर्णय होते हैं, आप तार्किक विचार प्रक्रिया के विपरीत निर्णय लेते हो। आप अतार्किक निर्णय लेते हो।

ऐसा क्यों होता है? क्यों आप बेहोशी में निर्णय लेते हो और बाद में पछताते हो?

इसका कारण है, यह अवचेतन क्षेत्र भरा हुआ है नकारात्मक स्मृतियों से और संस्कारों से। आपकी पूर्व की समस्त स्मृतियाँ, जिन्हें हम संस्कृत में संस्कार कहते हैं, आपके पूर्व के समस्त विचार एवं अनुभव इसी क्षेत्र में एकत्रित रहते हैं।

मनोविज्ञान के क्षेत्र में इसके लिए इनग्राम्स (Ingrams) शब्द प्रयुक्त करते हैं, वह इनग्राम्स (Ingrams), जो प्रदर्शित करता है एकत्रित स्मृतियों को। इस क्षेत्र में बहुत सी सूचनाएँ एकत्रित रहती हैं। आपस में बिना किसी तार्किक संबंध के, ये स्मृतियाँ या घटनाएँ यहाँ एकत्रित रहती हैं।

होता यह है कि, जब यहाँ सूचना पहुँचती है, तो यहाँ पहले से ही इतना भरा हुआ रहता है, जो आपके अन्दर बहुत सी बेचैनी पैदा करता है, यह सूचना अहम तक अभी पहुँच भी नहीं पाती ठीक से निर्णय लेने लिए कि, ये एकत्रित इनग्राम्स (Ingrams) बस प्रभाव डालने लगते हैं प्राप्त हुई सूचना पर। ये आरोपण करते हैं और परेशानी पैदा करते हैं निर्णय लेने की प्रक्रिया में।

इसका परिणाम यह होता है कि अहम जल्दबाजी में निर्णय लेता है और प्रतिक्रियात्मक रूप से सूचना वापस भेजता है। यह भी एक अचेतन प्रक्रिया होती है।

उदाहरण के लिए, जो भी सूचना आपके द्वारा एकत्रित होती है, जैसे आप जानते हैं कि सिगरेट पीना स्वास्थ्य के लिए हानिकारक है, यह न तो आपके मस्तिष्क के लिए अच्छा है न स्वास्थ्य के लिए। आप इस सूचना के अनुसार कार्य करते हैं, जब तक (Tp) स्तर पर रहते हैं। परन्तु जब सूचना अहम की तरफ बढ़ती है तो इनग्राम्स (Ingrams) आपको बताते हैं कि आपको पीना चाहिए और बस आप निर्णय ले लेते हो सिगरेट पीने का और सजग प्रक्रिया कहती है नहीं यह स्वास्थ के लिए लाभकारी नहीं है। परन्तु अवचेतन कहता नहीं और निर्णय ले लेता है और उस निर्णय को क्रियान्वित कर देता है। यह शुद्ध रूप से प्रतिक्रियात्मक स्तर का निर्णय होता है।

यह अवचेतन क्षेत्र अत्यन्त शक्तिशाली है। इसे तीन प्रकार से प्रयोग किया जा सकता है। प्रतिक्रियात्मक स्तर पर, बौद्धिक स्तर पर और परा (Intution) स्तर पर जब तक अवचेतन क्षेत्र भरा हुआ है नकारात्मक स्मरणों से, असहजता से, ये सारा कार्य प्रतिक्रियात्मक स्तर पर होता है। जैसा कि हमने अभी देखा है आप बस निर्णय ले लेते हो और अवचेतन अवस्था में।

जब आप प्रतिक्रियात्मक स्तर पर रहते हो, तो हमेशा पछताते हो अपने ज्यादातर निर्णयों पर आप आश्चर्य करते हो कि मैंने इस रूप में क्यों व्यवहार किया? ये मैं नहीं हो सकता, मैंने कैसे होने दिया? मैंने कैसे यह निर्णय लिया? यह इसलिए होता है क्योंकि अवचेतन प्रतिक्रियात्मक स्तर पर कार्य कर रहा होता है इस स्तर पर चीजों को जोड़ देते हो बिना किसी तार्किक संबंध के और एकाएक निर्णय ले लेते हो।

उदाहरण के लिए, यदि आप किसी व्यक्ति के द्वारा त्रस्त किंए गए जो सफेद वस्त्र धारण किए हुए था। जहाँ आपने किसी व्यक्ति को सफेद वस्त्र धारण किए हुए देखा कि पूर्व अनुभव का स्मरण होगा और बिना समझे और जानकारी के आप क्रोध का अनुभव करोगे यह प्रतिक्रियात्मक स्तर है। बिना आपके जाग्रत मस्तिष्क के, बिना समझे हुए यह सब हो जाता है।

चक्षु चित्र को देखें, जब (Tp, Tq) से कम होता है, अर्थात् सूचना के अहम तक जाकर लौटने का समय, चक्षु एवं मनस के बीच की प्रक्रिया में लगे समय से बहुत कम होता है तब आप प्रतिक्रियात्मक स्तर पर होते हैं। क्वांटम उछाल के लिये कोई समय नहीं मिल पाता है, जैसे ही फाइल अवचेतन क्षेत्र में पहुँचती है निर्णय हो जाता है। आप लगातार निर्णय लेते रहते हो बिना Tq को कुछ भी समय दिये। आपका अवचेतन, स्मरणों से बुरी तरह भरा रहता है। इस तरह की कार्य शैली से आप सदैव थके-थके अनुभव करेंगे।

यह कुछ इस तरीके से होता है कि यदि आपके कम्प्यूटर का हार्डडिस्क (Hardisc) पूरी तरीके से भरा हुआ है हाई रिजोल्यूशन फोटोग्राफों से तो उस पर और ज्यादा कार्य नहीं किया जा सकता। क्या ऐसा नहीं होता? इसी तरीके से जब आपका अवचेतन, सूचनाओं और स्मरण से पूर्णतः भरा हुआ रहता है तो वह अक्षम हो जाता है और हल्के तथा अतार्किक तरीके से निर्णय लेने लगता है।

दूसरा है बौद्धिक स्तर, इस पर Tp और Tq बराबर होते हैं। यहाँ आप जाग्रत होते हो, और निर्णय भी तार्किक ढंग से लेते हो फिर भी आप के पास बहुत ज्यादा ऊर्जा या ज्यादा उत्साह नहीं होता। बस आप जाग्रत मस्तिष्क से रहते हो बस इतना ही, न तो आप रचनात्मक होते हो और न तो कुछ नवीन करने के लिए तत्पर, बड़े कदम नहीं उठाते और आपकी उन्नति नहीं होती। आप एक वफादार नौकर की तरह हो। आइंस्टीन ने कहा था बुद्धि वफादार नौकर है। ऐसे में आप जीवनपर्यन्त एक नौकर की तरह ही रह सकते हो। आपके द्वारा ज्यादा कुछ और बहुत बड़ा नहीं हो पायेगा।

इस स्तर पर आप केवल सूचना एकत्रित करेंगे, स्वचालित तरीके से उस पर कार्य करेंगे, आपका कार्य केवल एक कम्प्यूटर यंत्र का होगा। आप गलत निर्णय नहीं लोगे और न असहज होगे और न ही आपका अवचेतन भार से ग्रसित होगा, आप तार्किक और जाग्रत तरीके से निर्णय लोगे।

जब आप बौद्धिक स्तर पर होते हो तो, न थकते हो, न ही ऊर्जावान होते हो। आप मध्य की स्थिति में रहते हो। इस स्तर पर आप अपनी पूर्ण क्षमता का उपयोग नहीं कर सकते उस सीमा तक जिस सीमा तक उसका उपयोग किया जा सकता है।

अब उसके पश्चात् का स्तर जहाँ आप वास्तव में अपनी पूरी क्षमता का उपयोग कर सकते हो, वह है अन्तर्ज्ञान का स्तर। यदि, आप अवचेतन सुषुप्त क्षेत्र में गहरी शांति और सजगता प्रवेश करा सको और पूर्व के स्मरण और संस्कारों को शांति और सजगता में बदल दो तब आप अन्तर ज्ञान स्तर पर आ जाओगे।

जब आपका अवचेतन, अपनी स्मृतियों और संस्कारों से मुक्त एवं खाली तथा आनन्दमय हो जाये, यदि आप हमेशा जीवन्त और तरोताजा, हर क्षण रह सके, बिना अतीत के भार के, बिना इनग्राम्स (Ingrams) के भार के, तब आपके स्व की ऊर्जा अपने शुद्धतम् रूप में अपने आप को प्रदर्शित करेगा। जब यह होगा तब आप कह सकते हो कि आपकी प्रज्ञा अपनी पराकाष्ठा पर है, क्योंकि ऊर्जा ही प्रज्ञा है, जब यह होता है तो आप निर्णय लेते हो अपनी ऊर्जा के माध्यम से जिसे कहते हैं अन्तर ज्ञान। जहाँ आप को स्पष्ट एवं साफ-साफ समझ होती है।

जब आप अन्तर ज्ञान के स्तर पर रहते हो, तो निर्णय लेते हो अपनी अन्तर ज्ञान की ऊर्जा से, अपनी गहराई, सजगता और शांति से, परमानन्द से।

इस विषयवस्तु को ध्यान से समझने की आवश्यकता है। इस पूरे विज्ञान में गहराई तक जाना होगा, तब आप समझ सकोगे कि अन्तर ज्ञान से मेरा क्या अभिप्राय है। अन्तर ज्ञान वह है, जो बुद्धि से परे घटित होता है।

अन्तर ज्ञान है क्या?

मैं इसे समझाता हूँ? अचानक आपको निश्चित रूप से पता चल जाता है कि कोई चीज सही है और लगता है कि उसे करने की आपके पास पर्याप्त ऊर्जा भी है, परन्तु वह कैसे करना है समझ नहीं आता। आप समझ नहीं पाते कि इस निर्णय तक कैसे पहुँचे पर यह निश्चित रहते हैं कि निर्णय सही है, यही अन्तर ज्ञान है।

अन्तर ज्ञान की ऊर्जा की आवश्यकता तब पड़ती है जब आपके सामने कोई ऐसी स्थिति होती है, जो पूर्व में पहले कभी न हुई हो। जब आपके पास उससे संबंधित पूर्व की कोई सूचना नहीं होती जो निर्णय लेने में मदद करे, या तो आपके पास कई विकल्प उपस्थित रहते हैं और कौन सा विकल्प लेना है, यह निर्णय नहीं ले पाते, इन सब परिस्थितियों में अन्तर ज्ञान की ऊर्जा मदद करती है। केवल इन्हीं स्थितियों में नहीं बल्कि इस स्तर पर लगातार, अपने आत्म स्वरूप में स्थित रहे, तब आप हर क्षण पूर्णतः उपस्थित रहेंगे और भविष्य के क्षणों को भी उसी रूप में जन्म देंगे।

जो कुछ मैं कह रहा हूँ यदि उस पर आप मनन करें तथा कुछ क्षण अपने आप में बैठकर देखें कि इनग्राम्स (Ingrams) आपके अन्दर कितनी हलचल पैदा कर रहे हैं और आप पर कितना भार डाल रहे हैं, यदि आप देख सको मेरे कथन के सत्य

को तो आप धीरे-धीरे इस चक्र से बाहर निकलने की कला जानकर अपनी चेतना के ऊपरी स्तर पर पहुँच जायेंगे।

अन्तर ज्ञान के बारे में एक बात और, यह आपको वह ऊर्जा प्रदान करता है जो सिर्फ निर्णय लेने में ही नहीं बल्कि उस निर्णय को क्रियान्वित करने में भी मदद करती है। जब मैं लोगों को बताता हूँ तो वो मुझसे प्रश्न करते हैं, "स्वामी जी, हम यह कैसे जानेंगे कि हमें अन्तर ज्ञान है या हम सिर्फ बौद्धिक है।" वो कहते हैं कि स्वामी जी, "हम भ्रम में हैं कि क्या यह बुद्धि है या अन्तर ज्ञान"। बहुत स्पष्ट है यदि आप भ्रम में हैं तो केवल बुद्धि है। ये भ्रम ही बताता है कि यह केवल बुद्धि है। जब अन्दर अन्तर ज्ञान होगा, तब आप आत्मविश्वास और ऊर्जा से भरे होंगे और भ्रम के लिए कोई स्थान नहीं होगा।

अन्तर ज्ञान से आपके अन्तःकरण की क्षमता बस उन्मुक्त हो जाती है, आप खुल जाते हैं और उसी तरह उसकी अभिव्यक्ति और क्रियान्वयन करना शुरू कर देते हैं। यदि आप वैज्ञानिकों और मुख्य प्रबंधकों के बारे में जानें, जिन्होंने अपने क्षेत्र में बड़ी सफलताएँ प्राप्त की हैं, तो आप देखेंगे कि बार-बार वो अपनी सफलता का आधार किसी ऐसी चीज को मानते हैं जो बुद्धि से परे हैं, और जो उन्हें वह ऊर्जा या साहस निर्णय लेने के लिए प्रदान करती है।

आप एक बात जान लीजिये, हर एक के अन्दर अन्तर ज्ञान की शक्ति है। एक बात बताइये, आप में से कितनो ने कम से कम एक बार जीवन में अनुभव किया है, कि किसी व्यक्ति के बारे में सोचा और फोन की घण्टी बजती है और वही व्यक्ति लाइन पर होता है, या आप किसी स्थान पर प्रवेश करते हैं और लगता है जैसे कि आप उस स्थान पर पहले आ चुके हो ऐसे ही और अनुभव?

(80 फीसदी से ज्यादा लोग हाथ उठाते हैं।)

देखिये, यह अन्तर ज्ञान के वो क्षण थे, जो आपने अचोनक अपने जीवन में अनुभव किया। इन क्षणों में एकाएक आकस्मिक रूप से आप ध्यान की स्थिति में पहुँच जाते हैं। इन अनुभवों के माध्यम से आपका स्व आपसे जुटने का प्रयास करता है, परन्तु आप करते क्या हो कि इस चीज को महत्व ही नहीं देते और एक संयोगवश घटने वाली घटना मान लेते हो। अपने स्व के ऊँचे आयाम को कोई महत्व नहीं देते। अन्यथा 80 फीसदी लोगों के साथ एक जैसी घटनायें, कैसे घटित हो सकती है?

एक बात बहुत स्पष्ट रूप से जान लीजिये, अन्तर ज्ञान के ये क्षण आपके अन्दर उपस्थित गुप्तशक्ति के स्पष्ट चिह्न हैं। यदि आप इसे समझ जायें, और प्रयोग करना प्रारम्भ करें, तो आप अपने ऊँचे आयाम की अभिव्यक्ति करने लगेंगे।

एक बार मुझे, डॉक्टर चार्ल्स टावेंस जो लेसर और मेसर के क्षेत्र के नोबेल पुरस्कार विजेता है, के साथ भोजन करने का अवसर मिला। मैंने उनसे पूछा यह सब कैसे हुआ? आप इसे करने में कैसे सफल हुए? उन्होंने खूबसूरत तरीके से उत्तर दिया। उन्होंने कहा, "मैं वाशिंगटन के पार्क में बैठा हुआ था और एकाएक मेरे अन्दर कुछ हुआ। मैंने अन्तर मन में निष्कर्ष जान लिया था। एकाएक मुझे निष्कर्ष का पता चल गया था। तुरन्त कलम निकाला और उसे लिखा तब मैंने महसूस किया कि मेरे सामने एक समस्या है। निष्कर्ष तो मैंने जान लिया पर वहाँ तक पहुँचने का मार्ग नहीं जानता था। मैं किसी को बता नहीं सकता था, क्योंकि मैं केवल निष्कर्ष जानता था, उस मार्ग को नहीं जानता था जिस मार्ग से निष्कर्ष तक पहुँचा जा सकता था। उसके बाद जब मैं बैठा, तो मुझे तार्किक ढंग वो मार्ग भी प्राप्त हो गया।"

केवल चार्ल्स टॉवेंस ही नहीं आइंस्टीन ने भी कहा था, "जो कुछ भी नया मेरे साथ घटा था वह अन्तर ज्ञान से मिलता था, बुद्धि से नहीं।" वो खूबसूरती से कहते हैं, "अन्तर ज्ञानी मस्तिष्क एक पवित्र उपहार है, और विवेकी मस्तिष्क एक विश्वसनीय नौकर है।" हमने एक ऐसे समाज का निर्माण किया है, जो नौकर का तो सम्मान करता है परन्तु उस उपहार को भूल गया है।

चाहे हम विश्वास करें चाहे न करें, चाहे इसे स्वीकार करें चाहे न करें। हमारे अन्दर ऐसा कुछ है जिसे अन्तर ज्ञान कहते हैं, इसीलिए आइंस्टीन ने भी इसे उपहार कहा, क्योंकि वो नहीं जानते थे कि इसका उपयोग लगातार स्वेच्छा से किया जा सकता है। उन्हें विश्वास नहीं था कि यह होगा ही और फिर पुनः होगा कि नहीं। परन्तु योगियों और महान ऋषियों ने बार-बार कहा है कि, आप इसके लिए कार्य कर सकते हैं और निश्चिंत होकर इसे हमेशा अपने साथ रख सकते हैं। आपको यह नहीं सोचना है कि यह एक उपहार है बल्कि उसको पाने के लिए कार्य कर सकते हैं और यह आपके जीवन का अभिन्न भाग हो सकता है।

जब बुद्धि से परे आपके अन्दर ज्ञान होता है तो आपका पूरा स्वरूप एक हो जाता है। आप अपनी पराकाष्ठा पर होते हो, तब अन्दर कुछ खुलता है आप इसे अन्तरबोध, अन्तरज्ञान या कुछ भी कह सकते हो। योगियों ने बार-बार कहा है यह एक विज्ञान है। यदि आप इस रहस्य या अन्तर ज्ञान से तारतम्य स्थापित कर सको, जो आपके अन्दर निरंतर उपस्थित है तो आप इसका प्रयोग अपने सामान्य जीवन में भी कर सकते हो।

अन्तर ज्ञान आपके स्व की ऊर्जा है। तब यह शुद्ध ऊर्जा आपके अवचेतन सुषुप्त स्तर से बाहर आती है तो यह आपकी शारीरिक, मानसिक और भावनात्मक रूप से मदद करती है, मदद करने के अलावा, अन्दर के तनाव को कम करती है

और सहजता से निर्णय लेने में सहायक होती है।

सहज निर्णयों का संबंध आपके अन्दर इकट्ठी सूचना से नहीं है उसका संबंध उस प्रक्रिया से हैं जो एकत्रित सूचनाओं पर कार्य करती है।

इसी एकत्रित सूचना को कई तरीके से प्रक्रियाबद्ध किया जा सकता है। अन्तर ज्ञान यह है, कि किस तरीके से आप प्रक्रियाबद्ध करते हो इन सूचनाओं को, और किस तरीके से निष्कर्ष पर पहुँचते हो, अपनी बुद्धि से परे। हम अपने आप को तैयार कर सकते हैं, अपना सामंजस्य बैठा सकते हैं इस अन्दर की ऊर्जा के साथ विभिन्न तकनीकों और तरीकों के द्वारा।

यहीं तकनीक और तरीके हैं जिन्हें हम ध्यान कहते हैं। पूरब में, हम इसके लिए ध्यान शब्द प्रयोग करते हैं, अपना सामंजस्य उस शक्तिशाली ऊर्जा से बैठाने के लिए जो हमारे अन्दर हमारे स्व में स्थित है, जो हमें निरंतर निमंत्रित करती है अनुभव करने के लिए।

जब भी समय मिले, केवल बैठ जाओ और अनुभव करो.......हमारे पास दूसरों के लिए तो समय है, परन्तु अपने आप के लिए नहीं। यदि आप अपने आप के साथ बैठो तो हमेशा देखोगे कि आपके अस्तित्व का कुछ भाग कुछ कहना चाहता है कुछ और करना चाहता है परन्तु हम उस भाग को अवसर ही नहीं देते अपने स्व के उस भाग को। हम अपनी बुद्धि से इतना ज्यादा ग्रसित हैं कि हम सोचते हैं, हमारी बुद्धि ही सब कुछ है, परन्तु बार-बार योगियों ने सिद्ध किया है कि बुद्धि से परे भी बहुत कुछ संभव है।

यह साधना शिविर हमारे मन की कार्य-प्रणाली के बारे में ही है, मस्तिष्क कैसे कार्य करता है किस तरीके से अवचेतन में, गहरे में भरे हुए स्मरण साफ हो जायें, किस तरीके से और संस्कार एकत्रित न किया जाए, किस तरीके से अपने स्व में अंतर निहित शक्ति को उद्वेलित किया जाए जो हमें प्रतिक्रिया से बुद्धि और बुद्धि से अन्तर ज्ञान की तरफ ले जाए, जिससे हम स्वामी की तरह रह सके सेवक की तरह नहीं।

यह कार्यक्रम आपकी सभी भावनाओं मनोवेगों के बारे में गहरी समझ देगा और आप ठीक-ठीक समझ जायेंगे कि आपका मन मस्तिष्क कैसे क्रियाशील होता है।

यह दिखाएगा कि आप अपने लिए कैसे भावनाओं का निर्माण करते हो और फिर उनके ही सेवक बन जाते हो। यह आपको दिखाएगा किस तरीके से आपकी भावनाएँ आपके स्वास्थ्य को प्रभावित करती हैं मानसिक और शारीरिक स्तर पर।

(स्वामी जी एक चार्ट दिखाते हैं।)

अब इस चार्ट को देखिये, आप यहाँ एक मानव के स्वरूप को देख रहे हैं, जिसके ऊपर सात चिह्न हैं। क्या आप सब लोग देख पा रहे हैं? ये जो सात चिह्न हैं इस मानव चित्र पर इसे चक्र कहते हैं।

ये चक्र आपके शरीर के सूक्ष्म ऊर्जा केन्द्र हैं, ये चक्र सात पहिए हैं उस ऊर्जा के जो आपके शरीर के अन्दर है।

आपके पास एक ही शरीर नहीं है जैसा आप आमतौर पर सोचते हो, बल्कि आपके पास सात शरीर है - ऊर्जा शरीर, अब मैं प्रथम तीन को विस्तार से समझाऊँगा।

प्रथम शरीर - वह जिसमें आप यहाँ आये हो, जिससे आप चलते हो, बोलते हो, लिखते हो - इसे जाग्रत शरीर कहते हैं - भौतिक शरीर या जाग्रत शरीर।

इसके बाद सूक्ष्म शरीर है - जिसे स्वप्न शरीर कहते हैं, जिसे आप स्वप्नावस्था में प्रयोग करते हो। यह वह शरीर है जिसे आप एक स्थान से दूसरे स्थान तक स्वप्न में जाने के समय प्रयोग करते हो। अपने स्वप्न में, आप खुद को देखते हो विभिन्न स्थानों में है कि नहीं? कभी-कभी आप अपने आप को देखते हो उन स्थानों पर......जिनको आपने जाग्रत अवस्था में भी नहीं देखा है।

तीसरा शरीर, कारण शरीर है - वह शरीर जिसका प्रयोग आप गहरी निद्रा में करते हो। यह शरीर चलता नहीं।

ये बाद वाले दोनों शरीर मिलते हैं इस स्थूल शरीर से सात बिन्दुओं पर, जो इस स्थूल में स्थित है। ये सातों बिन्दु चक्र के रूप में जाने जाते हैं। आपके शरीर में सात महत्वपूर्ण चक्र हैं कई छोटे चक्र भी हैं, परन्तु ये सातों बड़े हैं जो उत्तरदायी हैं आपके शारीरिक व मानसिक स्वास्थ्य के लिए।

इन चक्रों की खोज अतीत में वेदों में की गई थी। वास्तव में बहुत से आध्यात्मिक श्लोकों में इनका आप जिक्र पाओगे। आज विज्ञान ने भी यह सिद्ध किया है कि विभिन्न चक्रों के निकट एक ग्रंथि स्थित है जो जुड़ी हुई हैं उस विशेष चक्र से। ये सातों चक्र उन ग्रंथियों को ऊर्जा प्रदान करते हैं।

ये सातों महत्वपूर्ण चक्र हमारे शरीर की भावनात्मक और मानसिक क्रियाओं को गहराई से प्रभावित करते हैं इनके अन्दर महान शक्ति होती है ये ऊर्जा के केन्द्र होते हैं, ये चक्र यदि साफ और ऊर्जावान हो तो ये हमारे जीवन को स्वस्थ और आनन्द से परिपूर्ण बना सकते हैं।

हमारी हर बीमारी एक परिणति है उस असंतुलन की जो इनमें से किसी एक चक्र में होता है, क्योंकि हमारा मन व शरीर बहुत गहराई तक हमारी अंतरचेतना में स्थित है। हमारी आंतरिक जाग्रति में इन चक्रों को स्वस्थ स्थित में रखने पर,

हम देखेंगे परिवर्तन होते हुए अपने अन्दर मानसिक व शारीरिक दोनों ही स्तरों पर।

मैं आपको एक कथा सुनाता हूँ :

प्रथम विश्व युद्ध के बाद एक छोटा जहाज एशिया में दूरस्थ स्थान पर निर्जन में खड़ा हुआ था। उसे फौज पलायन के पश्चात वहाँ भूल गई थी।

वहाँ की जनजाति ने कभी कोई हवाई जहाज अपने जीवन में नहीं देखा था।

बहुत ज्यादा उत्साह और उत्तेजना उन लोगों के अन्दर हुई थी उस जहाज को देखकर बहुत से लोग वहाँ इकट्ठे हो गए थे।

सब आश्चर्यचकित थे कि यह क्या हो सकता है और सब ने अपनी-अपनी राय देना शुरू किया।

अन्ततोगत्वा वो इस निष्कर्ष पर पहुँचे कि, क्योंकि इसके पहिए हैं इसलिए यह बैलगाड़ी है।

अब खबर फैल गई गाँव में इस नई बैलगाड़ी के बारे में और बहुत बड़ा जश्न गाँव में इस बात का मनाया गया, उसे बैलों से बाँध कर जोता गया और बैलगाड़ी के रूप में प्रयोग किया गया।

कुछ सप्ताह के पश्चात् उस जनजाति का एक युवक जो शहर से वापस आया था, उसने छोटे हवाई जहाज को देखा।

उसके अन्दर प्रवेश किया और चारों तरफ देखा। उसने सारे गियर (gear) देखे और उसकी तकनीक देखी, उसकी स्विच और लीवरो से खेलने लगा।

एकाएक इंजन स्टार्ड हो गया। उसने हवाई जहाज को किसी तरीके से जमीन पर कुछ दूर चलाया गाँव वाले अचम्भित थे यह सब देखकर के। वह लड़का जिसने ट्रैक्टर देखे थे घोषणा की उसकी कि वह बैलगाड़ी नहीं है, बल्कि एक ट्रैक्टर है। बहुत बड़ा जश्न हुआ फिर एक बार और वह हवाई जहाज ट्रैक्टर के रूप में इस्तेमाल किया जाने लगा।

छः महीने बाद वहाँ सेना का एक सेवानिवृत्त अधिकारी आया। उसने देखा हवाई जहाज को ट्रैक्टर के रूप में प्रयुक्त होते हुए और वह हतप्रभ रह गया।

उसने गाँव वालों से बताया कि यह ट्रैक्टर नहीं है। यह एक हवाई जहाज है और उड़ भी सकता है।

लोगों ने विश्वास करने से इंकार कर दिया। उन लोगों ने केवल चिड़ियों को उड़ते हुए देखा था।

सेना का जवान हवाई जहाज के अन्दर गया, उसके थोड़ी देर उड़ाया फिर जमीन पर उतारा।

गाँव वाले अचम्भित थे, तब वे उसकी वास्तविक क्षमता को समझे।

आप देखें, मानव के अन्दर आश्चर्यजनक क्षमता है, परन्तु हम अपने सही सामर्थ्य को नहीं जानते और अपने बारे में हमारा दृष्टिकोण बहुत हीन होता है। हम लोग ज्यादातर बैलगाड़ी की तरह क्रियाशील रहते हैं इन्द्रिय स्तर पर अपनी भावनाओं के वशीभूत होकर।

हममें से वे लोग जो बाहरी वस्तुओं में ही व्यस्त रहते हैं, जैसे - घर, कार, पेशा और मौलिक आवश्यकताएँ और उससे आगे और कुछ नहीं देखते, वे अपने शरीर को एक बैलगाड़ी की तरह इस्तेमाल करते हैं, इन्द्रिय के स्तर पर और उनका अवचेतन भार से ग्रसित रहता है।

हममें से जो उससे ज्यादा बढ़कर कला, रचनात्मकता, दर्शन जैसी चीजों से जोड़ते हैं। वे मस्तिष्क और हृदय दोनों का प्रयोग करते हैं, वे अपने शरीर को ट्रैक्टर की तरह प्रयोग करते हैं। यहाँ इन लोगों को अपने आप में कुछ उपलब्धि होने लगती है। एक कवि जिसने कविता को जन्म दिया है वह ज्यादा खुश होता है उस महिला की तुलना में जो एक बच्चे को जन्म देती है। महिला के बारे में यह कहा जाएगा कि उसका गर्भ पेट के अन्दर केन्द्रित था, जब कि कवि का गर्भ उसके हृदय में केन्द्रित था अतः ज्यादा परिपूर्णता लगी। ये लोग केवल बौद्धिक स्तर पर ही क्रियाशील होते हैं।

अन्ततोगत्वा वह मानव जो अध्यात्म में पदार्पण करता है और जिसके अन्दर ज्ञान की पिपासा होती है, और अनुभव करता है कि वह ऊर्जा का अंतिम अस्तित्व है भौतिक रूप में, वह व्यक्ति, अपने शरीर को हवाई जहाज की तरह प्रयोग करता है। जाग्रत आत्मज्ञानी अपने शरीर को हवाई जहाज की तरह प्रयोग करते हैं और सदा आनन्द में रमण करते हैं। बैलगाड़ी और ट्रैक्टर की समस्त पीड़ा से वो ऊपर उठ जाते हैं और बस उड़ जाते हैं। उनका जीवन अन्तर्ज्ञान के स्तर पर फलित होता है।

हवाई जहाज बनने के लिए हमें क्या करना चाहिए? गाँव वालों में और सेना के अधिकारी में क्या फर्क था? हवाई जहाज वही था। उसमें कुछ जोड़ा नहीं गया

था, उससे कुछ हटाया नहीं गया था। कोई भी भौतिक परिवर्तन नहीं किया गया था, है कि नहीं? तब क्या फर्क था बताइये मुझे?

(एक महिला ने उत्तर दिया।)

ज्ञान स्वामी जी.......?

हाँ.......ज्ञान। हवाई जहाज की तकनीक का ज्ञान। गाँव वाले यह नहीं जानते थे जहाज में वह तकनीक भी है कि उसे इस तरीके से इस्तेमाल किया जाए कि वह उड़ भी सके। जब कि सेना का अधिकारी उसके बारे में जानता था बस इतना फ़र्क था। वह तकनीक जिसे गाँव वालों ने उसका प्रयोग किया पहले बैलगाड़ी के रूप में फिर ट्रैक्टर के रूप में और फिर अंततोगत्वा हवाई जहाज के रूप में।

इसी तरह, हमारे अन्दर भी तकनीक हैं और गियर है जिन्हें चक्र कहा जाता है, जो असीमित ऊर्जा के केन्द्र हैं, और जिन्हें सही तरीके से इस्तेमाल किया जाए तो वह हमें हवाई जहाज की तरह बना देंगे। एक व्यक्ति जिसे चक्रों का कोई ज्ञान नहीं है वह ज़मीन पर पैदल चलता है जब कि स्वामी, जो जानते हैं चक्रों का प्रयोग जानते हैं बस उड़ते हैं।

जब हम चक्रों के विज्ञान को समझ जाते हैं, तब अपने गहरे अवचेतन का हमें ज्ञान होने लगता है। एक बार हम इसे समझ लेते हैं तब अपने आप को मुक्त कर सकते हैं, उस भार से जो अवचेतन पर रहता है और अपने स्व के ऊँचे आयामों की तरफ बढ़ना संभव हो जाता है।

इन चक्रों का हमारे शरीर में भौतिक अस्तित्व नहीं है ये परा भौतिक का प्रतिनिधित्व करते हैं क्योंकि सूक्ष्म शरीर से संबंधित है भौतिक शरीर से नहीं। किरलियन फोटोग्राफी ने इन चक्रों का चित्र लेने में कामयाबी हासिल की है और उनके अस्तित्व को सिद्ध किया है परा भौतिक स्तर पर। यह सिद्ध किया जा चुका है कि जब एक व्यक्ति एक विशेष प्रकार की नकारात्मक भावना से ग्रसित होता है, तो वह चक्र जो उस भावना से संबंधित रहता है, सिकुड़कर के कोट के बटन के बराबर हो जाता है। वो इतना छोटा हो जाता है, परन्तु वही व्यक्ति जब सकारात्मक भावनाओं का अनुभव करता है तो संबंधित चक्र बढ़कर के गाड़ी के पहिये के बराबर हो जाता है। यह वह प्रभाव है जो हमारी भावनायें डालती हैं, हमारे ऊर्जा केन्द्रों पर - हमारे चक्रों पर।

जो ऊर्जा इन चक्रों से बहती है, हमारे नकारात्मक भाव उसमें व्यवधान उत्पन्न करते हैं और हम इससे पूर्णतः अनभिज्ञ रहते हैं।

समझने का प्रयत्न करें : मनुष्य इसलिए नहीं बनाया गया है कि वह भूमि पर कीड़े की तरह जिये, उसे बनाया गया था कि वह हवा में उड़े। उड़ने का विज्ञान

और कुछ नहीं है, बस यह सीखने का विज्ञान है कि किस तरह हम अपने चक्रों का प्रयोग करते हैं, और कैसे हम अपनी भावनाओं को नियंत्रित करते हैं। यदि आप अपने शरीर के सात चक्रों का प्रयोग सीख लो, तो इतना पर्याप्त है।

और गाँव वालों की तरह जिन्हें इस बात का ज्ञान नहीं था कि यह उपकरण उड़ भी सकता है, मानव को भी इस बात का ज्ञान नहीं है कि वह उड़ सकता है। मनुष्य हमेशा सोचता है कि जाग्रत लोग उपहार प्राप्त व्यक्ति होते हैं। जिन्हें दूर से सम्मान और आदरभाव से देखना चाहिए। वह कभी प्रयास नहीं करता उनकी तरह बनने का। मैं आपको अब बताता हूँ अगर आप वास्तव में अन्तर जगत की प्राप्ति करने में रुचि रखते हो, आप उसे प्राप्त कर लो, बस उस रास्ते पर चलो। समस्या यह है, आपको यह विश्वास नहीं है कि आप यह प्राप्त कर सकते हैं। जैसे गाँव वालों ने यह मानने से इंकार कर दिया था कि वह उपकरण उड़ सकता है बस उसी तरह आप यह नकारते हो कि आप वास्तव में बनाये गये हो और ऊँचे आयाम के लिए।

एक छोटी कथा :

> एक लड़की पियानो बजाना सीख रही थी।
>
> शिक्षक द्वारा बताए हुए अध्याय को समझने का वह संघर्ष कर रही थी।
>
> उसके बगल में एक व्यक्ति पियानो बजाने में निपुण था और एक गाना बजा रहा था।
>
> वह लड़की उसके पास गई और थोड़ी देर तक उसे बजाता देखती रही।
>
> अन्त में उसने पूछा, "महोदय क्या ऐसा तो नहीं कि आपके पास मुझसे ज्यादा उंगलियाँ हैं?"

हम हमेशा सोचते हैं कि हमें वह उपहार नहीं मिला जो हमें मिलना चाहिए था। पर सत्य यह है कि हमारे अन्दर वह सब कुछ है पहले से जिसकी हमें आवश्यकता है। हमें केवल यह जानना है कि हम उसका प्रयोग प्रभावशाली ढंग से कैसे करते हैं। हममें से ज्यादातर लोग अपने जीवन की क्षमता का बैलगाड़ी या ट्रैक्टर की तरह इस्तेमाल करते हैं। हम नहीं जानते कि यह एक हवाई जहाज में परिवर्तित हो सकता है। उड़ने की क्षमता आपके अन्दर सन्निहित है, परन्तु वह बेकार पड़ी रहेगी हमेशा के लिए यदि आपने चक्रों को साधने का विज्ञान नहीं सीखा।

इन कुछ दिनों में, आपको वह स्पष्ट झलक दिखेगी कि इन विभिन्न चक्रों से संबंधित कौन से भाव हैं, जो इन चक्रों को अवरोधित करते हैं और ऊर्जा को रोकते हैं, और क्या उसे खोलता है और किस तरीके से हम उसे ऊर्जावान स्थिति में रख सकते हैं। एक आत्मज्ञानी जब सत्य के अपने परम अनुभव के बारे में

बताता है। तो वह बताता हैं एक अधिकार के साथ क्योंकि उसने परम सत्य को अनुभव किया है। सामान्यतः हम इस भाव से प्रभावित रहते हैं कि केवल उम्र और अनुभव के साथ ही परिपक्वता आती है और तभी हमारा विस्तार होता है। आत्मज्ञानी जीवित उदाहरण हैं इस बात को दिखाने के लिए के लिए आपको समय की आवश्यकता नहीं है। विस्तार के लिए और परिपक्व होने के लिए। मैं आपको इसे विस्तार में समझाता हूँ........

जब आप छोटे बच्चे रहते हो, आपका लगाव आपके खिलौने से होता है, क्या ऐसा नहीं है? अब आपका खिलौना कोई ले लेता है तो आपकी क्या प्रतिक्रिया होती है? आप चीखते हो चिल्लाते हो जैसे कि आपका सारा जीवन उसी पर आधारित है, सही है? परन्तु जब आप बड़े हो जाते हो, और आपका खिलौना कोई ले लेता है आपके ऊपर क्या प्रभाव पड़ता है? क्या आप असंतुलित होते हो? नहीं, आपका लगाव अब उस खिलौने से और ज्यादा नहीं है। जैसे-जैसे ज्ञान आपके अन्दर होता है परिपक्वता अपने आप आपके अन्दर आती है।

इस तरीके का ज्ञान और परिपक्वता, हालांकि हम यह समझते हैं कि यह उम्र के साथ आती है वास्तव में इसका भौतिक उम्र से कोई संबंध नहीं है, इसका संबंध मानव की मानसिक उम्र से हैं। शोध से पता चला कि कई तरीकों से मानव की मानसिक उम्र जानी जा सकती है। उन लोगों ने खोजा है कि औसतन मानव की मानसिक उम्र 14 से ज्यादा नहीं है।

मानव की शारीरिक उम्र के साथ उसे हर तरह के अनुभव में जाने की आवश्यकता है, हर तरह की गलती की आवश्यकता रहती है, तब वह अनुभवी और परिपक्व बनता है।

यह कुछ इस तरह से हैं।

जब हम मोमबत्ती की लौ को छूते हैं तो हम जल जाते हैं और सीखते हैं कि मोमबत्ती की लौ जलाती है। तब हम स्टोव की आग को छूते हैं और सीख जाते हैं कि स्टोव की आग भी जलाती है।

तब हम सिगरेट के सिरे को छूते हैं और यह सीखते हैं कि वह भी जलाता है तब हम जलते हुए कोयले को छूते हैं और सीखते हैं कि यह भी जलाता है।

इसी तरह विभिन्न रूप में अग्नि को छूकर हम यह सीखते हैं कि सब जलाते हैं। जब तक हम ये सब सीखते हैं तब तक इतना समय बीत जाती है, कि हमारे घाट पर जाकर जलने का समय आ जाता है। इसी को हम जीवन का अनुभव कहते हैं। इसी को हम अनुभव से सीखना कहते हैं। उम्र के साथ ज्ञान एकत्रित करना कहते हैं। आपको पूरा जीवन लग जाता है अपने पाठ सीखने में। बढ़ती हुई उम्र के साथ आप सीखते हो अपनी स्वेच्छित गति से।

और दूसरी तरफ जब आप एक बार अग्नि को छू लेते हो तो आप समझ जाते हो कि हर तरह की आग जलाती है, तब आप बुद्धिमान होते हो, इसके लिए उम्र की आवश्यकता नहीं होती, इसके लिए केवल बुद्धि की आवश्कयता होती है। यह आपके मानसिक उम्र का सूचक है। इसीलिए कहा जाता है कि विवेक का उम्र से कोई संबंध नहीं है। तो प्रश्न यह है कि आप कितने बुद्धिमान हो किस तरीके से आपने अपनी आंतरिक ज्ञान को बढ़ाया है और चीजों को समझा है।

अब मैं आपकी जीवन की घटनाओं के माध्यम से आपको समझाता हूँ।

छात्र जीवन में जब आप कॉलेज में थे तो आपने सोचा था जब आपको नौकरी मिल जाएगी आप खुश होगे।

जब आपको नौकरी मिल जाती है तो आपको कुछ खुशी होती है, परन्तु उतनी नहीं जितनी कि आपने अपेक्षा की थी। तब आप अपने आप को सांत्वना देते हो कि जब विवाह होगा तब खुशी होगी।

विवाह के उपरांत आप सोचते हो कि आप जब बच्चे होगे तब खुश होगे।

आप भागते रहते हो कामनाओं के पीछे यह सोचते हुए कि जब कामना की पूर्ति होगी तो आप खुश होगे। इस तरीके से आपका जीवन बीत जाता है आप जीवन के अंत की तरफ पहुँच जाते हो और तब सोचते हो कि किसी भी कामना की पूर्ति ने सही आनन्द नहीं दिया और तब आप आध्यात्म और साधना की तरफ घूमते हो।

यह कड़ी है एक मानव के जीवन की, जो भौतिक उम्र से सीखता है, अपने अनुभव से।

एक व्यक्ति जिसकी प्रखर मानसिक उम्र होती है, वह है जो सीखता है बुद्धिमत्ता से, वह एक है जो स्पष्ट रूप से पहली कामना से ही सीख जाता है, कि किसी भी कामना की पूर्ति पूरी खुशी नहीं देगी, यही फर्क है। वह पूरे को देखने में सफल होगा और विश्लेषण करेगा पूरी चीज का। यह जानेगा कि वास्तविक खुशी अन्दर से आती है वाह्य जगत की वस्तुओं से नहीं। इस तरह का विवेकी होने के लिए आपको उम्र की आवश्यकता नहीं है आपको वर्तमान में ही स्थित रहना है, इतना पर्याप्त है। जब आप वर्तमान में स्थित रहोगे आपका अस्तित्व आपको खुद सिखा देगा। अस्तित्व सबसे बड़ा शिक्षक है। जब हम वर्तमान में नहीं रहते तो हम भविष्य और पूर्व के पीछे भागते रहते हैं और हम आराम से अपने से सीखते हैं, बस इतना ही फर्क है।

बहुत से काल तक सालों से आप ये देखते आये हो कि बुद्ध, शंकर, रमण महर्षि और विवेकानन्द सब आत्मज्ञानी थे और इन्होंने इतिहास बनाया और बहुत कम

उम्र में आत्मज्ञानी हुए। तो समझो कि उम्र का आध्यात्मिकता और सीखने से कोई संबंध नहीं है।

इसीलिए लोग कहते हैं, (आपकी उम्र उतनी है जैसे आप हो।) इसका अर्थ है कि आपकी उम्र उतनी है जितनी आपकी मानसिक उम्र है आपकी परिपक्वता जितनी है उतनी ही आपकी उम्र है, उतना नहीं जितनी आपकी भौतिक उम्र है। आप 70 वर्ष के हो सकते हो, परन्तु समझ 20 वर्ष की है। या आप 18 वर्ष के हो सकते हो पर परिपक्वता और समझ 80 वर्ष की हो सकती है। तो कृपया विशिष्ट बनने का दावा मत करो केवल इसलिए कि आप उम्र में ज्यादा है।

एक बहुत अच्छी कथा है : स्वामी ब्रह्मानन्द के बारे में जो श्री राम कृष्ण के शिष्य थे।

> एक दिन स्वामी ब्रह्मानन्द वृंदावन में साधनारत थे।
>
> एक श्रद्धालु आया और उपहार में एक कीमती कंबल उनके सामने रख दिया।
>
> स्वामी ब्रह्मानन्द कुछ नहीं बोले। वो केवल शांति के साथ देखते रहे क्या हो रहा है। कुछ घण्टों बाद एक चोर आया, और वह कंबल ले गया, स्वामी देखते रहे उसी तरीके से शांति से और कोई प्रतिक्रिया नहीं की।
>
> कंबल का पाना और खोना स्वामी जी के लिए कोई किसी तरीके का प्रभाव नहीं डाल पाया।

इसी तरह, एक कथा है भगवान रमण महर्षि की :

> एक दिन कुछ चोर उनके आश्रम पर आये। वो जो कुछ था उनके पास उसे ले गये और जाते हुए उनको एक चोट भी पहुँचाई। ऐसा कहा जाता है कि भगवान ने कोई भी प्रतिक्रया व्यक्त नहीं की, और इस घटना से उनकी साँस की गति तक पर भी कोई प्रभाव नहीं पड़ा।

पूरी घटना से वो एकदम से अप्रभावित थे।

जब हम केवल द्रष्टा बनते हैं, तब हमारा मन हमारे लिए एक अस्त्र होता है, जिसे हम जैसे चाहें प्रयोग करें। अन्यथा हम केवल मस्तिष्क के गुलाम बन सकते हैं। यदि आप अपने मन का प्रयोग करो जब आवश्यकता हो केवल, आप उसे त्यागना भी सीख जाओगे और तब आप स्वामी बन जायेंगे।

तो इन कुछ दिनों में, आप देखोगे कि किस तरीके से हम अपनी भावनाओं पर नियंत्रण करते हैं, अपने जीवन में द्रष्टा के रूप में रहते हुए, किस तरीके से आप

अपने आप में केंद्रित होकर के, अपने परिवेश में, बिना विचलित हुई स्थिति में कार्य कर सकते हैं और आप यह देखोगे कि किस तरीके से आप अपनी मानसिक बनावट का निर्माण करते हो, जो मुक्त होता है उन पूर्व की स्मृतियों से, जो हमारे अवचेतन को प्रभावित करते हैं, निर्णय लेने में, तब आप देखोगे कि किस तरीके से आप अपने अंतःकरण की ऊर्जा, जो आपके अन्दर है, को इकट्ठा करते हो और अवचेतन से जाग्रत की तरफ बढ़ते हो और जाग्रत से पराजाग्रत की तरफ। किस तरह से इन्द्रियों से बुद्धि और बुद्धि से आत्मज्ञान की तरफ बढ़ते हो, किस तरीके से प्राप्त करते हो उस स्रोत को जो परमानन्द का स्रोत है हमारे अंतःकरण में।

अब हम दूसरे सत्र में मिलेंगे। धन्यवाद।

अध्याय 3

ध्यानाकर्षण की आकांक्षा का परित्याग

अध्याय - 3

ध्यानाकर्षण की आकांक्षा का परित्याग

दूसरों का ध्यान पाने की आकांक्षा से मुक्ति

अब हम प्रवेश करते हैं। 'अनाहत चक्र' में, यह चक्र हृदय क्षेत्र में स्थित है। संस्कृत में, *'अनाहत'* का का अर्थ होता है *''वह जिसका सृजन न किया जा सके''* यह चक्र अवरोधिक होता है, जब आप दूसरों से प्रेम और मान की अपेक्षा करते हो, और फिर खिल उठता है जब आप अपने निःस्वार्थ प्रेम की अभिव्यक्ति किसी के प्रति करते हो बिना किसी अपेक्षा के।

(साधना तकनीक : महामंत्र साधना - एक तिब्बती बौद्ध तकनीक)

अनाहत चक्र का सम्बन्ध प्रेम, संवेदनशीलता और इसी तरह मिलते-जुलते भावों से हैं। यह चक्र अवरोधित रहता है जब हम लगातार दूसरों से मान पाने के लिए तत्पर रहते हैं बजाय इसके कि सबके लिये हमसे निःस्वार्थ प्रेम विवाहित होता रहे।

इसका अर्थ ही यह है ''वह जिसका सृजन नहीं किया जा सकता।'' और वह दर्शाता है कि प्रेम का सृजन बाहर की वस्तुओं से करके आपके अन्दर नहीं डाला जा सकता, यह केवल आपके अन्दर स्वतः हो सकता है, बस यह आपके अन्दर हो सकता है जब आपके अन्दर गहरी जागरूकता उत्पन्न हो जाए।

जब स्वतः प्रेम पैदा होगा, तब दूसरों से मान की अपेक्षा बंद हो जायेगी, और हम स्वतः ऊर्जा के स्रोत बन जाएँगे।

मान की अपेक्षा का क्या अर्थ है?

आप देखो, हम जो भी करते हैं, जो भी सोचते हैं, हम अवचेतन में, लोगों की सहमति और स्वीकृति चाहते हैं एक परोक्ष रूप से। हम लालायित रहते हैं कि हम एक अच्छा नाम अर्जित करें सबसे। हम इसे सामान्य तरीके से नहीं करते। यदि आप इसका विश्लेषण गहराई से करो तो पाओगे कि आप उन लोगों की, जो आपके आस-पास हैं, की प्रशंसा और सहमति के बिना, सहज रह ही नहीं पाओगे। यही दूसरों के अनुमोदन और स्वीकृति की आकांक्षा, यही है जिसे हम कहते हैं मान की अपेक्षा या दूसरों का ध्यान पाने की अपेक्षा।

हमारी 80 फीसदी समस्याएँ केवल इसलिए हैं क्योंकि हम लोगों से सहमति और महत्व चाहते हैं। अगर आप बैठ जाओ और लिखो, कि एक दिन में आपने कितनी चीजें की हैं, अच्छा नाम पाने के लिये या समाज में अपनी ख्याति बनाए रखने के लिए, तो आप इसे समझ पाओगे।

आप यह पाओगे कि, चौबीसों घण्टे, पूरे जीवन आप लिप्त रहते हो दूसरों का अनुमोदन प्राप्त करने में। सारे जीवन आप केवल एक हस्ताक्षर अभियान में रहते हो, अपने परिवार वालों और समाज की स्वीकृति हस्ताक्षर।

आपकी सारी गतिविधियाँ, आपके सारे प्रयास, केवल इस बात के हैं कि आप आस-पास के लोगों से हस्ताक्षर प्राप्त कर लो। एक बड़े रजिस्टर में आप एक शीर्षक बनाते हो - अच्छा पिता और हर चीज जो अपने बच्चों के लिए करते हो, आप अपेक्षा करते हो कि उस शीर्षक के नीचे बच्चे अपने हस्ताक्षर करें। फिर आप अपनी पत्नी के पास जाते हो, अपने मालिक के पास जाते हो, अपने मित्रों के पास जाते हो। आप विभिन्न शीर्षक अच्छा पति, अच्छा कर्मचारी, अच्छा मित्र इत्यादि बनाकर रखते हो, और यह प्रतीक्षा करते हो कि सब उसी शीर्षक के नीचे हस्ताक्षर करें। आप हमेशा अनुरोध करते रहते हो सहमति हस्ताक्षर के लिये, बस इतनी सी बात है।

हाँ निश्चित रूप से, ये सब भी आपके पास, उनके लिये भी, आपका हस्ताक्षर कराने के लिए आते होंगे। आपको भी इनके रजिस्टर पर हस्ताक्षर करने की आवश्यकतता, उन्हें पड़ती है, शीर्षक के नीचे जो आपके लिए हैं। हममें से सब लगातार इसी हस्ताक्षर कराने की मुहिम पर लगे हुए हैं। हमें समाज से, ज्यादा से ज्यादा अच्छी राय अपने बारे में इकट्ठी करने की आवश्यकता होती है और सिद्ध करना होता है कि आप कितने कीमती और महत्वपूर्ण हैं अपने लिए और समाज के लिए।

आप अपने बारे में, दूसरों की राय की इतनी परवाह क्यों करते हैं?

हम अपनी शक्ति से आपना मूल्यांकन खुद क्यों नहीं कर सकते और अपना

कार्य करते रहें? हम दूसरों से शक्ति पाने का प्रयास क्यों कर रहे हैं? ये सब दो कारणों से होता है : पहला - आप अपने बारे में कुछ नहीं जानते। आप अपने बारे में उतना ही जानते हैं जितना हमारे बारे में लोगों की राय है अर्थात् दूसरों के माध्यम से जानते हैं, दूसरों के प्रमाण पत्र से जानते हैं। दूसरा - जब दूसरे हमें अपनी सहमति और मान दे देते हैं तो वास्तव में वो हमें ऊर्जा देते हैं जीने की। मान ऊर्जा है। तभी तो हम इनता उत्साहित होते हैं, जब हमें लोग मान देते हैं।

मान हमारे लिए किसी भी रूप में मिले अच्छा लगता है। बहुत से घरों में, सास-बहू लगतार आपस में लड़ती रहती हैं। वो लगतार एक-दूसरे की शिकायत करती हैं उस गरीब आदमी से, उस लड़के या पति से। परन्तु कुछ दिनों बाद, अगर उनमें से कोई एक बाहर चला गया, तो क्या होता है? दूसरा उसकी कमी महसूस करती है। हालांकि वो आपस में लड़ते हैं हमेशा, लेकिन वो एक-दूसरे की कमी महसूस करते हैं जब साथ-साथ नहीं होते।

ऐसा क्यों होता है? जब वो एक-दूसरे से लड़ते हैं हर समय, तब वास्तव में वे एक-दूसरे से, एक-दूसरे के प्रति, मान पाते हैं। यह मत सोचो कि केवल सकारात्मक मान ही ऊर्जा होता है। किसी प्रकार का मान ऊर्जा देता है। दोनों परोक्ष रूप से उसी मान की अनुभूति करते हैं जो लड़ते समय एक-दूसरे से मिलता है इसीलिए वो दोनों एक-दूसरे की कमी महसूस करते हैं। वास्तव में वे मान की कमी महसूस करते हैं, परन्तु उस मान की कमी को प्रेम कहते हैं। वो कहते हैं कि वो एक-दूसरे की कमी इसलिए महसूस करते हैं क्योंकि वो एक दूसरें से प्रेम करते हैं। निश्चित रूप से, यह बिल्कुल संभव है, परन्तु मैं चाहता हूँ कि आप समझो, मान और कुछ नहीं है बल्कि एक ऊर्जा है जो हमें एक अच्छे मूड में रखता है। यह एक अति सूक्ष्म रूप से हमें ऊर्जावान बनाता है और हम इसको समझ भी नहीं पाते। देखो समझो, जब हमें किसी चीज की आवश्यकता पड़ती है, तब वह चीज प्रेम नहीं है, मान है। आपको प्रेम की आवश्यकता नहीं है, आप तो स्वतः प्रेम ही हो। तो आप जब कहते हो कि आपको प्रेम की आवश्यकता है आपको प्रेम किया जाना चाहिए, तो आप वास्तव में मान की आवश्यकता महसूस करते हो, प्रेम की नहीं।

लोग मेरे पास आते हैं और बताते हैं कि, उनके लड़के और लड़कियाँ, इस बूढ़ी अवस्था में उन्हें उतना प्रेम नहीं करते। वो वास्तव में क्या कहना चाहते हैं, कि उनके लड़के और लड़कियाँ उन्हें मान नहीं दे रहे हैं, वह ऊर्जा जिसकी वृद्धावस्था में उनको आवश्यकता लग रही है।

वास्तव में यदि आप देखोगे, हम जैसे-जैसे वृद्ध होते हैं। हमें अपने आप के प्रति केन्द्रित होना चाहिए उस संवेदनशीलता के बढ़ने के कारण जो हमारे अन्दर की

ऊर्जा के अस्तित्व से है। परन्तु होता क्या है, क्योंकि हम मान की ऊर्जा जो दूसरों से मिलती थी पर ही जीवन भर आश्रित रहे, और वह प्रेम जिसे हम जाने, वह संबंधों में ही था, क्योंकि हम अन्तःकरण की संवेदनशीलता के प्रति जागरूक होकर जिए ही नहीं हैं, जब हम वृद्ध हो जाते हैं तो हम उस प्रेम की कमी महसूस करते हैं जो बाहर से मिलता है या वह मान जो बाहर से मिला था, आपका परिवार अन्य कार्यों में व्यस्त हो जाता है और आपके साथ परस्पर नहीं रह पाते जैसा वो पहले रहते थे। इसलिए आप शिकायत करने लगते हो उम्र बढ़ने के साथ-साथ।

आप इसलिए भी शिकायत करते हो क्योंकि जो आपका तथाकथित जीवन का अनुभव है उसमें आप ये समझे ही नहीं और न आपको जानकारी थी, उस ऊर्जा स्रोत की जो आपके अन्दर ही थी, बाहर नहीं। इसलिए बढ़ती उम्र के साथ बजाय इसके कि ज्यादा आनंद और ऊर्जा के साथ आप जियो, आप घटी हुई ऊर्जा के साथ जीते हो, आपका ऊर्जा स्रोत वे लोग थे, जो आपके आस-पास थे, वे अब वैसी ऊर्जा नहीं प्रदान करते जैसी पहले देते थे।

जब आप बाह्य ऊर्जा पर आश्रित रहते हो, इसका मतलब केवल यह है आप मानसिक रूप से विकलांग हो। जब आपको शारीरिक मदद की आवश्यकता पड़ती है तो आप शारीरिक रूप से विकलांग होते हो, जब आपको मानसिक मदद की आवश्यकता पड़ती है, तो मानसिक रूप से विकलांग हो, बस इतनी बात है।

शारीरिक विकलांगता के साथ आप जानते हो कि आप विकलांग हो, क्योंकि आप उसे देख सकते हो, परन्तु मानसिक विकलांगता के साथ आप ये जान भी नहीं पाते कि आप मानसिक विकलांग हो, आपको इस बात का ज्ञान ही नहीं रहता। जब आपको इस बात का ज्ञान ही नहीं है तो आप उसकी परिणति भी नहीं जानोगे जिसको वो जन्म देगी। जब बीमारी पैदा होगी परिणामस्वरूप, आपको आश्चर्य होगा कि कारण क्या है।

यदि आपने बच्चों को खेलते हुए देखा है, तो आपने देखा होगा कि ताश के पत्तों से वो महल बनाते हैं वो पत्तों को एक विशेष कोण पर दूसरे पत्ते के ऊपर रखकर के विभिन्न स्तर पर पिरामिड के रूप में बनाते हैं। वह देखने में बहुत खूबसूरत लगता है, परन्तु यह यदि आप एक कार्ड उनमें से कहीं निकाल लो तो सारी इमारत धराशायी हो जाती है। जितनी ऊँची इमारत होगी धराशायी होने की संभावनाएँ उतनी ज्यादा होंगी। इसी तरह, हम अपनी प्रतिष्ठा की इमारत का निर्माण करते हैं, जो निर्मित होती है लोगों की हमारे प्रति धारणाओं से, हम प्रमाण-पत्र और हस्ताक्षर एकत्रित करते हैं अपने पिता, माता, पुरुष-मित्र,

महिला-मित्र, शिक्षक और सबसे, और इन सारे प्रमाण-पत्रों और हस्ताक्षरों को करीने से सजाकर के अपनी प्रतिष्ठा की इमारत का निर्माण करते हैं। उसका स्वरूप देखने में खूबसूरत होता है हम बहुत खुश होते हैं।

परन्तु अगर एक भी व्यक्ति ने अपना प्रमाण-पत्र निकाल लिया या अपना हस्ताक्षर वापस ले लिया तो क्या होगा? इमारत धराशायी हो जाएगी। आप अपने बारे में अत्यन्त चिंता व दुःख का अनुभव करोगे, हतोत्साहित हो जायेंगे। आपको ऐसा लगेगा जैसे सारा संसार समाप्त हो गया।

आप देखो बच्चों के साथ तो कम से कम ये हुआ था कि उन्होंने इमारत का निर्माण अपने हाथ से किया था अपने पत्तों से किया था। परन्तु हम अपनी इमारत का निर्माण दूसरों के पत्तों से करते हैं, दूसरों के प्रमाण-पत्र से। हमारा अपनी इमारत पर कोई नियंत्रण नहीं होता क्योंकि उसका निर्माण दूसरों के प्रमाण-पत्रों से होता है।

तब हम क्या करते हैं? हम कड़ी मेहनत करते हैं उस इमारत को सुदृढ़ रखने की पूरी तरह सुरक्षित रखने की। हम इस तरीके से व्यवहार करना शुरू करते हैं जिससे लोग अपने प्रमाण-पत्र या हस्ताक्षर वापस न ले लें। हम ऐसे कार्य करना शुरू कर देते हैं जिससे उनकी सहमति लगातार मिलती रहे, क्योंकि उनकी सहमति ही हमारा जीवन होता है।

एक छोटी कथा हैं :

एक महिला अपने पति के साथ एक बार खरीददारी करने गयी।

वे अपने लिए एक कोट खरीदना चाहती थी।

वह कई दुकानों में गए, परन्तु उसे वह नहीं मिला जो वह चाहती थी।

पति ऊब गया उसने कहा कि, "प्रिये क्या आप जानती हो सही रूप में किस तरीके की कोट आपको खरीदना है?"

पत्नी ने उत्तर दिया, "निश्चित रूप से प्रिय। मैं खोज रही हूँ ऐसी कोट को जो कोट हो।"

पति समझ नहीं पाया वह क्या कहना चाहती है उसने पूछा ये कोट क्या है?"

उसके बाद उसने उत्तर दिया, "जब लोग देखें तो गिरकर मर जाएँ।"

हम सब हर समय केवल यही देख रहे हैं कि किस तरीके से हम प्रमाण-पत्रों को लोगों से एकत्रित करें हमारी हर क्रिया अंजाने में इस बात से जुड़ी हुई है कि लोग क्या कहेंगे, लोगों की क्या प्रतिक्रिया होगी।

उदाहरण के लिए, कोई आपकी खरीदने की क्षमता में हो सकता है और आपके काम का भी हो सकता है परन्तु अंजाने में आपका मस्तिष्क इसकी परिकल्पना करता है कि आप जब इसे लेकर चलोगे तो लोग देखकर के क्या सोचेंगे, तब आप निर्णय लेते हो कि नहीं ये ठीक नहीं है। आप दूसरा खोजने लगते हो।

परन्तु आप इस बात को नहीं मानोगे कि आप प्रमाण-पत्र खोज रहे थे, क्योंकि यह प्रक्रिया आपके अन्दर चलती है अवचेतन में।

हमारी स्थिति करीब-करीब सौ पैरों वाले कीड़े की तरह हो जाती है, जो सौ टाँगों से चलता है। उसी तरीके से हम चाहते हैं सहमति तारतम्य की सबसे हमारे साथ चलने की। क्या होगा अगर कानखजूरे की एक टाँग गड़बड़ हो गई? वो वहीं रुक जाएगा जहाँ है। क्या होता है हमको जब कोई एक सहमति मिलने में असफलता प्राप्त होती है? हम हतोत्साहित हो जाते हैं।

यदि हम दूसरों पर इतना आश्रित रहेंगे, इस बात की पूरी संभावना है कि हम हतोत्साहित हो जाएँ। जो लोग हतोत्साह से ग्रसित रहते हैं वो वास्तव में मान की आवश्यकता से ग्रसित हैं। समय के साथ-साथ कुछ हो जाता है और आपको पर्याप्त मान नहीं मिलता, इस स्थिति को नियंत्रित करने की क्षमता नहीं होती, तब उनके लिए केवल एक शब्द पर्याप्त होता है हतोत्साहित होने के लिये, विषादग्रस्त होने के लिये। परन्तु हम विषादग्रस्त होने का वास्तविक कारण नहीं जानते। फिर हम करते क्या है? हम उसके इलाज के लिए दवा लेने लगते हैं।

कैसे ठीक होगा? विषाद का कारण तो अन्दर है और आप मदद के लिए दवा की तरफ देख रहे हो। जब हतोत्साहित लोग मेरे पास आते हैं तब मैं उन्हें साधारण महामंत्र साधना प्रारम्भ करने के लिए कहता हूँ और वे धीरे-धीरे दवा छोड़ देंगे।

आप देखो, आवश्यक है, इन लोगों को यह बताया जाय कि उनका ऊर्जा स्रोत उनके अन्दर है और ध्यान उन्हें वह समझ देता है।

यह निर्भर करता है उनकी लगन पर, वो कैसे ध्यान करते है, उससे वो अपने अन्दर ऊर्जा एकत्रित कर लेंगे और विषाद से बाहर निकल जायेंगे। दवा तो उन्हें और सुस्त बना देगी। इसे समझना आवश्यक है।

मैं आपको बताता हूँ : जब आप अपनी ऊर्जा बाहर से लेते हो, वह बस आपके ऊपर कहर ढायेगी। आप मात्र एक कठपुतनी बन जाते हो।

मैं आपको एक कथा बताता हूँ - वास्तव में यह एक प्रयोग था जो शिकागो विश्वविद्यलाय में किया गया था।

> एक स्वस्थ और बुद्धिमान व्यक्ति उठा और कार्य पर जाने के लिए तैयार हुआ।

उसकी पत्नी ने उसे देखा और उससे कहा, "आप थके हुए दिखाई दे रहे हो, आप ठीक तो हो?"

उसे बुरा लगा उसने उससे कहा कि चीजों की परिकल्पना करना बंद करो और काम पर चला गया।

जब वह अपनी कार गैरेज से निकाल रहा था उसका पड़ोसी उसे देख रहा था चिल्लाकर बोला, "आप अच्छा महसूस कर रहे हो? आप ठीक नहीं लग रहे हो।" वह व्यक्ति आश्चर्यचकित हुआ इस बार परन्तु यह कहकर कि यह ठीक है कार्य पर चला गया।

वो अपने दफ्तर पहुँचा और जैसे ही अन्दर घुसा, स्वागतकर्ती ने ध्यान से उसे देखा और कहा, "महोदय, आप बीमार दिख रहे हैं। आप कार्य पर क्यों आये हैं?"

व्यक्ति ने उत्तर दिया- "अच्छा, मैं सोचता हूँ मैं ठीक हूँ। चलो देखते हैं और वो अपने कक्ष में चला गया।" वह अपना कार्य प्रारम्भ करता है तो उसका सहकर्मी अन्दर आता है और कहता है, "ह्यें! आप बहुत खराब लग रहे हो। क्या बात है? आपको बुखार है या कुछ और?"

अब यह तो बहुत हो गया उस व्यक्ति के लिए। उसने असहज और बीमार महसूस करना शुरू किया। तभी उसके मालिक ने उसे बुलाया और वो वहाँ गया।

मालिक ने उसे देखा और कहा, आप वास्तव में ठीक नहीं लगते। क्या आप निश्चिंत हो कि आप दिन भर काम कर पाओगे? जाकर किसी डॉक्टर को क्यों नहीं दिखाते?

उस युवा व्यक्ति के लिए काफी हो चुका था। अब वह निश्चित रूप से बीमार अनुभव करने लगा था उसने कहा अब मैं घर जाऊँगा और चला गया। जैसे वो घर की तरफ कार चला के जा रहा था उसे लग रहा था उसका बुखार बढ़ रहा हो।

जब वो वापस घर पहुँचा तो उसकी पत्नी उसे वापस देखकर चौंकी।

उसने माथा छुआ और देखा कि उसे बुखार था।

एक व्यक्ति जो स्वस्थ और प्रसन्न था प्रातःकाल वास्तव में दोपहर में बीमार पड़ गया और बीमार कैसे पड़ गया? केवल लोगों के यह बताने पर कि वो बीमार है। लोग वही बात उससे बार-बार कहने के लिए व्यवस्थित किये गए थे। और क्या हुआ? यह वास्तव में बीमार पड़ गया। यह प्रयोग 11 लोगों के ऊपर किया गया

और सब 11 लोग अंत में बीमार पड़ गए।

यह होता है आपके साथ आप केन्द्रित नहीं रहते अपनी उस ऊर्जा परत जो आपके अन्दर है। आप बस ऊँचाई से निचाई की तरफ जाओगे, सिर्फ इसलिए क्योंकि बाह्य जगत का प्रभाव होगा। जब हम अपने आप में केन्द्रित होते हैं, तो बाहर का कुछ भी वस्तु हमें हिला नहीं सकती।

हम लगातार कार्य करते रहते हैं वो सब जिससे हमें प्रशंसा और सहमति मिले, लेकिन हम उसे करते हैं प्रेम और कर्त्तव्य के नाम पर। लोग मुझसे बताते हैं, "स्वामी जी, हम अपना कार्य प्रशंसा और सहमति के लिए नहीं करते, हम तो केवल अपने कर्त्तव्य का पालन करते हैं।"

बहुत स्पष्ट रहो : जिस क्षण आप ये दावा करते हो कि आप अपने कर्त्तव्य का पालन कर रहे हो, आप इसलिए कर रहे हो क्योंकि यदि आप नहीं करोगे, तो लोग आपका अनुमोदन करना बंद कर देंगे। लोग आपका अनुमोदन केवल तब तक करेंगे, जब तक आप पूरी करते हो हर छोटी से छोटी बात, जिसकी आपसे अपेक्षा की जाती है। केवल एक छोटी चूक हो उसमें जो आप कर रहे हो, आप देखोगे आपके संबंधों में कितना बदलाव आता है। आप यह जानते हो इसीलिए आप अपने कर्त्तव्य का पालन करते हो।

आप कहोगे, "स्वामी जी मैं उनका पिता हूँ। अगर मैं उनकी व्यवस्था नहीं करूँगा तो कौन करेगा?" देखो इसे समझने का प्रयास करो : मैं यह नहीं कह रहा हूँ कि उनकी व्यवस्था मत करो। आपने उन्हें जन्म दिया है, आपको उनकी व्यवस्था भी करनी है उस समय तक जब तक कि वो अपने आप में स्वतंत्र होकर के अपनी व्यवस्था न कर सकें। पर जो भी करो, किसी भी तरह की अपेक्षा से कुछ मत करो, चाहे जो हो। इसे ऐसे करो कि यह अभिव्यक्ति हो, उस प्रेम भरी ऊर्जा की, जो आपके अन्दर स्थित है।

इस वक्त, आप यह दावा कर सकते हो कि आप किसी अपेक्षा से कुछ नहीं कर रहे हो, पर दूसरे की तरफ से उत्तर में यदि थोड़ी भी कमी आएगी, तब आप जानोगे, आप यह अनुभव करोगे कि आपके अन्दर कितना तनाव है, कितनी उत्तेजना है, कितना असंतोष है।

यह तनाव, यह उत्तेजना, यह असंतोष परिणति है उस अपेक्षा की जो आपके अन्दर थी जब आप कर्त्तव्य का पालन कर रहे थे। इस प्रतिक्रिया का स्तर लोगों में अलग-अलग स्तर पर हो सकता है, परन्तु ऐसा होना निश्चित है।

और जब यह होता है, आप इसलिये यह नहीं कर रहे कि आप अपने अन्दर की प्रेम ऊर्जा की अभिव्यक्ति कर रहे हो, आप केवल इसे कर रहे हो एक सीमित गुण के कारण, जिसे कर्त्तव्य कहा जाता है, तथाकथित प्रेम यह आपके अन्दर ऊर्जा

के अस्तित्व की अभिव्यक्ति नहीं है, यह दुनियादारी की एक प्रक्रिया मात्र है, बस।

भगवत् गीता में बड़ी खूबसूरती से कहा गया है :

कर्मण्येवाधिकारस्ते मा फलेषु कदाचन।
मा कर्मफलहेतुर्भूर्मा ते सङ्गोऽस्त्वकर्मणि।।

इसका अर्थ है, आपका कर्त्तव्य है, केवल कार्य करना पर फल के बारे में चिंतित न होना।

प्रेम की ऊर्जा से लगातार कार्य होता ही रहेगा, बिना किसी कारण के और बिना किसी अपेक्षा के, क्योंकि आपके अन्दर ही इतना ज्यादा प्रेम है। आप निकाल सकते हो अपने अन्दर से इतनी ऊर्जा। जब आप इस स्थिति में होते हो तो आप परवाह नहीं करते किसी परिणाम की, बस निस्वार्थ प्रेम बस कार्य होता रहता है।

जब मैं कहता हूँ कि आप परिणाम के लिए चिंतित मत हो, तो इसका अर्थ यह नहीं निकाल रहा हूँ कि आप निराशा और कुंठा बस यह अपेक्षा नहीं करें। मेरा अर्थ है, कि आप यह जानोगे ही नहीं कि फल की अपेक्षा क्या होती, बस, आप लगातार सक्रिय हों और अभिव्यक्ति कर रहे हो अपने परमानन्दस्वरूप ऊर्जा की, जो आपके अन्तःकरण में स्थित है, बस इतना ही। तो हम ये भी नहीं कह सकते कि आप परिणाम की अपेक्षा नहीं करते। आप केवल आनन्द नहीं करते। आप केवल आनन्द में बह रहे हो केवल इतना। यह लगातार बहती हुई ऊर्जा ही प्रेम है।

जब आप लोगों से अपेक्षा करना शुरू कर देंगे, तो इसका कोई अन्त नहीं होगा। अब मैं आपसे एक बात बताता हूँ : सबसे कठिन कार्य है अपने आस-पास के हर व्यक्ति को संतुष्ट करना। क्या आप समझते हो कि हर व्यक्ति हर समय संतुष्ट किया जा सकता है? कभी नहीं। इस वसुंधरा पर यह कार्य करना असंभव है।

एक छोटी कथा है :

> एक पति और पत्नी अपने विवाह की 50वीं वर्षगांठ का उत्सव मना रहे थे। पत्नी ने पति को दो कमीजें भेंट दीं उस अवसर पर। पति भावुक हो गया और उसने कहा कि आज से घर में खाना नहीं बनायेंगे बाहर जाकर खायेंगे।
>
> उन दोनों के लिए वह बहुत नाजुक क्षण था। वह तरोताजा हुआ और अपनी पत्नी को खुश करने के लिए उपहार में दी गई एक कमीज पहनकर अपने कमरे से बाहर आया। जैसे ही वो बाहर आया, उसकी

पत्नी ने देखा, मुस्कुराई, पर, तुरन्त उसका भाव बदला और उसने कहा, "तो दूसरी कमीज अच्छी नहीं?"

यह संभव नहीं है कि दूसरे को पूर्णतः खुश किया जा सके। सर्वप्रथम आप अपने आप को संतुष्ट करो, आप अपने आप में परिपूर्णता का अनुभव करो, इतना पर्याप्त है और देखो कि इसका परिपूर्णता का आपके आस-पास के लोगों से कुछ लेना-देना न हो, उसे बस रहने दो अपने अन्तःकरण से लगातार निकलने वाली ऊर्जा, अपने आस-पास के लोगों और परिस्थितियों से बिना प्रभावित हुए। इतना पर्याप्त है।

दूसरों के लिए कुछ करना अच्छा है, मान देना अच्छा है, सम्मान देना अच्छा है - परन्तु गहरी प्रेम ऊर्जा से, भय से नहीं : इस भय से नहीं कि हमसे वो अपना प्रमाण-पत्र वापस ले लेंगे। दूसरों की राय पर इतना निवेश मत करो कि वो आपके जीवन का केन्द्र बन जाएँ, दूसरों को अपनी ऊर्जा का स्रोत मत बनाओ, अपनी मानसिक सुरक्षा के लिए दूसरों पर आश्रित मत रहो।

जब आप अपनी खुशी के लिए दूसरों पर आश्रित रहते हो, आप अपने जीवन का नियंत्रण दूसरे के हाथ में दे देते हो। आप स्वतः अपने के लिए और प्रेरणा का स्रोत बनो एक स्पष्ट समझ तक पहुँचो कि वास्तविक आनन्द संभव ही नहीं है यदि आप दूसरों को अपना केन्द्र बनाओगे। यदि आप इसे समझ गए आधी समस्या सुलझ गयी।

जैसा कि मैंने आपसे पहले बताया है क्योंकि आप अपने बारे में कुछ नहीं जानते, अपने उत्तर पाने के लिए समाज की तरफ उन्मुख होते हो। और समाज खुशी-खुशी अपना लेबल आपके ऊपर लगा देता है आप एक अच्छे पिता हो, आप देखने में अच्छे लगते हो, आप असफल हो इत्यादि।

उसी तरीके से जैसे कोई पार्सल बिना उचित पते के इधर से उधर भेजा जाता है, उसी तरह, हम भी समाज में बिना किसी आधार बिन्दु के, इधर-उधर इस तरह के स्टैम्प एकत्रित करते रहते हैं।

हमारा आधार अपना अन्तःकरण नहीं है, आप यह नहीं जानते कि हमारा ये लेबल नहीं हैं, बल्कि वह तत्त्व है जो पार्सल के अन्दर है। क्योंकि हम यह नहीं जानते, इसलिए हम समाज के स्टैम्प के ऊपर आश्रित हो जाते हैं कि वह रास्ता दिखाए और धीरे-धीरे हमें पूरी तरह विस्मरण हो जाता है इस बात का कि हम पार्सल के अन्दर के तत्त्व हैं उस पर प्रदान किए गए स्टैम्प या प्रमाण-पत्र नहीं, और पूर्णतः अलग हो जाते हैं अपने उस ऊर्जा अस्तित्व से जो हमारे अन्तःकरण में स्थित है।

जब यह अनाहत चक्र खुलता है, तो यह आपके अन्दर की अस्तित्व ऊर्जा को उद्वेलित और प्रकाशवान कर देता है, और तब आपके अन्दर असीमित ऊर्जा का स्रोत जो है, उससे बहता है निष्काम प्रेम बिना किसी अपेक्षा के, केवल आनन्द सबसे लिए, सब चीजों के लिये, सम्पूर्ण सृष्टी के लिये।

एक छोटी कथा :

ब्रह्मसूत्र एक पुस्तक है - मानवता के लिए उपलब्ध महानतम् पुस्तक। अध्यात्म दर्शन पर यह एक असंशोधित संस्करण है, जहाँ से हर दर्शन शास्त्र का जन्म हुआ है, यह पुस्तकों की पुस्तक है।

यह पुस्तक **वेदव्यास,** एक महानतम् भारतीय विद्वान, द्वारा लिखी गई थी।

एक आत्मज्ञानी गुरु ने यह पुस्तक अपने एक शिष्य को दी, उनका नाम वाचस्पति मिश्र था, और उनसे कहा कि इस पुस्तक पर एक टीका लिखो। स्वामी ने अपनी कन्या भामती का विवाह उनके साथ कर दिया और मृत्यु को प्राप्त हुए। वाचस्पति मिश्र ने निष्ठापूर्वक अपना कार्य प्रारम्भ किया।

वह लगातार लेखन में लिप्त रहते थे। वह कार्य एक गहन और परिवर्तनशील साधना हो गई उनके लिए उन्होंने महीनों तक लिखा, उसके बाद सालों लिखा और उसके बाद दशक बीते। उन्हें कुछ अन्य दिखाई नहीं दिया किसी अन्य चीज का चिंतन नहीं कर पाते थे, किसी अन्य चीज के बारे में सुन नहीं पाते थे उस काल में। अन्ततोगत्वा उन्होंने उस महान कार्य को पूर्ण किया। केवल पुस्तक का शीर्षक बाकी था। तब उन्होंने कार्य से सर उठाया। उन्होंने देखा एक वृद्ध महिला उनके बगल में लैम्प जला रही थी।

वाचस्पति मिश्र आश्चर्यचकित थे उन्होंने उससे पूछा, "आप कौन हो?"

महिला ने उत्तर दिया, "छोड़िये इस बात को, अपना कार्य करते रहिये।"

उन्होंने कहा, "पुस्तक पूर्ण हो चुकी है। बताओं आप कौन हो?"

महिला ने कहा, "मैं आपकी पत्नी हूँ।"

वाचस्पति मिश्र हतप्रभ थे।

वह बस सन्न रह गए कि ये क्या हो गया। पिछले 30 वर्षों से वो किताब लिखते रहे अपनी पत्नी के बारे में बिना विचार किए हुए। वह अपने ऊपर विश्वास नहीं कर पा रहे थे।

"आपने इतने वर्षों में मुझे याद क्यों नहीं दिलाया?" वो चीखे।

"किसलिए? आप पुस्तक में इतना डूबे हुए थे कि मैंने आपको परेशान करने की आवश्यकता नहीं समझी", उनकी पत्नी ने शांति से उत्तर दिया।

वाचस्पति मिश्र कहते रहे, "आपने अपना संपूर्ण जीवन मेरे लिये बलि चढ़ा दिया। अब मैं क्या करूँ इसकी भरपाई के लिए?"

भामती ने उत्तर दिया, "आपकी सेवा करना एक आनन्द था। मैं गौरवान्वित महसूस करती हूँ कि मैं आपकी सेवा कर सकी तब जब आप यह महान पुस्तक लिख रहे थे और ज्यादा की आवश्यकता नहीं है।"

वाचस्पति जी के नेत्रों से आँसू निकल पड़े।

उन्होंने अपनी पत्नी को महानतम् उपहार दिया : अपने जीवन भर के इस कार्य का नाम भामती के नाम रखा।

मानवता की सबसे कीमती पुस्तक पर लिखी गई सबसे अद्वितीय टिप्पणी आज भी भामती के नाम से जानी जाती है।

भामती अमर हो गई, अपने निश्छल प्रेम और निष्ठा के लिए वह अपने आप में परिपूर्ण थी। ऐसा नहीं था कि वह अपने पति को परेशान नहीं करना चाहती थी। उसे उसकी आवश्यकता नहीं थी। दोनों में बहुत बड़ा फर्क है। ज्यादातर समय हम मान चाहते हैं मगर मौन होकर सोचते हैं कि हमें दूसरों को परेशान नहीं करना चाहिए या हम दूसरों के लिए परेशानी का कारण न बनें।

परन्तु यहाँ हम बात कर रहे हैं एक ऐसे व्यक्ति की जिसे मान की आवश्यकता नहीं थी- ये फर्क हैं। उसने यह महसूस ही नहीं किया कि उसकी युवावस्था बर्बाद हो रही है, वो किसी प्रकार का समझौता नहीं कर रही थी। वह अपने प्राकृतिक स्वरूप में स्थित थी इतना ही सब कुछ है और वही उसके लिए पर्याप्त था। उसे किसी विशेष प्रकार की परेशानी नहीं होती थी यह निर्णय लेने में उसे अपने पति को परेशान नहीं करना है। वह अपने अंतर ऊर्जा में इतना केन्द्रित थी कि इन सब का उसके लिए कोई अर्थ नहीं था।

भामती आज भी जीवित है मरणोपरान्त। हम हर क्षण मर रहे हैं जीवित रह के। यह फर्क है।

आज हम अपने घरों में क्या शांति के साथ आधे घण्टे तक अखबार पढ़ सकते हैं?

क्या आपकी पत्नी आधे घण्टे तक शांति से, दूर-दर्शन का कार्यक्रम देख सकती है?

बस जब आप अखबार पढ़ते रहते हो, आपकी पत्नी यह सोचती है कि वह आपको हर वक्त महत्वपूर्ण बात जो घर में घटी है, उसे आपको बता दे और वो शिकायत करेगी कि आप उसका पूरा ध्यान नहीं रखते और कहेगी कि आप हर वक्त अखबार में ही खोये रहते हो।

बस इसी तरह जब आपकी पत्नी दूर-दर्शन में आपका मनपसन्द कार्यक्रम देखती रहती है, तो आपको भूख लगती है और आप चाहते हो कि वह आपको खाना परोसे। आप दूर-दर्शन यंत्र को कोसते हो जो कार्यक्रम दिखाता है गलत समय पर। घरों के सामान्य और परिचित तरीके से तर्क एक बार फिर शुरू हो जाते हैं।

एक छोटी कथा है :

> एक व्यक्ति अपनी पत्नी के साथ जलपानगृह में बैठा था।
>
> उन्होंने खाने का आदेश दिया और प्रतीक्षा कर रहे थे उसके आने की।
>
> पत्नी ने शिकायत की, "प्रिये आप जब से इस जलपानगृह में आये हो, आप लगतार वही अखबार पढ़े जा रहे हो।"
>
> पति ने क्षमा माँगी, "मुझे क्षमा करना प्रिये", और वेटर को इशारा किया, "क्या हमें दूसरा अखबार नहीं मिल सकता।"

आप देखो, हम सब हर वक्त मान की अपेक्षा करते हैं और जब हमें नहीं मिलता तो हम असंतुलित हो जाते हैं। यही मूल कारण है हर तरह के गुस्से का, असंतोष का और जीवन में हतोत्साहित होने का।

हमें आवश्यकता है माँगना बंद करें और देना शुरू करें। हमें आवश्यकता है ऊर्जा बाँटने के बजाय ऊर्जा प्राप्त करने की। परन्तु हम यह जानते ही नहीं कि किस तरीके से ध्यान अपने से दूसरे पर केन्द्रित किया जाए। हम अभ्यस्त हो चुके हैं अपने आप को मान का केन्द्र देखते हुए, हमें आवश्यकता है कि हम, बाहर के जगत को मान के केन्द्र के रूप में, देखना शुरू करें। कैसे किया जाए इसे?

आने वाले कुछ दिनों में, मैं चाहता हूँ कि आप सब एक छोटा सा अभ्यास करो, आपस में एक-एक सहयोगी ढूँढ़ लो, समान लिंग का। पूर्ण रूप से अपने सहयोगी का ध्यान रखो। दूसरे सहयोगी का सुख हमेशा आपकी पहली प्राथमिकता होगी। आपको हमेशा देखना है कि वह आनन्द से और आराम से है। पता करो कि उन्हें और क्या चाहिए। अपने आप पहले प्लेट झपटने के बजाय उसको प्लेट दो और तब आप स्वयं लो। यदि आपके कमरे में गर्म पानी नहीं आ रहा है, तो पहले उसके लिए उसके कमरे में देखो कि गर्म पानी है या नहीं।

और, मैं नहीं चाहता कि आप अपना जोड़ा किसी मित्र या संबंधी के साथ बनाओ। आप ऐसे व्यक्ति का चयन करो जिससे आप अपने पते का आदान-प्रदान

करो और बाद में आप लोग मित्र बन सको। बस किसी अपरिचित को चुनो जो आपके निकटतम खड़ा हो, एकाएक किसी को चुन लो।

करीब-करीब अपने पूरे जीवन में, हम केवल अपने बारे में ही चिंतित रहते हैं। ज्यादा से ज्यादा अपने नजदीकी परिवार के बारे में चिंतित होते हैं वो भी इसलिए क्योंकि हम महसूस करते हैं कि ये हमारा कर्त्तव्य है, और हम सोचते हैं कि यह हमारा प्रेम है। जब आप इस क्रिया को करना शुरू करोगे, तो आपको निश्छल प्रेम किस तरह का होता है देखने का मौका मिलेगा। यह निश्छल है क्योंकि आप दूसरे व्यक्ति से कोई अपेक्षा नहीं करते।

(सहभागियों ने अपने सहयोगियों को चयनित किया और बैठ गए।)

आप देखो वास्तविक प्रेम कुछ इतना गहरा होता है, इतना ऊर्जावान होता है कि आप इसे जानोगे ही नहीं जब तक इसका अनुभव नहीं करोगे। प्रेम एक अभिव्यक्ति है ऊर्जा है कोई चीज नहीं है जिसका आदान-प्रदान हो। एक बात मुझे बताओ - क्या आप प्रेम कर सकते हो उनसे जिनसे पहली बार मिलते हो?

नहीं स्वामी जी।

क्यों नहीं?

आप उन्हें जानते भी नहीं स्वामी जी, तब हम उन्हें प्रेम कैसे कर सकते हैं?

निश्चित रूप से। यही है जो आप सोचते हो। मैं आपको बताता हूँ, थोड़ी सी समझ और ध्यान का अभ्यास करके, आप अहसास करोगे कि आप प्रेम कर सकते हो बिना किसी कारण के। आप उन वृक्षों से, जो सड़क के किनारे हैं प्रेम कर सकते हो, आप उनको सहला सकते हो और महसूस कर सकते हो, आपके अन्दर से बहती हुई ऊर्जा को। आप प्रेम कर सकते हो उन लोगों से जो आपके बगल से सड़के पर गुजरते हैं बिना उनको जाने हुए भी। वास्तव में प्रेम ही आपका स्वरूप है, न कि आसवित गुण जो आपके पास है।

इतना गलत और किसी चीज को नहीं समझा गया है आज जितना प्रेम को। आज प्रेम एक विनिमय की वस्तु हो गई है। आज यदि आपको कोई कुछ अच्छा कहता है तो आप उसे प्रेम करते हो, कल वही व्यक्ति अगर ऐसा नहीं करता, तो आप उसे प्रेम नहीं करते बल्कि उससे घृणा करने लगते हो। आपके जीवन भर का मित्र जिससे आप कम्प्यूटर पर रोज बातें करते हो, चाहे वह विश्व के किसी भी कोने में हो, वो भी आपसे दूर हो जाएगा, अगर वह ऐसी कोई बात कह देता है जो आपके मत के अनुरूप न हो। आपको वापस उसके पास पहुँचने में कुछ समय लग जाएगा उसी लगाव के साथ जैसा कि पहले था। कहाँ है आपका प्रेम इस वक्त? वह अस्थाई रूप से प्रभावित हो गया।

यंह केवल एक खेल है जिसे आप खेलते हो। एक खेल जिसमें प्रेम व द्वेष अदल-बदल के आधार बनते हैं और इस प्रेम और द्वेष के संबंध को प्रेम कदापि नहीं कहा जा सकता, इस बात को स्पष्ट रूप से समझो, ये आपकी प्रतिक्रिया है किसी व्यक्ति के प्रति या किसी परिस्थिति के प्रति बस इतना ही और कुछ नहीं। इसी को हम प्रेम कहते हैं यह वास्तविक प्रेम नहीं है यह शुद्ध रूप से कारण से उत्पन्न हुआ प्रेम है, बस।

वास्तविक प्रेम का कोई लक्ष्य नहीं होता। वह तो बस होता है चाहे कोई लक्ष्य हो चाहे न हो। वास्तविक प्रेम अपने आप में ही एक लक्ष्य है वह दूसरे किसी लक्ष्य को नहीं जानता, आप ही प्रेम हो आप ही लक्ष्य हो यही सब कुछ है। कोई भी लक्ष्य जो आपके समक्ष आता है उसे महसूस करो। जिस तरह से एक नदी बहती है प्राकृतिक रूप से, लोग आनन्द लेते हैं विभिन्न स्थानों पर, जहाँ भी उस नदी से मिलते हैं, उसी तरह वास्तविक प्रेम निकलता है उस व्यक्ति के अन्दर से और जो लोग उस व्यक्ति के आस-पास होते हैं उसको महसूस करते हैं।

वास्तविक प्रेम में शर्तों का एकदम से कोई स्थान नहीं होता। आपके अन्दर की ऊर्जा को भरकर के ऊपर से बह जाना है और प्रेम के रूप में व्यक्त होना है। केवल तब आप तोड़ पाओगे उस कठिन संबंधों की चारदीवारी को और अभिव्यक्ति कर पाओगे खूबसूरती के साथ अपने प्रेममय स्व का। क्या आप समझ रहे हो? हाँ......

अपने स्व के गुण को जानने के लिए, जो कि प्रेम है, दो चीजें की जा सकती है। पहली चीज लगातार सुनों उन शब्दों को जैसे कि अभी कहे जा रहे हैं, जिससे कि जो कहा जा रहा है उसके प्रति आपके अन्दर ऐसी दृढ़ता का निर्माण हो, और आपके अन्तःकरण में वह स्थान बन सके, जहाँ शुरू हो सके वह परिवर्तन की प्रक्रिया है दूसरी चीज, ध्यान का अभ्यास करो। जिससे कि रूपान्तर, वास्तव में हो सके।

व्यवहारिक जीवन में, जब आप संबंधों की गहराई में जाओगे तब आप समझोगे कि संबंधों का प्रेम, वास्तविक प्रेम नहीं है बल्कि केवल लेन-देन का स्वरूप है। ये सब केवल एक प्रकार का समझौता है, कुछ कर्त्तव्यबद्ध भावनाएँ हैं, कुछ डर है, कुछ समझौते हैं, कुछ हीनभावना से ग्रसित हैं परन्तु वास्तविक प्रेम नहीं। ये सब केवल प्रेम के ही नाम पर हैं।

ध्यान साधना आपको उस गहराई तक ले जायेगी आपके अन्तःकरणमें, जो आपकी सहायता करेगी प्रेम की इन गलतफहमियों को और गलत स्वरूप को समझने की, इन सब चीजों से ऊपर उठने में। साधना क्रियाशील होगी आपके स्व के स्तर पर इसीलिए यह एक आसान और छोटा मार्ग है। जब आपको अपने

जीवन के बारे में अपने आप जानना होगा, उसमें आपका पूरा जीवन लग जाएगा। परन्तु साधना से, आपके अन्तःकरण में एक स्थान बनेगा और आप अनुभव करोगे इन चीजों का स्पष्ट रूप से अपने आप में, चाहे आपकी जो भी उम्र हो।

केवल एक इस बात को समझो : जब आप बिना कारण के प्रेम करने में सफल होते हो, तो आपका विस्तार असिमित हो जाएगा। अचानक आपका संसार भी आपके जीवन की तुलना में बड़ा हो जाएगा और आनन्ददायक हो जाएगा। आप अपने अन्दर ही अपने ऊर्जा स्रोत को अनुभव करोगे, बाहर नहीं आप सर्वप्रथम अपने लिए स्वयं ऊर्जा स्रोत बनोगे और तब दूसरों के लिए। आपके अन्दर की ऊर्जा को दूसरों को छूना ही है, दूसरा कोई मार्ग नहीं है क्योंकि आप उससे परिपूर्ण होकर के बाहर रहोगे। दूसरे प्राकृतिक रूप से आपकी तरफ आकर्षित होंगे। आप प्रेम करने योग्य होंगे और पूर्णत्व को प्राप्त होगे।

हाँ.......क्या किसी को कोई स्पष्टीकरण चाहिए?

***प्रश्न** : स्वामी जी माता और संतान के बीच का प्रेम क्या है? क्या यह निश्छल प्रेम नहीं है?*

माँ का भी प्रेम अपेक्षाओं से उत्पन्न होता है। बहुत बातें लोगों ने मेरे समझ पर यह तर्क रखे हैं जब मैं ये बात कहता हूँ। मैं आपको बताता हूँ, यह ठीक है कि माँ पुत्र को प्यार करती है परन्तु दिनोपरान्त एक अदृश्य, अलिखित अपेक्षा उस प्यार पर लिखा रहता है। यदि कोई एक भी गलती करता है, तो जो एक बात माँ जनवाती है वह यह कि, माँ ने अपने उस बच्चे के लिए बचपन से क्या नहीं किया। उस संबंध पर एक छोटा सा प्रहार पर्याप्त होता है इस तथ्य को स्पष्ट दिखाने के लिए।

वास्तविक प्रेम, अभिव्यक्ति है उस ऊर्जा अस्तित्व की जो आपके अन्दर है और यह प्रेम कभी किसी तर्क के बारे में सोच भी नहीं सकता। वह तो केवल बिना कारण अविरल गति से बहना जानता है। वह कोई मार्ग बनाकर रखना नहीं जानता। पूर्व की किसी घटना या तर्क से न तो उसका मार्ग निकलता है न ही कोई संबंध होता है। वह बहता है क्योंकि वह पूरा भरा हुआ है, बस। वह कोई प्रश्न नहीं करता क्योंकि प्रश्न करना वह जानता ही नहीं।

जिस क्षण आप पूर्व की किसी घटना का जिक्र करते हैं तो इसका अर्थ होता है कि अपेक्षा छुपी हुई थी आपके प्रेम के पीछे और अगर यही कारण था तो यह वास्तविक प्रेम नहीं होगा। इसे समझो।

इसी तरह से पुत्र के साथ भी होता है पुत्र अपनी माँ से प्रेम करता है उसका

ख्याल रखने के लिए, इस अपेक्षा से कि माँ 5 बजे प्रातःकाल उठेगी और उसके लिए भोजन बनाएगी, उसके कपड़े व्यवस्थित करेगी, बिना किसी दिन चूके हुए। वह अपनी माँ से स्नेह रखता है क्योंकि वह आनन्द लेता है सुख प्राप्त करता है माँ के इस रख-रखाव और ख्याल रखने के कारण।

एक छोटी कथा है :

> एक छात्र स्कूल में गणित सीख रहा था।
>
> एक दिन, शिक्षिका ने उससे पूछा, "एक केक है, यदि हम इस केक को पाँच भागों में विभाजित करें और हर एक भाग को आपके परिवार के सदस्यों को दें, केक का कौन सा भाग आपको मिलेगा?"
>
> छात्र ने उत्तर दिया, "2/5वाँ मैडम।"
>
> शिक्षिका ने पूछा, "कैसे? क्या आपने ठीक से अपनी गणित के भाग नहीं पढ़ी?"
>
> छात्र ने उत्तर दिया, मैडम यदि मुझे केक अच्छा लगता है तो माँ अपना भी भाग मुझे दे देगी।"

आप देखो माँ अपने बच्चों के लिए त्याग करती हैं, यह ठीक है परन्तु जिस भाव से यह त्याग होता है हम उसी भाव की बात कर रहे हैं। हमें त्याग करना चाहिए केवल इसलिए क्योंकि हम बस करते हैं, उसके पीछे कोई छुपी हुई अपेक्षा नहीं होनी चाहिए। ये घटनाएँ उसमें अब सन्नहित नहीं होंगी यदि इन्हें हम सहजता के साथ करते हैं केवल इसलिए क्योंकि हम मात्र करते हैं अविरल गति से और यदि ये सन्नहित भी नहीं तो यह बदले की भावना में नहीं उभरेगी अगर इस तरीके की घटना घटी। जब लोग इसे कर्त्तव्यबद्ध के रूप में करते हैं तब ये घटनाएँ उसमें सन्निहत रहेंगी और वे उसका स्मरण भी करेंगी। साधारण प्रेम अपेक्षाओं से ही उत्पन्न होता है। कोई इस बात को नकार नहीं सकता जब कि सब प्रचण्डता से इसको नकारने का प्रयास करेंगे। प्रेम से अपेक्षा इस तरह से जुड़ी हुई रहती है कि इसे ग्रहण करना अत्यन्त कठिन होता है और इस बात पर विश्वास करना और भी कठिन होता है, जब लोग इसकी बात करते हैं।

वास्तव में जबकि ये सरलता से चलती रहती है यह विश्वास कठिन होता है। परन्तु हम सुनते हैं बहुत से मामलों में कि लड़के और लड़कियों को साधारण कारणों के लिए परिवार से विलग कर दिया गया है। केवल इसलिए कि उन्होंने दूसरी जाति में विवाह किया या परिवार में कोई झगड़ा हुआ। कहाँ खो गया था सारा प्रेम एकाएक?

जब तक ऐसी कोई घटना नहीं घटती परिवार में लड़के और लड़कियों को बहुत

प्रेम किया जाता है। इस तथाकथित प्रेम का ही साम्राज्य रहता है। क्या हो गया था? अचानक यह क्यों अदृश्य हो गया? ये कैसे अचानक अदृश्य हो सकता है। यदि ये वास्तविक प्रेम था? वास्तविक प्रेम इस तरीके से किसी भी प्रक्रिया को जन्म नहीं देगा। वास्तविक प्रेम किसी अन्य के साथ कोई भ्रम नहीं पैदा करेगा क्यसोंकि उसे अविरल गति से बहने से कोई रोक नहीं सकेगा। वह किसी भी कारण-प्रभाव चक्र से बँधा हुआ नहीं है।

परिवार की छोटी-छोटी घटनाओं में भी अगर आप गहराई के साथ देखो तो आप समझोगे कि आपका प्रेम कितना बाधित है, अपने जीवन की कुछ चीजों को पुनः व्यवस्थित करो और देखो किस तरीके से आपका परिवार उन चीजों के प्रति प्रतिक्रिया करता है।

अब अपने बच्चों के बारे में भी लोग जब तक आप उनकी व्यवस्था करते हो प्रेम के नाम पर तो वह भी आपकी उदारता से आनन्द के साथ जीते हैं, प्रेम के ही नाम पर। जब तक कि आप एक-दूसरे को गलत तरीके से बाधित नहीं करते, सब कुछ ठीक रहता है। आपमें से कोई भी अपने अनपेक्षित ढंग से जैसे ही व्यवहार करता है, प्रेम का स्वरूप बदल जाता है, सारी खुशबू बदल जाती है। बिना किसी प्रयास के और बिना कोई समय लगे हुए सारा वातावरण परिवर्तित हो जाता है क्योंकि यह प्राकृतिक खुशबू नहीं थी यह एक कृत्रिम खुशबू थी एक कृत्रिम रंग लिए हुए। भय से उत्पन्न हुआ प्रेम, प्रेम नहीं होता। वह मात्र एक व्यवस्थित प्रेम होता है और जो कुछ भी व्यवस्थित है पूर्ण नहीं हो सकता और जो पूर्ण नहीं है, वह हमेशा भय से प्रभावित रहेगा। प्रेम को उत्सव के रूप में स्वीकारने की आवश्यकता है, कर्त्तव्य की तरह नहीं।

एक बात और : हम आदर को प्रेम समझकर भ्रमित होते हैं। यहाँ बहुत स्पष्ट रहो : जब आप पूर्णता से प्रेम करते हो, ऐसा आप कुछ नहीं करते जो दिखने में असम्मानजनक लगे। यदि आप नजदीक से आदर पर ध्यान दोगे तो आप पाओगे कि कुछ लोग जब कुछ करते हैं तो ऐसा लगता है पूर्णतः सामान्य हैं परन्तु वही चीज जब कोई दूसरा करता है तो वह असम्मानजनक लगता है। जो ऊर्जा, उस व्यक्ति विशेष के पीछे होती है जो वह क्रिया करता है वही कारण होती है उस क्रिया को सम्मानजनक व असम्मानजनक दिखने की।

यदि आप की ऊर्जा पूर्ण है तो आप कुछ भी कर सकते हो। यदि आप निश्चित नहीं हो अपने आप में तब आप सम्मान की समस्याओं में फँस जाओगे। मैं नहीं कह रहा हूँ कि आप असम्मानजनक तरीके से रहो। मैं आपसे केवल यह कह रहा हूँ कि आपका स्व ही प्रेम का कारण है और आपके शरीर की भाषा और आपकी क्रियाएँ ऐसी ही होंगी कि आप असम्मानजनक लग ही नहीं सकते।

परन्तु यदि आप आदर में फँस गए प्रेम की जगह, तब आप पूरी चीज से चूक गए तब प्रेम करने की जगह, आप उसका प्रदर्शन शुरू कर दोगे और जब आप प्रदर्शन करते हो तो आप पूर्ण नहीं होते।

जब आप आदर पर केन्द्रित होते हो, आप प्रदर्शन करते हो क्योंकि आदर सामाजिक है और इसकी परिभाषाएँ बदलती रहती हैं। परन्तु यदि आप प्रेम पर केन्द्रित होते हो, तब आदर एक आनन्ददायक उत्पत्ति हो जाता है। आप प्रेम पर केन्द्रित करो और आदर स्वतः पैदा हो जाएगा।

याद रखना : आदर मृत है, प्रेम जीवन्त है। आदर दूरी बढ़ाता है, प्रेम किसी दूरी को नहीं जानता।

लोगों को समझाया जाता है कि ईश्वर का सम्मान करो और डरो। उन्हें कभी नहीं सिखाया जाता कि ईश्वर से प्रेम करो। उन्हें मंदिर की मूर्ति को छूने नहीं दिया जाता। उनसे अपेक्षा की जाती है कि वो दूर खड़े होकर के सम्मान के साथ झुकें उन्हें सिखाया जाता है कि ईश्वर के प्रति सतर्क रहें। समझो : पहली चीज जो बच्चों को सिखायी जानी चाहिए वह ये है कि ईश्वर प्रेम है।

यदि आप ईश्वर को गले नहीं लगा सकते, तो गले लगाने के लिए कुछ भी नहीं बचता क्योंकि ईश्वर ही तो सब कुछ है। जब आप अपने बच्चे को सिखाते हो कि ईश्वर का आलिंगन नहीं कर सकते तो वास्तव में आप उसे बताते हो कि ईश्वर भिन्न है और सबसे। ईश्वर को पादान पर रखकर के, आप वास्तव में अपने आप को पूरे अस्तित्व से अलग कर रहे हो आप चूक रहे पूरी तरीके से। बस थोड़ी सामाजिक बुद्धिमत्ता से आदर का खेल, खेलो बुद्धिमानी के साथ जब उसकी आवश्यकता हो, बस इतना। ध्यान रहे इस तरीके का आदर आपके अन्दर गहरी समझ और बुद्धिमानी से निकले। परन्तु वह आपको विचलित नहीं करेगा आपके केन्द्र से। आपको वो कम प्रेम करने वाला नहीं बनाएगा। वह एक बौद्धिक क्रिया होगी, बस इतना।

एक छोटी कथा है :

> एक माँ अपने बच्ची के साथ सार्वजनिक उत्सव में गई। किसी तरीके से वो बच्ची उससे छूट गई और भीड़ में दोनों अलग हो गए। माँ बहुत ज्यादा घबरा गई और इधर-उधर चारों तरफ बच्ची को खोजना प्रारम्भ किया। अचानक अपने पीछे उसने एक आवाज सुनी, "मारिया! मारिया" उसने पीछे मुड़कर देखा उसकी लड़की थी।
>
> उसकी तरफ वो भागी, उसे गले लगाया और पूछा, "आप मुझे मारिया कहकर क्यों बुला रही हो माँ की जगह?"

बच्ची ने उत्तर दिया, "उसका कोई प्रभाव न पड़ता। यहाँ आस-पास बहुत सी माँ हैं।"

बच्चे अब भी अपने आप में केन्द्रित रहते हैं और हमसे ज्यादा जीवन्त होते हैं और सजग होते हैं। उनकी निश्छलता, उनका प्रेम, उनके शरीर की भाषा उनके लिए बोलती है, उनके शब्द नहीं। केवल इस कारण से वो जो भी कहते हैं और करते हैं अपमानजनक प्रतीत नहीं होता और वो सरलता से अपना काम करते हैं। एक बार मस्तिष्क ने सामाजिक परिवेश के प्रभाव में पदार्पण कर दिया, फिर यह निश्छलता अदृश्य हो जाएगी, तब हमें उस कमी को पूरा करना पड़ता है अपने शब्दों से और प्रदर्शन से क्योंकि हम भूल चुके रहते हैं कैसे पूर्ण और निश्छल रहा जाता है।

जब प्रेम एक कर्त्तव्य हो जाता है, वह एक भार हो जाता है और जब वह भार हो जाता है आप उससे आनन्द की अनुभूति नहीं कर पाते आप इस इस प्रकार का दबाव महसूस करते हो। अभिभावक अपने बच्चों को प्रेम करने का कारण सिखाते हैं। बहुत कम उम्र से ही प्रेम सिखाया जाता है एक कारण के साथ।

क्या हम उन्हें कभी सिखाते हैं कि किस चीज से प्रेम करना चाहिए? क्या हम उन्हें सिखाते हैं कि प्रकृति से प्रेम करना चाहिए? लेकिन हम उन्हें सिखाते हैं कि अपने संबंधियों से प्रेम करना चाहिए। हम अपने आप से प्रेम करना सिखाते हैं। हम सिखाते हैं उन्हें कि आप सबको प्रेम करो जो किसी न किसी रूप में उनके लिए काम के हैं।

यदि आप उन्हें सिखाओ प्रकृति का आलिंगन करना, आप बीजारोपण कर रहे हो उनके अन्दर वास्तविक प्रेम का। मैंने बहुत से अभिभावकों को देखा है : वह अपने बच्चों को सार्वजनिक स्थान पर कूड़ा फेंकना सिखाते हैं और इस तरीके से प्रकृति की खूबसूरती को नष्ट करते हैं। वही अभिभावक जो बच्चों को सिखाते हैं अपने परिवार से प्रेम करना वही उन्हें सिखाते हैं प्रकृति को अपमानित करना। यदि आपके अन्दर वास्तविक प्रेम है आप प्रकृति का अपमान नहीं करोगे और यदि आपके अन्दर वास्तविक प्रेम है तो आप प्रकृति का आलिंगन करोगे और उसी प्रकार लोगों का भी।

आप देखो, आपको सही बीज बोना है। केवल तभी वांछित वृक्ष का उदय होगा आपको सही बीज बोना और निर्माण करना चाहिए सही परिस्थितियों का जिससे बच्चे के अन्दर प्रेम खिल सके। यह वह है जहाँ ध्यान का अभ्यास मदद करता है। ध्यान साधना बीजारोपण में मदद करती है, आपके अन्तःकरण में उस स्थान का निर्माण करने में मदद करती है इस बीज के बढ़ने में। बाहर से कुछ भी आरोपित नहीं किया जा सकता। जिस क्षण वो आरोपित किया जाएगा, वह या

तो विरोध को प्राप्त होगा या उसे कर्त्तव्य के रूप में ढोया जाएगा, एक बोझ की तरह।

जिस प्रेम की हम बात करते हैं वह मात्र एक मनोवैज्ञानिक गुलामी है आप प्रेम के नाम पर किसी व्यक्ति को गुलाम बना लेते हो, और वह बाध्य होता है उस विशेष रूप से व्यवहार करने के लिए। शारीरिक गुलामी के बारे में तो आप कम से कम जानते हो कि आप गुलाम हो। परन्तु मानसिक गुलामी इतनी कुटिल है कि आप जान ही नहीं पाओगे कि आप मानसिक रूप से गुलाम हो तब तक जब तक कि आपके सामने कोई परिस्थिति न पैदा हो और आप इतने परिपक्व हो कि आप उसे समझ सको।

आप यह क्यों सोचते हो कि हमारे सब के अन्दर इतनी ज्यादा ग्लानि है? ऐसा इसलिए है क्योंकि जो प्रेम हम जातने हैं हमेशा अपराधबोध के साथ आता है। यदि प्रेम पूर्ण है, यदि प्रेम शुद्ध ऊर्जा है आपके अन्दर की, आपके अन्दर ग्लानि को पैदा ही नहीं होने देगी आप ग्लानि का अनुभव केवल इसलिए करते हो क्योंकि आप सोचते हो कि जितना प्रेम किया जाना चाहिए था उतना आपने नहीं किया, कि आप असफल हुए हो कहीं न कहीं प्रेम करने में और आपने पर्याप्त प्रेम क्यों नहीं किया? क्योंकि आपको सिखाया गया था केवल साधारण प्रेम पूर्ण प्रेम कभी नहीं सिखाया गया।

मैं आपको बताता हूँ : यदि आपने पूर्णता प्रेम किया, आप ग्लानि की अनुभूति नहीं करोगे और दुःखी नहीं होगे किसी की मृत्यु पर। आप दुःखी हो सकते हो किसी के दूर जाने पर, परन्तु आप इस बात से कभी नहीं दुःखी होंगे कि आप किसी चीज से चूक गए हो जब वो लोग जीवित थे। जब मैं कहता हूँ पूर्ण प्रेम, मेरे कहने का तात्पर्य यह नहीं है कि आप लोगों की सारी अपेक्षाओं को, मान को और इच्छओं को पूर्ण करो। मेरा तात्पर्य है आपको अपने आप में केन्द्रित रहना था पूरी तरीके से और बाँटना था ऊर्जादायक प्रेम उन सब में उन्हें अस्तित्व के एक भाग के रूप में सम्मानित करते हुए। यदि आप इस तरीके से रहे होंगे, तो आपने आनन्ददायक रूप में इन सब चीजों का अनुभव किया होगा और ग्लानि की आपको कोई अनुभूति नहीं हुई होगी जब वे चले जाते हैं। परिवार आपके अन्दर ग्लानि की स्थापना करता है जिससे कि आपके ऊपर उसका नियंत्रण हो सके। ग्लानि और कुछ नहीं बल्कि बहुत सी भावनाओं का स्मरणीय प्रभाव है, जिनका आपने पूर्णतः विश्लेषण नहीं किया था। अपने आप को ग्लानि से, अपराधबोध से ग्रसित मत होने दो।

मैं यह नहीं कह रहा हूँ कि आप जो भी चाहो कर सकते हो और ग्लानि की अनुभूति न करो। समझो : आपको पूर्णता के साथ जीना है, अपने केन्द्र से,

गहरी सजगता और समझ के साथ और तब ग्लानि के लिए कोई स्थान नहीं होगा, इतना पर्याप्त है।

पूर्ण प्रेम हमेशा देता है बिना परवाह के और वो माँगना जानता ही नहीं, वो कोई व्यापार जानता ही नहीं। वह तो केवल देंना चाहता है और इसका निर्माण नहीं किया जा सकता। यह इसी तरह का है : आप एक प्लास्टिक का गुलाब बना सकते हो, परन्तु क्या उसमें खुशबू होगी वास्तविक गुलाब की? नहीं, इसी तरीके से पूर्ण प्रेम बनाया नहीं जा सकता। आप जिस प्रेम में रोज रह रहे हो उसी प्लास्टिक के गुलाब की तरह है बिना खुश्बू के वो लगता तो वास्तविक है, परन्तु खुश्बू नहीं है।

वास्तविक गुलाब बनने के लिए, आपको आवश्यकता है उन सही परिस्थितियों का निर्माण करने की, सही मिट्टी की, सही मात्रा में जल की इत्यादि। और तब वो अपने आप हो जाएगा इसी तरह, पूर्ण प्रेम भी होगा आपको सजगता स्पष्टता गहरी समझ का निर्माण करना होगा अपने अन्दर और वह खिल उठेगा आपके अन्दर से।

एक विद्यालय में इकट्ठे लोगों में से एक छात्रा ने मुझसे पूछा, "स्वामी जी क्या आपके जीवन में प्रेम की असफलता कारण है आपके सन्यासी बनने की?"

मैंने उसे बताया कि वो प्रेम की सफलता थी जिसने मुझे सन्यासी बना दिया। प्रेम की असफलता केवल देवदास निर्माण करती है किसी सन्यासी का नहीं। जब आप पूरे विश्व से प्रेम करोगे केवल तब आप सन्यासी बन पाओगे। केवल तब जब आप पूरे विश्व को प्यार कर सको, वही पूर्ण और वास्तविक प्रेम है।

वास्तविक प्रेम किसी संबंध को नहीं जानता। केवल साधारण प्रेम है जो संबंधों को जानता है। साधारण प्रेम में, आप अपने पिता से प्रेम करती हो क्योंकि आपकी व्यवस्था करता है। आप अपनी माता से प्रेम करती हो क्योंकि वो आपका ख्याल रखती है। आप अपने पुरुष मित्र से प्रेम करती हो क्योंकि वह आपको इन्द्रिय सुख प्रदान करता है। यह विभिन्न कारण हैं साधारण प्रेम के।

वास्तविक प्रेम इस तरीके का नहीं है। वह नहीं कहता ओह! ये मेरे पिता हैं। मुझे इनसे प्रेम करना चाहिए - नहीं, वो जानता है केवल प्रेम करते रहना सबको और सब चीज को, इतना पर्याप्त है। साधारण प्रेम से या तो सफलता मिलेगी या असफलता। परन्तु वास्तविक प्रेम से सफलता या असफलता नहीं होती, वह केवल होता है, इतना पर्याप्त है, सफलता उसको खोज लेने में है।

लोग ऐसा सोचते हैं कि जब आप किसी काम के नहीं हो, और जब कोई प्रेम नहीं है, आप सन्यासी बन जाते हो। सन्यासी इस दृष्टिकोण से देखे जाते हैं कि जैसे

वो हतोत्साहित होकर एक परित्यागी हो गए हैं। मैं आपसे बताता हूँ : मैं दुःख की अनुभूति करता हूँ जब मैं उन लोगों के बारे में सोचता हूँ जो इस तरीके की बात कहते हैं। वह इस तरीके की गहरी नासमझी में है और वो फ़ैसला दे देते हैं उसी नासमझी की स्थिति में। सन्यास अंतिम विवाह है - विवाह उस परम सत्ता से।

एक सच्चा सन्यासी वह है जो प्रेम करने वाला होता है और इतना दयालु है कि ऐसा कहा जाता है कि जब वह चलता है, तो देखता है कि घास नष्ट न हो जाए। यह कोई कथा नहीं है। यही सत्य है। एक सच्चा सन्यासी वह है जो दया और प्रेम अस्तित्व के लिए बाँटता फिरता है। एक सच्चा सन्यासी वह है जो जानता है कि प्रार्थना ही प्रेम है और प्रेम ही प्रार्थना है।

जब आपको वास्तविक प्रेम मिल जाएगा, तो आपकी प्रार्थना मात्र एक अभिव्यक्ति होगी। मीरा के भजन क्या हैं? वह मीरा के प्रेम का प्रदर्शन है - भारत की एक जाग्रत महिला। वह सिर्फ अपने अस्तित्व से उत्पन्न हुई और अपने स्व से उड़ेलती रही। इसीलिए मीरा के भजन आज भी बहुत ख्याति प्राप्त हैं। उसके पीछे की ऊर्जा कभी धूमिल नही पड़ेगी क्योंकि वह अस्तित्व की ऊर्जा है। साधारण प्रेम का अनुभव बहुत वर्षों तक बहुत लोगों द्वारा नहीं किया जा सकता। केवल पूर्ण प्रेम ही इस तरह की ऊर्जा का विस्तार कर सकता है।

और मीरा के लिए, उसके भजन ही उसकी प्रार्थना थी। जब आप वास्तविक प्रेम पा जाओगे, तो दूसरा कोई मार्ग ही नहीं है। प्रार्थना ही प्रेम है और शुद्ध प्रेम माँगना जानता नहीं। वह केवल बहना जानता है पूर्णता के साथ अविरल गति से। जब आप प्रार्थना में माँगना बंद कर दोगे, समझ लेना आपको वास्तविक प्रेम मिल गया।

साधारण प्रेम जो आप जानते हो वह केवल एक आकर्षण है एक हार्मोन की पीड़ा है आपके हार्मोन बस आपके मस्तिष्क को आपके नियंत्रण से बाहर कर देते हैं, इतना पर्याप्त है। आपको आवश्यकता होती है किसी की बाहर से जो संतुष्ट करे आपके मनोवैज्ञानिक स्वरूप को, जो आपको मनोवैज्ञानिक सहायता प्रदान कर सके। आपको दो मिनट के लिए सहायता के लिए कोई कंधा चाहिए।

आपको आवश्यकता होती है किसी की जो आपकी आवश्यकताओं का ख्याल करे। आपको आवश्यकता होती है किसी की जो आपको उत्साहित करे जब आप हतोत्साहित होते हो। आपको आवश्यकता होती है किसी की जो आपके साथ सहानुभूति रखे और आपकी चिंताओं की पुष्टि करे। यह है, जिसे, आप प्रेम कहते हो। वास्तविक प्रेम स्वरूप और नाम से परे है, मस्तिष्क और शरीर से परे है केवल एक व्यक्ति जो इन सब चीजों से परे सारे संसार से प्रेम कर सके वह सन्यासी बन सकता है वही एक विवेकानन्द बन सकता है।

विवेकानन्द के जीवन से एक छोटी सी कथा है :

> एक रात्रि, दो बजे विवेकानन्द जागे और अपने भक्तों को जगाया।
>
> उनके भक्त इच्छुक थे यह जानने के लिए कि क्या हो रहा है?
>
> विवेकानन्द ने कहा कि वह अत्यन्त पीड़ा का अनुभव कर रहे हैं और यह बताया कि विश्व के कुछ भाग में एक प्राकृतिक आपदा हो रही है जो उनके अन्दर की पीड़ा के कारण थे। दूसरे दिन प्रातःकाल के अखबार में यह सूचना थी कि क्यूबा में एक भयानक भूकम्प आया बहुत सी जानें गई।

वह उस आपदा के प्रति संवेदनशील थे जो घटी विश्व के किसी कोने में, हजारों मील दूर। क्या आप सोचते हो साधारण मानव इतना संवेदनशील हो सकता है? यदि हमारा पड़ोसी भी बीमार है, हमारे ऊपर कोई प्रभाव नहीं पड़ेगा इसका।

एक छोटी कथा :

> एक व्यक्ति ने अपने पारिवारिक चिकित्सक को बुलाया और कहा, "चिकित्सक, मैं सोचता हूँ आप हमारे यहाँ आएँ और मेरी पत्नी का चेकप करें।"
>
> चिकित्सक ने पूछा, "क्यों? क्या वह अस्वस्थ है?"
>
> व्यक्ति ने उत्तर दिया, "ऐसा मैं सोचता हूँ चिकित्सक कल वो अपने नियमित समय से उठी, नहाया, खाना बनाया, बच्चों को स्कूल छोड़ा, घर साफ किया क्योंकि नौकरानी नहीं आयी थी, हमारे कपड़े साफ किए, बच्चों को वापस घर लाई, उनके गृहकार्य कराए और सोने चली गई। करीब आधी रात के समय, वो शिकायत कर रही थी कि वह बहुत थकी हुई है। हो सकता है उसे देखने की आवश्यकता हो।"

हम आज इतना संवेदनहीन हो गए हैं। हम अपने आप को उस व्यक्ति से भी नहीं जोड़ पा रहे हैं जो चौबीसों घण्टे और वर्ष के 365 दिन हमारे साथ रहा है। हमें आवश्यकता है कुछ ज्यादा जीवन्त और संवेदनशील होने की। जब हमारा स्वरूप प्रेममय होगा यह स्वतः हो जाएगा किसी को आपसे कुछ बताने की आवश्यकता नहीं है, आप बस अनुभव कर सकोगे और उनकी मदद करोगे। यह आपके लिए सबसे प्राकृतिक चीज बन जाएगी।

निश्चित रूप से कुछ लोग ऐसे होते हैं जो मान के लिए व्याकुल रहते हैं इसलिए प्रदर्शन करते हैं कि बीमार हैं। उनके लिए कुछ भी करने की आवश्यकता नहीं। मैं जिस संवेदनशीलता की बात कर रहा हूँ वह उस गहरे संबंध के बारे में है जो आपको अस्तित्व की ऊर्जा से स्थापित करना है जिसके फलस्वरूप आप संवेदनशील

होंगे इकट्ठी हुई जागरूपकता से। जो विवेकानन्द के अन्दर हुआ उसे आप लोग सहानुभूति कहते हो। ध्यान दो, यह सहानुभूति नहीं है यह समानुभूति है। सहानुभूति बहुत ही हल्का शब्द है। हम सब सक्षम हैं समानुभूति के। जब कोई आपको अपने कष्ट के बारे में बताता है आप उसके लिए उसके कष्ट की पुष्टि करते हो,ये सहानुभूति है। यदि कोई आपसे कहता है कि उसका पति बीमार है, आप उससे कहते हो, "आह! कितना बुरा हुआ, आप तो बहुत दुःखी होंगे। चिंता मत करो, सब कुछ ठीक हो जाएगा।" सहानुभूति के नाम पर हम उनके कष्टों की पुष्टि करते हैं और वह बदले में यह कहते हैं कि हम कितना ख्याल रखने वाले और प्रेम करने वाले हैं।

असल में वो हमें प्रेम करते हैं क्योंकि उन्हें अच्छा लगता है जब हम उनसे कहते हैं कि वो बहुत पीड़ित हैं, यह उनके अहंकार को सूक्ष्म रूप से उत्साहित करता है। उन्हें अच्छा लगता है कि हम उनका सहयोग कर रहे हैं। यह बात मानकर के कि वो कितनी बड़ी समस्या का किसी तरह सामना कर रहा है। यह है, जिसे समाज सहानुभूति कहता है। जिसे स्वामी अनुभव करता है वह सहानुभूति नहीं होती, वह समानुभूति होती है। समानुभूति वह है जिससे आप दूसरों को पीड़ा अपने आप में अनुभव करोगे, यह होता है जब दूसरा व्यक्ति आपसे अपनी पीड़ा के बारे में कुछ नहीं कहता, परन्तु आप बस जान लेते हो अपनी अस्तित्व की ऊर्जा का कारण।

सभी महात्मा स्वामी आपके साथ एकाकार हैं, क्योंकि वो एक हैं अस्तित्व के साथ, और आप एक भाग हो अस्तित्व का, आप केवल उन्हें अलग-अलग देखते हो।

और क्योंकि वो आपके साथ एक हैं इसलिए वो आपकी पीड़ा का अपने हृदय में अनुभव करते हैं। वो दूसरा कोई मार्ग नहीं जानते। और उनके अन्दर क्षमता होती है उस पीड़ा को भी स्वीकार करने की जो उसके साथ आती है।

साधारण प्रेम बच्चों को जन्म देता है जबकि वास्तविक प्रेम आपके अपने अस्तित्व को जन्म देता है। आप अपने आप को नया जन्म प्रदान करते हो - एक रूपान्तरण। उसी तरह जैसे एक इल्ली तितली बन जाती है, मनुष्य एक जागृत आत्मा बन जाता है। आप जागते हो उस ऊर्जावान प्रेम के प्रति जो निष्क्रिय पड़ा हुआ था इतने लंबे समय से।

जब विवेकानन्द कहते हैं, उठो! जागो! क्या इसका तात्पर्य यह है कि हम सो रहे हैं? निश्चित रूप से, हम सो रहे हैं बिना यह जाने हुए कि हम सो रहे हैं, हम सो रहे हैं। हम आलोचना करते हैं तब जब हम सोते रहते हैं। हम भर्त्सना करते हैं तब जब हम सोते रहते हैं। हम सोचते हैं कि हम जाग्रत हैं और आलोचना कर

रहे हैं। हम सोचते हैं कि हम सब कुछ जानते हैं सब चीज के बारे में प्रेम के बारे में भी। हम सोचते हैं कि हम जानते हैं कि वास्तविक प्रेम क्या है।

एक छोटी सी कथा :

> एक व्यक्ति था जिसकी एक धनवान वृद्ध चाची थी जिसके पास वो अक्सर जाया करता था।
>
> उस व्यक्ति की दृष्टि उसके धन पर थी और सीमा से बाहर जाकर भी वह उसे खुश करता था।
>
> वृद्ध महिला के पास दो बिल्लियाँ थीं, जिनको वो बहुत चाहती थी।
>
> वह व्यक्ति यह समझता था कि उन बिल्लियों की देखभाल करना उसका धर्म है और वह उम्मीद करता था कि वह महिला का हृदय जीत लेगा। उसकी छुपी हुई इच्छा यह थी कि वह महिला उसे अपनी वसीयत का एक भाग बनाए जब वह वसीयत लिखे।
>
> वह प्रतिदिन आता था बिल्लियों को दूध पिलाता था, उनके साथ खेलता था काफी समय देता था और वापस चला जाता था।
>
> वह वृद्ध महिला अति प्रसन्न थी इस बात से कि वह उसकी बिल्लियों का ख्याल करता था। वह खुश थी कि वह हर चीज की देखभाल करता था। जल्दी ही उसकी मृत्यु हो गई। वह उसके लिए वही दो बिल्ली छोड़ गई।

उसने देखा कि, उस व्यक्ति का उन दो बिल्लियों से बहुत लगाव है इसलिए उसके साथ छोड़कर वह मर गई। आप कल्पना कर सकते हो कि उस व्यक्ति के अन्दर कितनी हताशा हुई होगी।

उस व्यक्ति ने कितना बुरा महसूस किया होगा इस बात से कि इतने महीनों तक प्रभावशाली ढंग से प्रेम किया। उसने जरूर सोचा होगा.......? उसके साथ छल हुआ। वह अन्दर ही अन्दर क्रोध और हताशा से जला होगा।

साधारण प्रेम के साथ, इस बात की पूरी संभावना है कि आप छले गए हुए महसूस करो। लोग प्रेम करते हैं धन के लिए, उस कृपादृष्टि के लिए जो उनके ऊपर होती है, उस राय के लिए जो उन्हें मिलती है जब वो परेशानी में रहते हैं, और लोगों की भूल जाने वाले तरीके से, जिससे वो लोगों का शोषण कर सकें और क्या नहीं। ऐसा प्रेम केवल कारण से उत्पन्न होता है। केवल अपेक्षाओं से उत्पन्न होता है।

परन्तु लोग इस तथ्य को स्वीकार नहीं करेंगे। वह इसे इसलिए स्वीकार नहीं करेंगे क्योंकि वह अपने साधारण प्रेम से भ्रमित रहते हैं वो सोचते हैं कि प्रेम इसी

तरीके से होता है और वो सोचते हैं कि वो इतना प्रेम किए जाने योग्य हैं कि उन्हें सबका प्रेम प्राप्त होगा।

ईमानदारी से, आप अगर बैठ जाओ और अपने आप से सोंचो, आप समझोगे मैं जो कह रहा हूँ वह और कुछ नहीं बल्कि सत्य है। अपने आप की ईमानदारी से विश्लेषण करो और देखो, आप जान जाओगे। बस बैठ जाओ देखने का प्रयास करो कि आपकी क्या प्रतिक्रिया होगी यदि आपके पिता या आपकी माता या आपकी बहन आपके प्रति थोड़ा अलग तरीके का व्यवहार करें, इतना पर्याप्त है। तब आप समझोगे कि मैं क्या कह रहा हूँ।

हमें हर समय किसी न किसी चीज की, किसी न किसी व्यक्ति से आवश्यकता रहती है इसलिए हम लगातार उसी तरीके से उसकी कीमत देते रहते हैं जिससे हमें उनसे वह प्राप्त होता रहे और सब कुछ समान रूप तरीके से चलता रहे। इसी सामान्य तरीके को हम प्रेम कहते हैं। यह मत सोचो कि यह केवल भौतिक वस्तु धन प्राप्त करने पर ही लागू होता है। यह साधारण चीजों पर भी लागू होता है जैसे आप किसी से एक विशेष प्रकार के व्यवहार की अपेक्षा करते हो किसी एक व्यक्ति से। आप एक विशेष प्रकार के व्यवहार की अपेक्षा करते हो और उसी के अनुरूप लोगों के साथ व्यवहार करते हो। जब तक उसी प्रकार का आप दोनों व्यवहार करते रहते हो, आप एक-दूसरे से प्रेम करते हो यदि कहीं किसी से कोई चूक हो गई आपका प्रेम क्षणिक रूप से खो जाता है।

उदाहरण के लिए, आप सब दावा करते हो कि आप सब कुछ मुझसे बहुत प्रेम करते हो। आपमें से हर एक व्यक्ति में आपके प्रति मेरा कैसा व्यवहार हो इसकी एक विशेष अवधारणा है, मैं बस आपमें से सबके प्रति उसी रूप में व्यवहार करता हूँ जिसकी आप अपेक्षा करते हो। वास्तव में यही है जो मैं अभी कर रहा हूँ। क्या होगा? यदि एक बार मैं आपको देख करके मुस्कुराऊँगा और वह न कहूँ जो आपके मापदण्ड में सही बैठे, आप सोचने लगोगे कि मैं आपसे प्रेम नहीं करता और आपके अन्दर मेरे प्रति प्रेम के क्षणिक रूप से खोने का भाव पैदा होगा।

आप यह सोचना शुरू करते हो कि शायद मैं उतना प्रेम करने वाला नहीं हूँ। वो प्रक्रिया जिसे आप प्रेम कहते हो, तुरन्त प्रभावित होती है। आप परिकल्पना करना शुरू कर देते हो अपने ढंग से इस बारे में कि क्यों मैंने एक विशेष बात आपसे कही, या आपको देखकर के मैं मुस्कुराया क्यों नहीं?

मैं, हो सकता है किसी दूसरे से बातें कर रहा हूँ, या मैं बस आपको देख करके न मुस्कुराया हूँ, अपने अहम् को थोड़ा घटाओ, इतना पर्याप्त है, परन्तु आप चूक जाते हो उस पूरे खेल में और मेरे व्यवहार का विश्लेषण करने लगते हो अपने प्रेम के शब्दकोष के अनुरूप। क्या होगा? आप गहरी पीड़ा में पहुँच जाओगे।

बस इसी तरह आप प्रेम को जटिल बना देते हो। कम से कम जब वो मेरे पास आता है तो मेरी तरफ से उसमें कोई जटिलता नहीं जोड़ी जाती, मैं आभारी हूँ कि मैं साधारण प्रेम से परे हूँ। परिकल्पना करो क्या होगा, जब आप दो में से एक-दूसरे के प्रति इस प्रक्रिया का संबंध होगा। एक पूर्ण अव्यवस्था होगी। आप मात्र घूमते रहोगे नीचे, प्रेम से ऊँचा प्रेम और पुनः ऊँचे प्रेम से नीचा प्रेम, इतना पर्याप्त।

आप आपस में, एक-दूसरे के प्रति बहुत आश्रित हो गए हो जब प्रश्न आपकी भावनाओं का आता है खास तौर से आपके प्रेम का इस आश्रिता का कारण इतना सूक्ष्म और भ्रम पैदा करने वाला है कि आप इसे जानोगे ही नहीं जब तक कि आपका प्रेम इसका विरोध नहीं करता। यदि आप प्रेम कर सकते हो बिना कारण के तभी वह पूर्ण प्रेम है, इतना पर्याप्त है। शुद्ध प्रेम किसी अन्य पर आश्रित नहीं है वह केवल आपके ऊपर आश्रित है इस बात पर बहुत स्पष्ट रहो।

लोग मुझे बताते हैं, "स्वामी जी, हम अपने बच्चों से प्रेम करते हैं........"

जब बात इसकी आती है कि कैसे उनके नटखट व्यवहार के साथ रहा जाए, कितनी बार हम उनके ऊपर बिगड़े हैं। एक लड़की मुझसे आश्रम पर बता रही थी, "स्वामी जी मेरी माँ मेरे बच्चों से प्रेम तभी करेगी, यदि वो अपना व्यवहार अच्छा रखे। वो चाहती है कि मैं अपने बच्चों को उसे दिखाने के लिए लाऊँ जिससे कि वो अपने दोस्तों को अपने पपौत्रों को दिखा सके और उस वक्त अन्ततोगत्वा मुझे डाँटती है इस बात के लिए कि मेरे बच्चों ने वहाँ कितनी अव्यवस्था फैलाई थी।"

एक छोटी सी कथा :

> एक व्यक्ति सीमेंट की एक सड़क बना रहा था। अभी उसने सड़क बनकर तैयार ही किया था कि एक बच्चों का समूह पड़ोस से दौड़ता हुआ सड़क पर आया और बनी हुई सड़क पर अपने पदचिह्नों को छोड़ दिया। वह व्यक्ति नाराज हुआ और उनके ऊपर बिगड़ा।
>
> उसके मित्र ने उससे पूछा, "हे, क्या बात है? मैंने सोचा आप बच्चों को चाहते हो।"
>
> व्यक्ति ने उत्तर दिया, "हाँ, मैं चाहता हूँ, परन्तु सीमेंट पर नहीं।"

कहीं न कहीं साधारण प्रेम हमेशा कोई शर्त के साथ रहता है, किसी न किसी निहित स्वार्थ के साथ रहता है कोई न कोई बारीकी लिए हुए। यह है, जो मैं कहने का प्रयास कर रहा हूँ। हम लोगों से प्रेम करते हैं, नाम स्थान परिस्थितियाँ व अपनी मनोदशा के आधार पर इतना आत्मगत (SUBJECTIVE)।

एक स्वामी का प्रेम दूसरे हाथ पर एक शुद्ध प्रेम होता है, एक वास्तविक प्रेम होता

है। वह बरसता है बिना कोई प्रश्न पूछे हुए वह किसी नाम स्थान मनोदशा व परिस्थिति को जानता ही नहीं। स्वामी द्वारा उच्चारित हर शब्द निकलता है, आपके लिए, शुद्ध प्रेम से आपकी उन्नति के लिए स्वामी की हर क्रिया प्रेम से परिपूर्ण रहती है। स्वामी का एक ही प्राकृतिक भाव होता है और वह होता है प्रेम उसके और सारे भाव मात्र लगाव होते हैं जिनका वो प्रदर्शन करता है उस भाषा में जिस भाषा को आप जानते हो जिससे कि आप समझ सको।

मैं हमेशा अपने भक्तों से कहता हूँ, "जब मैं दयालु होता हूँ, मैं आपको छलता हूँ परन्तु जब मैं बिगड़ता हूँ आपको शिक्षा देता हूँ।" दोनों तरह से आपकी उन्नति होती है। कभी-कभी मैं दया का प्रदर्शन बहुत सारे प्रेम के तरीके से करता हूँ जिससे आप ज्यादा आघातवर्ध्य (MALLEABLE) बनो मेरी परिवर्तनशील उँगलियों के प्रति, जिससे आप और ज्यादा उपर्युक्त बन सको परिवर्तन के लिए। कभी-कभी मैं अपनी दया मात्र आपके ऊपर बिगड़कर के करता हूँ जिससे कि आप झटका खाकर गहरी सजगता में जा सको। दोनों रूपों में, इसका कारण आपके लिए शुद्ध प्रेम ही है।

स्वामी एक समुद्र है असीमित प्रेम का जो केवल देना जानता है। वह अपने आप में अस्तित्व है। यदि आप एक प्याला लेकर के उसके पास जाओगे तो आप वह प्याला उसके पास से भरकर के लाओगे। यदि आप एक घड़ा लेकर जाओगे तो आप स्वामी के पास घड़ा भर के आओगे। यह सब निर्भर करता है कि आपके अन्दर प्यास कितनी है, इतना पर्याप्त है। आप जितना प्यासे होंगे, उतने ही बड़े पात्र के साथ स्वामी के पास जाओगे।

परन्तु स्वामी हर वक्त उपस्थित हैं और आपको देख रहे हैं अपनी तरफ आते हुए विभिन्न माप के पात्रों को लिए हुए, और अपने मन में हँसते हुए, आपके मन के तर्क की अनिश्चितता को देखते हुए, आपके अन्दर के कारणों को देखते हुए जिन्हें आप उनके ऊपर आरोपित करते हो।

देखो, यहाँ बहुत स्पष्टता से समझो, मैं आपको ईश्वर से या किसी स्वामी से प्रेम करने के लिए नहीं कह रहा हूँ आप तो ईश्वर को जानते ही नहीं तो आप उसे प्रेम कैसे कर सकते हो? आपके लिए यह अत्यन्त कठिन है कि आप किसी ऐसी चीज से प्रेम करो जिसे आपने देखा न हो। परन्तु आप उस सब से तो प्रेम कर सकते हो जिसे आप देख रहे हो, क्या ऐसा नहीं है? आप प्रेम कर सकते हो पशुओं से, पेड़-पौधो से, लोगों से और क्या नहीं। उन्हें प्रेम करो किसी और कारण से नहीं परन्तु प्रेम के आनन्द के लिए।

केवल महसूस करो एक गहरा संबंध उन सब से और उनसे प्रेम करो। यदि आपने

एक बार यह करना प्रारम्भ कर दिया तो आपके अन्दर अस्तित्व के प्रति एक निश्चित आस्था जन्म ले लेगी। क्योंकि अस्तित्व ही वह सामान्य सूत्र है जो इन सब चीजों को जोड़ता है। आस्था आपके ऊपर आरोपित नहीं की जा सकती। यदि आपके ऊपर वह आरोपित की गई तो आप केवल प्रतिरोध करोगे। आप उससे चिढ़ोगे और आपके अन्दर आस्था के लक्ष्य के प्रति एक प्रतिकूलता पैदा होगी। आपको ऐसा लगेगा कि आपको अवांछित तरीके से किसी दूसरी चीज के ऊपर आश्रित किया जा रहा है। परन्तु यदि यह आपका अनुभव बन जाता है, तो यह पूर्णतः दूसरी चीज होगी।

यदि यह आस्था होगी, धीरे-धीरे आपका प्रेम अस्तित्व के प्रति प्रेम बन जाएगा, ईश्वर के प्रति प्रेम बन जाएगा या जीवन शक्ति के प्रति प्रेम बन जाएगा, जो वह समान सूत्र है जो इन सब चीजों को जोड़ता है तब अस्तित्व के प्रति आपके अन्दर से प्रेम निकलने लगेगा, और आपके अन्दर निर्णायक धर्म जन्म ले लेगा - कृतज्ञता और प्रेम का धर्म।

कृतज्ञता और प्रेम घनिष्ठता से संबंधित हैं जब आप कृतज्ञता को अपने अस्तित्व के आधार पर अनुभव करोगे, आपके अन्दर केवल प्रेम होगा, कुछ और नहीं। वास्तविक प्रेम को अनुभव करने के प्रति कृतज्ञता को अनुभव करना पहला कदम है। जब तक आपकी व्यवस्था में असंतोष व्याप्त रहेगा, वास्तविक प्रेम हो ही नहीं सकता कृतज्ञता और प्रेम साथ-साथ चलते हैं। हम कृतज्ञता के बारे में और बताएँगे जब हम आखिरी चक्र के बारे में बात करेंगे - सहस्रार चक्र।

जब मैं लोगों से ये सब बातें बताता हूँ तो वो मुझसे कहते हैं, "स्वामी जी मैं पूरे संसार से प्रेम करता हूँ। मैं तो एक चींटी को भी हानि नहीं पहुँचाता........"

आप यह सब कहकर अपने आप को धोखा क्यों दे रहे हो? क्या आप अपने पड़ोसी को पूरे हृदय से प्रेम कर सकते हो? मैं आपसे बताता हूँ : लोगों का यह कहना बहुत सरल है कि वह पूरे विश्व से प्रेम करते हैं क्योंकि उसे सिद्ध करने के लिए कुछ स्पर्शनीय नहीं करना है। वह कहते रहे कि वे सारे संसार से प्रेम करते हैं और वहीं रहे जहाँ है। उन्हें विशेष कुछ नहीं करना है इसे दिखाने के लिए। विश्व तो अन्ततोगत्वा एक अस्पर्शनीय अस्तित्व है, वह एक निराकार चीज है उसका स्पष्ट प्रतिनिधित्व नहीं है।

जब आप कहते हो कि आप अपने पड़ोसी से प्रेम करते हो, समस्या प्रारम्भ हो जाती है आपको उसका मुख प्रतिदिन देखना पड़ता है। आपको उसके प्रति अपने प्रेम को सिद्ध करने के लिए कुछ स्पर्शनीय करना पड़ता है। तब वह एक समस्या होती है।

तब आप कैसे महानता का अनुभव कर सकते हो यह कह के कि आप एक चीटीं को भी हानि नहीं पहुँचाते? क्या चींटी सक्षम है आपकी सम्पत्ति या व्यक्तित्व का विरोध करने के लिए? क्या वह सक्षम है आपके प्रेम का परीक्षण करने के लिए? यह तो नेत्रों से भी नहीं देखा जा सकता है और आप मुझसे उसकी बात करते हो। यह उपहासजनक लगता है, क्या ऐसा नहीं है? इस बात का दावा करना कि आप चींटी को भी नुकसान नहीं पहुँचाते। ये सब मार्ग हैं सत्य से बचने के।

केवल एक बात समझने का प्रयास करो : आपकी अन्तर्निहित प्रकृति प्रेम है। प्रेम शाश्वत है। ये सारे भाव केवल आते हैं जाते हैं, इतना पर्याप्त है। आप इस सोच से ग्रसित हो कि सारे भाव वास्तविक होते हैं परन्तु ये प्रेम को नष्ट करते हैं। प्रेम कभी नष्ट नहीं हो सकता, यदि प्रेम को नष्ट किया जा सकता तो, वह बहुत पहले से अप्रचलित होता।

और, जब आप वास्तविक प्रेम करोगे, विपरीत भाव आपके अन्दर प्रवेश ही नहीं कर पाएँगे। वो बस निकाल दिए जाएँगे। जब कमरे में तेज प्रकाश आएगा, क्या अंधकार अन्दर लाया जा सकेगा? नहीं, केवल तब जब आप प्रकाश को मंधिम करोगे अंधकार आ सकेगा। इसी तरह से, केवल तब जब वास्तविक प्रेम आपके अन्दर नहीं होगा, दूसरे भाव आ सकेंगे। जब आप प्रेम से लबरेज रहोगे, दूसरे भाव के प्रवेश करने का कोई मार्ग ही नहीं होगा और यह चक्र, अनाहत चक्र, आपको प्रेम से लबरेज करने के लिए हैं, क्योंकि वह भरकर के बहता है, ऊर्जावान है, प्रेम ऊर्जा है।

आपने अनुभव किया होगा : जब आप कोई बात बहुत ध्यान से करते हो आप अपने आप को भूल जाते हो। इस बात का अनुभव आपने अपने जीवन में कई बार किया होगा। यह किसी भी चीज में हो सकता है जो आप करते हो। चाहे आप रंग भर रहे हो, पढ़ रहे हो या कुछ भी। ज़ब आप गहराई से उसमें चले जाते हो, आप अपने आप को भूल जाते हो। यदि आपको बहुत तीव्र सिरदर्द हो, बस आप कोई बहुत रुचिवान चीज गहराई से करने का प्रयास करो, आपका सिरदर्द चला जाएगा।

आप देखो, क्योंकि आप लगातार इस बात को महसूस करते हो कि आपके सिर में दर्द हो रहा है, आपका सिरदर्द चलता रहता है आपको परेशान करने के लिए। जिस क्षण आप गहराई से कुछ और करने लगते हो सिर के प्रति से आपका ध्यान हट जाता है, आपका सिरदर्द गायब हो जाता है। केवल तब जब आप अपने सिर को याद रखोगे, तुम्हें सिरदर्द हो सकता है। जब आप किसी भाव में गहराई से डूब जाते हो तो केवल वह भाव रह जाता है, आपका अस्तित्व समाप्त हो जाता है यह जिसे हम पूर्णता कहते हैं।

उस क्षण जिस क्षण "आप" अदृश्य होता है यह अनुभव मात्र कुछ क्षण के लिए कर सकते हो। यदि आप ध्यानपूर्वक और पूर्णता से कार्य करो यह अनुभव "आप" को अदृश्य होने का आपके अन्दर अक्सर होगा और ज्यादा लम्बे समय के लिए भी होगा। जल्दी ही आप निपुण हो जाओगे ध्यान से कार्य करने की कला में और खुद बस अनुपस्थित रहोगे तब आप अपनी इच्छा से रह सकते हो और नहीं रह सकते। आप स्वतंत्र हो जाओगे उससे जो बाह्य जगत में हो रहा है।

इसी प्रकार से, जब आप प्रेम से लबरेज रहते हो, आप अपने अस्तित्व का अनुभव नहीं करते, आप केवल प्रेम का अनुभव करते हो, आप प्रेम बन जाते हो। जब आप प्रेम बन जाते हो, तब आप स्वतः लोगों के प्रति और चीजों के प्रति दया बाँटोगे। आप अपने आस-पास की और बड़ी जिम्मेदारियाँ लोगे। यह जिम्मेदारी हमेशा साथ-साथ चलते हैं। जब आप पूर्णता से प्रेम करोगे तो आप पूर्ण जिम्मेदारी भी ले लोगे। लोग सोचते हैं कि सन्यासी वो हैं जो जिम्मेदारी से भागते हैं। मैं आपको बताता हूँ : जब आप अपने परिवार के प्रति जिम्मेदारी छोड़ते हो, तब आप और बड़े परिवार की जिम्मेदारी ले रहे होते हो, बड़े स्तर पर मानवता के लिए, एक परिवार जो लाखों गुना आपके परिवार से बड़ा है लोग इस बात को नहीं समझते और आलोचना करते हैं।

जितना अधिक जिम्मेदारी आप लोगे, आपका विस्तार उतना ही ज्यादा होगा जिम्मेदारी वह चीज है जो आसानी से त्यागी जा सकती है। परन्तु यदि आप उसका त्याग नहीं करते और अपने कंधों पर उसे लेते हो, तो आपका विस्तार होगा और ईश्वरीय ऊर्जा आपके अन्दर से स्वतः बाहर निकलेगी और आप अधिक से अधिक जिम्मेदारी ले सकते हो जब आप ये महसूस करो कि आप ऊर्जा से लबरेज हो। मैं अपने सेवकों की सभा में बताता हूँ कि अधिक से अधिक जिम्मेदारी लो। अपने आस-पास के लोगों की उनकी परेशानियों और पीड़ा में और उनकी सेवा करो। यदि आप यह महसूस करोगे कि आप जिम्मेदार हो अपने आस-पास की पीड़ा के लिए, आप स्वतः उठ खड़े होंगे उस पीड़ा को कम करने के लिए किसी न किसी तरह। लोग अक्सर सोचते हैं कि अपने परिवार के लिए ही करना पर्याप्त है। यह सिमटने का एक मार्ग है, विस्तार का मार्ग नहीं है उन्नति के होने के लिए आपका विस्तार होना आवश्यक है यदि आप जिम्मेदारियों के साथ खड़े हो जाओगे तो आप ऊर्जा का पूर्णरूपेण प्रसार करोगे। आपके अन्दर से अस्तित्व का बहाव होगा जब आप जिम्मेदारी ले लोगे।

लोग कहते हैं, "स्वामी जी यदि हम अपने परिवार का भरण-पोषण कर लें तो इतना पर्याप्त है।" मैं बताता हूँ : यह मात्र एक बहाना है अपने चारों तरफ एक सीमा रेखा खींचकर, अपने आप को संकुचित करने का।

बौद्ध धर्म की प्रसिद्ध पंक्तियाँ आपने सुनी होंगी।

बुद्धम् शरणम् गच्छामि।

धम्मम शरणम् गच्छामि।

संघम् शरणम् गच्छामि।

इसका अर्थ है :

मैं बुद्ध के प्रति समर्पित हूँ।

मैं धम्म के प्रति समर्पित हूँ।

मैं संघ के प्रति समर्पित हूँ।

किसी स्वामी या बुद्ध के प्रति समर्पण अत्यन्त सरल है। आपको इसके लिए बहुत कुछ नहीं करना है। स्वामी के अन्दर देवत्व के फलस्वरूप इतना आकर्षण होता है कि, आपको अपनी तरफ से समर्पण करने के लिए बहुत कुछ नहीं करना पड़ता। लोग मुझसे बताते हैं कि जिस क्षण वह मुझे देखते हैं तो एक प्रकार की आस्था और विश्वास की अनुभूति करते हैं। मैं बताता हूँ : आपको ये बहुत बड़ी बात नहीं है। मेरे अन्तर अस्तित्व की ऊर्जा आपको खींचती है, इतना पर्याप्त है।

दूसरा कथन : मैं बुद्ध के उपदेशों के प्रति समर्पण करता हूँ, यह पहले से थोड़ा कठिन है, क्योंकि जिस क्षण आप कहते हो, आपको यह दिखाना पड़ेगा कि आप इसका अनुपालन कर रहे हो। उदाहरण के लिए, मैं आपसे कहता हूँ : परमानन्द में स्थित रहो। यह मेरी शिक्षा है। तब आप क्या कहते हो?

"नहीं-नहीं स्वामी जी, यह व्यवहारिक रूप से संभव नहीं है।" बहुत स्पष्टता से जानो मैं केवल व्यवहारिकता के बारे में बताता हूँ। आप यह सोचना शुरू कर दो कि मैं जाग्रत हूँ और मैं आपके तथाकथित व्यवहारिक जीवन के बारे में कुछ नहीं जानता। नहीं आप गलत हो।

मैं आपसे वही बात कह सकता हूँ जो आप हो सकते हो अपने दिन-प्रतिदिन के जीवन में। जब मैं आपसे कहता हूँ कि परमानन्द में स्थित रहो तो मैं आपके साथ अपने अनुभव बाँटता हूँ। मैं इसका उपदेश नहीं दे रहा हूँ। इसे पहले समझो। जब मैं कहता हूँ परमानन्द में स्थित रहो, तो मैं आपको उस परमानन्द के अनुभव की तरफ आकर्षित करता हूँ जिसमें मैं स्थित हूँ और यह निश्चित रूप से व्यवहारिक है, क्योंकि मैं यहाँ आपके समक्ष जीवित खड़ा हूँ।

इसके पश्चात् तीसरा कथन मैं बुद्ध के संघ के प्रति समर्पण करता हूँ। यहाँ वास्तविक समस्या प्रारम्भ होती है। यहाँ अपने ऊपर बहुत बड़ी जिम्मेदारी लेने की आवश्यकता होती है।

समझो : स्वामी अपने लक्ष्य के लिए अधिक जीता है वनस्पति के अपने शरीर के लिए। केवल 33 फीसदी ऊर्जा उसके शरीर में रहती है, बाकी 55 फीसदी ऊर्जा उसके लक्ष्य एवं उपदेश में होती है। इस तरह की जिम्मेदारी के साथ वह जीते हैं। मैं हमेशा लोगों से बताता हूँ कि मैं अपनी ऊर्जा अपनी यात्राओं से लेता हूँ उस भोजन से नहीं जिसे मैं खाता हूँ।

स्वामी अपनी किसी अतृप्त इच्छा की पूर्ति या किसी कामना की पूर्ति के लिए जन्म नहीं लेता, क्योंकि उनका ऐसा कोई कर्म ही नहीं होता जिसकी पूर्ति आवश्यक हो। वह तो जन्म लेते हैं मात्र दया से, मात्र प्रेम से लोगों के जीवन को प्रकाशवान बनाने के लिए। स्वामी के लक्ष्य की गति और उसकी तीक्ष्णता ही निर्धारित करती है स्वामी की ऊँचाई, जो मूल कारण होता है स्वामी के जन्म का।

स्वामी अपने शरीर में कम, बल्कि अपने शब्दों में और अपनी यात्राओं में ज्यादा जीता है। इसीलिए मैं आपसे हमेशा बताता हूँ कि मेरे स्वरूप को छोड़ो उसके बदले में अधिक संवेदनशील बनो ऊर्जा से।

परन्तु आप करते क्या हो, आप हमेशा हमारी बाँह पकड़े रहने का प्रयास करते हो। इसके बजाए कि मेरा काम करो, जो वास्तव में आपका काम है, आप मेरे साथ नत्थी रहते हो हमेशा यह सोचकर कि हमेशा मेरे साथ रहो। आप कभी नहीं समझते जब मैं आपसे यह बताता हूँ।

इस बात को समझो कि जब आप ईश्वरीय लक्ष्य पर कार्य करते हो, आप दो चीजें करते हो - एक - साधना अपनी आध्यात्मिक उन्नति के लिए और दूसरा - जिम्मेदारी के साथ समाज की सेवा।

दूसरा तो केवल प्रति उत्पत्ति है। आपके अन्दर कार्य करते हुए जो परिवर्तन होता है वही मेरा वास्तविक कार्य है, आपको परिवर्तित करना।

मेरा कार्य है आपका निरंतर परिवर्तन करना और वह होता है विभिन्न रूपों में। उनमें से एक है जो आपसे मैं अपने लक्ष्य का कार्य कराता हूँ। क्या आप समझ रहे हो, मैं क्या कहने का प्रयास कर रहा हूँ?

तो बस जिम्मेदारी लो आनन्द के साथ। जब आपके समक्ष अपेक्षाकृत बड़ी जिम्मेदारियाँ, मात्र अपने सिर को हिलाकर के हाँ कहो। अपने सिर को हिलाने में किसी प्रकार का प्रतिरोध न हो, इतना पर्याप्त है बाकी का ख्याल आपका अस्तित्व रखेगा।

क्या आपने सुना है- "मैसूरपाक"....... एक प्रसिद्ध भारतीय मिठाई के बारे में? वह देखने में तो बहुत वजनी लगेगी, लेकिन जिस क्षण आप उसको मुँह में रख

लोगे वह घुल जाएगी और आपको एक नई प्रकार की ऊर्जा देगी। उसी तरह जब आप अपना सिर हिलाकर के हाँ कहोगे किसी जिम्मेदारी के प्रति, आपको तत्काल उसे पूर्ण करने की ऊर्जा प्राप्त होगी। वह कदम, ही ले आयेगा आपके अन्दर आवश्यक ऊर्जा, जो आप जिम्मेदारी लेने के प्रति उठाओगे। यह है अस्तित्व के प्रेम की ऊर्जा जिसे आपको अपने अन्दर खोजने की आवश्यकता है।

जिम्मेदारी लेने के लिए, यह आवश्यक है कि आप संपूर्ण अस्तित्व को बिना पक्षपात के प्रेम करो। यदि आप प्रेम करोगे बिना पक्षपात के, आप जिम्मेदारी ले पाओगे बिना पक्षपात के। जिम्मेदारी और कुछ नहीं है बल्कि अपनी इच्छा से प्रतिक्रिया करने की क्षमता है। यदि आप प्रतिक्रिया कर सकते हो बिना सोचे हुए, बिना किसी प्रारूप के किसी भी चीज को स्वीकार करोगे अपने अन्दर की तत्पर प्रतिक्रिया करने की क्षमता के कारण, आप पहुँच गए हो।

हाँ......क्या कोई प्रश्न है अब तक?

प्रश्न : *स्वामी जी, मैं प्रेम करने वाला बनना चाहता हूँ परन्तु असमर्थ हूँ.........*

पूर्णता के साथ प्रेम करने वाला बनना, अहम् के लिए एक बहुत बड़ी चुनौती है। पूर्णता के साथ प्रेमी बनना, समस्त के साथ अपने आप को मिला देना है। अहम् के लिए यह महान समस्या है। अभी तक आप टुकड़ों में हो, आप संपूर्ण नहीं हो। जब आप टुकड़ों में रहते हो तो मात्र अपने टुकड़ों से खेलते हो और बचकर निकल जाते हो, बस इतना ही। प्रेम करने वाला होने के लिए आवश्यक है कि आप संपूर्ण बनो। आप डरते हो संपूर्ण बनने से, परन्तु आप संपूर्ण बन जाओगे आप पूर्ण की तरह बढ़ोगे।

परन्तु संपूर्ण बनने के लिए, आपके मरने की आवश्यकता है और पुनः जन्म लेने की। आप इतना अभ्यस्त हो चुके हो टुकड़ों में रहने के कि आप भयाक्रांत हो जाते हो अपने आप को संपूर्ण बनाने में। आपका अहम् इस बात के होने का विरोध करता है जब आप प्रेम करने वाला बनते हो, आप अपने अहम् को पिघलाते हो। पहले आपका अहम् कठोर था, वह ठोस था और आपको अच्छा लगता था क्या होगा जब आपका अहम् पिघल जाएगा? आपको मिलेगा कि आप अपने पूरे पहचान को खो रहे हो। यदि आप मात्र एक बार निर्णय ले लो अहम् के जाने का, आप महसूस करोगे एक प्रचण्ड स्वतंत्रता, जैसे अपने अन्तःकरण में मुक्त होना। आपको साहस की आवश्यकता है अपने अहम् को खत्म को खत्म करके प्रेम करने वाला बनने के लिए। पहले कदम के रूप में सबसे पहले अपने अन्तःकरण की गहराई के प्रति जागरूक हो, उसके बाद यह स्वतः हो जाएगा। जागरूकता वह चाभी है जो किसी ताले को खोल सकती है। समझो : जब आप

नाम और रूप से परे प्रेम करना शुरू कर दोगे, आप कुछ खो नहीं रहे हो, आप केवल वह खो रहे हो जो आप नहीं हो - वह भ्रम जिसे आपको खोने की आवश्यकता है। जो आपने पाया है वह है वास्तविकता इसलिए मात्र विश्वास रखो और डरो मत तब जब आप अपने आप को पूर्ण में समाहित कर रहे हो।

अपने को पूर्ण में समाहित होने से मत बचो। बस इसे होने दो और अपने अन्तःकरण में परिवर्तन की प्रक्रिया को देखो। केवल तब आप यह महसूस करोगे कितनी मूर्खतापूर्वक आप अपने अहम् के साथ कार्य कर रहे हो। आप यह महसूस करोगे आपने कितना कुछ खोया है अपने अहम् के मुखौटे के पीछे से।

और समझो कि वास्तविक प्रेम कभी कोई गणना नहीं करता। मस्तिष्क गणना करता है परन्तु हृदय नहीं। अब यह समय है जब आप अपने मस्तिष्क से हृदय की तरफ जाओ। आपने अपने मस्तिष्क की बहुत सुन ली। निर्णय लो अब और केवल हृदय की सुनो। उसके पश्चात् आपको कोई शिकायत नहीं रहेगी। जब आप अपने हृदय के साथ जिओगे, आपको जीवन में किसी चीज से कोई शिकायत नहीं होगी क्योंकि आप ऐसी पूर्णता के साथ जिओगे और ऐसे पूर्णत्व से जिओगे।

मस्तिष्क से आप वास्तविक प्रेम का अनुभव नहीं कर सकते, उसका अनुभव केवल हृदय से कर सकते हो। आपके स्वरूप के केन्द्र से ही प्रेम को अनुभव करने की आवश्यकता है। आपके स्वरूप का केन्द्र पूर्णतः शांत है वह किसी शब्द या विचार को नहीं जानता। उसमें कोई विचार प्रवेश नहीं कर सकता। वह दूसरी कोई भाषा नहीं जानता सिवाए प्रेम की भाषा के। इसीलिए समय-समय पर, स्वामियों ने कहा है कि अपने अन्तःकरण की गहराई में जाओ अपने आप को खोजने के लिए। यह केन्द्र आपकी सही प्रकृति है यही वास्तव में आप हो परन्तु आप खोजते हो उसे विभिन्न स्थानों पर, विभिन्न संबंधों में और लोगों में आप लगातार चूक रहे हो। समय आ गया है आप अपने अन्दर देखो। समय आ गया है आप बाहर देखना बंद करो। आपने अपने आप को काफी धोखा दिया है आगे बढ़ो।

हम लगातार प्रेम की बात करते हैं मात्र इसलिए क्योंकि हम उससे वंचित हैं, मात्र इसलिए क्योंकि हमें उसका स्वाद नहीं मिला है। यह कुछ इस तरह से हैं : कोई व्यक्ति जब प्यासा होता है तो वह हर वक्त पानी के ही बारे में बात करता है और स्वप्न देखता है। जिस क्षण वह अपनी प्यास बुझा लेता है, वह उसके बारे में बातें करना बंद कर देता है। हमें आवश्यकता है अहम् को छोड़कर के वास्तविक प्रेम का अनुभव करने की, वह प्रेम जो आपको पूर्ण में समाहित कर देगा और हम तब उसकी बात करना बंद कर देंगे। अस्तित्व खुले हुए बाँहों से आपका आलिंगन

करने के लिए आपकी प्रतीक्षा कर रही है, अपने आप में आपको मिला लेने के लिए, परन्तु केवल तब जब आप अपने अहम् को छोड़ो। केवल अहम् छोड़ने का साहस करो, खुले हुए हृदय से आप उससे मिलोगे और उसी में समाहित हो जाओगे।

यदि आप तत्पर हो अस्तित्व का आलिंगन अनुभव करने के लिए, आप और ऊँचे स्तर पर उठोगे, वह स्तर जो और ऊँची जागरूकता है आप प्रवेश करते हो उस स्थान पर जहाँ आप अपना होना जानते भी नहीं थे। अस्तित्व के साथ हमेशा आप ऊँचाईयों को प्राप्त होते हो।

प्रेम वास्तव में समर्पण है। परन्तु हममें से ज्यादा लोगों के लिए यह एक लड़ाई हो जाती है। हम अपने आप से भी लड़ते हैं और अस्तित्व से भी लड़ते हैं जब मैं समर्पण के बारे में कहता हूँ तो मेरा तात्पर्य स्वीकार के कारण समर्पण नहीं है, मेरा अर्थ है समर्पण करना गहरी समझ के कारण। जब आप समर्पण करते हो स्वीकार के कारण, आप समझौता करते हो। प्रेम कभी भी समझौता नहीं हो सकता इसे समझो जिस क्षण आप समझौता करते हो आप प्रेम नहीं करते। केवल तब जब आप समझते हो और घुलने के लिए तैयार रहते हो वह प्रेम बन जाता है।

जब आप किसी स्वामी के साथ रहते हो आपको जीवनपर्यन्त एक अवसर रहता है प्रेम खोजने का, आपके पास अवसर होता है मरकर के प्रेम के साथ पुनर्जीवित होने का। आपके अन्दर परिवर्तन की जो प्रक्रिया होती है स्वामी की उपस्थिति में आपको कोई विकल्प नहीं देगी, इसके सिवाएँ कि आप मरकर के पुनर्जीवित हो वास्तविक प्रेम के साथ। आपको करना है तो बस इतना कि स्वेच्छा से मरना है या घुल जाना है उसमें। जब आप इस बात के लिए तैयार हो जाओगे, जब आपके अन्दर इतना साहस हो जाएगा यह करने के लिए आप तैयार हो छलांग लगाने के लिए उस ऊँची जागरूक स्थिति के लिए।

प्रेम कोई पदार्थ नहीं है वह एक कर्ता है, वह आप हो आप ही प्रेम बन जाते हो, इतना पर्याप्त है। तब आप बिना कारण के प्रेम करना शुरू कर दोगे। आप वृक्षों से प्रेम करोगे, फूलों से प्रेम करोगे, पृथ्वी से और किसी चीज से नहीं। आप बस प्रेम का प्रसार करोगे। तब आप समस्त ब्रह्माण्ड से एकीकरण कर लेते हो। सारी सीमाएँ समाप्त हो जाती है और आप समाहित हो जाते हो अस्तित्व में।

आप देखो, जब आपका विस्तार प्रेम के साथ होता है, आप सीख जाते हो अपने आप में सबको और सब कुछ लिए हुए। जब आप स्वामी को देखते हो आप समझ जाओगे कि स्वामी किस तरह से चारों ओर से घेरने वाला होता है। वह किसी चीज को और किसी को अलग नहीं करता वह किसी में कोई अपूर्णता नहीं

देखता। वह मात्र शुद्ध प्रेम है, इतना पर्याप्त है और शुद्ध प्रेम कोई अपूर्णता नहीं देखता अस्तित्व अपने आप में एक शुद्ध प्रेम है और समाज इस शुद्ध प्रेम से हमेशा खिलाफ है। अन्दर गहराई से देखोगे, समाज वास्तव में ईश्वर के अस्तित्व के खिलाफ है। उसकी समस्त आराधना मात्र दिखावा है। आराधना के पीछे ही यह दिखावा छुपा रहता है। किसी चीज का अनुपालन न करने का सबसे अच्छा तरीका यही है कि उसकी आराधना शुरू की जाए। समाज बचता है आराधना के नाम पर ही। जब आप आराधना करते हो तब आपको कुछ और नहीं करना रहता और लोग भी आपको परेशान नहीं करेंगे क्योंकि आप आराधना कर रहे हो। लेकिन आपके अन्तःकरण में क्या होता है? कोई उन्नति नहीं होती और वह वैसे ही रह जाता है जैसे था। समाज आपको इस बात की अनुमति नहीं देगा कि आप अपने अहम् को समाप्त करके हर जानवर, हर पेड़-पौधे से न समाप्त होने वाला प्रेम करना शुरू करो। वह आपको बतायेगा कि आप पागल हो गए हो। वह केवल सामाजिक प्रेम की अनुमति देगा, वह प्रेम जो लेन-देन से नियंत्रित होता है, वह प्रेम जो कारण से उत्पन्न होता है।

लेकिन मैं आपसे बताता हूँ : इसे छोड़ना मत। प्रेम करते रहो अपने पूरे हृदय से। हर चीज में अस्तित्व को देखो। अपने हृदय की संवेदनशीलता से पेड़-पौधों को महसूस करो। जानवरों को इस तरह से देखो जैसे वह आपके अपने हैं। हर मानव को ईश्वर के भाग के रूप में ही देखो वास्तविक आराधाना सब में ईश्वर को देखना ही है, अपने पड़ोसी को भी ईश्वर के रूप में ही देखो।

समस्या यह है कि लोग कभी किसी चीज की मूल तक नहीं जाते, प्रेम ही ईश्वर का मूल कारण है। हर चीज में ईश्वर केा देखने में ही स्थित है ईश्वर का मूल लोग मूल तक जाने में घबराते हैं और अपने आप को इस कृत्रिम स्तरों से ठगते हें। उनके अन्दर एक बिन्दु से आगे खोज करने का साहस ही नहीं होता, जीवन में किसी भी चीज की। इसीलिए वे आपको भी खोजने की सहमति नहीं देते। वो बताते हैं कि जो उन्होंने पाया है वही सत्य है। वो बताते हैं कि, बस उसका अनुसरण करो जो वो कह रहे हैं इतना पर्याप्त है।

साहस करो, अन्दर तक जाकर के प्रेम करने का। जो कुछ भी आप देखते हो, उसमें अस्तित्व का वह सूत्र जो सब में विद्यमान है उसे महसूस करना प्रारम्भ कर दोगे। आप समझोगे कि जो कुछ आप देख रहे हो वह भ्रामक ढंग से घट रहा है अस्तित्व के एक ही सूत्र में बँधा हुआ है। तब आप बिना किसी समस्या के उसी तरह से सबको प्रेम करना शुरू कर दोगे, क्योंकि हर चीज में और हर व्यक्ति में आप अस्तित्व को ही देखोगे। निश्चित रूप से, आपको अपने अन्तःकरण में यह परिवर्तन संभव करना होगा, केवल तब यह होगा। आपके अन्दर का कोई

परिवर्तन जागरूकता के प्रति खिसकना है यह कोई स्विच नहीं है। प्रेम ही वह चीज है जो आपको यह महसूस करा सकता है कि आप अस्तित्व का ही एक भाग हो।

आप ईश्वर के अस्तित्व के बारे में सालों तक बातें कर सकते हो और फिर आपके पास उसका कोई अनुभव नहीं होगा। हाँ, निश्चित रूप से आपका अहम् ठोस होगा और बढ़िया होगा, क्योंकि आप यह सोचोगे कि आप ईश्वर के बारे में कितना कुछ जानते हो परन्तु जब आप अन्दर देखोगे, आपके पास कोई ठोस अनुभव नहीं होगा, आप शब्दों में ही फँसे रहोगे। क्योंकि जब आप बातें करना बंद कर दोगे, कुछ शेष नहीं रह जाएगा कोई अनुभव तो है नहीं आनन्द लेने के लिए।

अस्तित्व के प्रति प्रेम का अनुभव करना शुरू करो और आप ईश्वर का अनुभव हर उस छोटी चीज में करोगे जो आपके आस-पास होगी। क्योंकि आप सब यहाँ हो इसलिए मैं आपसे इतनी बातें कर रहा हूँ। यदि आप यहाँ नहीं होगे, तो मैं इस बरगद के पेड़ से बात करता रहूँगा और इन पौधों से बात करूँगा, यहाँ की हर पत्ती मुझसे बात करती है। वास्तविक प्रेम की यही भाषा है।

सालों से लोग आपको बताते आए हैं कि आप जानवरों की सबसे उन्नतिशील प्रजाति हो यहाँ बहुत स्पष्ट रहो जानवर भी जानवर नहीं है। हर एक अणु इस पृथ्वी पर ईश्वरीय है, अस्तित्व का एक भाग है। अगर आप इसे स्पष्ट रूप से समझो, आप अपने आस-पास की हर चीज को अनुभव करना प्रारम्भ कर दोगे।

आपके शरीर को प्रेम की आवश्यकता नहीं है परन्तु आपके स्वरूप को प्रेम की आवश्यकता है। प्रेम एकाकार होने का साहसिक कार्य है जब आप अपने आप को पूर्णतः घुलने देते हो। जब आप नहीं रह जाते तो प्रेम रह जात है। हमारे अन्दर "न होने का" साहस ही नहीं है इसलिए हम रुके रहते हैं, बिना शर्त के प्रेम से हम अपने आप को वापस खींचते हैं।

जो अपने आप को घुलने देने का साहसिक कार्य करने के लिए तैयार हैं, पूर्णता का अनुभव लेने के लिए तैयार हैं, वह बहादुर लोग हैं। साधारण प्रेम जिसे आप जानते हो वह चारदीवारी में लड़ाई की तरह है। आप लड़ते हो पूरी सुरक्षा के साथ। वास्तविक प्रेम, उस लड़ाई की तरह है जो ठंड में खुली सड़क पर होती है। बहादुर खुली सड़क पर लड़ते हैं और जीतते हैं। जब आप चारदीवारी के मध्य लड़ते हो, आप सुरक्षित रहते हो परन्तु आपका जीवन उतना ही अच्छा है जितना एक मृत का। आप एक जीवित लाश हो। यदि आप सड़क पर लड़ने के लिए तैयार हो, तो आप जीवन से परिपूर्ण हो और जीवित हो।

फिर समझो, खुले में लड़ने से भयभीत मत हो, यदि आप लड़ रहे हो यह जानते हुए कि आपकी लड़ाई उस दयालु ईश्वर की आँखों के सामने हो रही है, आपको भयभीत होने की आवश्यकता ही नहीं है। क्योंकि यदि आप गिरोगे भी तो आप उसकी गोद में गिरोगे। परन्तु आपको खड़े होकर लड़ने का साहस तो करना ही पड़ेगा। यह वह कदम है जो आपको अपनी तरफ से उठाना होगा। शेष, अस्तित्व आपका ख्याल रखेगा।

यह होगा जब आप मात्र जिज्ञासु से कुछ ज्यादा हो - सत्य जानने के लिए। मात्र जिज्ञासु होना ही पर्याप्त नहीं है। यदि आप मात्र जिज्ञासु हो, तो आप आओगे मजा लोगे और चले जाओगे। यदि आप जिज्ञासु से कुछ अधिक हो, आपके अन्दर यदि कोई प्रज्ज्वलित कामना हो चाहे वो एक समय में एक बार ही उत्पन्न होती हो, आप सत्य को अनुभव करना और जानना शुरू कर सकते हो। यदि आप मात्र जिज्ञासु हो तो आपके अन्दर कोई निष्ठा या समर्पण नहीं होगा। यदि आपके अन्दर वो आग है, तो निष्ठा और समर्पण ही होगा। समर्पण ही है जो आपको यहाँ बार-बार लाता है।

कोशिश करो यदि आप कर सको मुझसे दूर भागने की, आप नहीं कर पाओगे। आप मुझसे कुछ दिन दूर रह सकते हो, परन्तु आपके अन्दर प्रज्ज्वलित कामना मेरे पास आपको बार-बार लायेगी। सत्य को खोजने के लिए आपके अन्दर इस तीक्ष्णता का होना अनिवार्य है।

जितना प्रेम कर सकते हो करो, बदले में बिना कुछ माँगे हुए। कारण से प्रेम करना प्रेम नहीं है, वह मात्र एक व्यापारिक समझौता है। जब आप बिना किसी कारण के प्रेम कर सकोगे, आप किसी चीज को प्रेम कर सकोगे और किसी व्यक्ति से प्रेम कर सकोगे जो आपके मार्ग में आयेगा, आपके अन्दर से प्रचण्ड ऊर्जा और छवि निकलेगी। आप बस खूबसूरत दिखने लगोगे, बिना इस बात के कि आप शारीरिक रूप से खूबसूरत हो या नहीं।

और एक बात : यह मत सोचो कि बिना शर्त के प्रेम से आपको कुछ नहीं मिलेगा। यह आपको एक नहीं, एक से कई तरीकों से चीजें दिलायेगा। परन्तु आपको अपने आप को उस सीमा तक पहुँचाना होगा कि ये चीजें आपके पास आयेंगी और आप इन चीजों से पूरी तरीके से अप्रभावित रहोगे, और प्रेम करने के लिए प्रेम करते रहोगे। आपकी बुद्धिमत्ता आपको दिखायेगी उन चीजों को जो आप बदले में पाओगे, और वही बुद्धिमत्ता आपको परमानन्द में स्थित रखेगी इन चीजों से प्रभावित हुए बिना।

आपके हृदय में एक क्रांतिकारी परिवर्तन होगा और आप एक नये व्यक्ति होंगे।

आप अपने अन्दर यह परिवर्तन पाओगे और दूसरे भी। लोगों के अन्दर एक विशेष प्रकार का सम्मान आपके लिए पैदा होगा। वो देखेंगे आपको एक विशेष रूप में प्रफुल्लित होते हुए आपको स्वीकार करने की अपूर्णता लिये हुए। वो महसूस करेंगे उस ऊर्जा को जिसका आप प्रसार करोगे।

बिना शर्त के प्रेम करने के लिए, आपका स्वतंत्र होना आवश्यक है। जब आप स्वतंत्र और मुक्त महसूस करोगे, आप प्रेम कर सकोगे बिना किसी चिंता और कारण के। मुक्त से मेरा तात्पर्य क्या है जाति, धर्म, संप्रदाय, परिवार, रिश्तेदार और इन सब चीजों से बिना प्रभावित हुए। क्योंकि आप इन सब चीजों से बँधे हुए रहते हो आपका प्रेम भी बाधित रहता है, और बाधित प्रेम वास्तविक प्रेम नहीं होता। सीमाओं में आप कैसे प्रेम कर सकते हो? यह तो प्रेम की परिभाषा के ही विरुद्ध है।

मैं यह नहीं कह रहा हूँ कि आप अपने परिवार को भूल जाओ, अपने धर्म इत्यादि को भूल जाओ परन्तु प्रेम को इस परिप्रेक्ष्य में मत देखो, इतना पर्याप्त है। यदि आप प्रेम करते हो, तो मुक्त की तरह प्रेम करो। तब आप मुक्त अनुभव करोगे? जब आप इन बंधनों से मुक्त रहोगे। जब आप अपनी पहचान किसी एक चीज के साथ नहीं जोड़ोगे, जब आप महसूस करोगे कि आप पूर्ण अस्तित्व से संबंधित हो, तब आप बिना सीमाओं के प्रेम कर सकोगे।

मैं लोगों से बताता हूँ : अगर आप मेरा प्रेम सबके प्रति अनुभव कर सकते हो, तब आपको वास्तविक प्रेम की झलक मिलेगी। क्योंकि जैसा मैंने बताया है, मुझसे प्रेम करना सरल है परन्तु उसी प्रेम को जो आपका मेरे प्रति है दूसरे भक्तों के प्रति भी महसूस करो, तब आप उस वास्तविक प्रेम के सूत्र को पकड़ पाओगे। तब आप हर चीज में अस्तित्व का अनुभव करोगे। तब धीरे-धीरे आप हर वस्तु और हर व्यक्ति का अस्तित्व के भाग के रूप में आलिंगन करने के प्रति बढ़ोगे।

हाँ......अब हम एक बहुत ही साधारण और अत्यन्त प्रभावशाली साधना करेंगे जिसे महामंत्र साधना कहा जाता है जो इस अनाहत चक्र के लिए होता है।

महामंत्र साधना :

(पूरा समय : 30 मिनट)

महामंत्र साधना अनाहत चक्र को जगाने की प्राचीन बौद्ध तिब्बती तकनीक है, जो हृदय केन्द्र में स्थित है। यह साधना आपके मस्तिष्क को दृढ़ और स्थिर बना देता है। आपका मस्तिष्क हर समय विचारों में नाचता रहता है। यह साधना आपके मस्तिष्क को स्थिर बना देता है उसे शून्य मस्तिष्क के क्षेत्र में, मन के परे ले जाकर के। यह अनन्त में छलांग लगाने का जम्पिंग बोर्ड है।

यह साधना आपके अन्दर एक अच्छे ऊर्जा बहाव का निर्माण करेगी। यह वह तकनीक है जो आपको पूर्णरूपेण ऊर्जा से भर देगी जिससे आप दूसरों से मान की कामना बंद कर देंगे और अपने अन्दर ऊर्जा से भरे होने के कारण दूसरों में ऊर्जा एवं प्रेम बाँटेंगे। साधना करते समय आप अपनी माला अपने गले में पहन सकते हो। वह एक ऊर्जा के भण्डार के रूप में काम करेगा जो आप साधना के दौरान पैदा करोगे।

यह साधना खाली पेट होनी चाहिए, ज्यादा अच्छा होगा प्रातःकाल, या भोजन के दो घण्टों के उपरान्त। यह अकेले में भी की जा सकती है और समूह में भी।

अब मैं आपको तकनीक समझाता हूँ।

अब भूमि पर आप सुख-आसन में आराम से बैठो आपका सिर, गर्दन और रीढ़ की हड्डी एक सीधी रेखा में हो। जो लोग भूमि पर नहीं बैठ सकते वो कुर्सी पर बैठें। आराम महसूस करो और अपने नेत्र बंद करो। जब नेत्र बंद कर लेते हैं, तो पलकों के पीछे से भी हम विभिन्न रूप और प्रकार देखते हैं। इसे नियंत्रित करने के लिए परिकल्पना करो कि आपके नेत्र-गोले पत्थर की तरह स्थिर हो जाएँ। उन्हें मात्र मानसिक दबाव से स्थिर करो तब ये आकार समाप्त हो जाएँगे। आपके नेत्रों की गति से आपके मस्तिष्क की गति का बहुत गहरा संबंध है। इसलिए आपको कहा जाता है कि आप अपने नेत्रों की गति को रोको पर उनकी गति के रुकने के बारे में चिंतित मत हो। बस ध्यान में आगे बढ़ो।

अपने होठों को बंद रखो एक करके और यह ध्वनि पैदा करो "मममम........" अपने अन्दर से एक ऐसी ध्वनि पैदा होगी जैसे आप अपना मुँह किसी खाली एल्युमीनियम के पात्र में लगाकर के "हूँ......." या "हम्........" यह मात्र अपने होठों को बंद करके एक ध्वनि को पैदा करना हैं यह "हूँ......." करना जितना लम्बा संभव हो सके करना चाहिए। दूसरी साँस लेने के पहले वह उतना ही गहरा होना चाहिए जितना संभव हो, अपने नाभि के केन्द्र से और जितना प्रबल संभव हो।

हर ध्वनि के बाद बहुत गहरी साँस लेने का प्रयास मत करो, शरीर स्वयं गहरी साँस लेगा जब आवश्यक होगा। तनाव में मत रहो। अपने पूरे स्वरूप की ऊर्जा इस कम्पन्न के निर्माण में लगा दो। मात्र यही ध्वनि बन जाओ। अपने पूरे शरीर को इस ध्वनि के कम्पन्न से भरने दो। कुछ समय पश्चात्, आप यह महसूस करोगे। यह ध्वनि आपके प्रयास को रोक देने के बाद भी चलती रहेगी और आप मात्र एक स्रोता बन जाओगे।

20 मिनट के समाप्त होने के बाद "हूँ......." करना रोक दो। यदि आप कैसेट

बजा रहे हो, तो आप “रुको” की आवाज सुनोगे। जैसे एकाएक।

“हूँ.....” को रोकने के बाद, अपने नेत्र बंद रखो, शांत और निष्क्रिय रहो 10 मिनट तक अपने चेहरे को हँसता हुआ रखकर के और परमानन्द के भाव में स्थित होकर के। यदि आपके अन्दर कोई विचार आता है, उसे आने दो। अपने मस्तिष्क के दृष्टा बनो जैसे दूर-दर्शन यंत्र को देखते हो, बिना विचारों का प्रतिरोध किए हुए और बिना कोई फैसला दिए हुए। शांत और परमानन्दित रहो। इस समय के मध्य, 20 मिनट की “हूँ......” ध्वनि से जो ऊर्जा निर्मित होगी वह आपके स्वरूप के हर कोने में प्रवेश करेगी और गहराई से उसे स्वच्छ बनाएगी।

(समूह महामंत्र साधना का अभ्यास करता है संगीत के साथ।)

(अंत में स्वामी जी की प्रार्थना.........)

ओम् शान्तिः शान्तिः शान्तिः

धीरे बहुत धीरे अपने नेत्र खोलो। इस शांति को अपने साथ ले जाओ। हम दूसरे सत्र में मिलेंगे। धन्यवाद

अध्याय 4

चिंता से मुक्ति

अध्याय - 4

चिंता से मुक्ति

मणिपूरक चक्र

अब हम अगले चक्र की तरफ बढते हैं- *'मणिपूरक चक्र'* जो नाभि क्षेत्र में स्थित है।

संस्कृत में, *'मणिपूरक'* का अर्थ है *''मणियों का शहर''*

यह चक्र बाधित होता है जब आप निरंतर चिंता करते हो और खिल उठता है जब आप चिंताओं की चिंता करना बंद कर देते हो।

(*साधना तकनीक :* मणिपूरक शुद्धि क्रिया - यह तकनीक ईसाई धर्म से ली गई है)

अब विश्लेषण करते हैं कि चिंता है क्या?

क्या आप में से कोई बता सकता हैं चिंता के बारे में?

(एक महिला उत्तर देती है.........) स्वामी जी, हम चिंतित होते हैं जब हम अपने व्यापारिक समस्याओं के बारे में सोचते हैं। अपने बच्चों के बारे में सोचते हैं या अपने स्वास्थ्य के बारे में सोचते हैं..........

जो आप कह रही हो वो चिंता के कारण हैं। मैं आपसे चिंता के कारण नहीं पूछ रहा हूँ। मैं आपसे पूछ रहा हूँ ''चिंता है क्या?'' यदि मैं आपसे चिंता के कारण पूछूँगा तो यह सत्र समाप्त ही नहीं होगा। आपमें से हर एक-एक लम्बी सूची लेकर के तैयार होगा।

स्वामी जी, मेरा व्यापार ठीक नहीं चल रहा है.......

स्वामी जी, घर पर कोई मानसिक शांति नहीं है।

स्वामी जी, मेरे पास इतनी समस्याएँ हैं कि आप सोंच भी नहीं सकते।

मेरे पास बच्चे नहीं हैं यही मेरी चिंता है।

स्वामी जी, मेरे बच्चे ही मेरी चिंता है।

(समूह में जोर की हँसी!)

हर समय हमारे पास इतनी ज्यादा समस्याएँ हैं। और यदि हमें चिंता न मिले, हम इस बात के लिए चिंतित रहने लगेंगे कि हमारे पास चिंता क्यों नहीं है।

हम असुरक्षित महसूस करने लगते हैं इसलिये चिंतित होना शुरू कर देते हैं। मैं आपसे बताता हूँ यही वास्तविकता है। कुछ बुजुर्ग सेवानिवृत्त लोग मेरे पास आकर के बताते हैं, ''स्वामी जी, हम नहीं जानते कि हम क्या करें। हमारे बच्चे शादी करके अपने-अपने घरों में व्यवस्थित हो गए हैं। वह हमसे कुछ भी नहीं पूछते, हम नहीं जानते क्या करना चाहिए, अब कुछ सोचने के लिए है ही नहीं। अब और जीवित रहने का कोई मतलब नहीं है। हम शांति से मरना चाहते हैं।''

वे नहीं जानते क्या करना चाहिए क्योंकि उनके पास कोई चिंता नहीं है। वो बहुत प्रयास करते हैं कि सोंचे जो उनके मस्तिष्क को कहीं लगाए रखे, लेकिन कुछ है ही नहीं जो उनके मस्तिष्क को लगाए रखे। और यह उनके लिए नया होता है क्यासेंकि अब तक सारे समय एक या दूसरी चिंता में वे लिप्त रहे हैं, एक या दूसरे विचार में लिप्त रहे हैं।

चिंता को परिभाषित करने के पूर्व, मैं केवल आपको यह समझाना चाहता हूँ कि चाहे हमारी संस्कृति, हमारा आर्थिक स्तर, हमारी उम्र कुछ भी हो, हमारे सब में एक चीज समान है- और वह है चिंता।

यदि मैं आपसे कहूँ क्योंकि चिंतित हो, आप कारणों की एक बड़ी सूची लेकर आओगे। आप सोचते हो कि चिंता वाह्य पदार्थों से पैदा होती है। आप हमेशा वाह्य जगत को जिम्मेदार ठहराते हैं, अपने आस-पास के लोगों को, आरोपित करते हैं कि वो आपकी परेशानी का कारण है।

जरा सोचें : यदि चिंता का कारण वाह्य है, तो कम से कम एक व्यक्ति तो ऐसा होना चाहिए जिसने इन सब कारणों पर विजय प्राप्त कर ली हो और सारी चिंताओं से मुक्त हो। हाँ, परन्तु क्या यही बात है? जिससे भी आप मिलते हो उसके पास कोई न कोई चिंता होती है। चाहे वो अमीर हो या गरीब, विवाहित हो या अविवाहित, चाहे संतान हो या चाहे निःसंतान हो, नौकरी करते हो या उनका अपना व्यवसाय हो - हर व्यक्ति चिंताग्रस्त है।

यह इसलिए है, क्योंकि हम सोचते हैं कि चिंता का कारण वाह्य है, वास्तव में चिंता का कारण हमारे अन्दर की गहराई में छिपा हुआ है। यह एक सत्य है। यही कारण कि हर व्यक्ति के पास हर समय कोई न कोई चिंता है।

अब हम वापस आते हैं अपने प्रश्न पर : चिंता है क्या? यदि आप अपने अन्दर की गहराई में देखोगे, आप पाओगे कि चिंता और कुछ नहीं किसी घटना के प्रति आपकी प्रतिक्रिया है। कोई स्थिति आपको चिंतित करती है या नहीं, यह पूर्णतः निर्भर करता है इस बात पर कि आप किस तरह से उस स्थिति के प्रति प्रतिक्रिया करने का निर्णय लेते हो। और बस इसके बाद चिंता आपके अन्तःकरण में भुनभुनाती रहती है, हर समय के लिए आपको विचलित करने का कारण बनती है।

उदाहरण के लिए, जैसे आपका एक मित्र कोई नौकरी पाए और आपके पास आकर के उस नयी नौकरी से संबंधित कायदे और सुविधाओं का उत्साह के साथ बखान करे, आपकी क्या प्रतिक्रिया होगी? बिना चाहे हुए भी आप अपने अन्दर अपने आप में बातें करने लगोगे।

आप सोचना शुरू करोगे, उसे नयी नौकरी मिल गयी। वह कितनी सुविधाओं का भोग कर रहा है। मेरा क्या होगा! मेरी पत्नी जब सुनेगी इन सुविधाओं और फायदों के बारे में तो क्या कहेगी? ज्यादा अच्छा होगा इसको अपनी पत्नी से न मिलने दूँ, नहीं तो मैं समस्या में फँस जाऊँगा। क्या मुझे कोई दूसरी नौकरी ढूँढनी चाहिए? यदि नहीं मिली तो क्या होगा? मुझसे कभी कुछ नहीं होगा, खैर........

यह चिंता है।

चिंता आपके अन्दर की वह प्रतिक्रिया है जो वाह्य मापदण्डों के संदर्भ के प्रति होती है जिसकी आप अपने आप में लगातार बातें करते हो। और समय के साथ-साथ। यह आपकी मानसिक बनावट बन जाती है।

क्या मैं पड़ोसियों की तरह अच्छा कर रहा हूँ?

मैं अपने मालिक को कैसे प्रभावित कर सकता हूँ?

मेरे बच्चे क्या सोचेंगे?

हर समय, हमें दूसरों से सहमति लेने की आवश्यकता रहती है- चाहे वह समाज हो या कार्य हो या परिवार हो। हमारी चिंता का यह एक बहुत बड़ा भाग है। हमारा संपूर्ण जीवन और कुछ नहीं, मात्र दूसरों से प्रमाण पत्र एकत्रित करने की एक प्रक्रिया है। यदि दूसरे अपना प्रमाण पत्र न देते रहे - अच्छा पति, अच्छा कर्मचारी, अच्छा पड़ोसी - हम चिंतित होते हैं कि हमारा जीवन बेकार हो गया है।

हम केवल दूसरों के प्रमाण पत्रों से ही अपने व्यक्तित्व हुए। निर्धारण करते सम्स्या यह है कि हमने अपने आप पर विश्वास करना बंद कर दिया है।

एक बच्चे के रूप में, हममें से हर एक दृढ़ता से अपने स्वरूप में ही केन्द्रित रहता है। क्या आपने कभी किसी बच्चे को इस बात के लिए चिंतित होते देखा है कि लोग उसके बारे में क्या सोचेंगे? नहीं! एक बच्चा बिना चिंता किये हुए रूप में इसलिए दिखाई पड़ता है क्योंकि वह पूर्ण होता है, उसमें जो भी वह करता है वह नहीं सोचता कि लोग उसके बारे में क्या कहेंगे।

जैसे-जैसे हम बड़े होते हैं, समाज लगातार हमारे मस्तिष्क पर यह प्रभाव डालता है। समाज, दूसरों के राय एवं विचारों से हमें अपने आप का मूल्यांकन करना सिखाता है- अभिभावक, शिक्षक, मित्र, यहाँ तक की अपरिचितों को भी। समाज हमें बाहरी सहारे पर आश्रित बना देता है, दूसरों के प्रमाण पत्र, हमारे शब्द और हर क्रिया के लिए। यही कारण है कि हम हमेशा क्यों चिंतित रहते हैं कि दूसरे लोग हमारे बारे में क्या कहेंगे।

जब आप किसी चीज के लिए चिंतित होते हो आपको महसूस होता है कि आपके पास एक निश्चित संदर्भ है जिससे आप अपने को माप सकते हो, जिसके प्रति आप प्रतिक्रिया कर सकते हो। इसीलिए चिंता आपके जीवन को एक दिशा देती है। बिना चिंता के आप महसूस करते हो कि आपके पास कोई धुरी ही नहीं है जिसके साथ आप चलो। यही कारण है कि वास्तव में हम छुपे तरीके से अपनी चिंताओं से प्रेम करने लगते हैं।

मैं आपको एक छोटी सी कथा सुनाता हूँ :

> तीन लोग एक निर्जन टापू पर बैठे हुए थे। वह नहीं जानते थे कि कितने वर्षों से वहाँ थे। अचानक उन्हें एक बोतल मिली जिसे उन्होंने उठा लिया। जब उन लोगों ने उस पर हाथ रगड़ा, अचानक एक जिन्न उनके सामने पैदा हुआ। वे अचम्भित थे। जिन्न ने उनसे कहा, "धन्यवाद आपने मुझे इस बोतल से मुक्त किया, आपमें से हर एक अपनी एक इच्छा मुझसे कहे मैं पूरी कर दूँगा।" वे बहुत उत्तेजित हुए और थोड़ी देर सोचा। पहले व्यक्ति ने कहा, "मैं अपनी महिला मित्र से विवाह करके सुखपूर्वक रहना जीना चाहता हूँ।"
>
> जिन्न बोला, "ठीक है आपकी इच्छा पूर्ण होगी।"
>
> पहला व्यक्ति टापू से अदृश्य हो गया, तब जिन्न ने दूसरे व्यक्ति को देखा।
>
> दूसरे व्यक्ति ने कहा, "मैं एक धनी व्यवसायी बनना चाहता हूँ।"

जिन्न ने कहा, "ठीक है आपकी इच्छा पूर्ण होगी।"

दूसरा व्यक्ति अदृश्य हो गया और जिन्न ने तीसरे व्यक्ति से कहा आप क्या चाहते हो?

तीसरे व्यक्ति ने कहा, "मेरे दोनों दोस्त जो मेरे साथ बहुत वर्षों तक रहे मैं उनकी कमी महसूस कर रहा हूँ। मैं उनके साथ होना चाहता हूँ।"

जिन्न ने कहा, "ठीक है" और अदृश्य हो गया, उन तीनों व्यक्तियों को उस निर्जन टापू पर फिर उसी रूप में छोड़कर जैसे वो थे।

उस निर्जन टापू पर बहुत वर्षों तक पीड़ा सहने के बावजूद वह व्यक्ति नए जीवन के लिए तैयार नहीं था। उस निर्जन टापू पर बिताये जीवन से उसका इतना ज्यादा लगाव हो गया था। यह है, जिसे मैं कहता हूँ, हमारा अपनी चिंता से लगाव। हम दावा करते हैं कि वे हमें पीड़ा देती हैं, परन्तु हमारा उनसे बहुत ज्यादा लगाव होता है। आप इस पर विश्वास करने के लिए तैयार नहीं होगे, यदि मैं आपसे कहूँ कि आप चिंताओं से प्रेम करते हो, परन्तु यह एक तथ्य है।

लोग मेरे पास आते हैं और कहते हैं, "मेरा व्यापार खराब से खराब होता जा रहा है, स्वामी जी तीसरे महीने बहुत भारी नुकसान हुआ, और अगले महीने में मैं जानता हूँ कि उससे भी ज्यादा होने वाला है।"

मैं उनसे कहता हूँ, "यदि आप पहले से जानते हो, आप तुरन्त अपना व्यवसाय बन्द क्यों नहीं कर देते? क्यों घाटा उठाते हो?"

वे हतप्रभ हो जाते हैं।

वे अविश्वास के साथ पूछते हैं, "आप क्या कह रहे हैं, स्वामी जी? उसके बाद मैं करूँगा क्या?"

(जोर की हँसी!)

चिंता का यदि कोई कारण न हो तो आपका अहम् अपने अस्तित्व का कारण खो देता है। इसलिए आप पीड़ा की सीमाओं में ही बने रहने का चयन करते हो। जब आप चिंतित रहते हो,आप महसूस करते हो कि आप कुछ हो। आप महसूस करते हो कि आपका एक ठोस अस्तित्व है क्योंकि आप चिंताओं का समाधान करते रहते हो और उन्हीं के बारे में हर समय सोचते रहते हो।

जब आप इस लगातार चिंता से मुक्त होते हो तब आप परमानन्द में होते हो, लेकिन यहाँ आप कुछ नहीं होते। कोई पदार्थ नहीं होता जो आपको लिप्त रखे। कोई समस्या नहीं होती जिसे सुलझाओ। आप असुरक्षित महसूस करते हो, जैसे आपका कोई अस्तित्व ही न हो। चिंतारहित अवस्था का आनन्द लेने के लिए

आपको अपने अहम् को मिटाकर के इस बात का परित्याग करना पड़ेगा कि आप एक ठोस अस्तित्व हो।

सर्वप्रथम चिंता के बारे में एक बात और है कि चिंता स्वयं अपने आप में एक भोजन है जो आप अपने मस्तिष्क को देने का निर्णय लेते हो और उससे ग्रसित करते हो। और इसके ऊपर हर व्यक्ति सोचता है कि उसके पास बहुत सी चिंताएँ हैं और केवल वही दुःखी है। और उसके अलावा हर अन्य खुश है। परन्तु विचित्र बात यह है, कि इस पृथ्वी पर हर व्यक्ति अपने आप को सबसे ज्यादा दुःखी महसूस करता है सबसे बड़ा अभागा! ये कैसे संभव है?

एक छोटी सी कथा :

> एक राज्य में, राजा की जानकारी में यह बात आयी कि उसके राज्य में हर व्यक्ति दुःखी था, क्योंकि हर व्यक्ति सोचता था कि उसके पास सबसे ज्यादा चिंताएँ हैं, और किसी अन्य के पास कोई चिंता नहीं।
>
> तो राजा ने, "एक चिंता बदलो अवसर" की घोषणा की जिसमें लोग अपनी बड़ी चिंताओं को ले आयें और किसी की छोटी सी चिंता से बदल लें, का आयोजन होगा।
>
> एक बहुत बड़ा स्थान तैयार किया गया, और उसके मध्य में एक बहुत बड़ा चिंतापात्र रखा गया।
>
> जो भी व्यक्ति चाहे आ सकता था, अपनी चिंताओं को उसमें डाल सकता था और कोई अन्य चिंता जो वो चाहता था उसको उठा ले। एक बात अनिवार्य थी, कुछ चिंताओं को उसे लेना भी था।
>
> इस अवसर पर पूरा राज्य एकत्रित हुआ।
>
> लोग वहाँ चारों तरफ घूमे एक दूसरे से मिले और एक-दूसरे से अपनी चिंताओं के बारे में बातें कीं।
>
> काफी देर बाद, उस आयोजन को शुरू किया गया चिंता बदलने के लिए।
>
> काफी समय बीत गया और कोई एक व्यक्ति भी उस पात्र में अपनी चिंता डालने के लिए आगे नहीं आया।
>
> इस पारस्परिकता के बाद, हर व्यक्ति ने यह सोचा कि उनकी जानी हुई छोटी चिंताएँ दूसरों की अनजानी समस्याओं से बहुत अच्छी है।

मैं आपसे बताता हूँ : ज्यादातर समय हम बिना वास्तविक तथ्यों को जाने हुए हवा में बातें करते हैं। यदि हम अपनी तथाकथित चिंताओं की जड़ में जाएँ, तो

हम यह समझेंगे कि हम मात्र उनको बड़ा कर रहे हैं जो इतनी ज्यादा बुरी कदापि नहीं है। ठीक है अब हम विश्लेषण करेंगे कि वास्तव में जब हम चिंतित होते हैं तो हमारे मस्तिष्क में क्या होता है।

मात्र अपने मस्तिष्क को देखो जब वह किंसी चीज की चिंता करता है। आप यह देखोगे कि विचारों की एक धारा लगातार मस्तिष्क में पैदा हो रही है- पूर्णतः अलग-अलग और ज्यादातर नकारात्मक विचार। आपके मस्तिष्क में नकारात्मक और पुनरावृत्ति वाले शब्दों की एक तरंग का आगमन होगा।

आप देखो : हम अभ्यस्त हैं दो तरह के कथन से - बोलना और अन्तरसंवाद करना (INNER CHATTERING)। बोलना से अर्थ है दूसरों से बोलना सामान्यतः जिसे हम वार्तालाप कहते हैं। अंतरसंवाद करना (INNER CHATTERING) अर्थात् अपने आप से बातें करना। वास्तव में अपने आप से बातें करना एक शाश्वत प्रक्रिया है जो हमारे अन्दर चलती रहती है। इस प्रक्रिया को हम अंतरसंवाद कहते हैं और यही है जिसे चिंता भी कहते हैं।

चिंता और कुछ नहीं बल्कि आपके मस्तिष्क में अनियंत्रित लगातार होने वाला अंतरसंवाद ही है, यही अंतरसंवाद आपका स्वामी बन गया है। इसने आप पर नियंत्रण कर लिया है। यह हर वक्त चलता ही रहता है।

आप जो कुछ भी बोलते हो, बहुत ध्यान से बोलते हो क्योंकि यदि आप ध्यान से नहीं बोलोगे तो समाज आपसे सतर्क रहने के लिए कहेगा, क्या ऐसा नहीं है? परन्तु अपने अंतरसंवाद को आप किसी भी ढंग से नियंत्रित नहीं करते। शब्द, जो आप बाहर वालों से बोलते हो, जब उन्हें नियंत्रित किया जा सकता है, तो उन शब्दों को क्यों नियंत्रित नहीं किया जा सकता जिनको आप अपने आप से बोलते हो? अर्थात् अंतरसंवाद को। आप अपने अंतरसंवाद को इसलिए नहीं रोकते क्योंकि आपके अन्दर आत्मसम्मान नहीं है। आप अपने अन्दर कुछ भी कहे चले जाते हो। क्या हम भोजन के किसी प्लेट पर कूड़ा फेंक सकते हैं? नहीं, हम उसे कूड़ेदान में फेंकते हैं। आप दूसरों से खाने के प्लेट का व्यवहार करते हो और अपने आप से कूड़ेदान का, यही कारण है, आपको बदहजमी होने का।

वाह्य वार्तालाप में विश्राम भी कभी-कभी आता है। परन्तु यह अंतरसंवाद तो लगातार चलता ही रहता है। यह आपको पागल कर सकता है। वास्तव में, कई बार दूसरे से बात करना उस अंतरसंवाद से बचने का एक तरीका है जो आपको पागल बना रहा है। यही कारण है इतना ज्यादा वार्तालाप सारे संसार में हो रहा है। शांत रहने से लोग भयभीत हैं क्योंकि उनके अन्दर तो पागलखाना है। इसलिए वो मिलते हैं, सामाजिक होते हैं, बातें करते हैं और कहीं न कहीं अपने आप को लिप्त रखते हैं।

इस अंतरसंवाद का आप क्या निश्चित अर्थ समझते हो? जब आप अकेले हो तो इस छोटे से प्रयोग का प्रयास करो : कुछ मिनट के लिए अपनी आँखें बंद करके मात्र बैठ जाओ। एक कागज और कलम अपने साथ रखो। अपने मस्तिष्क को किसी चीज पर केन्द्रित मत करो। अपने मस्तिष्क के साक्षी बनो। मात्र देखो आपके मस्तिष्क में क्या चल रहा है। करीब-करीब जैसे ही आप अपने नेत्र बंद करोगे, आप ये देखोगे कि आपके मस्तिष्क में विचारों की लगातार धारा बह रही है। आपके मस्तिष्क में लगातार क्रिया होती रहती है। ईमानदारी से लिखो जो भी विचार आये हों। यह पाँच मिनट तक करो।

अब बैठ जाओ और पढ़ो आपने क्या लिखा है। आप हतप्रभ रहोगे। जो कुछ भी आपने कागज पर लिखा है यह आपका अंतरसंवाद है यदि आप इसे आप पढ़ोगे, आप देखोगे कि आपके विचार कितने अलग-अलग हैं और कितने संदर्भरहित हैं। एक क्षण आप यहाँ होंगे, दूसरे क्षण आप अमेरिका में होंगे, उसके बाद के क्षण आप अपने दफ्तर में होंगे और उसके बाद के क्षण आप अपने बच्चों के बारे में सोच रहे होंगे.....। यह आपके मस्तिष्क की स्थिति है - एक अनियंत्रित विचारों की धारा। यही वो मस्तिष्क है जिसे आपने जीवन सौंपा है। यही वो मस्तिष्क है जो सारी चिंताएँ पैदा करता है। यही वह मस्तिष्क है जो आपके लिए आपका जीवन जी रहा है। यदि मात्र इसे आप ठीक से समझ लो, तो आपने चिंता और अंतरसंवाद से स्वतंत्रता की तरफ एक बहुत लंबी छलांग लगा ली है।

एक छोटी सी कथा :

> एक दिन, सड़क पर एक दुर्घटना हो गयी। लोग इकट्ठे हुए और देखा कि एक नई कार दीवार से टकरा गई है। लोगों ने चालक से पूछा, "महोदय, आप कार ठीक से चलाना नहीं जानते तो आप कार चला क्यों रहे हैं?" "निश्चित रूप से मैं चलाना जानता हूँ", व्यक्ति ने उत्तर दिया, "मैं केवल इसे रोकना नहीं जानता।"

वह व्यक्ति कार चलाना तो जानता था परन्तु उसे रोकना नहीं जानता था। आप भी एक गाड़ी चला रहे हो, जो कैसे रोकी जाती है ये नहीं जानते। यह बहुत खतरनाक बात है। आपका मस्तिष्क एक गाड़ी की तरह है जिसे आप रोकना नहीं जानते। बस अपने अंतरसंवाद को रोकने का प्रयास करो, मात्र कुछ सेकेण्ड के लिए......।

क्या आप कर सकते हो?

जब आप इसे नियंत्रित करने का प्रयास करते हो विचारों का झोंका और अनियंत्रित हो जाता है क्योंकि आपने उसमें एक और विचार जोड़ दिया है, कि आपको उसे नियंत्रित करना है।

आप अपने मस्तिष्क को नियंत्रित नहीं कर पा रहे हो- आपका मस्तिष्क आपको नियंत्रित कर रहा है।

चिंता को समझने के लिए, हमारे लिए आवश्यक है कि हम अपने मस्तिष्क के प्रकृति की गहराई को अन्दर से देखें।

चिंता की तरफ का मार्ग मस्तिष्क से होकर जाता है - और इससे निकलने का मार्ग भी मस्तिष्क से ही होकर निकलेगा। परन्तु हम इसका उत्तर खोजते रहते हैं हर गलत जगह पर, हम हर समय बाहर खोजते रहते हैं बिना चिंता की जड़ को गहराई से देखे हुए। हम सोचते हैं, यदि हमारे पास ज्यादा पैसा होता तो मेरी सारी चिंताएँ खत्म हो जाती हैं। यदि मैं देखने में खूबसूरत होता........यदि मेरे पास अच्छी नौकरी होती......... यदि.........यदि।

निदान वाह्य जगत की चीजों में नहीं पाया जा सकता। वह पाया जा सकता है केवल हमारे अन्दर।

एक छोटी सी कथा है :

> बुद्ध के दस हजार शिष्य थे जिन्हें वो रोज प्रातः संबोधित किया करते थे। एक दिन वो एक बहुत तगड़ी गाँठ वाली रस्सी लाए और सबके समक्ष रख दिया और कहा, "क्या कोई ये गाँठ खोल सकता है?" भक्त आगे आए, उसे खींचा ताना परन्तु उस गाँठ को खोल नहीं पाए। एक बुद्धिमान भक्त तब आया, गाँठ को थोड़ी देर तक ध्यान से देखा और आसानी से खोल दिया।

आपने गाँठ को देख लिया है और देखो कैसे वो बनी है, किस तरह गाँठ डाली गई है। एक बार आप यह कर लोगे, तो आपको मात्र उस प्रक्रिया को उल्टा कर देना है जिस प्रक्रिया से वो गाँठ डाली है, और आप उसे खोल लोगे। बजाए ये करने के आप उसे खींचते हो तानते हो, आप गाँठ को कभी नहीं खोल पाओगे, ये सब उसे और कड़ा बना देगा।

आपकी समस्याओं के साथ भी यही बात लागू होती है। समस्याएँ, बीमारियाँ, भावनाएँ, जिनसे आप संघर्ष कर रहे हो वह और कुछ नहीं बस आपके अन्दर की व्यवस्था की गाँठें हैं। एक बार आप स्पष्ट रूप से जान लो कि ये गाँठें कैसे बनीं हैं, तब आप सही कदम उठा सकोगे उन्हें खोलने का।

चिंता का मणिपूरक चक्र से बहुत गहरा संबंध है, जो नाभि क्षेत्र में स्थित है। नकारात्मक विचार सीधे मणिपूरक चक्र पर प्रहार करते हैं।

एक छोटा सा परीक्षण करो : जब भी आपके अन्दर नकारात्मक विचार आने

लगें, आप ध्यान से उन्हें देखो और देखो कि वह कहाँ से उठ रहे हैं। आप पाओगे कि वो हमेशा नाभि क्षेत्र से ही उठते हैं।

जब भी आप परेशान होते हो, जब भी कोई ऐसी स्थिति पेदा होती है जो आप नियंत्रित नहीं कर पाते, पहली चीज जो प्रभावित होती है वो है आपका नाभि क्षेत्र, आपका पेट। आप शारीरिक रूप से, पेट पर अपने इस दबाव को महसूस कर सकते हो। यही कारण है हम हमेशा कहते हैं कि- "मैं इसे हजम नहीं कर पाऊँगा।" यह कथन हर भाषा में कहा जाता है। यह सार्वभौमिक है। लगातार चिंतित रहना मणिपूरक चक्र को बाधित करता है।

तो, कौन सा तरीका है इस चक्र को अबाधित रखने का? इस चक्र को अच्छी स्थिति में आप कैसे रखोगे इसके बारे में आप क्या सोचते हो? आगे आओ.......मुझे बताओ.......।

प्रश्न *: स्वामी जी, हमें किसी भी स्थिति में चिंतित नहीं होना चाहिए।*

अपने आप को यह बताने का प्रयास करते रहो कि आपको चिंतित नहीं होना चाहिए। क्या होगा? आप एक और चिंता पैदा कर दोगे न चिंतित रहने वाली। "चिंता करना छोड़ो" ऐसा कभी मत कहो, यह करीब-करीब असंभव है। केवल एक चीज, चिंताओं के लिए चिंता करना छोड़ दो।

चिंताओं के लिए चिंतित न होने से मेरा क्या अर्थ है? चिंताओं को मात्र देखो परन्तु उनसे परेशान मत हो। केवल तब जब आप उनसे ग्रसित हो जाते हो, अपनी चिंताओं की अपने आप में पुनरावृत्ति करते हो एक चिंतित रूप में, और वास्तविक चिंता मूल पकड़ती है। मैं कहना चाहता हूँ क्या अर्थ है जब मैं कहता हूँ कि, "चिंताओं के लिए चिंतित रहना छोड़ो।" बस उन्हें रहने दो। उन्हें जीवन देना शुरू मत करो। उनका पोषण रक्त और माँस से मत करो।

जब आप कहते हो, मस्तिष्क पर नियंत्रण रखो, नकारात्मकता के साथ सोचो- यह रस्सी की गाँठ को और कड़ी करने जैसा है। यह मस्तिष्क को और तनावपूर्ण और संकुचित कर देता है। यह किसी भी तरीके से गाँठ खोलने में सहायता नहीं करेगा।

जब आप दबाव डालते हों, इन दबावों की स्मृतियाँ सीधे मणिपूरक चक्र को जाती है। जब मणिपूरक चक्र विषाक्त हो जाता है, आपकी क्रियाओं में एक अवचेतन विरोध आता है- जैसे किसी चीज को नोचना, किसी चीज को बर्बाद या नष्ट करना, अपने आप से बुरा व्यवहार करना, अपने आप से व दूसरों से लड़ना।

ये सब सूक्ष्म अभिव्यक्ति हैं दबाव की। इसीलिए लोग कहते हैं कि उनका उदर

क्रोध से जल रहा है या वह उदर में भारीपन महसूस कर रहे हैं। आपके अन्दर इतना अधिक क्रोध का दबाव रहता है, इतना ज्यादा नकारात्मकता रहती है जो बदले में अधिक से अधिक नकारात्मकता को बढ़ाती है।

नकारात्मकता क्या है?

मान लो, आप व्यापार की असफलता, जो किसी कारण से हो, से प्रभावित हो, उसके प्रति आपकी क्या प्रतिक्रिया होगी? आप महसूस करोगे आप असफल हुए, यह ठीक है। परन्तु उस जगह पर रुकोगे नहीं। आप हतोत्साहित व क्रोधित महसूस करोगे और आप विभिन्न प्रकार की चीजों को अपने मस्तिष्क में प्रवेश करने दोगे।

आह, ये मेरा खराब समय है।

जो भी मैं छूता हूँ उसमें निश्चित असफल होता हूँ।

मैं किसी काम का नहीं हूँ।

मैं हमेशा क्यों दुर्भाग्यशाली हूँ?

अब मैं क्या करूँगा?.......और इस तरह।

यही है नकारात्मकता। यही मूल है चिंता का। हमारी चिंता के बारे में जो चीज है, वह यह है कि 99 फीसदी चिंताएँ सही नहीं हैं। हमारी चिंताओं में से 99 फीसदी चिंता पूर्णतः तर्कसंगत नहीं है।

शनैः-शनैः, ये नकारात्मक भाव, यह नकारात्मक सोच, ठोस और स्थायी हो जाता है आपके अंतरमन में, और एक तरह का नकारात्मक प्रभाव पड़ता है हर चीज पर जो आप करते हो। और आप इस ठोस चीज के प्रति इतना अचेत रहते हो, यही सबसे बड़ा खतरा है।

आपको आपकी आंतरिक व्यवस्था में इस प्रक्रिया के प्रति बारीकी से सजग बनाना बहुत बड़ा कार्य है, क्योंकि यही आपकी प्रकृति बन चुकी है। आप इसे अपने आप से अलग किसी चीज के रूप में देख ही नहीं पाते। आप इसका एक भाग हो गए हो।

इस नकारात्मक भाव का औषधीय नाम ही विशाद है। कुछ लोग कम हतोत्साहित रहते है, कुछ लोग ज्यादा हतोत्साहित रहते हैं, यही सब है। जितना ज्यादा आप इस मनन से अपने आप को ग्रसित होने दोगे, उतना ही ज्यादा आप हतोत्साहित होंगे। जो लोग कम हतोत्साहित हैं वो इस चीज को कभी-कभी सोचते हैं कि वह तुलनात्मक रूप से नीचले स्तर पर हैं, परन्तु जो लोग इसका चिंतन अक्सर करते हैं वो ज्यादा हतोत्साहित होते हैं क्योंकि उनके ऊपर इसका प्रभाव बहुत ठीक से होता है। लेकिन यह तरंग हमेशा दोनों में रहती है।

तो नकारात्मकता, वह हतोत्साह और कुछ नहीं बल्कि नकारात्मक विचारों का संग्रह है। जिसके बारे में आप अपने आप से बातें करते हो। और एक बार इस तरह के विचारों को आप अपने मस्तिष्क में प्रवेश करने दो, वही विचार बार-बार आते रहेंगे जब-जब आप छोटी सी भी असफलता से प्रभावित होंगे। यह इस भाव को पुनर्स्थापित करता रहेगा। अंत में, चिंता केवल एक गहराई से पुनर्स्थापित आदत है।

लेकिन यह मात्र एक आदत है तो आप इसे छोड़ सकते हो किसी अन्य आदत की तरह। परन्तु आप यह नहीं सोचते कि यह केवल एक आदत है, आप सोचते हो यह एक ठोस गंभीर वास्तविकता है। समस्या यह है। इसीलिए आप इसे छोड़ नहीं पाते।

मस्तिष्क के पास एक श्रेष्ठ धारण करने की क्षमता है। वह आपकी नकारात्मक सोच स्वरूप, आपकी पूर्वाग्रसन, आपकी चिंताओं को एक साथ इकट्ठे धारण किए रहता है। जो भी आप मस्तिष्क को पढ़ाते हो, वह उसे याद कर लेता है और निष्ठा के साथ उसकी पुनरावृत्ति करता है। इस तरह से आप अपनी समस्त नकारात्मकताओं द्वारा एक ठोस मानसिक स्वरूप का निर्माण करते हो। इसलिए आपके मस्तिष्क से क्या बताना है इस बात से सतर्क रहो। हम दूसरों से जो बोलते हैं उसमें हमेशा कितना सतर्क रहते हैं परन्तु जब हम अपने आपसे बातें करते हैं तो पर्याप्त ध्यान नहीं देते।

जैसे खाने की बुरी आदतें हमारी नसों में कॉलेस्ट्राल इकट्ठा कर देती हैं उसी तरह, लगातार चिंतित रहने के कारण हम चिंताओं को ठोस स्वरूप प्रदान कर देते हैं। जिस तरह से कॉलेस्ट्राल हमारी नसों में अवरोध उत्पन्न कर देता है, चिंता हमारे स्वरूप में ऊर्जा के अवरोध उत्पन्न कर देती है।

समय बीतने के साथ-साथ, चिंता करना हमारी प्रकृति हो जाती है, यह एक सुषुप्त क्रिया बन जाती है। यदि आप इसे निकालना भी चाहो तो कहीं न कहीं वह रह ही जाती है। क्यों? क्योंकि आपकी समस्त चिंताएँ, आपका सारा क्रोध, जो आपने वर्षों से दबाया है ये सब आपके अन्तर स्वरूप में एक अदृश्य स्तर पर विद्यमान रहते हैं। चिंता वह लहर है जो समय-समय पर उठती है, परन्तु हतोत्साह, विशाद स्वयं जल है जिसमें से वह लहर उठती है।

हतोत्साह या नकारात्मकता के परे हम कैसे जाएँ?

मात्र सजग व सावधान रहो। जब भी आपको किसी नकारात्मक भाव की जानकारी हो कि वह उठ रहा है, तो देखो कि सारे नकारात्मक शब्द तितर-बितर हो जाएँ। यदि आप यह करते रहे तो नकारात्मक सोच को एक व्यवस्थित रूप में

स्थित नहीं होने दोगे और समय के साथ-साथ आपका मानसिक स्वरूप, आपकी मानसिक स्वरूप, आपकी मानसिक सोच भिन्न बन जाएगी, वह नकारात्मक रह ही नहीं जाएगी। यदि आप कुछ क्षण के लिए भी अन्तरसंवाद से परे जाओ, आप ज्यादा जीवंत और ज्यादा जानकार हो जाओगे। बस समझो कि चिंता वास्तविक नहीं है और अवांछित है। तब मणिपूरक चक्र का खजाना स्वभाविक रूप से खुल जाएगा, मणिपूरक चक्र खुल जाएगा।

हाँ......क्या कोई चीज आप स्पष्ट करना चाहते हो?

प्रश्न : *स्वामी जी क्या विचार हमारे मस्तिष्क का भाग हैं, या वो हमारे मस्तिष्क की अभिव्यक्ति हैं?*

आपका मस्तिष्क और आपके विचार एक हैं और वही हैं। मस्तिष्क और विचारों में कोई फर्क नहीं है। मस्तिष्क ही विचार है और विचार ही मस्तिष्क। विचारों के संग्रह के अलावा मस्तिष्क और कुछ नहीं, विचारों का लगातार बहाव। और विचार उन शब्दों से ज्यादा कुछ नहीं है जो आप लगातार अपने आप से बातें करते हो।

जब आप चिंतित होते हो आप अपने आप को गहराई तक उसमें प्रवेश करने दो, स्वीकृति एवं स्पष्टता के साथ, उसमें प्रवेश करने में घबराओ मत। याद रखो स्वीकृति नपुंसकता नहीं है, स्वीकृति एक महान साधना तकनीकि है। स्वीकृति से महान ऊर्जा निकलती है, आपको महान स्पष्टता और मुक्ति प्रदान करती है जब आप चिंताओं को स्वीकार कर लेते हो, जब उनमें आप गहराई से प्रवेश कर जाते हो, आपमें अद्भुत एक समझ आएगी कि आपकी समस्त चिंताएँ आपके द्वारा ही निर्मित हैं। आप स्वतः देख सकोगे कैसे आपका मस्तिष्क क्रियाशील होता है और आपमें तनाव पैदा करता है।

जब मैं आपको बताता हूँ, आप उसे बुद्धिमत्ता से ही समझ सकते हो। जब यह आपका अनुभव बन जाएगा, जब आपको वह स्पष्टता प्राप्त हो जाएगी, आप चिंताओं से परे हो जाओगे तब आपको हतोत्साह छू भी नहीं पाएगा। आप पीड़ा से परे चले जाओगे।

एक छोटी सी कथा :

> जब मैं कलकत्ते में रुका हुआ था, ईशा-वास्य उपनिषद् पर लोगों को बता रहा था, एक व्यक्ति मुझसे मिलने आया।
>
> उसने कहा, "स्वामी जी, मेरी एक समस्या है। मैं रात्रि में ठीक से सो नहीं पाता क्योंकि जिस क्षेत्र में मैं रहता हूँ वहाँ बहुत से सड़क के कुत्ते हैं। हर रात्रि में वो भौंकना शुरू कर देते हैं, और प्रातःकाल तक भौंकते

रहते हैं। मैं वैसे ही बहुत हल्की नींद सोता हूँ मैं पूरी तरह से आराम नहीं कर पाता, इस आवाज के कारण।"

मैंने उससे कहा, "घर जाओ आज रात्रि इसका प्रयोग करो। जब आप भौंकना सुनो, तो गुस्से का परित्याग कर दो, अपने अन्दर नकारात्मक सोच भावनाएँ जो उठती हैं उनका परित्याग कर दो। बस भौंकने वाली आवाज को सुनो बिना किसी प्रतिरोध के। अपने आप से बता दो कि कुत्ते भौंक रहे हैं, बस इतना। अपने अन्दर प्रतिक्रिया मत होने दो, समस्या भौंकने की नहीं है आपके उसके प्रति प्रतिरोध की है।"

वह व्यक्ति वापस गया, प्रयास किया जो मैंने उससे बताया था। कुछ दिन बाद वो मेरे पास वापस आया और बताया, "स्वामी जी, मैंने अपना प्रतिरोध त्यागने का प्रयास किया जैसा आपने कहा था।" चिंतन करने के बजाए, 'वो मूर्ख कुत्ते कितने दुस्साहस से मेरी नींद खराब करते थे।' मैंने धीरे-धीरे अपने विचारों में परिवर्तन लाने का प्रयास किया।

कुत्ते भौंकते हैं। मेरी नींद नहीं खराब होती।

कुत्ते भौंकते हैं.......

कुछ जानवर कुछ आवाज कर रहे हैं........

जब मैं इस वाक्य पर आया, "मैं सोचता हूँ मैं सो गया। खैर, कोई बात नहीं, इन दिनों मैं बेहतरीन नींद ले रहा हूँ। स्वामी जी आपको धन्यवाद।"

यह आपके साथ भी हो सकता है। कोई भी स्थिति आपके द्वारा नियंत्रित की जा सकती है, यदि आप नकारात्मक प्रतिक्रिया का परित्याग करना जानो। मणिपूरक चक्र खोलने की यह एक चाभी है। परन्तु मस्तिष्क आतुर रहता है इकट्ठा करने का, अंतरसंवाद के परिचित स्वरूपों को अपने आप को अपने आप में स्थित करने का। यह आधार है आपकी चिंता के कार्य करने का। मस्तिष्क हमेशा अपने आप में चीजों को धारण कर लेता है। उसे हमेशा तुलना करने की जरूरत पड़ती है। पूर्व, वर्तमान और भविष्य के मध्य और यह तुलना, यह संदर्भ, यह फैसला, चिंता को जन्म दे देता है।

चिंता और कुछ नहीं परन्तु मस्तिष्क के स्थित रहने का एक परिचित स्वरूप है। यही परिचित स्वरूप ही हैं जिन्हें एनग्राम्स (INGRAMS) कहा जाता है मानवीय मनोविज्ञान में एनग्राम्स (INGRAMS) पूर्व की निरुपित स्मृतियाँ होती हैं, जो कार्य करती हैं एक अवांछित सोच की तरह हमारे सबके अन्दर हमारे वर्तमान और भविष्य की क्रियाओं के लिए। इन्हीं संचित एनग्रामों के कारण हम वर्तमान

में अतार्किक ढंग से प्रतिक्रिया करते हैं।

हम हर क्षण को जैसा है वैसा ही क्यों नहीं स्वीकार करते? हमें वर्तमान के क्षणों को पूर्व और भविष्य से जोड़कर के निष्कर्ष निकालने की क्या आवश्यकता है? मस्तिष्क हर चीज में जो वह देखता है, से सामंजस्य स्थापित करने का प्रयास क्यों करता है? और जब वह असफल होता है देखने में तो उसने पचाने में कठिनाई क्यों होती है? यही कारण है आप हमेशा अपने मानसिक स्वरूप के हिसाब से ही चीजों का व्यवस्थित करने का प्रयास करते हो, अपने संचित एनग्राम्स (INGRAMS) के हिसाब से और जब आप नहीं कर पाते, आप चिंतित हो जाते हो।

क्या आपने कभी मुझे चिंतित होते देखा है? आपमें से कितनों ने मुझसे पूछा है कि मैं कैसे इतना प्रफुल्लित और बिना विचलित हुए हर समय रहता हूँ? मैं आपको बताता हूँ। इसका कारण है, मैं मात्र वर्तमान के क्षण में रहता हूँ, बस इतना। मैं पूर्व को संदर्भ की तरह अपने मस्तिष्क में ढोते हुए नहीं ढूँढता। मैं इस तरीके के संदर्भों का बोझ अपने मस्तिष्क पर नहीं डालता। मैं अपनी इच्छा से प्रतिक्रिया करता हूँ, स्वरूपों के आधार पर नहीं।

मैं एक नदी की तरह हूँ जो बहती रहती है। आपमें से बहुत मेरे साथ हैं। गंगा को आपने हिमालय में बहते हुए देखा होगा। कितना खूबसूरत है वह। कई स्थानों पर कितनी शांति है, अन्य स्थानों पर कितना उग्र शीशे की तरह साफ कई स्थानों पर धुँधला दिखाई देता है। किस स्थान पर एक व्यक्ति गंगा से मिलता है उसका वही अनुभव होगा जो उसे मिलेगा।

क्या दो लोग जो अलग-अलग जगह पर मिलें हो, तो तुलना और शिकायत की है? कितनी बड़ी मूर्खता होगी। एक नदी जो मात्र अस्तित्व के धुँध पर बहती है, बस इतनी सी बात है उसकी कोई योजना नहीं होगी। मैं गंगा की तरह हूँ। बिना किसी योजना के बहता हूँ, अपनी इच्छा से, बिना किसी चिंता के। अस्तित्व ही परम योजना निर्माता है।

मेरी स्वेच्छा के कारण, लोगों ने मेरे ऊपर फैसले किए वे कहते हैं कि मेरे अन्दर असामंजस्य है। आपमें से कितनो ने मुझसे इस बात की शिकायत की है मेरे तथाकथित असंगत शब्द व व्यवहार के प्रति? आगे आओ अपने हाथ उठाओ।

(काफी लंबे समय के बाद, कुछ प्रयास.........) देखो! मुझे विश्वास है कि आप सबमें कभी न कभी किसी न किसी समय ये विचार आया होगा परन्तु केवल इन लोगों ने साहस किया है हाथ उठाने का।

क्या आप कह सकते हो कि गंगा असंगत है? क्या आप कह सकते हो कि गंगा

को और व्यवस्थित ढंग से बहना चाहिए? नहीं, यह तरीका है जिस तरीके से नदी बहती है, बस इतनी सी बात है, आप अपना फैसला इस पर नहीं दे सकते। इसी तरह से, मैं एक नदी की तरह बहता हूँ, आप मुझे असंगत नहीं कह सकते। मैं हर क्षण जीता हूँ जब कि आप जटिल क्षणों में बहुत गहराई तक एक-दूसरे से जुड़े हुए क्षणों में जीते हो। क्या परिणाम निकलता है? आप भारग्रसित और चिंतित रहते हो। जब आपके ऊपर इनते क्षणों का बोझ होगा, आप निश्चित रूप से भारग्रसित अनुभव करोगे। उसी तरह से जब एक ही क्षण आपके ऊपर है क्या आप हल्का महसूस नहीं करोगे? आपकी समस्त चिंताएँ इसलिए हैं क्योंकि आप वर्तमान को और भविष्य को पूर्व के स्वरूपों से जोड़ देते हो। इस समस्त प्रक्रिया में आप वर्तमान को ही खो देते हो जो वास्तव में आपके लिए एक उपहार होता है। आप लगातार खोते रहते हो वर्तमान को पूर्व और भविष्य के लिए। अन्ततोगत्वा, केवल भविष्य और पूर्व रह जाता है, वर्तमान कभी नहीं। ये स्वरूप जो चिंता की धारा का कारण हैं हमारे मस्तिष्क के लिए जीवनपर्यन्त कायम रहने वाले तत्व हो गए हैं।

एक छोटी सी कथा :

> दो मित्र एक चलचित्र भवन में एक नया चलचित्र देखने गए। उनमें से एक ने देखा कि दूसरा बार-बार अपनी घड़ी देख रहा था। अंत में उसने फुसफुसाकर उससे कहा, "क्या आप चलचित्र का आनन्द नहीं ले रहे हो?"
>
> मित्र ने उत्तर दिया, "मैं आनन्द ले रहा हूँ। मैं केवल यह देख रहा हूँ कि आनन्द लेने के लिए और कितना समय बचा है।"

वास्तव में, हममें से ज्यादातर इसी तरह के है। हमारा चिंता से इतना बढ़िया तारतम्य है, कि यदि हमारे लिए चिंतित होने का कोई कारण नहीं है, तो हम इस बात के लिए चिंतित होंगे कि ये बिना चिंता की स्थिति कितने समय के लिए रहेगी। जब हम आनन्द में रहते हैं तो हम यह सोचने में भी आनन्दित होते हैं कि आनन्दित रहने के लिए कितना समय शेष है। तब हम कैसे आनन्दित रह सकते हैं यदि हम लगातार इसी तरह से सोचेंगे, आप हमेशा अपने आप को भविष्य में रख रहे हो। जब आप भविष्य के किसी क्षण के आनन्द को पकड़ने का प्रयास करते हो, तो आप वर्तमान के क्षण के आनन्द को खो देते हो।

क्या आप समझ रहे हो मैं क्या कहने का प्रयास कर रहा हूँ? आप यदि गहराई से विश्लेषण करो अपना और अपने परिवार के अन्य लोगों का, तो आप यह अनुभव करने में सफल होंगे जो मैं कह रहा हूँ।

हर व्यक्ति महत्वपूर्ण और रचनात्मक महसूस करता है जब वह चिंताओं को इकट्ठा करता है। वास्तव में जितनी ज्यादा चिंताएँ होती हैं, उतना ही ज्यादा अच्छा महसूस करता है कोई व्यक्ति अपने बारे में, क्योंकि उसके अहम् की पुष्टि होती है कि वह कितनी अच्छी तरह से इतनी समस्याओं को संभाले हुए हैं। यही कारण है कि अक्सर जब आप अपनी चिंताओं की बात करोगे किसी से, वो कहेंगे, "आह ये कुछ नहीं है, मेरी समस्या सुनो तब आप समझोगे क्या है ये।" यह इसलिए है क्योंकि लोग बड़ी समस्याओं को कंधा देने में श्रेष्ठ समझते हैं।

चिंताओं के बारे में हर समय सोचने से, क्या होगा? कुछ नहीं। आपकी दस चिंताओं के साथ, एक ग्यारहवीं चिंता भी आ जाएगी जिसे हतोत्साह कहते हैं, बस इतनी सी बात है।

जब हम कार्य करते रहते हैं हम चिंतित रहते हैं। यहाँ बहुत स्पष्ट रहो : जब चिंता होगी, आप कार्य नहीं कर सकते और यदि आप वास्तव में कार्य कर रहे हो आप चिंतित नहीं रह सकते। जहाँ चिंता होगी, वहाँ कोई रचनात्मकता हो ही नहीं सकती, और जहाँ रचनात्मकता होगी, वहाँ चिंता रह ही नहीं सकती। या तो चिंता या रचनात्मकता एक ही दिए हुए समय पर रह सकती है, दोनों नहीं। रचनात्मकता एक पूजा है। जब आप रचना करते हो, आप ईश्वर के नजदीक होते हो। रचनात्मकता हृदय से आती है। चिंता मस्तिष्क से जन्म लेती है। पूर्व के पीछे जाने और भविष्य के बारे में चिंतन करने से आप वर्तमान को खो देते हैं। आध्यात्मिकता और कुछ नहीं बल्कि पूर्व का परित्याग और वर्तमान में जीना है। इस वक्त आप पूर्व को एकत्रित कर रहे हो किसी न किसी तरह से। आपका बोझ और वजनी होता जा रहा है दिन-प्रतिदिन। इस कारण से आप दलदल में फँसे हुए महसूस करते हो। आप अपने पूर्व का भार हटाना जानते ही नहीं हो, आप केवल उसे ढोना जानते हो। आप सोचते हो कि आपको उसे साथ लेकर चलना ही है। समाज ने आपको सिखाया है कि आपको इसे अपने साथ लेकर चलना होगा। आपको सिखाया गया है कि यदि आप इसका परित्याग करोगे तो आप दोषी होंगे।

समाज आपको बताता है कि आप कृतघ्न होंगे यदि आप अपने पूर्व का परित्याग करोगे। मैं आपसे कहता हूँ, यह मात्र मूर्खता है। आपके लिए पूर्व को अपने साथ ढोने की एकदम से कोई आवश्यकता नहीं जो लोग आपसे ये बातें बताते हैं वह नहीं जानते हैं कि कृतज्ञता वह चीज है जिसे आपको अस्तित्व और सबके प्रति निरंतर महसूस करना पड़ता है, पूर्ण के रूप में, न की अलग छोटी-छोटी घटनाओं के प्रति।

जब आप पूर्व का परित्याग करोगे, वर्तमान आश्चर्यजनक तरीके से आपके साथ

होगा। समाज आपको हमेशा सिखाता है कि वर्तमान का अनुभव पूर्व की तरह करो वर्तमान की तरह नहीं। वह सिखाता है कि पहले सबको पूर्व बनाओ तब उसका आनन्द लो।

मैंने लोगों को छुट्टियों में बाहर जाते देखा है- वह हर समय कैमरे और वीडियो कैमरे के साथ रहते हैं। विभिन्न स्थानों के दृश्यों में बजाए इसके कि आस-पास की प्रकृति का आनन्द लें, वे अपने कैमरे में आस-पास के दृश्यों को इकट्ठे करने में ही व्यस्त रहते हैं।

जब वह घर वापस जाते हैं तो अपने घर में चारदीवारी के बीच सोफे पर बैठकर उन्हीं दृश्यों का तस्वीरों और वीडियों कैमरे के माध्यम से आनन्द लेते हैं। वो मात्र चूक गए हैं, बस इतनी सी बात है। और सारी तस्वीरें जो ली गई रहती हैं और दिखाई जाती हैं परिजनों और मित्रों को यह बताने के लिए कि वे इन स्थानों पर गए थे जहाँ की ये तस्वीरें हैं। परन्तु उन स्थानों का कोई आनन्द उन्हें नहीं मिला था जब वे वहाँ थे। वे उस आनन्द से चूक गए थे।

आप हर समय वर्तमान का आनन्द उसको पूर्व बनाने के बाद लेते हो। इसीलिए लोग कहते हैं, "वे सुनहरे दिन थे।" जब वे दिन वास्तव में थे, आपने निश्चित रूप से ये नहीं सोचा था कि ये सुनहरे हैं। उस समय भी उसके पूर्व के दिनों को आप सुनहरे दिन कहते थे, बस इतनी सी बात है। इसी तरह आप चिंताओं के साथ अपने आप को धोखा देते हो।

आप पूर्णतः चूक जाते हो वर्तमान की खूबसूरती से। जब आप वर्तमान से तारतम्य रखोगे, आप हर क्षण उत्सव मनाओगे और आप पूर्व की घटनाओं को खोजोगे ही नहीं उत्सव मनाने के लिए। जब हर क्षण एक उत्सव होगा, आप लगातार वर्तमान में रहोगे क्योंकि आप हर क्षण उत्सव मानते रहते हो। आपके पास पूर्व में जाकर उत्सव मनाने का समय ही न होगा।

और यह समय की बर्बादी भी है जब हम चिंताओं के लिए पूर्व का विश्लेषण करते रहते हैं, क्योंकि आप हर क्षण एक नए व्यक्ति होते हो, हर क्षण आप उन्नति कर रहे हो, हर क्षण आप ऊपर उठ रहे हो। आप अस्तित्व का एक भाग हो और अस्तित्व क्षण प्रति क्षण परिवर्तनशील है। तब आप पूर्व की घटना का विश्लेषण अपनी उन्नति बुद्धिमत्ता से क्यों करोगे? यह पूर्णतः असंबद्ध है।

पूर्व का विश्लेषण अपनी उन्नत बुद्धिमत्ता से कभी मत करो यह पूर्णतः मूर्खतापूर्ण कार्य है। यह केवल चिंता और ज्यादा आत्म ग्लानि की ओर ले जाएगा। हर क्षण आप मर रहे हो और एक नए व्यक्ति के रूप में जन्म ले रहे हो। यह एक सत्य है मात्र इसे समझने का प्रयास करो। क्या आपने कभी किसी भैंस या गाय को

चिंतित देखा है? क्या आपने सुना है कभी कोई पेड़-पौधा चिंतित हुआ हो? क्या वे अपना जीवन बिना चिंताग्रसित हुए नहीं बिता रहे हैं? तब आप क्यों चिंतित होते हो? मैं आपसे बताता हूँ : चिंतित रहना मनुष्य की सबसे कम लाभप्रद आदत है। चिंताएँ आपके अन्दर अन्तर मनन के द्वारा लगातार पैदा हो रही हैं और यह आपको नकारात्मक ढंग से उसमें लिप्त किए हुए हैं।

आपकी समस्त चिंताएँ और कुछ नहीं है बल्कि जिस भाषा को आप जानते हो उस भाषा में एकत्रित किए हुए शब्द हैं। और वो आपके अन्दर ढेर सारा भ्रम और गलत व्याख्या पैदा कर देती है। शब्द मूल कारण हैं सारी गलत अवधारणाओं के। परन्तु हम क्या करें- शब्द ही मात्र एक तरीका है अभिव्यक्ति का जिससे हम परिचित है।

मैं हमेशा लोगों से बताता हूँ : जब मैं आपको कुछ बताता हूँ, आप दूसरा कुछ समझते हो। और यहाँ समस्या शुरू होती है। हर व्यक्ति अपने अलग शब्दकोष लेकर चलता है और अपने तरीके से उसकी व्याख्या करता है।

एक छोटी सी कथा :

> एक व्यक्ति ने अपनी पत्नी से कहा, "आप जानती हो, ऐसा कहा जाता है कि साल भर में पाँच हजार ऊँट इस्तेमाल होते हैं रंगने वाले ब्रश बनाने के लिए।"
>
> पत्नी ने उत्तर दिया, "हे भगवान्! क्या यह आश्चर्य की बात नहीं है, यह देखकर के कि यह जानवरों से क्या करा लेते हैं।"

पति-पत्नी से कुछ कहता है और पत्नी कुछ और समझती है। इस तरह से हम में से बहुत से लोग संबंधित हैं। इसीलिए मैं कहता हूँ, संबंध द्वारा भ्रम पैदा करते हैं। परन्तु दुःख है कि मनुष्य अभिव्यक्ति का एक ही मार्ग जानता है और वो है शब्द। वह शब्दों में तथा शब्दों में फँस जाता है।

आप देखो, शब्द हमेशा शब्दों को बढ़ावा देंगे। परन्तु एक शांति है यह जगह है दो शब्दों के बीच - एक छोटी सी खाली जगह है दो शब्दों के मध्य जो हमारे द्वारा इन्द्रियगोचर नहीं है, यह वह स्थान है जिसके बारे में हमें जानना है यही वह मध्य का स्थान जो धारण किए हुए हैं और उसे जिसे हम खोज रहे हैं।

यह स्थान इतना छोटा है कि हालांकि हम इसे रोज देखते हैं परन्तु हम ईश्वर की कृपा से इसके प्रति भुलक्कड़ हैं। मैं जब बता रहा हूँ, आप मेरी बात में अन्तरसंवाद के बगैर पूरी निष्ठा से तल्लीन रहो। जब आप गहराई से मेरे शब्दों में तल्लीन रहोगे, मैं कुछ मध्य के स्थान छोड़ूँगा और उन स्थानों में शांति होगी उन्हीं में वास्तविक समाधान है जिसे आप खोज रहे हो।

कभी-कभी अपने व्याख्यान के दौरान, मैं बड़े स्थान छोड़ता हूँ जब मैं आपसे बातें करता हूँ। मैं इन स्थानों को इसलिए छोड़ता हूँ कि आप उन्हें ग्रहण करो और उनमें शांति का अनुभव करो जो आपके अन्दर जागरूकता को बढ़ाएगा। परन्तु अधिकतर क्या होता है? जब मैं स्थान छोड़ता हूँ, लोग विचलित होने लगते हैं, वह अपनी वस्तुओं से खेलने लगते हैं, और इधर-उधर देखने लगते हैं, बातें करने लगते हैं, पुनः शब्दों को इकट्ठा करने लगते हैं।

वास्तविक शांति केवल जागरूकता में भरी हुई है और किसी चीज में नहीं, इसका तात्पर्य केवल मुँह बंद रखना नहीं है। यदि आपको शांति की एक झलक मिल जाए, इस जागरूकता की एक झलक मिल जाए, आप समझ जाओगे मैं हर समय किस चीज की बात करता हूँ।

अब आपका मस्तिष्क पूछेगा, "अंतरसंवाद और विचारों को मैं कैसे रोकूँ? वास्तविक शांति का अनुभव मैं कैसे करूँ? यह विचार आपको परेशान करने लगेगा और यह आपकी एक और चिंता हो जाएगी।

देखो, समझने का प्रयास करो। आप सोचने की प्रक्रिया को कभी नहीं रोक सकते। सोचने की प्रक्रिया को रोकना अपने आप में एक और विचार है। यदि आप जबरदस्ती एक सेकेण्ड के लिए भी शांत होने का प्रयास करोगे, वह शांति नहीं है जिसको हमें प्राप्त करना चाहिए, वह बाधित शांति है, एक मृत शांति। जिस शांति को हम प्राप्त करना चाहते हैं वह परमानन्द वाली शांति है व तरंगपूर्ण है - अस्तित्व की शांति।

तो क्या है जो किया जाना चाहिए? मात्र मस्तिष्क को ध्यान से देखो, बस इतनी सी बात है। एक पर्यवेक्षक बनो कोई फैसला मत दो, किसी विचार के प्रति प्रतिरोध मत उत्पन्न करो। गहरी कृतज्ञता से देखो कि वह एक ईश्वर का उपहार है आपके लिए। यह शांति की तरफ आपका पहला कदम है।

आपकी जागरूकता धीरे-धीरे बढ़ेगी और आपको आपके अन्दर केन्द्रित करेगी और आपके अन्दर की शांति को बढ़ाएगी। जब मैं कहता हूँ कि आपके शांति को बढ़ाएगी तो मेरा अर्थ है, आपके अन्तरसंवाद को घटाएगी और आप मात्र दृष्टा बनकर रहोगे इस बढ़ी हुई शांति के साथ, आपके अन्दर अधिक जागरूकता होगी और लगातार की प्रक्रिया होगी आपके अन्दर।

इस सजगता के साथ, आप आस-पास की खूबसूरती को अनुभव करने में सक्षम होंगे। ऐसा नहीं है कि खूबसूरती अचानक आ गई, वह तो हमेशा थी। परन्तु आप सजग नहीं थे आप अपने आप में इतना व्यस्त थे इसलिए आप उसे देखने में असफल हुए। अब अपनी जागरूकता के कारण, आप उसका उत्सव मना सकोगे।

अचानक, प्रकृति आपके सामने खोलना शुरू करेगी अपने सारे रहस्य आपका अन्तर स्वरूप परिवर्तित हो जाएगा, और जब यह होगा, वाह्य जगत स्वतः बदल जाएगा।

जब आप सजग रहना सीख जाओगे, अपनी इच्छा से अपने मस्तिष्क का प्रयोग करना सीख जाओगे। वह एक महत्वपूर्ण अस्त्र बन जाएगा आपके पास निस्तारण के लिए आप जब चाहोगे उसको प्रयोग कर सकोगे। एक खतरनाक शत्रु से एक विश्वसनीय मित्र बन जाएगा।

जब आपका अंतरसंवाद कम होने लगता है जब आपका विचार प्रतिक्षण (TPS) एक सेकेण्ड के लिए भी कम होगा, उस एक क्षण में आप पूर्णतः वर्तमान में रहोगे और उस एक क्षण पूर्व और वर्तमान में जाने की आपके अन्दर क्षमता होगी एक खुली हुई किताब की तरह। जब आपका अंतरसंवाद तीव्र होगा, आपका विचार का भी स्थान बदले। प्रतिक्षण तीव्र होगा और आप हर समय या तो पूर्व में होंगे या भविष्य में, वर्तमान में कभी नहीं।

मुझे स्पष्ट रूप से समझाने दो जब मैं आपसे कहता हूँ कि पूर्व या वर्तमान में जाने की क्षमता क्या है :

कभी-कभी आपने अनुभव किया होगा : जब आप किसी व्याख्यान में या किसी समारोह में होते हो, या किसी अन्य जगह पर, अचानक बिना किसी कारण के आपको ऐसा लगता है कि यह घटना पहले भी घट चुकी है। वो वार्तालाप, वो आवाजें, वह स्थान सब ऐसा दिखेगा जैसे किसी दृश्य की पुनरावृत्ति हो रही है जिसे आप पहले भी देख चुके हो। आपको झटका लगता है।

या, अचानक आप सोचते हो किसी व्यक्ति के बारे में, एक मित्र जिससे बहुत दिन से आपने संपर्क नहीं किया, और वही व्यक्ति आपको फोन करता है। आप सक्षम होते हो यह बताने में कि अगले क्षण क्या घटने वाला है। आप झटका खाते हो जब ये सब चीजें आपके साथ होती हैं इन कुछ क्षणों में आप पूर्णतः वर्तमान में रहते हो। अप्रत्याशित ढंग से आप किसी तरह वर्तमान में रहते हो।

आप सजगता के साथ वर्तमान में कभी नहीं रहते। आप हमेशा या तो पूर्व में रहते हो या भविष्य में। आप पूर्व से भविष्य की तरफ चले जाते हो वर्तमान को बिना स्पष्ट किए हुए। यह एक सत्य है परन्तु आपके, विचार प्रतिक्षण (TPS) अप्रत्याशित ढंग से नीचे आते हैं एक क्षण के लिए और आप झटके से वर्तमान में आ जाते हो। जब आप पूर्णतः वर्तमान में एक भी क्षण के लिए होते हो आपका पूर्व और भविष्य पारदर्शिता के साथ स्पष्ट हो जाता है इसीलिए इस तरह की चीजें आपके अन्दर अन्तरज्ञान की तरह होती है।

आप देखो : हमारा सोचना कभी स्पष्ट नहीं होता। वह हमेशा सम्बद्ध या प्रतिक्रियात्मक होता है, यह वास्तविक सोचना कभी नहीं है।

मुझे स्पष्ट करने दो कि सम्बद्ध कहने से मेरा क्या अर्थ है :

आप प्रातःकाल उठते हो और देखते हो आपके बगीचे में एक गुलाब खिला हुआ है। तुरन्त आपका मस्तिष्क उस व्यक्ति के प्रति जाता है जिसने कुछ समय पहले आपको एक गुलाब दिया था, तब आपके विचार उस समय उस गुलाब के प्रतिक्रिया पर जाते हैं, या आप उस व्यक्ति के बारे में सोचने लगते हो। तब उस घटना के बारे में सोचते हो जो आपकी उस व्यक्ति के साथ घटी थी। अंत में क्या होता है? आप उस गुलाब से, जो आपके सामने रहता है उस मिलने वाले आनन्द को खो देते हो।

यह है जिस तरह से आप पूर्व के पीछे भागकर के वर्तमान को खो देते हो। यह है जो मैं कहना चाहता हूँ सम्बद्ध सोच से। यह प्रकृति है आपके वर्तमान मानसिक स्वरूप की। जब तक आपका मानसिक स्वरूप और कुछ नहीं बल्कि सामूहिक सम्बद्ध है आप लगातार पूर्व और भविष्य के पीछे भागते रहोगे अपने अन्तःकरण में ढेर सारे शब्दों का निर्माण करते हुए।

स्वामी हमेशा वर्तमान में रहता है। यही कारण है कि वह पहुँच सकता है पूर्व और भविष्य के विशाल समुद्र में। आपके लिए, यह अप्रत्याशित होता है। यह मात्र एक क्षण के भाग में आपके अन्दर होता है। आप डर का भी अनुभव करते हो जब यह होता है। आप अचेत जीने के इतना आदी हो चुके हो, क्योंकि अब आप झटके से जाग्रत अवस्था में आते हो, यह आपके लिए बहुत ज्यादा हो जाता है। वास्तविकता बन जाती है बहुत कुछ।

आपका विचार प्रतिक्षण (TPS) एक बहुत बड़ी भूमिका निभाता है यह निर्धारण करने में कि आप वास्तविकता या वर्तमान से कितनी दूर हो। आप सुषुप्तावस्था में जीते हो जब आपका (TPS) बहुत ऊँचा होता है। आप वास्तविकता से बहुत दूर होते हो।

समझो : आपकी क्रिया ही आपके लिए बोलेगी। आपका बोलना आपके लिए कोई क्रिया नहीं करेगा। आप अन्तरसंवाद करते हो या बाहर बोलते हो, इससे कोई फर्क नहीं पड़ता। मात्र जागरूकता लाओ और आप स्वतः ही अनावश्यक बातें करना बंद कर दोगे।

लोग मुझसे बताते हैं, "स्वामी जी, हम छुट्टी मनाने गए थे और वह नर्क में परिवर्तित हो गया।" मैं आपसे बताता हूँ : नर्क आपके अन्दर है : आप उसे हर जगह साथ लिए फिरते हो। निश्चित रूप से आप उसे पाओगे जहाँ आप जाओगे।

जब आप जीते हो दूसरों को नर्क देते हो, जब आप मरते हो आपको नर्क मिलता है। जहाँ भी आप जाते हो, आप अपने नर्क को अपने साथ रखना चाहते हो। आप नर्क से इतना घुल-मिल गए हो कि यदि आपको स्वर्ग दिखा भी दिया जाए, आप अपने आप को वहाँ अनुपयुक्त पाओगे।

एक छोटी सी कथा :

> तीन मछुवारिन एक दिन मछली बेंचने गयीं और उन्हें देर हो गयी जब रात में वो घर लौट रहीं थीं। उन लोगों ने निर्णय लिया कि मार्ग में किसी के घर में रात्रि विश्राम करें। वे एक महिला के घर पहुँचीं जो जूही के फूल बेचकर के अपने जीवन का पालन करती थी, उससे इन लोगों ने रात्रि विश्राम के लिए अनुरोध किया। वह महिला मान गयी और वे तीनों उस कमरे में, जो उन्हें दिया गया था, सोने चली गयीं। वह घर जूही के फूलों की खुशबू से भरा हुआ था। परन्तु चाहे जितनी कोशिश हो सकी उनके द्वारा तीनों मछुवारिन रात भर सो नहीं पायीं। वे रात भर करवट बदलती रहीं, और यह समझ ही नहीं पा रही थीं कि क्या करें। तब अचानक, उनमें से एक उठी खाली मछली के टोकरी लायी और अपने सबके सिर पर रख लिया - और बहुत कम समय में तीनों सो गयीं।

हम अपनी चिंताओं को अपने साथ जहाँ भी जाते हैं ले जाते हैं और उनको पालने में आराम महसूस करते हैं। परन्तु हम यह शिकायत भी करते हैं कि हम हमेशा बहुत चिंतित रहते हैं। हम किसी चीज से मुक्त तो होना चाहते हैं परन्तु हम अपने अन्दर परिवर्तन नहीं चाहते और उससे मुक्त होना चाहते हैं। इस तरह से हम कैसे परस्पर विरोधी है।

जैसे भी हो, हम इससे मुक्त कैसे होंगे? हमारी क्या अभिरुचि होनी चाहिए?

हम कैसे मुक्त होंगे और हमारी क्या अभिरुचि होनी चाहिए - दोनों प्रश्नों का एक ही उत्तर है : जो भी आप करो, उससे आपको परमानन्द की अनुभूति के साथ करना है, बस इतनी सी बात है। आप देखो, आपके अन्दर का स्थान, या आपकी जागरूकता, निर्णीत कर देती है आपके जीवन की विशेषता। यह स्थान हमेशा शुद्ध और हमेशा परमानन्द से परिपूर्ण रहना चाहिए।

यह बात सिद्ध हो चुकी है कि जागरूकता वैज्ञानिकों के जीवन में और उनके प्रयोग जो वो करते हैं, उनमें एक महत्वपूर्ण भूमिका निभाती है। यह देखा गया है कि वही प्रयोग विशेष प्रकार के निर्धारित परिस्थितियों में भिन्न परिणाम देता है, जब दूसरे वैज्ञानिकों के द्वारा किया जाता है। यह बात स्पष्ट रूप से साबित हो

चुकी है कि हमारे अन्तरभाव नियंत्रित करते हैं हमारी क्रियाओं को और हमारी क्रियाओं के परिणामों को। मैं अब आपको बताता हूँ : आनन्द या परमानन्द आकर्षित करता है भाग्य को। यह एक महान सत्य है। जब आप परमानन्दित हो अस्तित्व आपके ऊपर स्वतः ही भौतिक सम्पत्ति की वर्षा करने लगेगी। हमेशा कृतज्ञता के भाव से रहो। शेष स्वतः हो जाएगा।

बस यह निर्णय ले लो कि किसी चीज के बारे में बहुत पीड़ा का अनुभव नहीं करोगे। यदि कोई चिंता या कोई ग्लानि या दुःखद घटना आपके मस्तिष्क में आती है, उसकी तरफ देखो मुस्कराओ और कहो, "नहीं मैं आपके द्वारा प्रभावित नहीं होऊँगा। आप क्या करोगे?" मात्र उसकी तरफ देखो और यह कहो। वह घटना या वह आत्मग्लानि आपके ऊपर स्वतः ही कोई प्रभाव नहीं डालेगी। अपने ऊपर उसे आक्रमण करने देने से क्या आपको कोई लाभ होगा? नहीं। उसकी तरफ देखकर के और यह कहने से कि आप उसे अपने ऊपर आक्रमण नहीं करने दोगे आप केवल पीड़ा से बच रहे हो। मैं आपको उससे भागने के लिए नहीं कह रहा हूँ मैं तो आपको उसकी तरफ देखकर कहने के लिए कह रहा हूँ। इस बिन्दु को स्पष्टता से समझो।

इन विचारों को अगर दबाने का प्रयास करोगे तो आपके मस्तिष्क के आस-पास ही घूमती रहेंगी और किसी समय इन विचारों का वापस आने का खतरा बना रहेगा। उन्हें उभरने का अवसर दो। लेकिन मात्र उनकी तरफ देखो और उनसे कह दो कि वे शक्तिहीन हैं, आप ये देखोगे कि वह स्वतः ही अदृश्य हो जाएँगे। वे सोचेगे कि इस वक्त व्यक्ति को परेशान करने से कोई फायदा नहीं है और वो मात्र अदृश्य हो जाएँगी।

हमेशा याद रखो जो कुछ भी आपके शरीर, मस्तिष्क और स्वरूप के माध्यम से शक्ति देता है वह आध्यात्मिकता है और वह स्वतः ही आपको परमानन्द की तरफ ले जाएगा जो कुछ भी आपको कमजोर करता है वह आध्यात्मिकता नहीं है इसलिए उसका पीछा मत करो। यही महत्वपूर्ण नियम है जिसका पालन होना चाहिए। कभी मत भूलो कि परमानन्द ही आपकी प्रकृति है।

एक बात और : यदि आप कोई खूबसूरत चीज देखो तो उसकी पूर्व के स्वरूपों से तुलना करने के बजाए उसका अनुभव करो और एक विवश दृष्टा न बनो। क्या आपने सूर्यास्त के समय आश्रम में या किसी अन्य स्थान पर देखा है? क्या आपने कभी खड़े होकर के उस खूबसूरत रंग और किरणों का परिवर्तन आसमान पर फैला हुआ देखा है? हममें से ज्यादातर या तो जानते नहीं सूर्यास्त हो रहा है या हम मात्र कहते हैं, "हाँ सूर्य अस्त हो रहा है, जैसे वो अस्त हो जाता है हर दिन किसी तरह।"

मैं आपसे बताता हूँ : ज्ञान आपकी निश्छलता को मात्र नष्ट करता है और आपके जीवन को आपके लिए नीरस बना देता है। जब आप सूर्यास्त या सूर्योदय देखते हो, आपके लिए वह कितनी खूबसूरत साधना हो सकती, बजाए इसके कि आप उसकी तरफ अपने सांसारिक ज्ञान से देखो, यदि आप उसका भाग बन जाओ और उसी में समाहित हो जाओ आप देखोगे कि आप उस प्रचण्ड अस्तित्व का एक कण बन जाओगे जो उत्सव हो रहा है। और तब आप अपनी इच्छा से उस उत्सव में भाग लोगे।

परन्तु हम मंद हो जाते हैं अपने तथाकथित ज्ञान से, जो और कुछ नहीं है बल्कि शब्दों का संकलन है और दूसरा कारण है अंतरसंवाद का और चिंता का। हमने इतने शब्द एकत्रित कर लिए हैं और इन्हीं के साथ रहते हैं इसलिए हमें कुछ आश्चर्यचकित नहीं करता। यदि आपके पास ईश्वर आएँ और कहें कि वो ईश्वर हैं, आप कहोगे, "तो क्या" हर चीज हमारे ज्ञान के पूर्वाग्रसन के कारण जैसी है वैसी ही ले ली जाती है।

संपूर्ण अस्तित्व को अपने ज्ञान के कारण ऐसा ही है यह मान लिया जाता है। इस तरह से हम संपूर्ण अस्तित्व से चूक जाते हैं। आप भौतिक वस्तुओं के प्रति पीछे भागते हो जो आपको देती हैं ज्यादा से ज्यादा लालच, चिंता और भय। ये वस्तुएँ आपको मात्र और अलग करती हैं आपके अन्तःकरण से, वे आपको वाह्य जगत की तरफ देखने के लिए बाध्य करती हैं बजाएए अन्तःकरण की तरफ, वे आपको वाह्य जगत की वस्तुओं के प्रति आश्रित बना देती हैं बजाए अपने अन्तःकरण की शक्ति के, वो आपको झुलाती हैं विषाद और आनन्द के बीच, बजाए कि आपको परमानन्द पर केन्द्रित होने दें।

आप ऐसा महसूस करते हो कि हर चीज वाह्य जगत में हो रही है और इसके पूर्व कि बहुत दूर हो जाए दौड़कर के उसे पकड़ लेना है। इसीलिए आप हमेशा बहुत जल्दी में रहते हो, हमेशा अपने आप में अंतरसंवाद करते रहते हो। हमेशा एक चूहे की दौड़ में दौड़ते रहते हो। यही कारण है कि आप हमेशा भविष्य में रहते हो वर्तमान में नहीं।

ज्ञान मात्र आंकड़े हैं, तथ्य हैं, सांख्यिकी है वह मृत मात्र है। ज्ञान एकत्रित करो, परन्तु उसे आप को किसी रूप में नियंत्रित मत करने दो, उसे एक किनारे रखकर के जीवन को सजगता से देखना सीखो। मस्तिष्क जो भी देखकर के एकत्रित करता है उसका निष्कर्ष निकालने का, उसे संक्षिप्त करने का, और उस पर निर्णय देने का प्रयास करता है। आप शब्द और उसके बाद और शब्द एकत्रित करना चाहते हो, इतना ही चलता रहता है। परन्तु यह किसी काम का है?

मैं कुछ भक्तों को भगवान श्री कृष्ण की जन्मभूमि मथुरा लेकर के गया। वह कितनी खूबसूरत है। हम नाव पर यमुना नदी पर गये भगवान श्री कृष्ण के दिनों का स्मरण करते हुए। मैं अपने परमानन्द भक्तों के मध्य आनन्द ले रहा था- यह एक अति विद्वान भक्तों का समूह था। यहाँ मैं स्मरण कर रहा था भगवान श्री कृष्ण के दिनों का, उन्हें दिखा रहा था कि रासलीला कहाँ होती थी, मैं इस तरह की अनुभूति से भर गया था पर भक्त मुझे बता रहे थे कि इस स्थानों पर ऐसा प्रतीत हो रहा था जैसे पत्थरों का पुनरुद्धार हुआ हो। मैं आश्चर्यचकित था, मैंने उन्हें बताया कि मुझे कुछ ऐसे लोगों को साथ लाना चाहिए था जिनके अन्दर ज्ञान कम हो परन्तु जागरूकता ज्यादा, जिससे मैं उनके साथ अपनी इस अनुभूति को बाँट सकता।

दिन के समाप्त होते ही ज्ञान मृत हो जाता है। लोग किसी भी व्यक्ति का महत्व मापने में ज्ञान का प्रयोग करते हैं। जितना अधिक ज्ञान आपके अन्दर होगा, उतना अधिक आपका सम्मान होगा।

ज्ञान के साथ, आप निरंतर अपने मस्तिष्क के साथ ही जीते हो, आप अपने मस्तिष्क से सृष्टि के अस्तित्व को जान नहीं सकते। आप अपने हृदय से ही अस्तित्व को जान सकते हो, केवल प्रेम के माध्यम से ही आप अस्तित्व को जान पाओगे। और मस्तिष्क प्रेम को नहीं जानता, प्रेम को केवल हृदय जानता है मस्तिष्क केवल गणित किया हुआ प्रेम जानता है, जो प्रेम किसी तरह नहीं हो सकता। यह मात्र एक दूसरी गणित है जिससे आप अपने आप को सही स्तर पर संतुष्ट करते हो।

आध्यात्मिकता, परिपूर्ण सामंजस्य समझने के बारे में है, अस्तित्व और मनुष्य के बीच में गहरे संबंध के बारे में है। जब आप इसे समझ लेते हो और अपने समस्त संघर्ष का परित्याग कर देते हो, आप बस बहोगे एक नदी की तरह। वह नदी अपना मार्ग स्वयं तय करेगी और मिल जाएगी उस विशाल समुद्र में। आपको मात्र अपने अहम् का परित्याग करना है।

मेरे कहने का तात्पर्य यह नहीं है कि आप एक कोने में बैठो और आपको कोई नदी बहा ले जाएगी, नही। आप बस कार्य करो बिना विचलित हुई आस्था से और इस भाव से कि एक जीवन की शक्ति है, जो इस ब्रह्माण्ड को चला रही है और जो आपका भी ख्याल रख रही है, जो आपके अन्दर की साँस को आने और जाने की भी व्यवस्था कर रही है। बस इतनी सी बात है।

जिम्मेदारियों को मात्र उस उच्च सत्ता पर छोड़ दो और आराम करो। तब आप एक राजा की तरह जियोगे। तब आप उस तारतम्यात्मक संगीत का श्रवण करोगे जो

बहती हुई नदी से निकलता है, उस अस्तित्व का जो आपको धारण किए हुए हैं, उस सामंजस्य का जो आपमें और अस्तित्व में है अनुभव करोगे। यही सामंजस्य है जो आपको अपने अन्दर पैदा करने की आवश्यकता है। और तब आपकी सारी चिंताएँ अदृश्य हो जाएँगी।

निश्चित रूप से, अस्तित्व हमारा ख्याल रख रहा है इस बात का कोई प्रमाण नहीं है। कुछ चीजों को प्रमाणित नहीं किया जा सकता। क्या आप सिद्ध कर सकते हो यह पूरब दिशा है? नहीं। क्या आप सूर्योदय और सूर्यास्त की प्रक्रिया को सिद्ध कर सकते हो? नहीं। आप केवल उसका अनुभव कर सकते हो। क्योंकि आप उसे सिद्ध नहीं कर सकते, क्या आप उसे नकार सकते हो? क्या आप सूर्य का प्रतिदिन अस्त होना या उदय होना विज्ञान के माध्यम रोक सकते हो?

समझो : अस्तित्व एक मात्र ऐसी चीज है जो तर्क से परे है। यदि आप तर्क से अस्तित्व को सिद्ध कर लोगे तो अस्तित्व से तर्क महान होगा और यह कभी नहीं हो सकता।

प्रश्न : *एक व्यक्ति मुझसे पूछा,* "स्वामी जी आध्यात्मिक होने के लिए क्या मैं हिन्दू बन जाऊँ?" मैं हतप्रभ था उस प्रश्न पर। मैंने उससे कहा कि उसे हिन्दू बनना है। देखो यहाँ बहुत स्पष्ट रहो : जो कुछ भी आपकी बोध करने की क्षमता को प्रभावित करता है वह स्पष्ट रूप से आध्यात्मिकता से संबंधित नहीं हो सकता। आध्यात्मिकता हमेशा हर चीज से ऊपर होती है।

अपनी सारी धारणाओं का परित्याग करो जैसे- मैं ये हूँ और मैं वो हूँ - अपने जीवन को खुला रखो। यह आधार है आध्यात्मिकता का। यह इस तरह से है : एक व्यक्ति जो लगातार एक बंद कमरे में रह रहा हो वो खुली और बहती हुई हवा के बारे में नहीं जानेगा। उसके पास इस तरह के सीमित सोच के विचार होंगे। जिस क्षण आप अपने ऊपर इस तरह के प्रतिबंध लगा दो, आप नहीं जान पाओगे कि आपके अन्दर किस तरह का असीमित प्रेम और दया भरा हुआ है। आप केवल चिंतित होंगे और शिकायत करोगे आप प्रफुल्लित नहीं होंगे।

बुद्ध से एक बार पूछा गया, जो दयावान नहीं हैं उन्हें किस प्रकार का नर्क दिया जाता है उन्होंने उत्तर दिया, "आप उन्हें नर्क में नहीं रख सकते क्योंकि वह पहले से ही नर्क में है।" केवल जब आप नर्क में रहोगे, दूसरों के लिए नर्क पैदा करोगे क्योंकि जो कुछ भी आपके पास होगा वही आप दे सकते हो।

एक छोटी सी कथा :

> एक माता और एक पुत्र में बहुत गर्मा-गर्म तेज बहस हो रही थी। माँ ने पूछा, "आपके पास कोई दिमाग है?"

पुत्र हँसा।

माँ ने पूछा वह क्यों हँस रहा है?

पुत्र ने उत्तर दिया, "कोई चीज जो आपके पास नहीं होती, आप दूसरों से उसी चीज के बारे में पूछते हो।"

जब हमारे अन्दर शांति खुद नहीं होती, हम दूसरों के भी शांति भंग कर देते हैं। हमें अपने मस्तिष्क के साथ बार-बार कार्य करना चाहिए और देखना चाहिए कि वह क्या है जो हमें खुशी या आनन्द देता है। बहुत स्पष्ट रहो, खुशी से आनन्द भिन्न है। आनन्द एक खूबसूरत गहन भाव है आपके अन्तःकरण में जो आपको महसूस कराता है कि आप अस्तित्व के एक दूसरे धरातल पर हो। खुशी या सुख अधिकतर संबंधित रहते हैं वाह्य जगत की वस्तुओं से और लगातार हमारे अन्दर पीड़ा को जन्म देते हैं।

खुशी सापेक्ष है वह आनन्द निरपेक्ष है। आनन्द ही वह एक चीज है जिसका विलोम नहीं है। जब आप खुश होते हो, दुःख कहीं आस-पास ही रहता है जहाँ बहुत ज्यादा मस्ती होती है आप पीड़ा के बहुत नजदीक रहते हो। परन्तु जब आप आनन्द में होते हो और उसका विलोम कुछ भी नहीं होता। सुख और दुःख एक पेण्डुलम की तरह है जिन्हें दूसरे सिरे तक लौटकर के पहुँचना ही है। परन्तु आनन्द कोई पेण्डुलम नहीं है ये दो स्वरूप से परे हैं यह इधर-उधर झूलता नहीं, वह मात्र रहता है।

बार-बार, अपने मस्तिष्क का निरीक्षण करो और देखो कि वह क्या है जो आपको खुशी देता है। तब उसका अनुसरण करो। एक बार जब आपके अन्दर से ये आवाज आये कि आप स्थायी खुशी की तरफ बढ़ रहे हो, एक बार जब आपके अन्दर दृढ़ता आ जाये अपने आप को पुनर्स्थापित करो और अपने जीवन की संबंधित वस्तुओं को व्यवस्थित करो और परमानन्द की तरफ दिशा दो। आपकी हर क्रिया और विचार परमानन्द के अनुभव की तरफ ही होना चाहिए। इसमें जो भी ऊर्जा खर्च होगी, उतनी ही ऊर्जा का लाभ भी होगा। और आप हमेशा ऊर्जावान रहोगे।

कुछ लोग कहते हैं कि वो शांति के साथ बिना चिंता के छोड़ दिये जाना चाहते हैं। जिस शांति की वो बात कर रहे हैं वह जीवित शांति नहीं है, वह एक मृत शांति है। वह एक जीवनविहीन और निष्क्रिय शांति है जो विभिन्न भावों को नियंत्रित करना न जानने के फलस्वरूप पैदा होती है। यह एक ऐसी शांति है जिसके लिए वे आतुर रहते हैं क्योंकि उनके लिए जीवन का नियंत्रण अत्यन्त कठिन था यह उस कहावत की तरह है जैसे "अंगूर खट्टे हैं" और आगे बढ़ जाना।

वास्तविक शांति एक ऐसी चीज है जो हर समय आपके अन्दर रहती है वाह्य जगत की गतिविधियों से पूर्णतः अप्रभावित हुए बगैर, आप अपने आप में मात्र खुश हो, आप दूसरों की तरफ या दूसरी चीजों की तरफ एक बहती हुई खुश हवा की तरह देखोगे जो आपको चूमती हुई आगे बढ़ जाएगी। चाहे वह व्यक्ति हो या चीज, आपकी शांति आपके साथ रहती है। व्यक्ति या परिस्थितियाँ उसे किसी भी रूप में प्रभावित नहीं करतीं। शांति और कुछ नहीं बल्कि वह आनन्द है जिसकी अनुभूति आप अपने अन्तःकरण में करते हो। जब शांति आनन्द से पैदा होती है, वह आपको और दूसरों को शांत स्थिति में रखती है। एक बार जब आप अपने आप में इस शांति को पा जाओगे, आप कभी नहीं कहोगे जैसे "मुझे शांति में छोड़ दो मैं शांति में रहना चाहता हूँ" इत्यादि। जिस क्षण आप ये बातें कहते हो, उसका अर्थ होता है आप शांति के लिए प्रयास कर रहे हो दूसरों की दया पर, जो शांति कभी नहीं हो सकती।

शांति आपके अन्दर एक ठोस केन्द्र है जो बनता है और जो आपको खुश रखता है अपने आप में हमेशा। जो कुछ भी बाहर घटेगा वह मात्र कोई दूसरी घटना होगी और कुछ नहीं। आप उसको अपनी शांति से जोड़ोगे भी नहीं। जिस क्षण आप अपनी शांति को किसी घटना से जोड़ते हो स्पष्ट रूप से जानो, आपको वास्तविक शांति मिली ही नहीं है। हिमालय की हमारी सालाना यात्रा पर कुछ लोगों ने कठिनाईयों और अस्वास्थ्यकर परिस्थितियों के बारे में शिकायत की। मैंने लोगों को समय-समय पर कई बार बताया है कि हिमालय में होना ही एक वरदान है जो बहुत लोगों को नहीं मिला। जिसका उन्हें केवल आनन्द लेना है और बाकी सब तुच्छ है। किसी तरह लोग बहुत जल्दी परेशान हो जाते हैं और इस तरह की बातें करने लगते हैं। ऐसे ही एक अवसर पर, दो उम्र में छोटे भक्त, मुझे बता रहे थे, "स्वामी जी ये लोग कठिनाईयों के बारे में बात कर रहे हैं और हम लोगों से कह रहे हैं उनकी चिंता मत करो, परन्तु हमें तो कोई कठिनाई दिखाई नहीं दे रही है। हम तो बस आनन्द ले रहे हैं हर समय।" यह है जो मेरे कहने का अर्थ है जो मैं कहता हूँ कि आप अपने आप में ही इतने खुश हो, ऐसी कोई चीज नहीं है जैसे 'मेरी शांति' और 'आपकी शांति' जो कुछ भी हो वो, है, बस इतनी सी बात है। आप हो वह है और कुछ भी संबंधित नहीं है। आप मात्र चलते रहते हो आनन्द और शांति की उसी स्थिति में।

शिकायत करना चिंता से संबंधित है, क्योंकि आप असहज रहते हो और शब्दों में फँसे रहते हो। आप यदि हिमालय में घूमते हुए भिक्षुओं को देखो तो उनके पास दो जोड़ी कपड़े और पानी का एक पात्र रहता है, आप जान जाओगे कि वास्तव में इससे ज्यादा आपको किसी चीज की आवश्यकता नहीं है जो आपके पास है इसलिए किसी चीज की शिकायत नहीं करनी चाहिए।

आप शिकायत क्यों करते हो? वास्तव में जो लोग शिकायत करते हैं वो वही लोग हैं जिनके पास बहुत सी चीजें हैं, और वो नहीं जानते कि क्या करना चाहिए इसलिए शिकायत करते हैं। जब आपके पास पर्याप्त होगा और जीवित रहने के लिए बहुत संघर्ष नहीं करना पड़ेगा, आपके पास समय होगा शिकायत करने के लिए। जब आपका अस्तित्व ही खतरे में पड़ जाएगा, आप अपने कार्य पर ध्यान दोगे शिकायत पर नहीं, क्योंकि यदि आप शिकायत करोगे, तो कार्य कौन करेगा?

हिमालय में उसी का अस्तित्व है जो उसके उपयुक्त है। आपको सजग और जागरूक रहना है कोई भूस्खलन हो सकता है, जो आपके ऊपर गिर सकता है किसी वक्त, अचानक बर्फ गिर सकती है जो परिचित मार्ग चिह्नों को ढक ले, खाद्य और अन्य राशन के सामान अचानक उपलब्ध नहीं हो सकते और सीमित हो सकते हैं और क्या-क्या नहीं हो सकता।

इन परिस्थितियों में आपको वहाँ के लोगों को देखना चाहिए। वे कितने निश्छल, स्वागतोन्मुख गर्मजोशी से मिलने वाले बिना किसी चिंता या शिकायत के होते हैं। उनसे बहुत कुछ सीखना है आपको। वे किसी चीज को बुरा नहीं मानते वो बस खुशी से रहते हैं इतना सब कुछ। वो बस अपनी चीज को और अपनी क्रिया को पुनर्व्यवस्थित करते हैं जो कुछ घटता है उनके आस-पास उसी के अनुरूप। वो चिंतित नहीं होते, वो शिकायत नहीं करते।

जो कुछ भी आपके पास उपलब्ध है आप उसी से काम चलाते हुए कार्य क्यों नहीं करते? जो लोग भारतवर्ष में जन्म लेते हैं और यहीं पले बड़े होते हैं, जब वो अमेरिका जाकर वापस आते हैं वे भारत की स्थितियों के बारे में शिकायत करते हैं जैसे स्नानगृह से लेकर के सड़कों तक की और बहुत से चीजों की। यह केवल आपका अनावरण दिखाता है कि आप कितने नकचढ़े और शिकायत करने वाले बन गए हो बजाए इसके कि आप और खिलो और आपका विस्तार और हो।

जब आप गहराई से समझ जाओगे, आप शिकायत करना बंद कर दोगे। जब आप समझ जाओगे कि आपको कुछ मिलता है इसलिए नहीं कि आप कुछ हो बल्कि इसलिए क्योंकि अस्तित्व ही सबको सब कुछ देता है, आप शिकायत करना बंद कर दोगे। आप शिकायत मात्र इसलिए करते हो क्योंकि आप सोचते हो कि आप कुछ हो किसी चीज के लायक हो और वह चीज आपको नहीं दी गयी।

बहुत स्पष्ट रहो : कोई योग्य या अयोग्य नहीं होता, कोई संत या पापी नहीं होता यह तो मात्र तारतम्य से जीना और समझ की बात है जो आप प्रकृति के साथ रखते हो जो आपको अस्तित्व से उसके उपहार का प्राप्तकर्ता बनाता है।

यह तो एक गहरी समझ है जो आपको और जागरूकता देती है।

यदि आप खुले हुए हो, अस्तित्व आपको सब कुछ देगा। अस्तित्व निरंतर दे रहा है, केवल हम प्राप्त करना नहीं जानते हम हमेशा दूसरी जगह से अपेक्षा करते हैं। हम अपने मणिपूरक चक्र में इतना डूबे हुए हैं। हम शब्दों को एकत्रित करने में इतना व्यस्त हैं।

जब आप अपने आप के साथ रहना सीख जाओगे, तब आप अस्तित्व के साथ बातचीत कर सकोगे। परन्तु हम अपने आप के साथ रहते ही नहीं हम हर वक्त लोगों के साथ और शोर के साथ रहते हैं। हम अपनी पहचान दूसरों के साथ बनाते हैं, अपने आप के साथ नहीं। हम अपने आप के साथ रहने में इतना भयभीत नहीं है। जब हम अपने आप के साथ रहते हैं तो हम अकेला और दबे हुए महसूस करते हैं। अपने आप के साथ जब हम रहते हैं तो हतोत्साहित रहते हैं।

आप अपनी माँ के गर्भ में अकेले थे और यही आपकी सही प्रकृति है। परन्तु इसके बाद क्या हुआ? आपने सोचना शुरू कर दिया कि आपको आवश्यकता है लोगों की तभी आप खुश होंगे। आप हँसते हो लोगों के साथ, आप रोते हो लोगों के साथ, आप बातें करते हो लोगों से, आप लोगों द्वारा ही प्रभावित होते हो और क्या नहीं। आप जानते ही नहीं अपने आप के साथ रहते हुए कैसे उत्साहित रहा जाता है।

जिस क्षण आप अपने आप के साथ अकेला पाते हो, आप अन्दर ही अन्दर संघर्ष करने लगते हो, आपका अंतरसंवाद प्रारम्भ हो जाता है, आपकी चिंताएँ शुरू हो जाती है, आप सोचने लगते हो किस तरह से शोर का निर्माण करूँ, किसे बुलाऊँ, किससे बोलूँ, किससे बातचीत करूँ या अपने कम्प्यूटर के साथ कार्य करने लगते हो, इस तरह की तमाम निरर्थक क्रियाएँ करने लगते हो।

यदि आपके लिए लोगों के साथ और शोर के साथ रहना ही आवश्यक है, आप अपने आप के साथ रहने में स्पष्ट रूप से डरे हुए रहते हो, आप अपने अन्दर देखने से घबराते हो इसलिए आप बाहर देखते हो। जब आप साधक बन जाओगे, तब आप धीरे-धीरे यह समझने लगोगे कि खुश रहने के लिए संबंधों पर आश्रित होना जरूरी नहीं है। आप अपने आप में पर्याप्त हो यदि आप अपने आप के साथ शांति से नहीं रह सकते, आप अपने स्वरूप के वाह्य सीमा पर रहोगे, तथाकथित संबंधों से ग्रसित।

आपको आवश्यकता है सर्वप्रथम अपने आप से संबंध रखने की। अगर यह दृढ़ और मजबूत है। दूसरों से संबंधित रहना मात्र एक घटना होगी। हाँ इस वक्त जिस चीज को एकदम किनारे होना चाहिए वह केन्द्र में स्थित है और जिसे केन्द्र में होना चाहिए वह केन्द्र पर स्थित है। आपको इस परिस्थिति को उल्टा कर देना

है, इसके लिए आपको अपनी दृष्टि अन्दर की तरफ करनी है, आपको अपने आप के अन्तःकरण में शांति स्थापित करनी है।

इसके लिए, आपको अपने मस्तिष्क के पीछे पड़ने का साहस जुटाने की आवश्यकता है। आप दूसरों को समय देते रहते हो परन्तु अपने आप के लिए आपके पास समय नहीं है। आप दूसरों को समय इसलिए देते हो क्योंकि इससे आपके अहम् की पुष्टि होती है। आप अपने आप को समय इसलिए नहीं देते क्योंकि आप भयभीत रहते हो कि सत्य कहीं सामने न हो और आपको उसे धारण न करना पड़ जाए। आप आराम से परमानन्द की खोज गलत स्थानों पर करते रहते हो और शिकायत करते हो कि वह आपको भ्रमित कर रहा है। यदि आप वास्तव में परमानन्द को खोजना चाहोगे, आप उसे पा जाओगे। परन्तु इसके लिए आपको साहस की आवश्यकता है।

वास्तव में, हम सब उसी एक चीज को खोज रहे हैं - वह है परमानन्द। लेकिन हम निरंतर उसे गलत स्थानों पर खोज रहे हैं। यदि मैं किसी युवक से पूछूँ कि उसे क्या सुख देता है, वह आतुरता से उत्तर देगा, 'नशा'। वह ही परमानन्द को खोज रहा है, हर समय रहने वाली शांति, परन्तु गलत दिशा में।

हम अपने मार्ग से इतनी प्रबलता से भटक गए हैं, कि हमारी मौलिक सोच पद्धति पूर्णतः बदल गयी है नकारात्मक सोच पद्धति में। हमारा जीवन जैसा होना चाहिए था उससे प्रबलता के साथ भिन्न है। नशे में ड्रग्स लेकर के क्या आपको परमानन्द प्राप्त होगा? ड्रग्स लेकर के आप अपने आप से बचने का प्रयास कर रहे हो और परिस्थिति को और ज्यादा खराब कर रहे हो क्योंकि आज नहीं तो कल आपके स्वास्थ्य के समक्ष समस्या खड़ी हो जाएगी। इस पूरी चीज में मूर्खता को देखो।

यह आपको मूर्खता लगेगी इसलिए क्योंकि यह एक प्रबल चीज है। यह एक स्तर पर आपकी नैतिकता को प्रभावित करता है और उसके फलस्वरूप आपको। आप उसको मूर्खता इसलिए नहीं समझते, क्योंकि आपकी और सूक्ष्म क्रियाएँ खुशी खोजने में तत्पर रहती हैं, और उस तरह के प्रयास दूसरे स्तर पर जो कोई अनैतिक स्तर नहीं होता चलता रहता है। जब भी आपको समय मिले अपने मस्तिष्क का देखभाल करो और आप समझोगे मैं क्या कहना चाहता हूँ।

मात्र अपने आप के अन्दर जागरूकता से देखो और निरीक्षण करो, कैसे आपका मस्तिष्क क्रियाशील रहता है, कैसे आपकी चिंताएँ जड़ पकड़ती हैं। हम लगातर शब्दों को इकट्ठा करते रहते हैं अवधारणाएँ बनाते रहते हैं और विभिन्न रूपों में उन्हीं के बारे में चिंतन करते हैं। इस तरह से चिंता जड़ पकड़ती है और अपने आप को स्थापित करती है।

जब आपका लड़का किसी एक दिन भी देर से वापस लौटता है, आप मान लेते हो कि वह किसी गलत संगत में पड़ चुका है इसीलिए देर से आया। यह आपके अन्दर एकत्रित हो जाता है। दूसरी बात, चाहे वह अपनी कक्षाओं में रूकने के कारण ही देर से आए आपकी एकत्रित की हुई बात उभरेगी और आप उसी तरह से प्रतिक्रिया करोगे। यह न केवल आपके पुत्र को हतोत्साहित करता है, बल्कि उसे बाध्य करता है उन रास्तों को अपनाने के लिए जिससे आपको धोखा दे सके। आपको इस बात को समझने की आवश्यकता है कि हर व्यक्ति विकसित हो रहा है और आपकी परिकल्पना का कोई भी स्वरूप आपकी कोई मदद नहीं करेगा।

परिकल्पनाओं में जीना सरल है। परन्तु मैं आपको बताता हूँ जिन चीजों में आप विश्वास करते हो उनमें 98 फीसदी ग़लत हैं। आप इस बात को महसूस करोगे कि आपके और दूसरी के बीच में एक बहुत बड़ा पर्दा है। यदि आप हरे शीशों का चश्मा पहन लोगे, आपको सारा संसार हरा लगेगा, बस इतनी सी बात है।

मोहम्मद नबी कहते हैं, "जब आप संसार को किसी रूप में देखते हो, वह कोई रूप आप ही होते हो।" जब आप मुझसे बातें करते हो या शिकायत करते हो किसी के बारे में आप ये दावा कर सकते हो कि आप चिंतित हो इसलिए मुझसे ये बातें बता रहे हो, परन्तु वास्तव में आप स्पष्ट रूप से अपने मस्तिष्क को दिखा रहे होते हो क्योंकि आप चीजों को उसी तरह से देखते हो जैसा देखना चाहते हो, उस तरह से नहीं जैसी कि वो हैं। जब आप देखते हो जो आप देखना चाहते हो केवल, आप बहुत ज्यादा चूक जाते हैं।

मैं आपको बताता हूँ, एक सच्ची घटना :

कुछ वर्ष पहले मैं प्रतिदिन आश्रम से चालक को साथ लेकर के शहर के केन्द्र तक जाता था। एक दिन मैं एक विशेष सड़क पर जाना चाहता था और याद करके चालक को मैंने बताया कि वहाँ एक मस्जिद है उस सड़क के पास। उसने दावा किया कि वहाँ कोई मस्जिद नहीं है उस जगह पर। मैंने उसे याद दिलाने की कोशिश की कि उस मस्जिद के नजदीक एक बहुत मशहूर होटल है, परन्तु वह समझने में असफल रहा।

मैंने अंत में उसे बताया कि उस जगह पर एक हनुमान जी का मंदिर है। उसका चेहरा खिल उठा याद करते ही। तब वह मुझे उस सड़क पर ले गया और मैंने उसे वह मस्जिद दिखाई, जो मंदिर के बगल में ही थी और उस मंदिर से पाँच गुना बड़ी थी। वह आश्चर्यचकित था। वह इतना कट्टर हिन्दू था कि उसने उन सारे महीनों में भी उस मस्जिद को नहीं देखा था।

मैं आपसे बताता हूँ : जीवन में हठधर्मी मत बनो और किसी चीज को पकड़कर मत बैठो।

जरा एक नदी के बारे में सोचो : जब आप अपना पैर नदी में डालकर के निकाल लेते हो और फिर डाल देते हो दूसरी बार, क्या वह वही नदी रहती? नहीं। नदी ने अपना स्वरूप बदल दिया वही पानी वहाँ नहीं था ताजा पानी बहकर के और आ गया था, क्या ऐसा नहीं था?

इसलिए अपनी पहचान किसी चीज से बनाने का प्रयास मत करो, जीवन परिवर्तनशील है। आपकी आस्था के संकीर्ण दृष्टिकोण के कारण आपकी आध्यात्मिकता उन्नति रूक जाती है व दब जाती है। आपकी दशा उस सड़क के उस घोड़े की तरह हो जाती है जो मात्र अपने सामने सड़क को सीमित दृष्टि से ही देख पाता है। एक विस्तृत परिप्रेक्ष्य आवश्यक है जीवन में।

हमारे पूर्वजों ने हमें खाने के लिए बहुत सा खाना दिया है, परन्तु स्वाद लेने के लिए जीभ नहीं। यह हमारे ऊपर है कि इस जीवन का अनुभव आनन्द से लें। आनन्द वह अनुभव है जिस तरह से आप अनुभव लो केवल बाह्य जगत की वस्तुओं में नहीं। इसे बहुत स्पष्ट रूप से समझना होगा। यह आपके मस्तिष्क का स्वरूप है जो आपके जीवन को खुशहाल या दुःखद बना देता है।

यदि आप अपने वर्तमान मानसिक स्वरूप से खुश हो, यह पूर्णतः ठीक है परन्तु यदि आप महसूस करते हो कि उसकी कुछ काट-छाँट जरूरी है, तो कहीं न कहीं कोई समस्या है। आप अक्सर अपने मस्तिष्क के स्वरूप की काट-छाँट का प्रयास करते हो उसी तरह जैसे एक पौधे की काट-छाँट होती वह तीव्र गति से बढ़ता है।

या तो आप अपने वर्तमान मानसिक स्वरूप के साथ जियो, या तो उसे उखाड़कर फेंक दो और दूसरे का निर्माण करो। कपड़ों के रंगने की तरह आप अपने मानसिक स्वरूप को नहीं रंग सकते दूसरी तरह दिखने के लिए। आप अपने मानसिक स्वरूप को छिनी-हथौड़ा से काट-छाँट कर दुरुस्त नहीं कर सकते। एक संपूर्ण परिवर्तन होना आवश्यक है, अन्यथा इस बात का खतरा बरकरार रहेगा कि फिसलकर पूर्व के मार्गों पर न चला जाए।

जब आपका मानसिक स्वरूप पूर्णतः साफ होगा, आप चिंतित कभी नहीं होंगे केवल तब जब आप भ्रमित रहते हो पूर्वाग्रसित विचार पद्धतियों से और शब्दों से तभी आप चिंतित होते हो। मैं हमेशा लोगों से बताता हूँ जब आप अपने आप के बारे में ही निश्चित नहीं होंगे, आप इस बात के लिए भी चिंतित होंगे कि ग्रह कहाँ है। आप विश्लेषण करना प्रारम्भ करोगे कि कौन सा ग्रह कहाँ केन्द्रित है और आपको कैसे प्रभावित कर रहा है। वास्तविक समस्याएँ यह है कि आप स्वयं केन्द्रित नहीं हो।

जब भी समय मिले अपने मस्तिष्क पर कार्य करो। उसकी देखभाल करो और

उसका रख-रखाव करो। आखिर में आप 24 घण्टे अपने मस्तिष्क के साथ रहते हो, क्या ऐसा नहीं है? क्यों न उसको साफ-सुथरा रखा जाए?

मैंने घरों के अहंकार से ग्रसित लोगों को देखा है, जो अपने घरों का कितनी खूबसूरती से रख-रखाव करते हैं वे वैक्यूम क्लीनर का प्रयोग करते हैं और अपने घर को धूल से रहित रखते हैं, वे धूल के किसी कण को भी बर्दास्त नहीं करते, वे कालीन को तब तक नहीं साफ करना बंद करते जब तक कि उसमें छेद न हो जाए। उस घर को साफ करने की बात क्या कहें जिसमें आप 24 घण्टे रहते हो? आपका मस्तिष्क? आप 24 घण्टे उसके साथ रहते हो। आपके लिए हर एक विचार, आपकी हर एक क्रिया में उसका योगदान रहता है।

आप वास्तुशास्त्र को लाते हो, फेंगसुई को लाते हो। ये सब विज्ञान हैं आपके घर के अन्दर को क्षुब्ध रखने के और ऊर्जावान परिस्थितियाँ पैदा करने के। परन्तु आप एक चीज समझने में असफल रहते हो। आपको अपने घर को लगातार ऊर्जावान बनाने की आवश्यकता इसलिए पड़ती है, क्योंकि आप उसे अपनी नकारात्मक सोच से दूषित करते रहते हो। यह एक सत्य है।

जब आप अपने अन्तःकरण के घर में खाली स्थान को इकट्ठे किये हुए नकारात्मक विचारों को अपनी चिंताओं से दूषित कर देते हो, तब वही स्थान उन्हीं नकारात्मक विचारधाराओं को वापस आपको प्रसारित करने लगता है और आप चकरघिन्नी में फँस जाते हो जिस क्षण आप अपने घर में प्रवेश करते हो।

कितनी ही बार आपने अपने आपको पूर्णतः ठीक महसूस किया होगा केवल तब तक जब तक आप अपने घर में प्रवेश नहीं करते। जिस क्षण आप अपने घर में प्रवेश करते हो आप महसूस करते हो कि आप परिचित नकारात्मक सोच से ग्रसित हो गए हो। यह और कुछ नहीं है आपके अपने विचार हैं जिनको आपने अपने घर में भर रखा है। तब आप क्या करते हो? आप किसी वास्तुशास्त्र के ज्ञाता को बुलाते हो जो आपके मकान की व्यवस्था को बदले या किसी मन्दिर के पुजारी को बुलाते हो कि हवन-यज्ञ करे और आपके घर को शुद्ध करे या फेंगसुई के नुस्खे अपने घर में प्रयोग करते हो।

जब इन चीजों को निष्ठा के साथ किया जाएगा ये निश्चित रूप से आपके घर में जरूरत भर का कार्य कर देंगी। परन्तु आपको एक बात समझाना है : ये सब केवल संपूरक तरीके हैं। वास्तविक बात यह है कि आपको अपने आप को स्वच्छ करना है और परमानन्दित मानसिक स्वरूप की स्थापना करनी है जिससे आपके अन्तःकरण का स्थान जिसमें आप रहते हो स्वतः ही उस तरह का प्रसार करे।

एक व्यक्ति से पूछा गया कि आपके पूर्व और वर्तमान में क्या अन्तर है?

उसने उत्तर दिया, "पहले मैं भूमि पर एक चटाई पर बैठकर खाना खाता था। अब मैं एक टेबुल पर खाना खाता हूँ।"

आप देखो, पूर्व और वर्तमान में, आपका मुँह वही है। यदि आपके अन्दर कोई मूलभूत परिवर्तन नहीं हुआ तो आपके जीवन में इतना ही फर्क दिखेगा। जिस तरह से खूबसूरती नेत्रों की नेत्रों को धारण करने वाले में होती है, स्वाद जिह्वा में होता है क्योंकि वह अनुभव करती है। आपका मानसिक स्वरूप आपके जीवन का प्रकार परिभाषित करता है।

कई बार, हम जानते हैं कि हमें परिवर्तन की आवश्यकता है लेकिन किसी तरह हम आराम से उसी अपनी वर्तमान व्यवस्था में पड़े रहते हैं। हम उसी चकरघिन्नी में फँस जाते हैं एक पक्ष हमसे कहता है कि हमें परिवर्तन की आवश्यकता है और दूसरा पक्ष बिना किसी प्रयास के उसी परिचित व्यवस्था में चला जाता है। चाहे आपको जितने आकर्षक अवसर परिवर्तन के लिए दिए जाएँ, आप आराम महसूस करोगे वर्तमान स्थिति में और बस चूक जाओगे।

यह मानसिक व्यवस्था आपके अन्दर एक ठोस वास्तविकता बन जाती है। आप मात्र उसी का प्रसार करते हो। उसे परिवर्तित करने का प्रयास करो। मैं आपको बताता हूँ : यदि आप इस तरह की ठोस मानसिक व्यवस्था के साथ जिओगे, तो एक खतरा और है। इस बात की पूरी संभावना है कि आपके बच्चे आपसे वही ग्रहण करेंगे।

मुझे एक हास्य कथा का स्मरण आता है :

> एक पति-पत्नी दोनों पेशे से जेब कतरे थे। वो अक्सर चर्चा किया करते थे यदि उनके एक संतान होती तो यह बहुत उन्नतिशील होती। जल्दी ही उनका एक बच्चा हुआ। उस नवजात शिशु का किसी कारण दाहिना हाथ बहुत कड़ाई से बंद था। वो उसको खोल नहीं पाए। जो चिकित्सक इलाज कर रहा था उसने भी हर तरह से प्रयास किया और अंत में अपनी सोने की चैन उस बच्चे की आँखों के सामने हिलाना शुरू किया। बच्चे ने धीरे से अपना हाथ खोला तो देखा कि नर्स की सोने की अँगूठी उसके हाथ में थी।

यह एक हास्य थी, परन्तु समझो कि माता-पिता के रूप में, इस बात की पूरी संभावना रहती है कि आप अपनी मानिसक व्यवस्था को अपने बच्चों को दे दो। इसलिए हर क्षण सजग रहो और अपनी सजगता और जागरूकता पर कार्य करते रहो, अपने अन्तःकरण के स्वरूप में अपने अंतरसंवाद को स्वच्छ करते रहो।

हम हमेशा अपने बच्चों को नियंत्रित करने का प्रयास करते रहते हैं और उन्हें अपना पालतू बनाते हैं। बच्चे जंगली ऊर्जा हैं। हम उस ऊर्जा को डिब्बे में बंद करना चाहते हैं जिससे कि हमें उसे नियंत्रित रखने की सुविधा मिले।

एक छोटी सी कथा :

> दो कुत्ते एक सड़क पर चले जा रहे थे। पहले ने कहा, "मेरा नाम सैण्डी है, आपका नाम क्या है?"
>
> दूसरा थोड़ी देर के लिए रुका और बोला, "मैं सोचता हूँ कि मेरा 'नहीं रोजर नहीं' है।"
>
> कुत्ते के मालिक ने जब भी वह कुत्ता खुराफात करता होगा उससे कहा होगा नहीं, रोजर नहीं। कुत्ते ने सोचना प्रारम्भ कर दिया होगा कि उसका नाम 'नहीं रोजर नहीं' है।

इसी कुत्ते की तरह बच्चे भी हमारे शब्द और हमारे शरीर की भाषा से सीखना व ग्रहण करना शुरू कर देते हैं। जब बच्चे बहुत छोटे होते हैं और किसी बात पर आश्चर्य करते हैं, तो वे तुरन्त पहली कही हुई किसी बात जो किसी चीज से सम्बन्धित रहती है, से निष्कर्ष निकालकर के कहना शुरू करते हैं। तो जब आप बच्चों के साथ रहो तो ज्यादा सजग रहो और उनकी बुद्धिमत्ता को जीवित रखने का प्रयास करो बजाए इसके कि उन्हें हर समय दबाने का प्रयास करो।

माताएँ लगतार यही करने का प्रयास करती हैं। उदाहरण के लिए, अगर बारिश हो रही है माँ हमेशा उनसे कहेगी कि तुरन्त अन्दर आ जाओ नहीं तो ठंड लग जाएगी। इसी तरह की घटना की कुछ पुनरावृत्तियाँ स्वतः ही बच्चे के मस्तिष्क का ठण्ड और बरसात के प्रति तारतम्य स्थापित कर देंगी। अगली बार हल्की सी फुहार भी पड़ेगी, बच्चा चीखना शुरू कर देगा।

वास्तव में मैं आपको बताता हूँ : मनुष्य का शरीर बहुत बुद्धिमान है, स्वतः ठीक करने वाला स्वतः सुरक्षित व्यवस्था है। परन्तु किन्हीं कारणों से, हम अपने मस्तिष्क पर ज्यादा विश्वास करते हैं बजाए अपने शरीर की अन्तर्निहित बुद्धिमत्ता से। यहाँ समस्या शुरू होती है और हमारी सारी चिंताएँ भी।

एक छोटी सी कथा :

> एक पिता ऊँट अपने बच्चे ऊँट को अपनी प्रजाति के इस शरीर की बनावट समझा रहा था।
>
> उसने कहा, "आप जानते हो हमारे कूबड़ इसलिए हैं जिससे कि हम उसमें पानी इकट्ठा करके रख सकें, उस समय के लिए जब हम कई दिनों तक रेगिस्तान में रहते हैं।"

बच्चे ने पूछा, "हमारी बरौनी इतनी लंबी क्यों है?"

पिता ने उत्तर दिया, "हमारी आँखों केा बालू के तूफान से सुरक्षित रखने के लिए।"

बच्चे ने पूछा, "हमारे पास इतनी लंबी-लंबी टाँगें क्यों हैं?"

पिता ने उत्तर दिया, "जिससे कि हम बालू में तेजी से यात्रा कर सकें।"

पिता जी, पुत्र ने पूछा, "तब हम यहाँ चिड़ियाघर में क्या कर रहे हैं।"

आप देखो, हमारी शरीर की रूपरेखा बड़ी खूबसूरती से तैयार की गयी है। यदि हम इसे मात्र इसकी प्राकृतिक बुद्धिमत्ता पर चलने दें, वह बहुत अच्छी तरह कार्य करेगी। जिस क्षण आप अपनी परिस्थितियों को अपने शरीर पर आरोपित करते हो, आप कठिनाईयों का अनुभव करने लगते हो।

हिमालय में, साधु और विचरण करने वाले भिक्षुक गुफाओं में रहते हैं वो सबसे ज्यादा स्वस्थ लोग होते हैं। चाहे सूर्य, चाहे बरसात, चाहे बर्फ वो लगातार जीते हैं उनका शरीर स्वतः ही अपने आपको उसके अनुरूप ढाल लेता है। हमें बस मात्र प्रकृति और उससे संबंधित सुरक्षा व्यवस्था पर विश्वास करना होगा। परन्तु किन्हीं कारणों से हम अपने शरीर की क्रियाशीलता पर अपनी चिंताओं और मानसिक स्वरूप का आरोपण करते रहते हैं। यही मूल कारण है हमारी समस्त बीमारियों का।

एक स्वामी, वह है जो आपको एक नया मानसिक स्वरूप प्रदान कर सके, एक पुनर्जन्म दे सके। यह एक ऐसी चीज है जो प्राप्त की जा सकती है मात्र स्वामी की उपस्थिति को आत्मसात करके। जब स्वामी की ऊर्जा आपके अन्दर भरेगी आपका मानसिक स्वरूप बदल जाएगा, और आपका पुनर्जन्म होगा। आप प्रवेश करते हो ऐसे स्थान में जिसे आप कभी जानते ही नहीं थे कि वह है।

जब तक इस तरीके से आपका पुनर्जन्म हो जाता है, आप मुक्त हो जाते हो हर तरह की चिंताओं की पकड़ से, बीमारियों से और दूसरी भावनाओं से। और इनमें से अगर आपके साथ कोई होता है तो आप उसे आसानी से नियंत्रित कर सकोगे इस तरह से जैसे आप उसे पहले से जानते ही नहीं थे। आप एक दृष्टा बनने में सफल हो जाओगे हर चीज के प्रति जो आपके अन्दर और आपके आस-पास हो रही होगी।

मैं एक दिन एक होटल में दूर-दर्शन देख रहा था। यहाँ हमारा 'ध्यान साधना कार्यक्रम' होना था। एक भारतीय चैनल पर एक युगल गीत बज रहा था एक पुरानी फिल्म का। एक-दूसरे भारतीय चैनल पर एक दूसरा युगल गीत चल रहा था एक नई फिल्म का। एक-दूसरे भारतीय चैनल पर एक दूसरा युगल गीत चल

रहा था एक नई फिल्म से। मैं अपने सचिव को बता रहा था कि दोनों चैनल ये दिखाते हैं कि मनुष्य की जागरूकता में कोई उन्नति नहीं हुई। वह अचम्भित था मेरे निष्कर्ष पर और उसका मुझसे मतैक्य था।

उसी स्वरूप की पुनरावृत्ति होती है बार-बार जैसे पाँच लोग एक बंद कमरे में एक बॉल को ठोकर मार रहे हैं। पश्चिम में तो कम से कम, वे आखिर तक जाते हैं अन्वेषण करते हैं चीजों का और वापस आते हैं। वहाँ पश्चिम में कम से कम सामाजिक बुद्धिमत्ता तो है ही अगर बढ़ती हुई जागरूकता नहीं है तो। परिचित स्वरूप हमारी बुद्धिमत्ता को मृत बना सकते हैं। चिंता और कुछ नहीं बल्कि परिचित स्वरूपों को अपने मस्तिष्क में एकत्रित किया जाना है, अपने आप पर बार-बार आरोपित किए जाने के लिए।

जब मैं लोगों से ये बातें बताता हूँ, वे मुझसे कहते हैं, "स्वामी जी, मैं समझता हूँ आप जो कह रहे हैं परन्तु मैं उन चीजों से निकल नहीं पा रहा हूँ। मैं बताता हूँ : मात्र मेरे शब्दों को अपने अन्दर घुसकर के एक स्थान बनाने दो, बस इतनी सी बात है। यहीं पर साधना मदद कर सकती है। मैं साधना शिविरों में यही करता हूँ, कि मैं आपको वाह्य समझ देता हूँ और फिर उस पर कार्य करता हूँ आपको साधना के मार्ग से उसमें प्रवेश कराकर के। परन्तु लोग मुझसे बताते हैं, "स्वामी जी, हम अपने कार्य भी करते रहते हैं, बिलों का भुगतान करना रहता है, समय पर लोगों से मिलना रहता है कब साधना करें तब? मैं उत्तर देता हूँ उन्हें एक साधारण साधना तकनीक से। चाहे आपको अपने बिल का भुगतान करना हो, चाहे समय पर किसी से मिलना हो, निश्चित रूप से आपको साँस लेने का समय तो है? अन्यथा, आप जीवित ही नहीं रहोगे। अब बस अपनी साँस के साथ सजगता को जोड़ दो, बस इतनी सी बात है। अपनी साँस पर ध्यान दो। यह सबसे साधारण और सबसे शक्तिशाली साधना है जो आप कर सकते हो।

हर बार जब आपको यह तकनीक याद आए, इसका अभ्यास करो। जल्द ही यह आपकी आदत बन जाएगी। जब आप अपनी साँस के साथ सजगता लाओगे। आप वर्तमान के क्षण में होंगे। वर्तमान में जीना आपको परमानन्द की तरफ ले जाएगा। वर्तमान की शक्ति परमानन्द की तरफ एक सीधा रास्ता है। स्वांस को अन्दर लेने और बाहर निकालने में मात्र सजगता को जोड़ दो।

तो परमानन्द प्राप्त करने के लिए, आपको अलग से समय की आवश्यकता नहीं। आपको दूर कहीं जाकर के किसी साधना शिविर में समय निकालकर के साधना करने की आवश्यकता नहीं है आप इसे कर सकते हो अपनी प्रतिदिन की गतिविधियों के साथ। उस बढ़ी हुई जागरूकता के साथ जो आप पैदा करोगे,

आपका समय पर लोगों से मिलना और आपके लक्ष्य से सब पूर्ण होंगे ज्यादा निपुणता के साथ।

साधना और कुछ नहीं है बल्कि आपकी जागरूकता को उठाना मात्र है। यह आपके स्वरूप में मात्र एक को उठाना 'ऊर्जा परिवर्तन' है। यह एक कोने में बैठकर के पैर पर पैर रखकर के सीधे होकर के अपने मस्तिष्क को नियंत्रित करने जैसी क्रिया नहीं है। यदि आप इन सब चीजों का प्रयास करते रहोगे, तो आपको और कुछ नहीं मिलेगा इसके सिवाए गले व पीठ दर्द के। आपके पास एक और चिंता हो जाएगी कि आप बैठ नहीं पा रहे हो और साधना नहीं कर पा रहे हो।

आपको यदि कुछ करने की आवश्यकता है, तो वर्तमान में रहने का प्रयास करो, अभी में और यहाँ पर। जब आप वर्तमान में रहोगे, आप अस्तित्व का अनुभव कर सकोगे और खुश हो सकोगे। जब आप वर्तमान में रहोगे, अस्तित्व अपने आप आपको शिक्षा देगा। अस्तित्व सबसे बड़ा शिक्षक है यही वो कहना चाहते थे जब वो कहते थे कि जीवन सबसे बड़ा शिक्षक है। जब आप इससे चूक जाते हो आपको सीखने में अपना प्रिय समय लगता है। जब आप अपना प्रिय समय लगाते हो सीखने में, जीवन आपको कुछ झटके देता है जागने के लिए और जल्दी सीखने के लिए। अन्यथा सीखने में कई जीवन लग जाएँगे।

अब देखो, आप पूर्व के पीछे भाग रहे हो पाश्चाताप के साथ और भविष्य के प्रति पीछे भाग रहे हो चिंता के साथ। इसी स्वरूप के कारण आप वर्तमान को पूर्णतः नष्ट कर देते हो। होता यह है, आप वांछित तरीके से प्रतिक्रिया नहीं करते आप प्रतिक्रिया करते हो मात्र अपने पूर्व स्मृतियों और भविष्य की चिंताओं के आधार पर। जब आप केवल प्रतिक्रिया करते हो, आप अपनी संपूर्ण शक्ति का प्रयोग नहीं करते आप मात्र एक रोबोट की तरह व्यवहार करते हो जिसमें निर्देश भरे हुए रहते हैं, आप अंधे तर्क का अनुसरण करते हो, सजगता और बुद्धिमत्ता का नहीं।

आपकी ऊर्जा 80 फीसदी पूर्व और भविष्य में ही लगा रहता है और केवल 20 फीसदी आपके पास वर्तमान के लिए उपलब्ध होता है। इसीलिए आप अपने आपको सुस्त और ऊर्जाहीन महसूस करते हो। बढ़ी हुई जागरूकता के साथ, इस परिस्थिति को पूर्णतः उल्टा किया जा सकता है और आपका जीवन जिया जा सकता है और ऊँचे स्तर पर, अधिक आनन्द के साथ, खुशी और उत्तेजना के साथ।

हाँ, आप कुछ कहना चाह रहे हैं.........

प्रश्न : *स्वामी जी, तो आप महसूस करते हैं कि मात्र अपने साँसों पर ध्यान देकर के, हम परमानन्द को प्राप्त कर लेंगे?*

हाँ! यह एक बहुत शक्तिशाली तकनीक है। आप देखो, जब आप अपनी साँसों पर ध्यान देते हो आपकी सजगता तीक्ष्ण हो जाती है और आपका कोई भी विचार आपसे छिप नहीं सकता सुषुप्तावस्था में भी। जब आपके हर विचार आपकी जागरूकता से होकर के निकलेंगे, तब आप कोई नकारात्मक विचार स्वतः ही नहीं बनेंगे।

आपको अपने विचारों को सुधारने के लिए कोई समय नहीं देना है, सजगता आपके लिए यह कार्य कर देगी। आपका सोचने का तरीका स्वतः ही पुनर्व्यवस्थित हो जाएगा। सजगता की शक्ति ऐसी है कि वो आपके सोचने के तरीके को सकारात्मक ऊर्जा में परिवर्तित कर देगी।

वास्तव में यदि आप देखो, हमें सोचने के लिए इस तरह से प्रशिक्षित किया गया है कि हम कार्य करके किसी रूप में पीड़ा का अनुभव करें तभी हम खुशी की पात्रता रखते हैं। इसीलिए हम दौड़ते हैं तब तक जब तक कि पीड़ा न मिले, हम तब तक दौड़ते हैं जब तक बाढ़ से न टकरा जाएँ। हम बाढ़ की परिकल्पना से अभ्यस्त हैं चाहे हमसे बताया ही क्यों न जाए कि कोई बाढ़ नहीं है कोई चारदीवारी नहीं है, परन्तु हम विश्वास करने के लिए तैयार नहीं हैं। हम दौड़ते हैं और किसी तरीके से बाढ़ से टकराते हैं और पीड़ा का अनुभव करते हैं, तब हम रुकते हैं पीड़ा के अनुभव से संतुष्ट होकर के तब हम यह महसूस करते हैं कि हमारी कामनाओं की पूर्ति हो जाएगी। हम हमेशा महसूस करते हैं कि हमें उत्सुकता एवं चिंता से होकर के गुजरना पड़ेगा इस लायक बनने के लिए कि हमारे ऊपर कृपा हो और हमें कुछ प्राप्त हो। हम चिंता और पीड़ा के लिए शाश्वत तैयारी में हैं।

और तब तक कुछ लोग भी हैं : वो दूसरों के लिए चिंता पैदा करते हैं खुद और फिर शराब पीते हैं अपनी चिंताओं को भूलने के लिए। एक बहुत सामान्य बात आजकल के लिए हैं। यह कुछ ऐसे हैं : एक सुअर जो अपने भोजन की बदबू बर्दाश्त नहीं कर पाता वो उसी में अपनी नाक घुसेड़ देता है। आप सोचते हो कि आपने सारी चिंताओं पर विजय प्राप्त कर ली शराब पीकर, जब कि वास्तविकता यह है कि सर के बल आप उसी में छलांग लगा चुके हो। हम चाहते कुछ हैं परन्तु हम स्वतः विरोधी परिणाम पैदा करते हैं अपने लिए और तब और ज्यादा चिंताएँ पैदा होती हैं हमारे लिए। यह मुख्य कारण है, हालांकि हम इसमें भिज्ञ नहीं है।

एक छोटी सी कथा :

> एक व्यक्ति के घर कोई अवांछित व्यक्ति आया। वह व्यक्ति अपनी पत्नी से चीखकर बोला कॉफी लाने के लिए नवआगंतुक के वास्ते।

पत्नी ने चिल्लाकर जवाब दिया घर में कॉफी नहीं है और पैसा भी नहीं है कॉफी खरीदने के लिए। पति क्रोधित हुआ अपनी पत्नी को डाँटने लगा और अंत में कॉफी न लाने के लिए एक चांटा मारा। पत्नी रोने लगी नवआगंतुक ने देखा क्या हो रहा था धीरे-धीरे से उठा और चला गया।

पत्नी ने अपने आँसू पोछे और विजेता की तरह, "देखा, मैंने रोने का नाटक किया और उसे बाहर भेज दिया।"

पति ने उत्तर दिया, "ठीक! मैंने आपके ऊपर गुस्सा होने का नाटक किया और आपको रुलाया।"

नवआगंतुक वापस आया गया, और बोला, "मैंने बाहर जाने का नाटक किया और अब वापस आ गया हूँ।"

हमारे विचार हमारे शब्दों से भिन्न हैं और इसीलिए हम खो देते हैं वह जीवन जो हम जी रहे हैं। रामकृष्ण ने कहा था, "विचारों और शब्दों को एक करना एक तपस्या की तरह है।" परन्तु हम करते क्या हैं? हम अपने विचारों को काटते-छाँटते हैं और शब्दों के रूप में बाहर लाते हैं। हमारे अन्दर कितनी गणित होती है इसके पूर्व कि शब्द बाहर आएँ। हम लाभ और हानि को देखते हैं और भविष्य में जाकर विश्लेषण करते हैं बोलने के पूर्व। इसी कारण से हमारा व्यक्तित्व कभी संपूर्ण नहीं हो पाता और हम टुकड़ों में ही रह जाते हैं।

लोग मुझसे पूछते हैं कि बिना किसी तैयारी के मैं घण्टों लगातार कैसे बातें कर लेता हूँ। आप देखो, मैं सत्य की बात करता हूँ जैसा हुआ है वैसा- अपनी इच्छा से, इतना सब कुछ है। मैं सत्य को उजागर करने के लिए चिंतित नहीं रहता। मैं शब्दों में काट-छाँट नहीं करता। मेरे लिए सोचना ही बोलना है। आपके लिए, पहले सोचना है तब काट-छाँट की जानी है और केवल तब बोलने का अवसर आता है। इस पूरी प्रक्रिया में निश्छलता खो जाती है और आप बहुत से शब्दों में फँस जाते हो।

आप मुझे घण्टों सुनने में केवल इसलिए सफल हो जाते हो क्योंकि अपनी सहजता से बोलता हूँ। अन्यथा आप बेचैन हो जाओगे। यह तथ्य कि आप यहाँ हो बिना उस समय की चिंता किए हुए जो बीत रहा है अपने आप में पर्याप्त प्रमाण है इस बात का जो मैं आपको बताने का प्रयास कर रहा हूँ। जब आपके अन्दर स्वेच्छा आ जाएगी, तब आप बहोगे बिना सोचे हुए अन्यथा, आप स्थिर पड़े रहोगे अपने मानसिक स्वरूप में। आप लकीर के फ़कीर होंगे।

एक छोटी सी कथा :

एक व्यक्ति सोने की बहुत जोरदार कोशिश कर रहा था परन्तु सो नहीं पा रहा था, क्योंकि उसके पड़ोसी के कुत्ते लगातार भौंक रहे थे। यह दृश्य कई रातों तक नहीं बदला। उसने अन्ततोगत्वा मालिक से इस बारे में बात करने का निर्णय लिया। दूसरे दिन वह उसके घर गया और उसके बारे में शिकायत की। पड़ोसी के ऊपर कोई प्रभाव नहीं पड़ा और उसने कहा, "मैं कुछ नहीं कर सकता। आपका क्या विचार है इसके बारे में?" व्यक्ति ने उत्तर दिया, "अच्छा, आज रात मैं कुत्तों को अपने पिछवाड़े बाँध दूँगा और तब आप जानोगे कि ये क्या है।

जरा सोचो कितना मूर्खतापूर्ण होगा जो उसने सुझाव दिया था। वह बार-बार इस मामले में उसी एक मार्ग पर मस्तिष्क को चला रहा था। आप समाधान कैसे पाओगे? जब आप अपनी इच्छा से कार्य करते हो, तो आप एक क्षण के लिए भी अधीर नहीं होते। आप तत्काल एक समाधान लेकर आओगे। जब आप अपनी स्वेच्छा से कार्य करोगे, तो किसी चोटी से मात्र कूद जाओगे अपने पंखों का निर्माण करोगे नीचे उतरने के लिए।

***प्रश्न :** स्वामी जी........हमारे जीवन में इतनी चिंताओं और तनाव का मूल कारण क्या है इस पर आप क्या कहेंगे?*

यह तथ्य कि आप इस प्रश्न को लेकर के सामने आए हो यह बता रहा है कि आप गहराई से अन्दर तक इसे देखना चाहते हो। आप देखो, हम लगातार हर चीज के बारे में कोई न कोई परिकल्पना बनाए रखते हैं- अपने आस-पास के लोगों के बारे में, अपने आस-पास की जगहों के बारे में जहाँ हम रहते हैं उन परिस्थितियों के बारे में जो हमारे सामने खड़ी होती हैं, अपनी जीवन शैली के बारे में जिसका हम पालन करते हैं। हम लगातार इसी बात की अपेक्षा करते रहते हैं कि चीजें एक विशेष रूप में घटती रहें। परन्तु वास्तविकता परिकल्पना से हमेशा भिन्न होती है। वास्तविकता और परिकल्पना में जो फर्क होता है वह हमारे जीवन में तनाव को बढ़ावा देता है। हमने अपने अन्दर एक परोक्ष जीवन का निर्माण किया है और लगातार उसे वास्तविकता के रूप में महसूस करना चाहते हैं। जितना ज्यादा हम परिकल्पना करेंगे उतना ही ज्यादा वास्तविकता से दूर जाएँगे और हमारी परिकल्पना हमारे तनाव को और अधिक बढ़ा देगी।

हम हमेशा सोचते हैं कि हम अपनी परिकल्पना की प्राप्ति के नजदीक तक पहुँच गए हैं परन्तु जब हम उसे प्राप्त कर लेते हैं हमारी परिकल्पना और दूर चली

जाती है और हम उसे कभी नहीं प्राप्त कर पाते। यह असंतोष, तनाव और चिंता को जन्म देता है।

तथ्य यह है हम यह जानते भी नहीं कि हम परिकल्पना के साथ काम कर रहे हैं। हमारी परिकल्पना हमारे लिए इतना ठोस चीज बन गयी है कि हम उसे परिकल्पना के रूप में देख ही नहीं पाते। हम उसके द्वारा ग्रसित हो चुके हैं। बहुत स्पष्ट रहो, यदि किसी चीज के प्रति कार्य करना आपके अन्दर तनाव को जन्म देता है, तो वास्तव में आप कार्य नहीं कर रहे हो आप अपनी परिकल्पना की परिधि में काम कर रहे हो।

हर क्षण हम प्रयासरत हैं वाह्य जगत में अपनी अपेक्षाओं की पूर्ति के लिए। यदि लोग हमारी परिकल्पना के अनुरूप क्रिया या प्रतिक्रिया नहीं करते तो हम अपने आप को नीचा देखते हैं। छोटी से बड़ी चीजों तक, हम हमेशा अपनी परिकल्पना की अनुरूपता देखना चाहते हैं। यह हमारे सुषुप्त की प्रक्रिया हो गयी है हमारे अन्दर इसीलिए हम अपने तनाव का कारण नहीं समझ पाते। कारण इतना सूक्ष्म और पूरे में इतना अन्तर्निहित है कि उसको समझा नहीं जा सकता।

यदि आप अपनी सजगता को बारीकी से इस बिन्दु पर लाओ और कुछ घण्टों तक अपने आप को देखो, आप समझ जाओगे आपका सम्पूर्ण मस्तिष्क कैसे क्रिया कर रहा है। निर्णय लो, दृष्टा बनने का अपने मस्तिष्क का और उन लोगों का जो आपके आस-पास है। आप देखोगे कितने सूक्ष्म तरीके से आपका मस्तिष्क हर छोटी चीज में लगातार अपेक्षाओं का निर्माण करता है, और किस तरीके से वास्तविकता कभी-कभी उससे मेल खाती है और कभी-कभी नहीं मेल खाती अपकी अपेक्षाओं से। और इस तरह से तनाव और चिंता आपके अन्दर उठती है।

मात्र इन सब चीजों के साथ सजगता को पूर्णरूपेण मिला दिया जाए, आप देख सकोगे कि किस तरह से मस्तिष्क कार्य करता है और आपके लिए तनाव पैदा करता है। एक बार आप दृष्टा बनना सीख जाओगे, आपकी चिंताएँ समाप्त हो जाएँगी और आप वाह्य जगत की किसी भी घटना से अप्रभावित रहोगे। जब आप वाह्य जगत की घटनाओं से प्रभावित होंगे, आप अपने अन्दर बहुत से शब्दों की गिनती के आधार पर समूह का निर्माण करोगे जिससे नयी चिंताएँ जन्म लेंगी।

और एक बात : यदि आप संतुलित समय योजना के हिसाब से अपने लक्ष्य को बिना समय गँवाए हुए प्राप्त करने का प्रयास करो, आप वास्तविकता के मार्ग पर हो। यदि आप अपने आप को काम करने की अपेक्षा ज्यादा चिंतित पाते हो और कहीं पहुँच नहीं पा रहे हो तो आप उस मार्ग पर हो जिस पर वास्तविकता और आपमें एक दूरी है, वही वह समय है जब आप अपने अन्दर देखो और अपनी

विचारधारा को परिमार्जित करो। समयबद्ध तरीके के हिसाब से योजना बनाना अच्छा है परन्तु यह सोचना कि कैसे आप अपनी योजना का क्रियान्वयन करोगे, ही वह है जो सही नहीं है। यह है जिसे हम मनोवैज्ञानिक योजना बनाना कहते हैं और यही है जो तनाव और चिंता को जन्म देता है।

यदि तुम्हें अपने लिए योजना बनाने में दो घण्टे लगते हैं, तो बाकी के 22 घण्टे आपके पास उपलब्ध रहते हैं इस योजना के क्रियान्वयन के लिए। तो फिर क्यों योजना का क्रियान्वयन नहीं हो पा रहा है? क्योंकि, आप अपने बचे हुए समय में से 80 फीसदी समय इस बात की चिंता करने में लगा देते हो कि आप उस योजना का क्रियान्वयन कैसे करोगे।

जब आप अपनी योजना का स्मरण अपने आप में करते रहते हो, उसका प्रभाव यह होता है कि आप अपनी ऊर्जा उसमें बहा रहे होते हो। बजाए इसके कि आप अपनी ऊर्जा योजना के क्रियान्वयन में लगाओ जो उसे बर्बाद करते हैं। तब कार्य कैसे होगा?

एक बात और : यदि आप वास्तव में चाहते हो कार्य पूरा करना, आप बिना चिंता किए उसे करने में लग जाओगे। मैं तुम्हें बताता हूँ तनाव और चिंता मात्र बहाना है वास्तविकता से भागने के लिए। तनाव और चिंता की आड़ में, आप जिम्मेदारी से भागते हो।

हर समस्या का समाधान उसी के गर्भ में होता है। यदि आप वास्तव में उसे सुलझाना चाहोगे, आप सुलझा लोगे। आपको कुछ करना है तो यह कि उस समस्या को गहरी सजगता से देखना और समाधान स्वतः ही निकल आएगा। जब आप उसे नहीं करना चाहोगे और आराम से बातें करोगे उसके बारे में, आप लगातार बातें करते रहोगे बार-बार और यह सोचकर अपने आप को महान समझोगे कि आपके पास किनती चिंता है करने के लिए।

जिम्मेदारी का परित्याग करने का सबसे अच्छा तरीका है धोखा देने की मनःस्थिति में आना - चिंता और तनाव की एक स्थिति। कई बार, लोग जो हतोत्साह से ग्रसित रहते हैं आराम महसूस करते हैं उस स्थिति में क्योंकि उन्हें कोई जिम्मेदारी नहीं लेनी पड़ती। वे बस मात्र सारी जिम्मेदारियों से मुक्त होते हैं।

एक छोटी सी कथा :

> एक बार एक व्यक्ति जो महान रोगहर (Healer) के रूप में जाना जाता था, एक गाँव में गया। अतिशीघ्र, उसके आस-पास भीड़ इकट्ठी हो गई। उसने एक व्यक्ति के गले पर स्पर्श किया और वह व्यक्ति जो गले के दर्द से पीड़ित था उसे तत्काल उस पीड़ा से जो बहुत समय से थी मुक्ति मिल

गयी। उसने एक दूसरे व्यक्ति को सिर पर छुआ और उस व्यक्ति का सिर दर्द तत्काल गायब हो गया। तब वह एक व्यक्ति की तरफ बढ़ा जो बैसाखी पर था।

बैसाखी वाला व्यक्ति दूर हटकर बोला, "मुझे मत छुओ।"

रोगहर ने परेशान होकर पूछा क्यों?

व्यक्ति ने उत्तर दिया, "अभी-अभी मैंने विकलांग की सुविधा के लिए आवेदन दिया है।"

हम अपनी समस्याओं के बारे में बहुत ज्यादा बातें करते हैं, परन्तु जब हमें उसका समाधान दिया जाता है हम उसे सुचारु रूप से करने में कठिनाई का अनुभव करते हैं। हमारे सामने जब तत्काल समाधान उपलब्ध होता है, हम तुरन्त अपने अन्दर बहुत बड़ा व्यवधान अनुभव करते हैं। हम सोचते हैं, अब हमारे लिए जीवन में और कुछ करने के लिए है ही नहीं। हम बहुत ज्यादा मुक्त महसूस करते हैं। हम देखते हैं कि हम ठीक से सोच नहीं पा रहे हैं क्योंकि अचानक हमारी समस्याएँ अदृश्य हो जाती हैं, क्योंकि हमने समस्याओं से परे कभी सोचा ही नहीं है।

आपकी सारी चिंताएँ और तनाव वास्तव में आराम करने के स्थल हैं आपके अन्दर जहाँ आप वास्तविकता से छुपते हो। यदि आप वास्तव में कुछ करना चाहते हो, क्या है जो आपको करने से रोक रहा है? आप अपने आप को बंजर तनाव और चिंता में क्यों डुबो देते हो? आप ऐसा इसलिए करते हो या तो आपके पास समय बहुत ज्यादा है या आप वास्तविकता से बचना चाहते हो या आप अपने आप को महान महसूस करते हो चिंता और तनाव में रहकर के, बस इतनी सी बात है।

तो अपनी जीवनशैली और लोगों की परिकल्पना का परित्याग कर दो, और वर्तमान के क्षण में जीना शुरू कर दो चीजें स्वतः होने लगेंगी याद रखो : आप इस आराम के क्षेत्र में बहुत समय तक नहीं जी सकते। कभी न कभी वास्तविकता आपको खोज ही लेगी। तो जागरूकता के साथ जीना शुरू करो, जागरूक निर्णय लो और हर निर्णय जो लिया जाता है उसकी जिम्मेदारी लो।

दूसरों के निर्णय पर चलना और अंत में उनके निर्णयों को दोषारोपित करना अतिसरल है। ऐसा कभी मत करो। यह सबसे ज्यादा मूर्खतापूर्ण और बुजदिली का कार्य है। कभी किसी को किसी चीज के लिए दोषारोपित मत करो। याद रखो, केवल तब जब आप किसी चीज को नियंत्रित नहीं कर पाओगे, आप दूसरों के ऊपर उसका दोष मढ़ोगे।

प्रश्न : स्वामी जी........हम हमेशा आराम से कैसे रहें?

जब आपकी जागरूकता सजग रहेगी हर वक्त, आप हर समय आराम से रहोगे। इस स्थिति को प्राप्त करने की साधना एक चाभी है। कम से कम बौद्धिक स्तर पर सबसे पहले ये समझो। तब आप इसे अनुभव करना शुरू करोगे थोड़े-थोड़े समय पर। यह थोड़े-थोड़े समय का काल धीरे-धीरे बढ़ाया जा सकता है और अंत में यही स्थायी स्थिति बन जाती है।

मैं लोगों से हमेशा बताता हूँ : ये जानने के लिए कि एक स्वामी सच्चा स्वामी है, उसे सोते हुए ध्यान से देखो। एक सच्चा स्वामी सोते समय एक पुष्प की तरह लगेगा। वह पूर्णतः आराम में खूबसूरत दिखेगा जब वो सो रहा होगा। वह एक बच्चे की निश्छलता प्रतिबिम्बित करेगा जब सो रहा होगा। एक साधारण व्यक्ति, दूसरे हाथ पर, बहुत तनाव में लगेगा, बहुत खिंचा हुआ लगेगा जब सो रहा होगा।

एक स्वामी हमेशा परा-जागरूक स्थिति में रहता है और वह सोता है मात्र शरीर को आराम देने के लिए। जब आप एक जागरूक और सजगता की स्थिति में लगातार रहोगे, आप कभी तनाव में आ ही नहीं सकते। केवल तब जब आप अपने आप को सुषुप्तावस्था में पड़ने देते हो, एक भ्रम की स्थिति में पड़ने देते हो और इस तरह आप अपने लिए तनाव पैदा करते हो। हमेशा आराम से रहने के लिए बस एक ही मार्ग है और वह है हमेशा सजग रहना अपने अन्दर और आस-पास होने वाली हर छोटी चीज के प्रति।

सजगता के साथ आराम करना सीखो। जब आप एक स्वामी के साथ हो, यदि आप आराम से रहोगे, वह आपके अन्दर प्रवेश करेगा उसका स्वरूप आपके अन्दर होगा। अगर आप बंद और तनाव में हो, वह आपके अन्दर प्रवेश नहीं कर पाएगा।

उपनिषद शब्द का अर्थ यही है - 'गुरु के चरणों में बैठना'। यदि आप स्वामी के चरणों में आराम से खुले हुए मस्तिष्क के साथ बैठ सकोगे, वह आपके अन्दर प्रवेश कर पाएगा और पूरी दया से कार्य कर पाएगा। किसी शब्द की तब आवश्यकता नहीं होगी। शब्दों का प्रयोग वह केवल आपका ध्यान लगाए रहने के लिए करता है, तब जब वह आपके अन्दर प्रवेश करने का प्रयास करता है। एक स्वामी आपको, कैसे आराम से हुआ जाता है, सिखा सकता है।

स्वामी की उपस्थिति में जब आप आराम में पहुँचते हो, आप वास्तव में धीरे-धीरे अपने शरीर में स्थित होते रहते हो, आप स्थित होते रहते हो अपने आप के व्यक्तित्व में, और धीरे-धीरे उसी व्यक्तित्व में आप आराम से पहुँचने का अनुभव करते हो। तब आप टुकड़ों में नहीं रहते और अपने अन्दर आप एकीकरण को

प्राप्त होते हो। तो आराम में पहुँचने का अभ्यास स्वामी की उपस्थिति में करो। यही सबसे छोटा और अंतिम मार्ग है, आराम में पहुँचाने का। हाँ........

प्रश्न : स्वामी जी, क्या आप हमेशा परमानन्दित रहते हैं, क्या आप कभी भावनाओं में बहने का अनुभव नहीं करते?

स्वामी जी हँसे........हाँ! मैं हमेशा परमानन्दित रहता हूँ - आपकी भाषा में।

यह इसलिए है क्योंकि अनेकता मेरे स्वरूप से अदृश्य हो चुकी है। जहाँ परमानन्द रहता है, अनेकता वहाँ रह ही नहीं सकती। केवल जब अनेकता अदृश्य हो जाती है परमानन्द होता है।

मेरे स्वरूप में, कोई तृष्णा या भय नहीं है, राग या द्वेष नहीं है और न ही कोई विरोधी भावनाएँ हैं। केवल एक भाव है परमानन्द। आपके लिए यह कठिन होगा इस बात से जोड़ना जो मैं कह रहा हूँ। तब तक जब तक कि यह आपके लिए एक प्रयोगिक समझ न हो जाए, आपके लिए इसे समझना कठिन होगा। आप इसे समझ सकते हो बौद्धिक स्तर पर। जैसे कि अभी, केवल यही समझो कि मैं हमेशा परमानन्दित रहता हूँ, बस इतनी सी बात है।

समझो : परमानन्द के प्रति पहला कदम, एक दृष्टा बनना है।

जीवन को मात्र इस तरह से देखो जैसे कोई नाटक हो। जब आप देख रहे होगे, आपका मस्तिष्क स्थिर हो जाएगा। जब वह स्थिर हो जाएगा, तब समझना आपने सूत्र पकड़ लिया है यदि आपने उस स्थितरता का अनुभव एक बार भी कर लिया, आपने सूत्र पकड़ लिया।

वह सूत्र आपको लम्बे कला की स्थिरता में ले जाएगा। यही स्थिरता आपका स्वामी है। वाह्य स्वामी मदद करता है आपके अन्तःकरण के स्वामी को मात्र ढूँढ़ने में, बस इतनी सी बात है। जब आपने स्थिरता को ढूँढ़ लिया आप समझ जाओगे कि भावनाएँ आपके मस्तिष्क का ही खेल है।

समझो, आप अपनी भावनाओं का परित्याग जागरूकता से कभी नहीं कर सकोगे, जितना अधिक आप परित्याग करने का प्रयास करोगे लगाव उतना ही अधिक बढ़ जाएगा और आपके लिए पीड़ाजनक बन जाएगा। भावनाएँ आपको कष्ट देने लगेंगी। एक मात्र तरीका यही है कि आप अपनी भावनाओं को ध्यान से देखो। जब आप अपनी भावनाओं को ध्यान से देखोगे आपमें और भावनाओं में दूरी बढ़ना शुरू हो जाएगी। इस वक्त, आप अपनी भावनाओं से इतना अधिक जुड़े हुए हो कि आप अपने आप को उससे अलग देख ही नहीं पा रहे हो। जब आप उसे देखना प्रारम्भ करोगे, आप अपने और अपनी भावनाओं के बीच में दूरी बढ़ाना शुरू करोगे। धीरे-धीरे दूरी बढ़ेगी और एक दिन दृष्टा उस दृश्य से अदृश्य हो जाएगा।

तब आपको अपनी भावनाओं का परित्याग करने में कोई प्रयास नहीं करना पड़ेगा। वो स्वतः ही खत्म हो जाएँगी और आप अपने आप को पूर्णतः उनसे विरक्त महसूस करोगे। आप अपने आप को उनसे जुड़ा हुआ महसूस नहीं करोगे। वह आपके स्वरूप से अदृश्य मात्र हो जाएँगी। आपके अन्दर जागरूकता बढ़ेगी। तब आप एक नए व्यक्ति हो जाओगे।

जब आप एक दृष्टा बन जाते हो, चिंता और पीड़ा के लिए कोई स्थान नहीं रह जाता। आपके अन्दर केवल प्रेम होगा तब आप समझोगे अस्तित्व के प्रेम को, अस्तित्व के उस असीमित प्रेम को जिसकी वर्षा आपके ऊपर हर क्षण हो रही है।

एक छोटी सी कथा :

> एक व्यक्ति था जिसका हृदय बहुत कमजोर था। उसके परिजन इस बात का ध्यान देते थे कि कोई दुःखद सूचना उसे न दी जाए। एक दिन उन लोगों को पता चला कि उसका धनी चाचा अपने पीछे एक मिलियन डॉलर छोड़कर मर गया। वो सब उस वक्त बहुत उत्तेजित थे और ये नहीं समझ पा रहे थे कि यह खबर उसके सामने कैसे रखी जाए। लोग डर रहे थे कि कहीं वो इस खबर से मृत न हो जाए।
>
> एक ने सुझाव दिया, "मैं सोचता हूँ अच्छा होगा कि चिकित्सक को बुलाकर के उसी से इस स्थिति को नियंत्रित करने के लिए कहा जाए"। सब सहमत हो गए। उन लोगों ने पारिवारिक चिकित्सक को बुलाया और सारा प्रकरण बताया।
>
> चिकित्सक ने कहा, "चिंता मत करो, मैं देख लूँगा। यह उतना कठिन नहीं है जितना आप सोच रहे हो"।
>
> वह चिकित्सक उनके घर आया और कमरे में जाकर उस व्यक्ति से बात करने लगा। और साधारणतः पूछा, "अगर आपको अचानक बताया जाए कि आपको एक मिलियन डॉलर नगद दे दिया जाय, तो आप क्या करेंगे?"
>
> व्यक्ति ने उत्तर दिया, "मैं उसमें से आधा आपको दे दूँगा चिकित्सक"।
>
> चिकित्सक तुरन्त मर गया।

हम जीवन को नाटक की तरह देखने के लिए तैयार हैं जब यह दूसरों के साथ घटता है परन्तु जब अपने आप के साथ होता है तो हजम करना कठिन होता है। हम दूसरों को उपदेश देने के लिए तैयार रहते हैं। मैंने एक पुस्तक में पढ़ा था : उपदेश एक ऐसी चीज है जिसे देने में हर व्यक्ति प्रेम करता है परन्तु लेने के लिए कोई तैयार नहीं रहता।

जब आप एक कमल की तरह सोच सकोगे- जल से एकदम भिन्न उसके अन्दर रहते हुए भी, तब आप समझ लेना कि जीवन का खेल खेलना आप सीख गए। एक बात समझो : अस्तित्व अपनी अभिव्यक्ति लगातार विभिन्न तरीकों से कर रहा हूँ। हमारा कार्य उसे समझना है और गहरी सजगता के साथ उसके साथ बहना है।

समझो कि संपूर्ण रचना अस्तित्व के अनुरूप ही बह रही है। तब आप स्वतः ही अपनी चिंताओं और उत्सुकताओं का परित्याग कर दोगे। आपको उस स्थिति को प्राप्त होना है जहाँ आपका अन्तःकरण आपके आस-पास की घटित होने वाले परिवर्तनों से पूर्णतः अप्रभावित रहे। यह तभी होगा जब आप प्रयोगिक रूप से यह समझ लोगे कि अस्तित्व लगातार परिवर्तित हो रहा है। वाह्य रूप से, आप व्यक्त कर सकते हो अपने विभिन्न भावों को, परन्तु आप अपने अन्तःकरण में, आपको यह देखने में सक्षम बनना पड़ेगा कि समस्त घटनाएँ जो बाहर घट रही हैं वह एक सूत्र में बँधी हुई मणिकाएँ हैं और वह सूत्र अस्तित्व का सूत्र है। वह सूत्र ही है जो सबको इकट्ठा धारण किए हुए हैं।

***प्रश्न** : परन्तु स्वामी जी, हम जान-बूझकर चिंतित नहीं होते। तब आप कैसे कहते हैं कि हम अपने लिए चिंताएँ पैदा करते हैं? चिंताएँ पैदा करते हैं?*

चिंता आपके मस्तिष्क की सुषुप्त स्थिति बन गयी है। आपको इसके लिए कोई उद्देश्य बनाने की आवश्यकता नहीं है। वह तो मात्र है, बस इतनी सी बात है। आपको इसके लिए कोई सक्रिय प्रयास करने की आवश्यकता नहीं है, वह आपके अन्दर हर समय है।

एक छोटी सी कथा :

> एक महिला एक होटल के स्वागत कक्ष में पहुँच कर मदद के लिए चीखी। स्वागतकर्ती उसके कमरे में आयी। वह महिला उससे चीखकर बोली, "मैं खिड़की से दूसरे कमरे में एक नग्न व्यक्ति को देख सकती हूँ।"
>
> स्वागतकर्ती ने खिड़की से दूसरे कमरे में देखा कि एक व्यक्ति खड़ा है जिसके शरीर के ऊपरी भाग पर कोई वस्त्र नहीं था। उसने कहा, "महोदया, उसका केवल ऊपरी भाग नग्न है। आपने कैसे निष्कर्ष निकाला कि वह नग्न है?"
>
> महिला चीखी, "आलमारी के ऊपर चढ़कर तब देखो।"

यदि हर चीज ठीक ठाक है तो भी हम एक टार्च लेकर चिंता ढूँढ़ेगे। हम इसे किसी उद्देश्य से नहीं करते। हम इसे एकदम प्राकृतिक रूप में करते हैं- समस्या

यह है। हमारे मस्तिष्क के स्वरूप का 180 डिग्री कोण के परिवर्तन की आवश्यकता है।

एक छोटी सी कथा :

> एक पुलिसकर्मी जब अपने रात्रि के गश्त पर निकला था, उसने एक गाय को गली के मध्य में मरा हुआ देखा। उसने उस जानवर को बगल वाली गली की तरफ घसीटना शुरू किया। एक व्यक्ति जो गुजर रहा था उसने कहा कि वह उस मृत जानवर को सारे रास्ते क्यों घसीट रहा है।
>
> पुलिसकर्मी ने उत्तर दिया, "जब मैं कल इसकी सूचना दूँगा तो मेरे लिए सरल होगा, क्योंकि मैं उस सड़क का नाम जानता हूँ"।

क्योंकि हम स्वेच्छा से कार्य करना नहीं जानते, हम हमेशा चिंतित रहते हैं। हम चीजों को जटिल बना देते हैं केवल इसलिए कि वो हमारे खाके में फिट बैठ सके। हम अस्थिर रूप में नहीं जीते। जब आप अस्थिर रूप में जिओगे तो आपको बहुत से अनावश्यक कार्य नहीं करने पड़ेंगे। आपको मात्र आनन्द लेना है और आगे बढ़ना है।

उदाहरण के लिए, यदि मैं आपसे अभी कहूँ कि आपको हमेशा परमानन्दित रहना चाहिए, आप इसी बात की चिंता करना शुरू कर दोगे कि कैसे परमानन्दित रहा जाए। आप किसी चीज की भी शुरूआत चिंता से ही करना जानते हो, समस्या यह है। यही कारण है कि कई बार जब आप मुझसे पूछते हो तो मैं शब्दों से सीधे उत्तर नहीं देता। मैं मात्र कुछ असंगत कथन आपको सुनाता हूँ जिससे आपका मस्तिष्क किसी चिंता के मार्ग पर न चला जाए और उसी समय मैं आपको ऊर्जा प्रदान करता हूँ उसमें प्रवेश करने की और समझने की।

***प्रश्न** : स्वामी जी तब जो आप कह रहे हैं उसका अनुपालन करना हम कैसे शुरू करें। यदि हम उसके लिए चिंतित न हो तो?*

मेरे शब्दों के पीछे की ऊर्जा और प्रेरणा को अपना मस्तिष्क लगाए बगैर आत्मसात करो और वर्तमान में जीना शुरू करो, बस इतनी सी बात है। जब आप अपना मस्तिष्क लगाओगे इसमें, तर्क आ जाएगा और एक बार जब तर्क आ गया तो समस्या शुरू हो जाएगी। मेरे शब्दों के पीछे छुपी हुई ऊर्जा को महसूस करो जिसे मैं शांति कहता हूँ- वह शांति जो हर वक्त मैं आपके अन्दर प्रवेश कराने का प्रयास कर रहा हूँ। यह शांति अन्ततोगत्वा आपको वहाँ ले जाएगी जहाँ उसे ले जाना चाहिए। कभी मेरे शब्दों का अर्थ में जाने का प्रयास मत करना।

शब्दों को इकट्ठा मत करो। केवल बुद्धिमान व्यक्ति शब्दों, और अधिक शब्दों को

इकट्ठा करते हैं। वो अधिक से अधिक शब्दों को इकट्ठा करते हैं और अधिक भ्रमित होते हैं। वो शब्दों को इसलिए इकट्ठा करते हैं क्योंकि वो सोचते हैं कि समय के किसी बिन्दु पर उन्हें स्पष्टता मिल जाएगी, परन्तु यह कभी नहीं होने वाला है।

आप देखो, जो भी मैं कहता हूँ चाहे वह देखने में विरोधाभासी लगे जब जोड़ा जाएगा और विश्लेषित किया जाएगा, परन्तु वह एक पूर्ण सत्य है उस क्षण के लिए जब बोला गया था।

जो कुछ भी मैं कहता हूँ, वह पूर्ण सत्य है उस क्षण, जिस समय मैं बोल रहा होता हूँ। परन्तु आप मेरे शब्दों से ही अकेले निष्कर्ष नहीं निकाल पाओगे। तो एक क्षण के लिए, उसे अपने आप में धारण करो बिना प्रश्न किए हुए। वह आपको ऊर्जा और बौद्धिकता देगा जिससे आप अनुपालन कर सको।

जब आप पूरी आस्था के साथ आगे बढ़ते हो, आप चिंतित नहीं होंगे। यह वास्तविक ऊर्जा है। ऊर्जा यह नहीं है कि आप अपनी समस्त चिंताओं को उड़ेल दो और उसका समाधान माँगो। ऊर्जा अस्तित्व के ऊपर पूर्ण विश्वास रखना है और यह महसूस करना है कि वह आपके लिए कार्य करता है। तो बुद्धि के साथ मत सुनो। गहरी साधाना के साथ सुनना सीखो। समय के इस बिन्दु पर चाहे आपके भाव जो हो चाहे मार्ग जो हो मात्र उनकी गहराई में जाओ और मुझे सुनो, बस इनती सी बात है। आप स्वतः ही ऊर्जा से भर जाओगे और ज्यादा शक्तिशाली हो जाओगे। ये सब वो मौलिक रहस्य हैं जो मैं आपको दे रहा हूँ।

यदि आप मेरे शब्दों को पकड़ोगे, आप चिंतित होंगे कि आप कहीं भूल न जाओ। आप उन्हें लिखना प्रारम्भ करोगे। मैं आपसे कह रहा हूँ, जिस क्षण आप लिखना प्रारम्भ करोगे, आप पूरी चीज से चूक जाओगे। न तो आप मेरे शब्दों के पीछे की ऊर्जा को ग्रहण कर पाओगे और न ही पूर्णरूपेण मेरे शब्दों को समझ पाओगे या लिख पाओगे। आप घर जाओगे कुछ दिन बाद उन्हीं उतारे हुए लेखों के साथ, और वो भी आपके घर के किसी कोने में पड़े रहेंगे। कुछ दिनों पश्चात जब आप उन्हें अपने घर में कहीं पड़ा हुआ पाओगे और पढ़ोगे तो आपको सिर और पैर कुछ भी नहीं समझ में आएगा। यह कुछ इस तरह से हैं : जैसे कि आप एक किताब पढ़ो और उसके आखिरी दो पेजों को अपने हाथ में लो। क्या मात्र इन दो पेजों से आप पूरी पुस्तक पुनर्निमाण कर सकते हो? नहीं, इसी तरह से मेरे कुछ शब्दों को लिखकर के पूरी चीज को ध्यान में रखने का प्रयास मत करो। मात्र यहाँ पूरी तरह से उपस्थित रहो, जब मैं बोल रहा होता हूँ। बस इतनी सी बात है।

मेरे शब्दों को भूलने की चिंता छोड़ दो। यदि आप मुझे अपनी संपूर्ण उपस्थिति दोगे, तो मेरे शब्द आपके अन्दर प्रवेश करके अपना कार्य कर देंगे। परिवर्तन है

वह, जो महत्वपूर्ण है, मेरे शब्द नहीं। अपने स्वरूप के माध्यम से सुनो, अपने मस्तिष्क के माध्यम से नहीं। जब आप समझोगे, परिवर्तन स्वतः होगा, आप भूलोगे कभी नहीं। यदि आप भूल गए, इसका अर्थ है कि आप समझे ही नहीं।

केवल मेरे शब्द ही नहीं किसी चीज को पकड़ने का प्रयास मत करो। हर क्षण बीत रहा है, तब क्या है जिसे पकड़ा जाए? किसी चीज को पकड़ने से विपत्ति के ऊपर और विपत्ति आएगी। भविष्य के बारे में भी चिंतित रहने का कोई मतलब नहीं है। उसे तो अभी आना है। आप किस चीज के बारे में सोच रहे हो? भविष्य भी वर्तमान के ही रूप में आएगा। इसलिए वर्तमान पर ध्यान दो।

आप देखो, जब आप वर्तमान में रहते हो, आप किसी प्रकार का चयन नहीं करते। चिंता वास्तव में इसलिए खड़ी होती है क्योंकि आप हर समय चयन करते रहते हो।

जब आप यह निर्णय ले लेते हो कि आपको चयन नहीं करना है और पूरे अनुभव को संपूर्ण रूप से स्वीकार करके पी लेना है, समस्त चिंताएँ अदृश्य हो जाएँगी। आपने चयन किया क्योंकि आप अपने आप को एक ठोस अस्तित्व के रूप में प्रदर्शित करते हो। इसलिए आप चयन करने के लिए हर समय बाध्यता अनुभव करते हो। यह और कुछ नहीं बल्कि आपके अहम् का प्रभाव है इसे समझो।

लोग मुझसे पूछते हैं, "स्वामी जी, मैं घबरा जाता हूँ जब मैं सोचता कि ये संसार एक दिन अचानक खत्म हो जाएगा।"

तो क्या हुआ यदि संसार का अंत हो जाता? यदि संसार का अंत हो जाएगा तो हर व्यक्ति का उसी के साथ अंत हो जाएगा। किसी के पास किसी के लिए चिंतित रहने के लिए कुछ नहीं रह जाएगा। पहले आप इस बात के लिए चिंतित थे क्योंकि संसार में चिंतित होने के लिए कुछ था। यदि संसार ही अपने आप में खत्म हो रहा है, तब तो चिंतित होने के लिए कुछ रह ही नहीं जाएगा, क्या ऐसा नहीं है? लेकिन आप उसके लिए भी चिंतित रहते हो।

देखो, मस्तिष्क स्वतः में कितना विरोधी है। वह चिंतित रहता है जब कुछ चिंता करने के लिए होता है और वह तब भी चिंतित रहता है जब चिंता करने के लिए कुछ नहीं रहता। यदि आप अपनी समस्त चिंताओं को सजगता से देखो, आप समझ जाओगे कि वे कितनी कुटिलता से आपकी सुषुप्तावस्था से खिलवाड़ कर रहे हैं। आप देखोगे कि आपकी समस्त चिंताएँ कितनी भ्रामक और आधारहीन हैं। आप उन्हें पकड़ नहीं पाओगे क्योंकि वो आधारहीन हैं। वो ठोस नहीं है।

वास्तव में आपके सारे भाव और कुछ नहीं, बल्कि आपके अन्दर आपकी सुषुप्तावस्था का खेल है। जब आप पूरी सजगता से जिओगे, आप कभी किसी भाव के प्रभाव

में नहीं रहोगे। यही कारण है मैं बार-बार ये बताता हूँ कि आप अपने आप को सजगता से भरो।

आप देखो, आपकी चिंताएँ वास्तव में बनाती हैं या तोड़ देती हैं आपके जीवन को। इतनी शक्ति है इनमें - आपको और दूसरों को प्रभावितं करने की। उदाहरण के लिए, जब मैं एक शब्द 'गाय' का उच्चारण करता हूँ तत्काल क्या होता है? एक स्वरूप चार पैरों का दो सींगों का एक पूँछ का आपके मस्तिष्क में उभरता है, क्या ऐसा नहीं है, एक साधारण तीन अक्षर का शब्द आपके मस्तिष्क में एक स्वरूप पैदा कर लेता है। शब्द इतने शक्तिशाली होते हैं। जब हम शब्दों का सम्मान नहीं करते और उन्हें गलत तरीके से इस्तेमाल करते हैं, हम परेशानियों को निमंत्रण देते हैं।

एक छोटी सी कथा :

> एक बार बादशाह अकबर और बीरबल सड़क पर चले जा रहे थे। उन लोगों ने एक चन्दन के व्यापारी को देखा और अकबर ने बीरबल से कहा, "मैं जानता तो नहीं क्यों, लेकिन मेरी इच्छा इस व्यक्ति को फाँसी देने की हो रही है।"
>
> बीरबल ने काफी देर रूकने के बाद उत्तर दिया, "एक महीने पहले, यह चन्दन का व्यापारी परेशान था उसने जब आपको देखा था तो उसने सोचा था कि यदि आपका देहांत हो गया तो आपके सारे दरबारी आपके जनाजे के लिए उससे ढेर सारा चन्दन खरीदने के लिए आएँगे। वह इस तरह से नकारात्मक तरंगें निकाल रहा था जिसने आपके अन्दर उसके प्रति घृणा प्रेरित की। मैंने तुरन्त ढेर सारा चन्दन उसके यहाँ से खरीदा आपके राज्य के लिए कुर्सी और मेजें बनवाने के लिए। आज वह आपके प्रति आभारी महसूस कर रहा है और आज आप उसके अन्दर से निकलने वाली सकारात्मक तरंगों से प्रभावित हैं और इसलिए आप उसे कोई इनाम देने के बारे में सोच रहे हैं।"
>
> समझो कि आपके विचारों के अन्दर अपने आप में बहुत शक्ति है। इसलिए यह बहुत महत्वपूर्ण है कि आपके पास एक चिंता रहित और स्पष्ट मानसिक स्वरूप हो।

***प्रश्न** : स्वामी जी, कुछ किताबों में लिखा है 'छोटी चीजों के लिए पसीना मत बहाओ'। लेकिन छोटी चीजें भी मायने रखती हैं, क्या ऐसा नहीं है स्वामी जी?*

जब आप बौद्धिकता से क्रियाशील रहोगे, आप छोटी चीजों के लिए पसीना बहाने वाली श्रेणी में नहीं आओगे।

एक छोटी सी कथा :

एक युवा व्यक्ति अपने एक मित्र के यहाँ गया। उसने देखा कि वह दीवार के कागज निकाल रहा था। उसने पूछा, "क्या आप फिर से रंग रहे हो?"

मित्र ने उत्तर दिया, "मैं घर बदल रहा हूँ।"

आप देखो, आप छोटी चीजों की अवहेलना नहीं कर सकते। परन्तु उन छोटी चीजों को किस सीमा तक ध्यान दिए जाने की आवश्यकता है आपको इसका निर्णय बुद्धिमत्ता से लेना है, अन्यथा आप उसके लिए भी पसीना बहाओगे। उन लोगों के प्रति कभी ध्यान मत दो, जो ये कहते हैं कि छोटी चीजों के प्रति ध्यान नहीं देना चाहिए। बस इतना समझो कि कार्य करते समय, आपको आवश्यकता है मात्र सजगता और बुद्धिमत्ता के साथ क्रियाशील होने की।

सर्वप्रथम, आपको पूर्णतः संतुष्ट होने की आवश्यकता है इस बात के लिए कि वो तथाकथित छोटी चीजें आपके लिए कितने महत्व की हैं। यदि ऐसा है, तब स्वतः में कोई विरोध नहीं होगा और आप ये देखोगे कि ऊर्जा स्वतः ही वह सारे कार्य कर देगी। जब आप पूरी तरह संतुष्ट नहीं होंगे, आपकी पर्याप्त निष्ठा नहीं होगा और उतनी ऊर्जा नहीं होगी, उस कार्य को करने की अपने तरीके से। इसका अर्थ यह होगा कि आपकी बुद्धिमत्ता पूर्णतः साथ नहीं है, क्योंकि बुद्धिमत्ता ही ऊर्जा है और ऊर्जा ही बुद्धिमत्ता है।

यदि आप इन चीजों के लिए पसीना बहा रहे हो, तब कहीं न कहीं कुछ गड़बड़ जरूर है। यहाँ बहुत स्पष्ट रहो : सारी पीड़ाएँ अपने स्वतः के परस्पर विरोध के कारण पैदा होती हैं। आप अपने आप में ही पूर्णतः स्पष्ट नहीं रहते कि क्या करना है और क्या नहीं करना है, इसलिए आप करने में असमर्थ होते हो। इस स्पष्टता के होने के लिए आपको अपनी बुद्धिमत्ता का पोषण करना होगा।

जब बुद्धिमत्ता उभरेगी, स्वतः के परस्पर विरोध अपने आप अदृश्य हो जाएँगे और आप एकीकरण की तरफ बढ़ोगे। जब आप एकीकरण की तरफ बढ़ते रहोगे, आपकी बुद्धिमत्ता बढ़ेगी। आपको इस चक्र में पदार्पण करना है यही वो चक्र है जो आपकी चिंताओं को भी साफ कर सकता है।

बुद्धिमत्ता एक अकेला मार्ग है मुक्त होने का हर वक्त उस चीज से जो आपको परेशान करती है।

यदि आप वास्तव में अंतरसंवाद और चिंताओं का परित्याग करने में रुचि रखते हो, आप एक छोटा सा अभ्यास कर सकते हो :

हर वक्त उस चीज के बारे में सोचो जो आपको सुख दें। अपने मस्तिष्क को ऐसा बनाओ कि वो और किसी चीज के बारे में नहीं बल्कि केवल इन्हीं चीजों के बारे

में सोचे। कोई और चीज उसके अलावा, उसे करने की पर्याप्त ऊर्जा देकर के और तब भूल जाओ उसके बारे में। इस अभ्यास को करने का प्रयास करो और आप देखोगे कि आप ढेर सारी ऊर्जा सुरक्षित कर लेते हो।

देखो और समझो, अपनी चिंताओं के बारे में बार-बार बातें करके आपने उन्हें ढेर सारी शक्ति दे रखी है। उदाहरण के लिए, जब एक गृहणी अपने मित्र से फोन पर बातें करती है तो सर्वप्रथम ये बताती है कि आज उसकी नौकरानी नहीं आयी उसकी परेशानी का यही कारण है। यदि वास्तव में आप इस बात से परेशान हो कि नौकरानी नहीं आयी तो इस चिंता को छोड़कर के सर्वप्रथम घर के सारे कार्य किए जाने चाहिए बजाय चिंता करने के। क्या ये ज्यादा तार्किक नहीं लगता?

यदि आप वास्तव में हतोत्साह से बाहर आना चाहते हो और जीवन में आगे बढ़ना चाहते हो तो निश्चित रूप से इस पर आपको बुद्धिमत्ता से कार्य करना पड़ेगा। परन्तु आप भिन्न तरीके से प्रतिक्रिया क्यों करते हो? कारण यह है, कि आप मात्र आराम से चिंताओं की बातें करना चाहते हो और उसको समाप्त करने का रास्ता नहीं ढूँढ़ना चाहते।

यदि आप वह छोटा सा अभ्यास करो जो अभी मैंने आपको दिया था, आप देखोगे कि आपकी समस्त चिंताएँ अदृश्य हो जाती हैं और आप धारण करोगे पूर्णतः एक नए मानसिक स्वरूप को। आप अपने आप के अन्दर एकाएक बहुत अधिक ऊर्जा का होना अनुभव करोगे क्योंकि वो सारी ऊर्जा जो पहले आपने चिंताएँ इकट्ठा करके खर्च की थीं वो भी आपके पास अचानक उपलब्ध हो जाएँगी।

आप अपने अन्दर अपना एक ईमानदारी से निरीक्षण करो और देखो कि वास्तव में आप अपनी चिंताओं का पोषण कर रहे हो या आप संपूर्ण परिवर्तन होने देने के लिए तैयार हो।

जब आप अपनी चिंताओं के पीछे जाना बंद कर दोगे, आप यह देख सकने में समर्थ होंगे कि किस तरह से लोग असहाय होकर के उस चक्र में फँसे हुए हैं। आप यह देख सकोगे कि वे किस तरह से अपनी चिंताओं को, लगातार बातें करके बड़ी किए हुए हैं। यह, 'चिंता के बारे में बातें करना' ही है जो मैं कहता हूँ 'चिंताओं के बारे में चिंतित होना'। केवल तब जब आप इस पर ध्यान दोगे, तभी यह रुकेगा। तब तक जब तक कुछ समय के लिए आप दृष्टा नहीं बनते, आप भावनाओं से ग्रसित रहते हो, इन चिंताओं को इतनी शक्ति और नियंत्रण दे देते हो।

मैं आपसे फिर कहता हूँ : मैं आपसे अपनी चिंताओं से भागने के लिए नहीं कह रहा हूँ। मैं कह रहा हूँ कि उनके बारे में बातें करके उन्हें और बड़ा मत करो,

अपनी ऊर्जा इस पर मत खर्च करो। बजाए इसके इस बात पर ध्यान दो कि उनके लिए क्या किया जा सकता है जिससे वे अप्रभावी हो जाएँ। बिना समय गँवाये हुए उन पर ध्यान दो बस इतनी सी बात है।

अपने आप का निरीक्षण करो और देखो कि आप अपनी चिंताओं के साथ आराम से तो नहीं हो। यही वह माप है यह देखने का कि आप चिंताओं पर नियंत्रण कर रहे हो या चिंताएँ आप पर नियंत्रण कर रही हैं। यदि आप चिंताओं के बारे में बार-बार बातें करके कुछ न करके आराम महसूस करते हो, तब चिंताएँ आपके ऊपर नियंत्रण किए हुए हैं। यदि आप उनसे जुड़े हुए नहीं हो और सही तरीके से उनका संबोधन करते हो आप चिंताओं को नियंत्रित किए हुए हो।

प्रश्न : *स्वामी जी, पहले आपने कहा था शराब पीने के बारे में। मेरे पति अक्सर पीते हैं और ये दावा करते हैं कि वे अपनी चिंताओं को भूलने के लिए पीते हैं। मैं क्या करूँ?*

जैसा कि मैंने बताया है, यह एक सामान्य समस्या है। कोई बात नहीं, यदि आपके पति यहाँ होते तो ज्यादा अच्छा होता। यदि आप शराब पीने की इस आदत का विश्लेषण करो, आप समझोगे कि आप अपने आप में परस्पर विरोधी हो।

मैं समझाने का प्रयास करता हूँ : आप पीते हो खुशी का अनुभव करने के लिए, परन्तु उसका अंत अत्यन्त दुःखद होता है।

आप पीते हो इसलिए कि आपको सामाजिक कहा जाए, जिससे कि आपको स्वीकार करे, परन्तु आप केवल अपने आप को बहस करने का पात्र बना देते हो।

आप पीते हो इसलिए कि आप विशिष्ट लगो परन्तु आप दिखते हो अत्यन्त पीड़ा में। आप पीते कि आप आराम से अपनी चिंताओं को भूलकर सो सको, परन्तु आपको जागना पड़ता है यह सोचते हुए.....? पहले से और ज्यादा थके हुए। आप मस्ती का अनुभव लेने के लिए पीते हो और अंत में सो जाते हो हतोत्साहित होकर। आप पीते हो अपने अन्दर आत्मविश्वास पैदा करने के लिए, परन्तु अंत में आप अपने आप से ही घबराते हो। आप पीते हो इसलिए कि वार्तालाप कर सको, परन्तु आपका अंत असंगत के रूप में होता है। आप पीते हो अपनी समस्याओं को खत्म करने के लिए परन्तु आप देखते हो कि वो और बढ़ जाती हैं।

ये सब सत्य हैं और आप उसे बेहतर जानते हो। अब मुझे बताओ ईमानदारी से, क्या पीना वास्तव में किसी महत्व का है इस तरीके से आप आत्मविरोधी हो, न केवल इस मामले में बल्कि जीवन के हर मामलों में। यदि आप स्पष्ट रूप से जानते कि आप क्या करना चाहते हो और अपनी पूरी ऊर्जा उस दिशा में लगाते

तो आप धीरे-धीरे लगातार उन्नति करते और खुशी के साथ जीते। उसके पश्चात आप कभी आत्म विरोधी न होते।

अब जब भी आप पियो, पूरी सजगता से पियो। मुझे समझाने दो : जब भी आप पियो जाग्रत होकर पियो, धीरे-धीरे अपने उस समय के हर क्षण को ध्यान से देखते हुए, हर बूँद शराब का पूरा स्वाद लेते हुए, और उसके प्रति अपने शरीर की प्रतिक्रिया को ध्यान से देखो। उस पूरी प्रतिक्रिया को बारीक सजगता से देखो। मैं आपसे वादा करता हूँ, यदि आप यह करोगे हर बार जब शराब पियोगे तब, आप पीने की आदत को नहीं छोड़ोगे, बल्कि वह आदत ही आपको हमेशा के लिए छोड़ देगी।

किसी चीज की लत सुषुप्त या तकनीकी प्रक्रिया है यह कोई शराब या तम्बाकू की लत मात्र नहीं है। यही तो धर्म के प्रति भी लत है। जो लोग सुषुप्तावस्था में प्रार्थना तकनीकी प्रक्रिया की तरह करते हैं। एक सुनिश्चित प्रक्रिया के हिसाब से वो अपनी एक दिन की भी प्रार्थना छोड़ना अत्यन्त कठिन पाते हैं। उनके लिए यह लत ही उनके अन्दर चिंता पैदा कर देती है कि वो चूक गए। जिस तरह से एक शराब पीने वाला अपनी एक शाम पीने से चूक जाता है वो असुरक्षा से घबराना शुरू कर देता है। जो धार्मिक व्यक्ति है वह अपने अन्दर एक बहुत बड़ा व्यवधान पाता है जब वह अपनी प्रतिदिन की प्रार्थना से चूक जाता है।

इस चीज को समझने की चाभी , वह फर्क समझने में है जो गहरी सजगता से चीजों को करने या भय और तकनीकी ढंग से करने में है। पहले तरीके से चीजें करने में आपके अन्दर किसी प्रकार का बंधन नहीं पैदा होगा। वह आपको और स्थान में बाँधेगा नहीं। आप एक स्वामी होंगे। और बाद के तरीके से करने में आप बँधे हुए होंगे और आपके लिए पीड़ा का सृजन होगा। आप एक गुलाम होंगे।

लत का परित्याग करने के लिए आपको अपने अन्दर सजगता को भरना होगा और वही सही तरीके से आपके अन्दर परिवर्तन लाएगा। याद रखो : कभी किसी लत का परित्याग करने के बारे में मत सोचो। जिस चीज का आप विरोध करोगे वो और ज्यादा दृढ़ होगी। आपको मात्र उसे परिवर्तित करना है गहरी सजगता से बस इतनी सी बात है। जब आप परिवर्तन की भाषा समझ जाओगे, आप सही मार्ग पर होंगे, आप खुलेपन के मार्ग पर हो।

लोग मुझसे कहते हैं, "स्वामी जी, आपको सुनना बहुत उत्साहवर्धक होता है। हमें अब उसे अपने दिन-प्रतिदिन के जीवन में प्रयोग करना है और देखना है कि क्या वो प्रभाव डालता है।"

देखो बहुत स्पष्ट रहो : मैं हमेशा प्रयोगिक चीजें बताता हूँ कभी मत सोचो कि मैं ऐसी कोई चीज बताऊँगा कि जो दिन-प्रतिदिन के जीवन में न की जा सके।

वास्तव में, वह सब जो मैं कर रहा हूँ वह उसी की पुनरावृत्ति है- वेदांत- परन्तु भिन्न शब्दों में, आधुनिक परिप्रेक्ष्य में, जिससे आप आराम महसूस करो उसको सुनने में जिससे कि आपको यह महसूस हो सके कि यह आपसे संबंधित है, जिससे आप उसका पालन कर सको। एक बात और : अगर इन विचारों को किसी पुस्तक में पढ़ोगे तो ये सब मात्र लेखक के मस्तिष्क से आपके मस्तिष्क में जाएगा। अनुभव का कोई स्थान नहीं होगा। परन्तु जब आप ये शब्द किसी स्वामी से सुनोगे, किसी ऐसे से सुनोगे जिसने अपनी आत्मा की अनुभूति की हो- वे आपके अन्दर तक प्रवेश कर जाएँगे, चाहे आपको इसकी जानकारी हो या न हो।

बहुत स्पष्ट रहो : मैं आपसे अपने ज्ञान नहीं बाँट रहा हूँ। मैं अपने अनुभव बाँट रहा हूँ, अपने जीवन को बाँट रहा हूँ आपके साथ जब मैं अपने स्वरूप की बात करता हूँ, उसे आपके स्वरूप को छूना ही है। वह आपके जीवन को परिवर्तित कर देगा, दूसरा कोई मार्ग नहीं है।

विवेकानन्द शिकागो में बोले थे, "मेरे प्रिय अमरीकी भाइयों और बहनों.....", सभागार करतल ध्वनि से गूँज उठा। एक महिला ने लिखा, "वे केवल करतल ध्वनि नहीं थी। उसने एक राष्ट्र जीत लिया था। हमने यह महसूस किया था कि हमारे अन्दर से एक प्रेम की तरंग गुजरी हो हमारे अपने स्वरूप के अन्दर से........।" उस महिला ने बाद में विवेकानन्द जी से पूछा कि, "ये सब कैसे हुआ। उन्होंने सामान्यता से उत्तर दिया, "क्योंकि वह मेरे अन्दर से निकला था।" विवेकानन्द अपने स्वरूप से बोले थे। जब शब्द मस्तिष्क से जन्म लेते हैं, वह दूसरे व्यक्ति के मस्तिष्क को छूते हैं और इसे कहते हैं अभिव्यक्ति। जब शब्द किसी व्यक्ति के हृदय से जन्म लेते हैं, वे दूसरे व्यक्ति के हृदय को छूते हैं तो इसे अभिव्यक्तानुभूति कहते हैं। अभिव्यक्ति पर्याप्त नहीं है हमें अभिव्यक्तानुभूति करने के तरीके को जानना है। अब मैं आपसे बताता हूँ : मैं अपने अन्तर्हृदय से बोलता हूँ, इसलिए आप पूरे हृदय से सुनोगे।

जब वक्ता पूर्णता से बोला है, श्रोता पूर्णता से सुनने के लिए बाध्य होता है। उसका जीवन परिवर्तित होने के लिए बाध्य है। यदि आपके जीवन को मेरे शब्दों ने स्पर्श नहीं किया, तो बहुत स्पष्ट रहो : मुझे बोलने का कोई अधिकार नहीं है। आप स्वतंत्र हो मेरे अनुभव की सत्यता पर संदेह के लिए। यदि आप महसूस करते हो कि मेरे शब्द आपके जीवन को परिवर्तित करने में सफल नहीं हुए, आपको ग्लानि करने की कोई आवश्यकता नहीं। सामने आओ इस बात को लेकर के। मगर मैं कहता हूँ आपसे : कि कोई रास्ता नहीं है कि आप बिना मेरे स्पर्श के बच जाओ।

यदि आप अपने हृदय से सुनोगे, तो आप देखोगे कि मेरी शिक्षा आपके जीवन में स्वतः ही कार्य कर रही है, जब समय आएगा। केवल वही शिक्षक, जो अपने बारे में अनिश्चित रहता है, को आवश्यकता पड़ती है अपने छात्रों से कि वे जाकर के उसके शब्दों का अभ्यास करे। परन्तु एक सच्चा स्वामी जब बोलता है तो मात्र सुनना ही पर्याप्त है। पूर्णता से सुनो : परिवर्तन स्वतः हो जाएगा।

छांदोग्य उपनिषद ने इसका वर्णन बहुत अच्छी तरह किया है : स्वामी अपने भक्तों से नौ बार पुनरउच्चारण कराते हैं : तत् त्वम् असि - आप वही हो। केवल मात्र सुनने से, केवल स्वामी को मात्र सुनने से अपने अंतरस्वरूप द्वारा, वे भक्त वास्तव में आध्यात्मिक अनुभव प्राप्त करते हैं। जब दोनों स्वामी और भक्त पूर्णता से क्रिया करते हैं तभी यह संभव है। जब आप स्वामी के आस-पास रहते हो, शब्द पूर्णता अप्रसांगिक हो जाते हैं।

मात्र शांति के साथ स्वामी के आस-पास रहो उसे ग्रहण करते हुए जो आपके अन्दर वास्तविक परिवर्तन ला देगा। परन्तु क्या किया जाए? आप अपने अंतरसंवाद में इतना फँसे रहते हो कि मेरे लिए आपके अन्दर प्रवेश करना असंभव हो जाता है। इसलिए मैं बोलता हूँ। मैं शब्दों का प्रयोग करता हूँ और तुम्हें शांत करता हूँ। आप क्या सोचते हो मैं आपसे इस वक्त बातें क्यों कर रहा हूँ, क्योंकि अगर मैं आपसे बातें नहीं करूँगा तो आप लगातार अपने आप से बातें करोगे - विभाजित करते हुए और विश्लेषण करते हुए अपने पूर्व का, भविष्य की चिंता का निष्कर्ष का, निर्णय का और अन्य चीजों का। जब मैं बोलता हूँ, आप पूरी निष्ठा से तल्लीन रहोगे मेरे शब्दों में इस भय से कि कहीं आप चूक न जाओं मेरे पीछे आने में और मैं आपके अन्दर प्रवेश करने के अवसर का लाभ उठा सकूँ।

जब मैं बोलता हूँ, मैं वास्तव में अपने अन्तःकरण में शांत रहता हूँ। आप देखो जब एक स्वामी बोलता है वह वास्तव में अपने अन्दर शांत रहता है। यही कारण है कि वो स्वामी है। लेकिन आपके बारे में, यदि आप शांत भी रहोगे, आप अपने अन्दर बातें करते रहोगे। आपका अंतरसंवाद चलता रहेगा यही वो फर्क है। आपकी शांति कमोवेश आपके अन्दर की न सुनायी देने वाली गचर-पचर है। अपने अन्दर, आप एक बंदर की तरह एक विषय से दूसरे विषय पर कूदते रहते हो दोनों में बिना किसी सामंजस्य के। यह वो पागल घर है जो आपके अन्दर रहता है और आप शांत दिखाई दोगे बाहर से बस इतनी सी बात है।

आप मात्र, कैसे सुना जाता है यह जानो। अपने मस्तिष्क से मत सुनो। अपने स्वरूप को मेरे प्रति खोलो। गहरी आस्था से सुनो, पूर्ण समर्पण के साथ। मेरे शब्दों को ले जाने में छीना-छपटी मत करो, मुझे अपने स्वरूप के अन्दर ले जाओ। वह पर्याप्त से अधिक होगा। मेरी उपस्थिति आपके अन्दर परिवर्तन संभव कर देगी।

हाँ........अब हम साधना तकनीक में प्रवेश करेंगे जिसे मणिपूरक शुद्धिक्रिया कहते हैं जो पूर्णतः मणिपूरक चक्र को स्वच्छ कर देगा।

मणिपूरक शुद्धिक्रिया

(काल अवधि : 30 मिनट)

मणिपूरक शुद्धिक्रिया एक साधना तकनीक है जो प्राचीन ईसाई धर्म से ली गई है जिसे ग्लासालोलिया तकनीक के रूप में भी जाना जाता है। जो बाद में सूफियों द्वारा प्रयोग किया गया "गिबरिश" के नाम से। यह तकनीक आपको आपकी बहुत गहराई से अंतर्निहित नकारात्मक मानसिक स्वरूप और चिंताओं से मुक्त कर देगी। यह आपको आपके दबे हुए क्रोध और चिंताओं के भावों से मुक्त कर देगी। एक बार आप इस तकनीक का प्रयोग करोगे, आप मणिपूरक क्षेत्र में अपने आप को बहुत हल्का महसूस करोगे - नाभिक्षेत्र, आपकी चिंताओं और जटिल मानसिक स्वरूप का क्षेत्र। इस साधना को करने के बाद, ये आपके ऊपर होगा कि आप नयी चिंताओं को इकट्ठा करते हो और अपने मणिपूरक को पुनः भारग्रसित करते हो।

इस तकनीक को खाली पेट किया जाना चाहिए, या कम से कम भोजन के दो घण्टे बाद अन्यथा उल्टा होने की संभावना है।

खड़े होकर के अपने नेत्र बंद करो। अपने मणिपूरक क्षेत्र में गहराई तक जाओ और उस क्षेत्र का भारीपन महसूस करो। वह आपकी समस्त चिंताओं से भरा हुआ है। अपना ध्यान मणिपूरक चक्र पर एक मिनट के लिए केन्द्रित करो मात्र यह अनुभव करने की कोशिश करो कि आपके अन्दर कितना क्रोध और कितनी चिंता विभिन्न कारणों से भरी हुई है।

अब अपने नाभिक्षेत्र में बिना मतलब की आवाजें पैदा करना शुरू करो जितनी जोर से कर सको। शब्दों का प्रयोग चिल्लाने के लिए मत करो। यदि शब्दों का प्रयोग करोगे तो परिचित और तात्कालिक भाव ही उभरेंगे और एक बात और होगी कि शब्द केवल शब्द को जन्म देंगे उनके पीछे की भावनाओं पर कोई प्रभाव नहीं होगा। पूर्णता से चीखो "गिबरिश" : केवल यह आपके अन्दर अवचेतन को खोलेगी, केवल यही आपके अन्दर के गहराई से छुपे हुए भावों को खोलेगी। अपने हाथ हिलाओ, चिल्लाओ, चीखो यदि आँसू निकल आते हैं तो बहने दो।

इसे अपनी पूरी शक्ति से करो, अपनी सारी नकारात्मक भावनाओं को उल्टी कर दो। याद करो उन दुःखद घटनाओं को। स्मरण करो उन लोगों का जो इसमें सम्मिलित थे और उन भावनाओं का जो इन घटनाओं से जुड़ी हुई थीं। सारे भावों को बाहर लाओ अपने आप पूर्णतः डूबकर। किसी अन्य चीज के प्रति सजग मत रहो।

20 मिनट बीतने के पश्चात, रुको अपने बंद नेत्रों के साथ शांति से बैठ जाओ और 10 मिनट तक बैठे रहो। अपने विचारों के प्रति मात्र साक्षी रहो। अपने मणिपूरक क्षेत्र में हल्कापन अनुभव करो आप ये देखोगे कि वो कितना हल्का है और परमानन्दित है। आपका पूरा स्वरूप हल्का और स्वतंत्र होगा।

(मणिपूरक शुद्धिक्रिया, संगीत के साथ पूरा समूह अभ्यास करता है।)

(स्वामी जी के लिए प्रार्थना.........)

ओम् शांतिः शांतिः शांतिः

बहुत धीरे-धीरे अपने नेत्र खोलें। अब हम दूसरे सत्र में मिलेंगे। धन्यवाद

अध्याय 5

परिकल्पनाओं (दिवास्वप्नों) पर विजय

अध्याय - 5

परिकल्पनाओं (दिवास्वप्नों) पर विजय

अब हम *'मूलाधार चक्र'* के बारे में बातें करेंगे, जो रीढ़ के आधार में स्थित है।

संस्कृत में *'मूलाधार'* का अर्थ है *"अस्तित्व का मूल और आधार"।*

मूल का अर्थ है *'जड़'* और आधार का अर्थ है *'आश्रय'*, सहारा।

यह चक्र आपकी परिकल्पनाओं और दिवास्वप्नों से बाधित रहता है और खिल उठता है जब आप परिकल्पनाओं का परित्याग करके, सच्चाई को, जैसा भी है, उसको स्वीकारते हैं, उसका स्वागत करते हैं।

(*ध्यान तकनीक :* दुःखहरण, ध्यान - कुलार्नव तंत्र)

मूलाधार चक्र, परिकल्पनाओं, काम व दिवास्वप्न से संबंधित है।

सबसे अधिक जिस विषय के बारे में, कहा गया है, सोचा गया है या लिखा गया है, वह है काम के बारे में। एक अत्यन्त गलत तरीके से निरूपित, भ्रामक और गलत तरीके से समझा गया विषय भी काम ही है। या तो हम इस विषय से बचने का प्रयास करते हैं, या इसी में लिप्त होने का प्रयास करते हैं। काम हमारे अवचेतन मन में गहराई से स्थित है। शुरू से ही हमें काम के सत्य के बारे में, कोई कुछ नहीं बताता है।

काम किसी भी अन्य विषय से ज्यादा महत्वपूर्ण है और आवश्यकता है इसे ठीक से समझने की। चेतना के प्रकाश में इसे प्रकाशित किए जाने की आवश्यकता है।

इस वक्त हमारी स्थिति ये है जैसे एक व्यक्ति किसी जंगल में गए और गहरी काली रात्रि में चल रहा हो। और कहीं एक गहरी खांई है जो खोदकार रखी गयी है।

जो व्यक्ति इस विषय से बचना चाहता है उसे इसके बारे में कोई ज्ञान नहीं है, वह यह भी नहीं जानता कि वो खांई कहाँ है- तो उससे बच कैसे सकता है। जो व्यक्ति इसके विषय में लिप्त हो जाता है वह उस खांई के बारे में तो जानता है, परन्तु दूसरा कोई मार्ग नहीं जानता सिवाए इसके कि सीधे उसी में कूद पड़े।

क्या इन दोनों में से कोई एक भी समाधान हो सकते हैं? किया क्या जाए?

खांई जगह स्थित है यह बात पहले किसी को जाननी होगी, और तब उससे बचने के लिए सही कदम उठाने होंगे।

काम के प्रसंग को हमेशा छुपा के रखा गया है। यह एक ऐसा विषय है जिसके पीछे एक पूर्वाग्रसन, मनाही है। अभिभावक अपने बच्चों के सामने खुलकर के इसकी चर्चा नहीं कर सकते। सर्वप्रथम, अभिभावक स्वयं ही इस विषय के अन्तर्निहित तथ्यों को नहीं जानते। किसी एक विषय पर, आपको किसी विशेषज्ञ से पूछना पड़ेगा, अन्यथा आप सही समझ से चूक जाओगे और यदि आप सही समझ से चूक गए, आप गलत समझ लोगे।

एक छोटी सी कथा :

> एक महिला को उसके लड़के के स्कूल अध्यापक का एक पत्र प्राप्त हुआ।
>
> अध्यापक ने लिखा था कि लड़का श्यामपट को स्पष्टता से देखने में असमर्थ है इसलिए लिखने में गलतियाँ करता है।
>
> महिला तुरन्त लड़के को नेत्र चिकित्सक, डाक्टर के पास ले गयी।
>
> चिकित्सक ने लड़के का निरीक्षण किया और पर्ची लिख दी। उसमें लिखा था : बाल कटा लो!

हम इस बात पर हँसते हैं, परन्तु आपसे बताता हूँ, अपने जीवन में यदि आप देखो : यदि पहले प्रयास में ही आप सही व्यक्ति के पास जाओ, आपको सही समाधान मिल जाएगा, अन्यथा आप चक्कर काटते रहोगे पीछा करते हुए निरर्थक उपायों का, जिनकी वकालत तथाकथित विशेषज्ञ करते हैं और आप अपने जीवन को व्यर्थ करोगे।

इससे भी बुरा होगा, जब आप उसी ज्ञान की वकालत भविष्य में आने वाली पीढ़ियों से करोगे। और यह प्रथा बन जाती है। जब आप प्रथा को लागू कर देते हो, उसे तोड़ने का कार्य एक टेड़ीखीर हो जाता है क्योंकि प्रथा कुछ वर्षों के पश्चात् एक सत्य मान ली जाती है।

जब गुरु का आगमन होता है, उसका पहला कार्य होता है कि वह आपके साथ अब तक जो भी किया गया है उसे खत्म कर दे। केवल तब वह आपके अन्दर

प्रवेश करना प्रारम्भ करेगा। केवल तब वो आपको यह दिखाना शुरू करेगा आप वास्तव में हो क्या। यह एक कठिन कार्य है गुरु के लिए क्योंकि आप अपने मार्ग पर बहुत आगे तक जा चुके रहते हो। आप इतना ज्यादा प्रगति कर जाते हो अपने मार्ग में कि आपको आश्चर्य होता है कि आप कैसे गलत मार्ग पर हो सकते हो।

अब हम विषय पर वापस आते हैं : काम क्या है?

काम एक प्रचण्ड रचनात्मक ऊर्जा है। यह एक ध्यानमय ऊर्जा है। संपूर्ण विश्व की उत्पत्ति काम ऊर्जा से ही हुई है।

हमारे प्राचीन जाग्रत स्वामियों ने, ऋषियों ने, इस विषय पर प्रकाश डालकर, स्पष्टता दी है। क्या आप जानते हो कि वात्स्यायन- जिन्होंने कामसूत्र की रचना की, वह पुस्तक जो काम विज्ञान पर है- वह एक सन्यासी थे, वह एक ब्रह्मचारी थे।

उन्होंने कामसूत्र का पहला व्याख्यान अपनी माता के समक्ष ही सुनाया, यह एक तथ्य है। आत्मज्ञान प्राप्त करने के पश्चात्, एक दिन वो अपनी माता के पास वापस आये। उनकी माता ने उन्हें बताया कि यदि वह आत्मज्ञानी हो चुके हैं, तब उन्हें इस पृथ्वी ग्रह पर किसी भी विषय पर गहरी पकड़ होनी चाहिए।

उन्होंने सहमति व्यक्त की और अपनी माँ से पूछा कि वह क्या सुनना पसन्द करेंगी।

उनकी माता ने कहा, "आपकी माता के रूप में, मैं जानती हूँ कि जन्म से आप ब्रह्मचारी हो। इसलिए कोई संभावना नहीं है कि आप काम विषय के बारे में कुछ जानो। क्या आप मुझे उस विषय के बारे में कुछ बता सकते हो?"

वात्स्यायन मुस्कुराए और कामसूत्र को प्रकट किया - काम का विज्ञान।

वात्स्यायन से एक बार प्रश्न किया गया, "आपको क्या अधिकार है इस विषय पर बोलने का?"

एक संभावित प्रश्न। मैं सोचता हूँ कि आप भी मौन होकर के यही प्रश्न मुझसे भी पूछना चाहते होंगे।

जो उत्तर वात्स्यायन ने दिया था, मैं उसी उत्तर का अनुवाद आधुनिक भाषा में आपके लिए कह रहा हूँ, एक आधुनिक उदाहरण का प्रयोग करते हुए :

एक विद्युतकर्मी जो आपके घर आता है, यह बात निश्चित रूप से जानता है कि हर कमरे की विद्युत स्विच को बंद करने या खोलने पर क्या होगा।

वह जानता है अच्छी तरीके से विद्युत के तारों के जाल को जो दीवार के अन्दर बिछा हुआ है।

यदि कोई समस्या होगी, तो वह ढूँढ़कर के उस संभावित का समाधान कर देगा, क्या ऐसा नहीं है?

वह विद्युत के विज्ञान को समझता है।

और एक तरफ आप हो, जो, पचासों बार दिनभर में स्विचों को दबाते रहते हो बिना वास्तव में जाने हुए कि उनके पीछे होता क्या है! क्या मैं सही हूँ?

हममें से ज्यादातर लोग इस बात से ज्यादा और कुछ भी नहीं जानते, स्विच को कैसे ऑन-ऑफ किया जाता है। यही कारण है हमें कभी-कभी विद्युत का झटका भी लगता है! तो, समझो : हम पिता हो सकते हैं, माताएँ हो सकते हैं, घर के बुजुर्ग हो सकते हैं - परन्तु अब भी, हम काम के बारे में कुछ नहीं जानते।

हम लगातार एक भावनात्मक प्रताड़ना से प्रभावित रहते हैं। दूर-दर्शन व मीडिया के अन्य स्रोत विभिन्न रूपों में काम विषय पर लोलुपता का निरूपण करते हैं और हम उसे देखकर समझते हैं कि प्रेम व काम के बारे में हम सब जानते हैं।

केवल एक जाग्रत व्यक्ति ही, आपको काम के विज्ञान के बारे में बता सकता है।

भारत की, भूमि और धन को वर्षों से लूटा जाता रहा है। हर आक्रमण के बाद इनमें से किसी लूट ने इस देश का इतना बड़ा नुकसान नहीं किया, इन सब चीजों को अर्जित किया गया और समाज पुनः उठ खड़ा हुआ। लेकिन, अन्ततः जब हमारी गुरुकुल प्रथा- प्राचीन दिनों की गुरु के चरणों में बैठकर के अध्ययन करने की प्रथा, खत्म कर दी गयी और कामसूत्र - काम का विज्ञान - बच्चों को पढ़ाया जाना बंद कर दिया गया। भारत के ऊपर यह सबसे बड़ी चोट थी, यही है जहाँ लोगों ने काम के अर्थ को समझना बंद किया और लिप्सा और लोलुपता के पीछे भागने लगे।

कभी आपने दो लोगों को शतरंज खेलते देखा है? जब आप मात्र खेल को देख रहे होंगे, कई बार आपको सही चाल का ध्यान आया होगा - मगर किसी तरह दोनों खिलाड़ियों द्वारा वैसे नहीं खेला जाता। आप में से कितनों ने ऐसा अनुभव किया है? क्या सोचते हो इसका क्या कारण होगा? मुझे बताओ............

क्योंकि हम उस खेल में शामिल नहीं रहते स्वामी जी?

हाँ वास्तव में, जो व्यक्ति मात्र साक्षी होता है वह जीतने के भाव के दबाव में नहीं रहता। दबाव व तानव मस्तिष्क को सुस्त कर देता है। तो केवल वह व्यक्ति जो खेल से बाहर हो, जो मात्र दृष्टा ही तुम्हें उसके बारे में सही राय दे पाएगा। स्वामी ही हैं वो जो पूर्णता से सब कुछ जानता है। इसीलिए वह विषय पर एक विशेषज्ञ बन जाना है।

तो काम है क्या?

आज, जीव-विज्ञान ने सिद्ध कर दिया है कि कोई पुरुष सौ फीसदी पुरुष नहीं है और कोई महिला सौ फीसदी महिला नहीं है। एक पुरुष 51 वर्ष फीसदी पुरुष है और 49 फीसदी महिला। उसी तरह एक महिला 51 फीसदी महिला है और 49 फीसदी पुरुष, मात्र एक फीसदी का फर्क है।

आपने पिता के मूलाधार और अपनी माता के मूलाधार से जन्म लिया है। तब, आप कैसे केवल पुरुष या केवल महिला हो सकते हो? आपके अन्दर दोनों के गुण होने ही चाहिए। क्या ऐसा नहीं है?

भगवान शिव के अर्द्धनारीश्वर स्वरूप का प्रतीक, इसी आधार पर है- वह स्वरूप जो अर्द्ध पुरुष है व अर्द्धनारी। चाहे हम स्वीकार करें चाहे न करें, हम एक सम्मिश्रिण हैं पुरुष और महिला दोनों ऊर्जाओं के। हम संपूर्ण हैं, बँटे हुए नहीं।

काम का विषय तंत्र में बहुत अच्छी तरह वर्णित है। धर्म ग्रंथों में, भगवान शिव ने देवी पार्वती से इस विषय पर बातें कीं। ये बातें जो पाँच हजार वर्षों से पूर्व में कही गयी वो जीव-विज्ञान में आज भी प्रासंगिक है।

पूर्णता को प्राप्त होने के लिए और पूरा होने के लिए, यह आवश्यक है कि हम अपने स्वभाव के नारी व पुरुष दोनों भावों को स्वीकार कर सकें और व्यक्त कर सकें।

लेकिन क्या ये सम्भव है? क्या हम इस तरह से अभिव्यक्ति स्वीकृत हो सकती हैं?

ठीक जन्म के क्षण से, समाज आपको पुरुष या स्त्री के रूप में परिभाषित कर देता है और आपसे अपेक्षा करता है कि उसी के अनुरूप व्यवहार करो।

समाज इस बात की अनुमति नहीं देता कि लड़के अपने स्त्रियोचित पक्ष की अभिव्यक्ति करे, या लड़कियाँ अपने पुरुषोचित पक्ष की अभिव्यक्ति करे। हमारी कम उम्र से ही, हमारे स्वरूप का आधा भाग दबा हुआ रहता है।

7 वर्ष की आयु तक, जब तक कि सामाजिक व्यवस्था हमारे अन्दर गहरी जड़ नहीं पकड़ लेती, बच्चा इस बात से भिज्ञ नहीं होता कि वह पुरुष है या स्त्री इसीलिए बहुत कम उम्र का बच्चा अपने अन्दर पूर्णता का बोध लिए हुए होता है और सुरक्षित। वह देखने में इतना खूबसूरत और आनन्ददाय लगता है। 7 वर्ष की अवस्था के आस-पास बच्चा साामजिक नियंत्रण में आ जाता है।

एक लड़का गुड़ियों से और रसोई की सामग्री के लिए प्रोत्साहित नहीं किया जाता। एक लड़की को असहमत की दृष्टि से देखा जाता है जब वो राकेट, रेस कार से खेलना चाहती है। यहाँ तक कि जब उनके कपड़ों के रंग का प्रश्न पैदा

होता है, वहाँ भी फर्क किया जाता है। आप लड़कों के लिए नीला और लड़कियों के लिए गुलाबी चुनते हो। है न?

पूर्व के दिनों में, माता-पिता की जिम्मेदारी केवल संतान को जन्म देना ही था। चार वर्ष की अवस्था में, उन्हें गुरुकुल में स्वामी के पास छोड़ दिया जाता था। गुरुकुल में, बच्चों को गायत्री मंत्र सिखाया जाता था- बुद्धि को प्रकाशित करने की प्रारम्भिक प्रार्थना- 7 वर्ष की अवस्था पर। यदि 14 वर्ष की अवस्था तक उन्हें कोई आध्यात्मिक अनुभव हो जाता था तो उन्हें ब्रह्मसूत्र सिखाया जाता था- विश्व दर्शन पर सबसे महान पुस्तक, अन्यथा उन्हें कामसूत्र सिखाया जाता था- काम का विज्ञान, जिससे वे पारिवारिक जीवन की कला सीख सकें। यदि वे 21 वर्ष की अवस्था तक जाग्रत हो गए, तो उन्हें सन्यास की तरफ प्रोत्साहित किया जाता है। यदि नहीं, तो उन्हें योगशास्त्र सिखाया जाता था। इस तरह से बच्चे को अपने तरीके से उभरने दिया जाता था एक स्वामी के मार्गदर्शन और प्रेम की छत्रछाया में।

परन्तु आज, इतनी कठोर परिस्थितियाँ हैं जो बच्चे के अन्दर तक प्रवेश कर जाती हैं, जो इतनी ज्यादा हानिकारक होती हैं उसके लिए। बच्चा, अपने उस भाग को दबाना शुरू करता है, जिसे समाज अनुमति नहीं देता है। हम इसे महसूस नहीं करते, परन्तु यह काल बच्चे के लिए अत्यन्त पीड़ादायक होता है। उसे अचानक लगता है कि जड़ से उखाड़ दिया गया है, अपने स्वरूप के आधे भाग से अलग कर दिया गया है। वह अपने उस आधे दबे हुए भाग को खोजना शुरू करता है, वाह्य जगत में।

आप देखो : मनुष्य की अन्तर्निहित प्रकृति परिपूर्णता है। वह परिपूर्णता से आया है और उसी परिपूर्णता को प्राप्त करने के लिए प्रयासरत रहता है तो वह शुरू करता है सुषुप्तावस्था में खोजना, उस खोये हुए आधे भाग को, दबा हुआ आधा भाग। वह वाह्य जगत में देखना शुरू करता है अपने उस खोये हुए आधे भाग को प्रतिस्थापित करने के लिए। एक लड़का एक लड़की की उपस्थिति खोजता है और एक लड़की एक लड़के की उपस्थिति खोजती है।

यही वो स्थान है जहाँ काम का विचार प्रारम्भ होता है। यही वो तरीका है जिससे काम जड़ पकड़ता है।

7 वर्ष से 14 वर्ष के काल में, बच्चा अपने माता-पिता के सबसे ज्यादा नजदीक होता है। उन्हीं से बच्चा उन स्वरूपों को इकट्ठा करता है कि आदर्श पुरुष और आदर्श नारी कैसे होने चाहिए। एक लड़के के लिए, उसके दबे हुए आधे भाग के व्यक्तित्व में उसकी माँ का स्वरूप आ जाता है और एक लड़की के लिए उसके दबे हुए आधे भाग के व्यक्तित्व में उसके पिता का स्वरूप आ जाता है।

यही कारण है कि हर लड़के के लिए पहली नायिका उसकी माँ होती है और हर लड़की के लिए पहला नायक उसका पिता होता है। यह एक अलिखित कानून है।

फ्रायडियन मनोविज्ञान के तथाकथित ओडीपस और ओफेलिया भावों (COMPLEXES) के पीछे यह गहरी मूल खोज ही, आधार है। एक लड़का अपनी पत्नी से उसी देखभाल की, उसी परवाह की अपेक्षा करता है जो उसने अपनी माँ से पाया था और एक लड़की अपेक्षा करती सुरक्षा और आश्वासन की अपने पति से, जो उसने अपने पिता से पाया था।

टूटे हुए घरों में, जहाँ बच्चे अपने अन्दर एक अपूर्णता का भाव लिए रहता है, क्योंकि माता या पिता का प्रभाव पहला और सबसे गहरा होता है। बहुत काल के बाद चाहे आप वयस्क ही क्यों न हो गए हों, चाहे जितने वैचारिक विरोध हों आपके माँ-बाप से, आप अपने स्वरूप के अन्दर से उनके प्रभाव को नहीं मिटा सकते।

14 वर्ष की उम्र में, बच्चा शारीरिक परिपक्वता को प्राप्त कर लेता है। निश्चित रूप से सामाजिक, कानून इस बात की अनुमति नहीं देते कि वह अब विरोधी लिंग वाले के साथ वही घनिष्ठता रखे, और उनकी जीवनशैली भी भिन्न हो जाती हैं और वो अपने माता-पिता के साथ उतना समय भी नहीं बिताते।

तो 14 वर्ष की उम्र में खोज शुरू रहती है, परन्तु इस समय वाह्य जगत में आज-कल तो ये सब 14 के पहले ही होने लगा है। आज-कल बच्चे दूर-दर्शन और इण्टरनेट देखने लगे हैं बहुत कम उम्र से। इसीलिए वो तेजी के साथ मानसिक रूप से बढ़ रहे हैं। यह बहुत स्वस्थ लक्षण नहीं हैं। कुछ भी हो, 14 वर्ष की उम्र में वाह्य जगत में खोज शुरू हो जाती है।

बच्चा अब बाहरी लोगों से और मीडिया के विभिन्न माध्यमों से स्वरूपों को इकट्ठा करने लगता है। मीडिया इस बात से पूर्णतः भिज्ञ है। इसीलिए आप देखोगे कि सारे विज्ञापनों में काम अन्तर्निहित है- एक आकर्षक महिला या पुरुष मॉडल के रूप में उस विशेष उत्पाद के लिए चाहे उनका उस उत्पाद से कुछ भी लेना-देना न हो।

करीब-करीब हम मोटर साइकिल का विज्ञापन एक महिला को दिखाता है- और कितनी महिलाएँ हैं जो मोटर साइकिल चलातीं हैं? चाहे जो उत्पाद हो, आप मुस्कुराती हुई एक महिला को उसकी संस्तुति करते हुए पाओगे और जब आप बाजार में जाते हो तो जल्दी से उसी उत्पाद को ले लेते हो- इस बात को भूल जाते हो तब कि महिला उस उत्पाद के साथ नहीं मिलती। जैसे साधारणतः (बिस्किट) का विज्ञापन केवल महिलाओं को दिखाता है। यह है मीडिया का तरीका आपकी दबी हुई कामनाओं से पैसा कमाने का।

मीडिया के हर तरीके और हर रूप और कुछ नहीं केवल स्वप्न बेचने वाले हैं। हम उन्हीं स्वप्नों को इकट्ठा कर लेते हैं और उन्हीं में अपने मस्तिष्क के माध्यम से भागते रहते हैं इस उम्मीद से कि हमारी प्यास बुझ जाएगी। क्या यह संभव है? क्या पानी के लिए आपकी प्यास नमक खाने से बुझेगी? नहीं यदि आप यह करोगे, आपकी प्यास केवल बढ़ेगी, क्या ऐसा नहीं है?

यदि आप सजग और जागरूक हो, कोई भी विज्ञापन पटल आपको मूर्ख नहीं बना सकता। हाँ निश्चित रूप से, उन्हें देखकर के आप यह जरूर जान जाओगे कि बाजार में कौन सी नयी चीज आयी है, इसमें कोई संदेह नहीं, परन्तु वे आपको धोखा नहीं दे पाएंगे।

आप उनके लिए इतने आसानी से प्रभावित नहीं होंगे। आप उन्हें सकारात्मकता से देख सकोगे और उसी रूप में छोड़ भी सकोगे। आप तात्कालिक और अवचेतन खिंचाव उनके प्रति अपने अन्दर महसूस नहीं करोगे। केवल तब जब आप अपने प्रतिक्रियावान मस्तिष्क को निर्णय का अधिकार दोगे, तभी आप परेशानी में पड़ोगे। आपको अपने प्रतिक्रियावान मस्तिष्क को अपने बुद्धि में सम्मिश्रित करके, प्रज्ञा से काम करना है जिससे आप हर वक्त सजग रह सको। निश्चित रूप से, इस स्थिति को प्राप्त करने में ध्यान साधना आपकी बहुत सहायता करेगी।

और आप देखो, जबकि एक तरफ, मीडिया आपकी परिकल्पनाओं का पोषण कर रही है, दूसरी तरफ समाज आपको दबाने की कोशिश कर रहा है। जितना ज्यादा समाज आपकी परिकल्पनाओं और कामनाओं को दबाने का प्रयास करेगा, उतनी ही ज्यादा वो बढ़ेंगी, क्योंकि समाज का लक्ष्य लक्षणों को दबाना है बिना उनकी जड़ में गए हुए। जब आप केवल वृक्ष की शाखाओं को काट देते हो और जड़ को उसी रूप में छोड़ देते हो, क्या होता है? वह वृक्ष और प्रफुल्लित रूप में बढ़ता है, है की नहीं।

जो भी हो, अब इन वर्षों में, हम मीडिया के विभिन्न माध्यमों से विचारों को लेकर के एक परिपूर्ण स्त्री या परिपूर्ण पुरुष का स्वरूप बना लेते हैं। हर व्यक्तियों में से, हम सबसे अच्छी नाक इकट्ठी कर लेते हैं, सबसे अच्छी आँख इकट्ठी कर लेते हैं, सबसे अच्छा व्यक्तित्व इकट्ठा कर लेते हैं और अपने आदर्श व्यक्ति का निर्माण कर लेते हैं। हम काटो और चिपकाओ तकनीक का पालन करते हैं। अपने कम्प्यूटर में आप काटते और चिपकाते रहते हो हर समय, क्या ऐसा नहीं है?

यह स्थिति करीब 7 वर्षों तक रहती है, तब तक, जब हम 20 या 21 वर्ष के हो जाते हैं। तब तक मीडिया के द्वारा परिभाषित होते रहना समाप्त हो जाता है- परन्तु तब तक विचार हमारे मस्तिष्क में गहरी जड़ पकड़ चुके होते हैं। तब एक नयी खोज शुरू होती है- एक आदर्श व्यक्ति को पाना अपने वास्तविक जीवन में।

यह वह खोज है जो इस विचार से होती है कि हमारा वो कैसा होगा, कैसा होना चाहिए। यह है जहाँ अपेक्षाएँ शुरू होती है।

अगले 7 वर्षों तक यह खोज चलती रहती है व्यक्ति के बाद व्यक्ति के पीछे हम प्रयास करते हैं और हतोत्साहित होते हैं। कुछ बुद्धिमान लोग कुछ समय बाद इस निष्कर्ष पर पहुँचते हैं कि स्वप्न वास्तविकता नहीं हो सकते। इसलिए उन्हें स्वप्न कहा जाता है। परन्तु बहुत से लोग खोजते ही रहते हैं।

एक छोटी सी कथा :

> एक 90 वर्ष का वृद्ध पुरुष रोज समुद्र के किनारे सुबह से शाम तक लोगों को देखते हुए बैठा रहता था।
>
> एक-दूसरे पुरुष ने उसे देखा और उसके पास जाकर उससे पूछा, "आप प्रतिदिन यहाँ बैठकर वास्तव में करते क्या हो?"
>
> वृद्ध पुरुष ने उत्तर दिया, "मैं उस महिला को खोज रहा हूँ, जो मेरी पत्नी बने।"
>
> दूसरा पुरुष बस हतप्रभ था इस उत्तर पर और उसने पूछा, "आपने युवावस्था में क्यों नहीं खोजा?"
>
> वृद्ध पुरुष ने उत्तर दिया, "मैं जब 30 वर्ष का था, तब से खोज रहा हँ।"
>
> दूसरा पुरुष अचम्भित था और पूछा, "आप किस तरह की महिला को खोज रहे हो?"
>
> उसने उत्तर दिया, "मैं आदर्श महिला को खोज रहा हूँ।"
>
> "और आपको एक भी नहीं मिली", दूसरे ने कहा।
>
> वृद्ध पुरुष ने उत्तर दिया, "मैंने एक महिला को पाया था, जो मेल खाती थी उससे, जो मेरे दिमाग में था लेकिन उसके साथ बहुत दिन अच्छा नहीं चला।"
>
> दूसरे पुरुष ने पूछा क्यों?
>
> वृद्ध पुरुष ने उत्तर दिया, "वो आदर्श पुरुष खोज रही थी।"

हम जब भी अपने लिए हुए किसी स्वरूप का आदर्श जोड़ा खोजने का प्रयास करते हैं तो यही होता है।

लेकिन काफी लंबी खोज के बाद, हमें अचानक एक व्यक्ति मिलता है जो लगता है हमारे मानसिक स्वरूप के अनुरूप है। हमारे मस्तिष्क में जो तस्वीर है वह हरी है - और वह व्यक्ति जिसे हम देखते हैं वो भी दूर से हरा लगता है और तब, सब कुछ हरा हो जाता है। ऐसा लगता है जोड़ा मिल गया।

जो होता है इस बिन्दु पर ही है वो जिसे हम कहते हैं 'प्रेम में गिर जाना'। प्रेम होने के पीछे यही विज्ञान है। यहाँ जो बात ध्यान देने योग्य है वह यह है कि प्रेम हो जाने के लिए अंग्रेजी भाषा में उपयोग किया गया शब्द FALLING है जिसका हिन्दी का अर्थ 'गिरना' होता है न कि इसका विलोम, जिसका अर्थ 'उठना' होता है। इसलिए प्रेम हो जाना और कुछ नहीं अपितु काम की भावनाओं का विकृत भाव है, केवल प्रेम का स्वांग है। क्योंकि जो वास्तव में होता है वह यह है कि हम अपनी मजबूत आवश्यकताओं के फलस्वरूप पैदा होने वाली अपेक्षाओं की पूर्ति चाहते हैं, और इसलिए हम चीजों को वैसा ही देखते हैं जैसा देखना चाहते हैं। हम अपने मानसिक स्वरूप का दूसरे के ऊपर आरोपण करके देखते हैं।

तो अब, संसार हरियाली और संगीत से भर जाता है। जीवन एक कविता बन जाता है और अन्त में हमारी खोज पूरी हुई। यही वो स्थिति है जिस स्थिति में हम कविताएँ लिखते हैं, एक-दूसरे के लिए चित्रकारी करते हैं और क्या-क्या नहीं करते।

जितनी देर तक दूरी बनी रहती है चीजें बहुत मधुर गति से चलती हैं। हम एक-दूसरे के प्रति अपनी परिकल्पनाओं को दर्शाते रहते हैं। परन्तु धीरे-धीरे दोनों व्यक्ति एक-दूसरे के नजदीक आते हैं और तब हम महसूस करते हैं कि जो हरा दिखता था वो हरा नहीं बल्कि हल्का हरा है। लेकिन आप यह सोचकर कि चलो ठीक है चलते रहते हो। कुछ समय पश्चात जब आप और निकट आते हो तो आप महसूस करते हो कि वो हल्का हरा भी नहीं है बल्कि एक तरह का पीला है।

लेकिन इस स्थिति में, हम अपनी परिकल्पनाओं को गलत होता देखना स्वीकार नहीं करते, और हम उसके लिए बहाने बनाने लगते हैं यह कह कर कि 'ये जीवन है', 'हर चीज परिपूर्ण नहीं हो सकतीं, इसी तरह के बहाने। वास्तविकता के साथ जीने के लिए प्रचण्ड साहस व प्रचण्ड बुद्धि की आवश्यकता होती है। इसलिए हम उसकी जगह पर इन बहानों का प्रयोग करते हैं, ढाल की तरह अपने आप को वास्तविकता से बचाने के लिए।

अन्ततोगत्वा, हम काफी नजदीक आ जाते हैं, हम ये पाते हैं कि वो पीला भी नहीं है, वह तो बस सफेद है। जो हमारे अन्दर है वो हरा है, और जो बाहर है वो सफेद है। परिकल्पना और वास्तविकता दोनों पूर्णतः भिन्न हैं।

एक छोटी सी कथा :

> एक बार एक व्यक्ति तीसरी मंजिल से सड़क पर गिर गया।
>
> उधर से गुजरने वाले ने उससे पूछा, "गिरने से आपको चोट तो बहुत आयी होगी।"

गिरे हुए व्यक्ति ने उत्तर दिया, "नहीं; गिरने से चोट नहीं आयी, गिरते हुए अचानक जो रुक गया उससे चोट आयी।"

प्रेम में जब तक हम मौज-मस्ती लेते रहते हैं, जब तक हम दूरी बनाए रहते हैं थोड़े समय तक ही साथ रहते हैं सब कुछ ठीक-ठाक चलता है, हम बहुत मजे में रहते हैं, हम परिकल्पनाओं के संसार में रहते हैं, हम वास्तविक स्तर पर रहते ही नहीं। वो तो केवल तब जब हम हवा में उड़ना बन्द करते हैं और वास्तविक संबंध शुरू होते हैं, जब दूरियाँ खत्म हो जाती है और साथ रहने का समय बढ़ जाता है, समस्या तब शुरू होती है।

आप जितनी परिकल्पनाओं को इकट्ठा कर लोगे, आपका ऊपर से गिरने और नीचे जमीन से टकराने के बीच का समय उतना ही ज्यादा होगा, और उसी तरह नुकसान भी ज्यादा होगा। जितनी कम परिकल्पनाएँ होंगी, उतनी ही कम चीजों से आप तुलना करोगे और उतना ही कम परेशान होगे। यदि आपके पास कोई दिवास्वप्न नहीं है या परिकल्पना नहीं है, आप तत्काल अपने जीवन को पा जाओगे। यदि आपके पास परिकल्पनाएँ नहीं हैं तो जिससे भी शादी करोगे, वही आपका जीवन साथी बन जाएगा।

हमें यह समझने की आवश्यकता है कि कोई भी जीवित व्यक्ति हमारे मस्तिष्क में जो स्वरूप रहता है उसके अनुरूप हो ही नहीं सकता, क्योंकि स्वरूप वास्तविकता के आधार पर बनते ही नहीं। हमारे मन में जो स्वरूप होता है वो विभिन्न क्षेत्रों से काटकर के और चिपका कर के बनाया जाता है या यूँ कहा जाए कि वह मन का स्वरूप स्वप्न की दुनिया से लिया हुआ होता है। कोई स्वरूप वास्तविकता से मेल नहीं खा सकता - क्योंकि दिन के अन्त में, वह एक परिकल्पना होती है, एक दिवास्वप्न। ये ठीक है कि आप अपने मन में जो रूप लेते हो वो जीवित पात्रों से लिए जाते हैं उन लोगों से लिए जाते हैं जो आपके आस-पास होते हैं। परन्तु ये सब आप मीडिया से इकट्ठा करते हो और मीडिया स्वतः लिप्सा से ग्रसित है। वो कैसे और किस तरह से आपको आपका मार्ग दर्शन कर सकती है या आपकी मदद कर सकती है?

यही कारण है, तथाकथित अधिकतर प्रेम प्रसंग का अन्त पीड़ाजनक होता है। हम महसूस करते हैं कि हमें छला गया है, एक-दूसरे का शोषण किया गया है। हमारा स्वभाव एक-दूसरे को दोष देना है जो कुछ हुआ उसके लिए।

लेकिन क्या ये दूसरे का दोष है?

नहीं! दोष आपके अन्दर ही है- क्योंकि अपेक्षाएँ किसी चीज की आपने की थी, आपने अपनी परिकल्पनाओं का आरोपण दूसरे के ऊपर करने का प्रयास किया। तब इस असफलता के लिए कौन जिम्मेदार है?

आप देखो, ऐसे कई प्रकरण होते हैं जब कोई व्यक्ति सनकी तरीके से या अवांछित तरीके से व्यवहार करना शुरू कर देता है। वो अपवाद स्वरूप में होता है जब कहीं आपको यह निर्णय लेने की आवश्यकता पड़ जाए कि ऐसे व्यवहार के साथ जिया जा सकता है या नहीं। मैं जो कह रहा हूँ वह ऐसे में लागू नहीं होता, क्योंकि अपवाद हर जगह है।

जो मैं कहना चाहता हूँ वो ये है कि वास्तव में आजकल बहुत से घरों में दोनों व्यक्ति सामान्य हैं और फिर भी वास्तविकता यही है कि वातावरण तनावपूर्ण है। परन्तु हम उसे समझने का प्रयास नहीं करते। हम सत्य नहीं करना चाहते। हम एक खूबसूरत कालीन के नीचे छुपाकर के उसे अपने आप को छलते हुए उसी पर घूमते रहते हैं।

यदि आपको कोई ताजा घाव हो तो क्या यह सबसे उचित तर्क न होगा कि तत्काल उसका इलाज किया जाए जिससे कि आराम मिल सके? क्या होगा, अगर इसकी जगह पर आप उसे स्वर्ण से और सिल्क के कपड़ों से ढक दो और यह विश्वास करो कि आपके कोई घाव है ही नहीं? यह मात्र मूर्खतापूर्ण होगा, क्या ऐसा नहीं है?

तो समझो मैं क्या कहने का प्रयास कर रहा हूँ। अपनी परिकल्पनाओं का परित्याग करो और वास्तविकता के साथ जीना सीखो।

एक छोटी सी कथा :

> एक व्यक्ति ने अपने मित्र को शादी के तोहफे के रूप में एक पिल्ला दिया।
>
> तीन महीने के पश्चात, वह उससे सड़क पर मिला।
>
> "वैवाहिक जीवन कैसा है?" उसने उससे पूछा।
>
> "आह, समय के साथ-साथ छोट-मोटे परिवर्तन बस, इतना ही", मित्र ने उत्तर दिया।
>
> "कैसे परविर्तन?" उसने उससे पूछा।
>
> "शुरू में, आपका पिल्ला मेरे ऊपर भौंकता था, और मेरी पत्नी मुझे अखबार लाकर देती थी। अब, मेरी पत्नी मुझ पर भौंकती है, और आपका पिल्ला मुझे अखबार लाकर देता है।" व्यक्ति ने उत्तर दिया।

एक बार हनीमून समाप्त हो जाने के बाद, क्या होता है? कोई ताज्जुब की बात नहीं है उसे हनीमून (HONEYMOON) कहते हैं और हनीसन (HONEY SUN) नहीं कहते। खुशी को एक पखवाड़ा भी नहीं लगता कम होने में। मैं

आपसे बताता हूँ चाहे आप सबसे बड़ी मॉडल से ही शादी क्यों न करो, उसकी खूबसूरती आपकी नजरों में धुँधली पड़ने लगेगी 15 दिनों में ही, क्योंकि आप किसी अन्य चीज की परिकल्पना पहले से ही करते रहोगे और आप कल्पनाशील ही रहते हो क्योंकि आप वास्तव में अपने अन्दर परिपूर्णता खोजते ही हो, परन्तु इस बात से अवगत नहीं रहते कि आप उसे वाह्य जगत में खोज रहे हो विभिन्न प्रकार के भ्रमों के माध्यम से।

एक दिन एक महिला विवाह के विषय पर अपनी पुत्री को सलाह दे रही थी : "सुनो प्रिय, जब आप किसी से प्रेम करोगी, वह जीवन भर के लिए होना चाहिए, केवल तभी वह सच्चा प्रेम होगा।"

पुत्री सुन रही थी जो उस महिला ने कहा था। महिला कहती रही, "मेरी सलाह के ये शब्द ले लो। मैं जानती हूँ मैं किस बारे में बात कर रही हूँ, प्रिय। आखिर, मेरा विवाह तीन बार हुआ है।"

समस्या यह है कि हर व्यक्ति राय देने के लिए तैयार, परन्तु लेने के लिए कोई नहीं। प्रेम, परिकल्पना, दिवास्वप्न और जाने किस-किस विषय पर हर व्यक्ति व्याख्यान देने के लिए तैयार है। परन्तु जब उनके अपने जीवन की बात आती है, क्या हो जाता है सब चीजों को? वह मात्र एक और दिवास्वप्न रह जाता है, बस और कुछ नहीं।

किसी तरह से, अगर मात्र इस बिन्दु पर भी हम सच्चाई को स्वीकार कर लें तो भी कोई समस्या नहीं। परन्तु क्या हम मौन रह जाते हैं? नहीं, हम अपना रंगने वाला ब्रश निकालते हैं और सफेद को वापस हरा रंगने का प्रयास करते हैं। हम दूसरे व्यक्ति को अपने मानसिक स्वरूप के अनुरूप परिवर्तित करने का प्रयास करते हैं। किसी भी संबंधों में यह सबसे अधिक नुकसान पहुँचाने वाली बात है। हम एक-दूसरे को तराशने का प्रयास करते हैं उस रूप में जिस रूप की हमने परिकल्पना की थी। हम दूसरे पर अधिकार करके उसके स्वामी बनने का प्रयत्न करते हैं और इस तरह उसे पदार्थ में परिवर्तित करते हैं। ऊर्जा को परिवर्तित हम करते हैं पदार्थ में। यहाँ समस्या प्रारम्भ होती है - जीवन में न समाप्त होने वाला युद्ध।

एक छोटी सी कथा :

एक व्यक्ति पेशे से पेंटर था।

वह अपने मित्र को बता रहा था, "आप जानते हो, एक दिन एक लड़की चलकर आयी अपने हाथ में नीले-काले रंग का चिप लिए हुए और वह मुझसे चाहती थी कि उसी रंग में एक मॉडल घर को रंगू। मैंने सोचा इस

रंग के मिलाने में तो मुझे अपना पेशा छोड़ना पड़ेगा। उसे कोई भी चीज संतुष्ट नहीं कर रही थी।"

मित्र ने पूछा, "क्या आप अन्ततोगत्वा उस रंग को मिला पाए?"

उसने उत्तर दिया, "मैं भाग्यशाली था। उसके मोबाइल फोन पर किसी का फोन आया और मैंने जल्दी से उस चिप को रंग दिया, जब तक कि वो बातें कर रही थी।"

पूरे दिन भर, हम घर में बस ध्यान से पति-पत्नी को बातें करते हुए सुनो, और आप देखोगे किस तरह से दोनों एक-दूसरे को तराशने में लगे हैं। मैं सोचता हूँ शादियों के बाद, मंगल सूत्र और शादी की अँगूठी की जगह पर छिनी और हथौड़ा दी जानी चाहिए।

एक छोटी सी कथा :

एक शाम एक व्यक्ति और उसका मित्र साथ-साथ चाय पी रहे थे।

उस व्यक्ति ने अपने मित्र से कहा, "मैं अपनी पत्नी को तलाक देने की योजना बना रहा हूँ। उसने पिछले 6 महीनों में मुझसे एक शब्द भी नहीं बोला।"

मित्र ने कहा, "ध्यान से सोचो इस निर्णय को लेने के पूर्व, आपको इस तरह की दूसरी पत्नी नहीं मिलेगी।"

जीवन में, हम निरंतर प्रयास करते रहते हैं अपने अन्दर के स्वरूप का बाहर की वास्तविकता से मेल करने का। हमें आदर्श मेल कभी नहीं मिलेगा। हमें आवश्यकता है इन स्वरूपों का परित्याग करने का जो हमारे अन्दर है और हमें असीमित संभावनाएँ मिलेंगी।

यदि आप अविवाहित हो, तो अपनी परिकल्पनाओं का परित्याग कर दो, जिससे आप अपना जीवन साथी ढूँढ़ सको न कि स्वप्न का साथी। जब आप किसी व्यक्ति का चयन करो, तो बस अपने आप को याद दिलाओ कि आप उसके साथ अपना समस्त जीवन बिताने जा रहे हो मात्र कुछ महीने नहीं। यह झटके से लिया गया निर्णय नहीं है, यह एक जीवन-पर्यन्त प्रभावी रहने वाला निर्णय है।

जैसा कि आजकल, कोई भी काली जींस और नीली टी-शर्ट आपके दिवास्वप्न के संसार में हो सकता है और आप उसके प्रति आकर्षित हो जाओगे। परन्तु एक बात का ध्यान रखना और समझना कि ये काला और नीला हल्का पड़ जाएगा मात्र 6 महीने के समय में।

यदि आप पहले से विवाहित हो, अपनी परिकल्पनाओं का परित्याग कर दो,

केवल और केवल तब आप सच्चा संबंध शुरू कर सकोगे किसी के साथ। यदि आप उसके अन्दर एक छिनी-हथौड़ा लेकर प्रवेश करोगे, एक सच्चा संबंध कभी हो ही नहीं सकता।

आप देखो : ये छिनी-हथौड़ा चलाने से होता क्या है आप इसके चलाना शुरू करते हो और जब आप कार्य पूर्ण कर चुके रहते हो, तब तक आपकी परिकल्पना परिवर्तित हो जाती है अब वह कुछ भिन्न हो जाती है तब आपको और छिनी-हथौड़ा चलाना पड़ता है अपनी परिकल्पना से मेल खाने लायक बनाने के लिए और यह न खत्म होने वाला चक्र बन जाता है।

एक संबंध बन ही नहीं सकता, जब तक आपके अन्दर परिकल्पनाएँ हैं। चाहे आप चौबीसों घण्टों उसी घर में रहो, आप दूसरों की आँखों में नहीं देखते, क्योंकि आप परिकल्पनाओं के साथ जीते हो वास्तविकता के साथ नहीं। आप वास्तव में वास्तविक व्यक्ति के साथ रहते ही नहीं। आप दूसरे व्यक्ति द्वारा किए गए हर कार्य को परिकल्पना के माध्यम से देखते हो और यह निष्कर्ष निकाल लेते हो कि आपका जीवन एक सजा है, आपके लिए ईश्वर के द्वारा।

यदि आप अविवाहित हो, अपनी परिकल्पनाओं का परित्याग करो और आपका रक्त अपने आप शांत हो जाएगा, आप काम की भावनात्मक प्रताड़ना के प्रभाव में नहीं रहोगे। यदि आप विधुर हो, अपनी परिकल्पनाओं का परित्याग कर दो और अकेलेपन की पीड़ा से आप ग्रसित नहीं रहोगे।

अपना पूरा प्रयास करो कि बच्चे दूर-दर्शन पर युगलों को न देखें। यदि वे मात्र संगीत का आनन्द लेते हैं और उसके साथ नाचते हैं तो ठीक है, परन्तु वो करते क्या हैं? वह यह है कि वो आत्मसात कर लेते हैं जो देखते हैं उन युगलों में उन भावनाओं को और क्या-क्या नहीं। यहाँ है जहाँ समस्या शुरू होती है। हर चीज मूलाधार चक्र में एकत्रित हो जाएगी जो कामचक्र है। तब मात्र एक सुझाव पर्याप्त होगा और मूलाधार तैयार रहेगा।

अपेक्षाओं का हल्का-सा भी भार मूलाधार चक्र में अव्यवस्था पैदा कर देता है। इसी तरह से मूलधार चक्र बाधित होता है। जब आप अपनी परिकल्पनाओं को दूसरे व्यक्ति के माध्यम से पूर्ण करने का प्रयास करते हो या दूर-दर्शन देखकर के या अपनी अपेक्षाओं को परिकल्पनाओं को दूसरे के ऊपर आरोपित करके उन्हें पूर्ण करना चाहते हो, यह चक्र बाधित हो जाता है।

इसे जीवन क वाह्य परिस्थितियों से कुछ भी लेना-देना नहीं है। इसे तथाकथित ब्रह्मचर्य से भी कुछ लेना-देना नहीं है। इसे कुछ करना है तो वह आपके अन्दर के टुकड़ों में बँटे हुए आपके आत्म-स्वरूप से करना है।

ब्रह्मचर्य क्या है?

ब्रह्मचर्य और कुछ नहीं, बल्कि आपके अन्दर के उस अर्द्ध दबे हुए भाग के लिए आपकी खोजने की ललक न हो, इतना पर्याप्त है। यदि आप पुरुष हो, आपको आवश्यकता है परिपूर्णता के उस अनुभव की अपने आप के अन्दर जो उस दबे हुए अर्द्ध महिला भाग की आवश्यकता न अनुभव हो। यदि आप महिला हो, आप अपने आप में इतना पर्याप्त हो कि आप बाहर की तरफ अनुभव और परिपूर्णता के लिए नहीं देखते।

एक बार आप इस स्थिति को प्राप्त कर लोगे, आप जी सकते हो साथ में या बिना किसी महिला के साथ इस वाह्य जगत में। यदि ये स्थिति प्राप्त नहीं हुई, तो चाहे आप विवाहित ही क्यों न हो, आप काम भावना की पीड़ादायक प्रताड़ना के दबाव में लगातार रहोगे। आपके काम भावना की यह प्रताड़ना और कुछ नहीं है बल्कि परिपूर्णता को प्राप्त करने की वह ललक है जो वास्तव में आपको अन्दर से प्राप्त करनी चाहिए बाहर से नहीं।

जब आप इस परिपूर्णता को प्राप्त कर लोगे, चाहे आप शादीशुदा हों या न हों आपके मस्तिष्क में शांति होगी। तब आप शादीशुदा जीवन में भी एक ब्रह्मचारी हो सकते हो। यह है सच्चा ब्रह्मचर्य। बजाए इसके, लोग सीमा से बाहर निकल जाते हैं ब्रह्मचारी बनने के लिए और इच्छाओं का दमन करके मानसिक बीमार बन जाते हैं।

हाँ.........क्या आप सब समझ रहे हो जो मैं कहने का प्रयास कर रहा हूँ? कोई कुछ स्पष्ट करना चाहता है?

प्रश्न : *लेकिन स्वामी जी, हम ये महसूस भी नहीं करते कि हम एक स्वरूप अपने अन्दर भी लिए हुए हैं............*

हाँ! क्योंकि हमने अपने अन्दर देखा ही नहीं।

हम हर जगह जाते हैं सिवाए अपने अन्दर जाने के। क्या आप जानते हो, हमारी 80 फीसदी ऊर्जा इसी चक्र में बाधित है। इस चक्र को ऊर्जावान बनाने की आवश्यकता नहीं है। इसे मात्र खोलने की और क्रियान्वित करने की आवश्यकता है, और इसमें से बहने वाली ऊर्जा की बाढ़ आपके पूरे जीवन को परिवर्तित कर देगी।

यदि आप गहराई से अपने आप के अन्दर देखो, आप समझ जाओगे कि आप जो चाहते हो देखना और जो आप देखते हो इस न मेल खाने वाले प्रभाव से पीड़ित हो यह, 'जो आप देखना चाहते हो' ही वह स्वरूप है जो आप अन्दर लिए रहते हो।

कम से कम अभी से आगे सजगता से इसे देखने का प्रयास करो, जो कुछ भी आप देखते हो उसके प्रति अपने मस्तिष्क का खेल देखो। उन दृश्यों को पकड़ने का प्रयास करो इसके पूर्व कि आपका मस्तिष्क पदार्पण करे और उन पर अपना निर्णय दे। आप देखोगे कि कितना तीक्ष्ण और सूक्ष्म तरीके से आपका मस्तिष्क क्रियाशील होता है हर उस चीज में जो आप देखते हो, आपको यह विश्वास दिलाता है कि जो आप देख रहे हो उनमें कुछ न कुछ गड़बड़ी हमेशा रहती है।

संस्कृत में दो कथन हैं जो हमें सच्चाई की शिक्षा देते हैं : दृष्टि सृष्टि, और सृष्टि दृष्टि। दृष्टि सृष्टि का अर्थ है संसार को उस तरीके से देखना जैसा वो है और उस तरीके से स्वीकार करना जैसा मिलता है, स्वागत करना उसका उस रूप में जैसा है एक सच्चाई के रूप में। सृष्टि दृष्टि का अर्थ है संसार को इस रूप में देखना चाहते हैं, अपने रंगीन चश्मे के माध्यम से, अपनी परिकल्पनाओं के माध्यम से पहले वाली दृष्टि शांतिपूर्ण जीवन की तरफ ले जाती है और बाद वाली पीड़ादायक जीवन की तरफ ले जाती है।

एक बार एक व्यक्ति मेरे पास आया और बोला, "स्वामी जी हम मात्र घर में केवल दो लोग हैं, मेरी पत्नी और मैं। फिर भी कोई शांति नहीं है।"

मैंने उससे बताया, "कौन कहता है कि आपके घर में केवल दो लोग हैं? आप चार लोग हो।"

वह व्यक्ति बस आश्चर्यचकित था।

मैंने उससे बताया, "एक आप हो, एक आपके अन्तःकरण की स्त्री, आपकी स्त्री और उसके अन्तःकरण का पुरुष। इस तरह से मैंने कहा कि वहाँ चार लोग हैं बस उस अन्तःकरण की स्त्री और पुरुष का परित्याग करना सीख लो- और देखो आपके घर में कितना बड़ा परिवर्तन हो जाएगा।"

वह व्यक्ति चुपचाप चला गया।

प्रश्न *: स्वामी जी, हम अपने अन्य संबंधों में भी गड़बड़ी का अनुभव करते हैं, जैसे बच्चों से माता-पिता से.........*

हाँ, किसी भी संबंध में अपेक्षाएँ होती ही है। मैं नहीं सोचता कि बिना अपेक्षाओं के भी कोई संबंध होता है।

माता-पिता बच्चों को तराशने का प्रयास करते हैं और बच्चे वही प्रक्रिया माता-पिता के ऊपर लगा देते हैं माता-पिता अपनी अपूर्ण कामनाओं की पूर्ति अपनी संतानों के माध्यम से करने का प्रयास करते हैं। यदि आप गहराई से कोई चीज का विश्लेषण करो, आप समझ जाओगे कि जो मैं कह रहा हूँ वह सत्य है। माता-पिता अपनी संतान के बारे में जो स्वप्न देखते हैं कि वो डॉक्टर या

इंजीनियर बन जाएँ। क्यों नहीं यह जानने का प्रयास करते अपने बच्चे से कि वो क्या बनना चाहता है और तब उसे पूरा करने का स्वप्न देख रहे हैं? यह आपकी संतान की बहुत बड़ी सहायता करेगा। जिस दिन आपकी संतान आपको वापस जवाब देने लगे, उस दिन वह पुरुष बन चुका है। आपको उसके साथ बहुत सावधानी से व्यवहार करना है। उसके साथ समय बिताओ, उसके साथ बातें करो, उसके अच्छे मित्र बनो और जानने का प्रयास करो कि वह वास्तव में जीवन में क्या करना चाहता है। उसका मार्ग दर्शन गहरे प्रेम और विश्वास के साथ करो। तब उसकी महत्वाकांक्षा को अपनी सच्चाई बनाओ और उसे प्राप्त करने में उसकी मदद करो।

बहुत से बच्चे मुझे बताते हैं, "मेरे पिताजी चाहते हैं कि मैं डॉक्टर बनूँ या मेरे पिताजी चाहते हैं कि मैं वकील बनूँ।" निश्चित रूप से यदि बच्चा यह निर्णय नहीं ले पा रहा है अपने आप से, और वह आपसे पूछता है कि उसे बताइये वो क्या करे, तब आप उसे बता सकते हो उसकी काबलियत और क्षमता के आधार पर कि वह क्या करे।

आप हमेशा सुझाव दे सकते हो, परन्तु कुछ भी जबरदस्ती उसके गले के नीचे मत उतारो। एक बात और बच्चे को यह समझाओ कि आपने उसे यह स्वतंत्रता और परिपक्वता दी है निर्णय लेने के लिए और स्पष्ट कर दो उसके सामने कि अन्त में वो किसी का दोष नहीं देगा। उसे स्पष्ट रूप से यह समझने की आवश्यकता है।

आप देखो, हम अपनी छिनी हमेशा लिए हुए घूमते हैं अपने मित्रों को संबंधियों का और अपरिचितों को भी अपनी परिकल्पनाओं के हिसाब से तराशते हुए। और बदले में वो भी अपनी-अपनी छिनी लेकर घूमते रहते हैं, जो वो आपको तराशने में इस्तेमाल करते हैं। कैसी हिंसा है।

आज के गृहकार्य के लिए, मैं चाहता हूँ कि आप सब अपने विचार लिखो कि एक आदर्श पति कैसा होना चाहिए, एक आदर्श पत्नी, एक आदर्श पिता, एक आदर्श माता, एक आदर्श बच्चा और एक आदर्श मित्र ये सब कैसे होने चाहिए। अपने किन्हीं 5 संबंधियों को चुनो जो आपसे संबंध हों और उनके बारे में लिखो। इसे ईमानदारी से करना। मैं निश्चित हूँ, आप पाओगे कि आपके सारे विचार जो गहराई से आपके सुषुप्त में हैं वो सब प्रचलित मीडिया से ही लिए गए हैं।

आप दूर-दर्शन का कोई कार्यक्रम देखते हो और एक विशेष पात्र को चाहने लगते हो। वह पात्र आपके लिए एक ठोस सच्चाई बन जाता है। आप सुषुप्त ढंग से यह अपेक्षा करना शुरू कर देते हो कि आपके आस-पास के लोग वास्तविक जीवन में आपके साथ उसी जैसा व्यवहार करें।

क्या आप जानते हो : लोग 'आदर्श गुरु' का भी स्वरूप अपने मस्तिष्क में लिए घूमते हैं? सामान्यतः यह स्वरूप एक वृद्ध आदमी का होता है जिसकी सफेद होती हुई दाढ़ी है- जैसा कि आप दूर-दर्शन के कार्यक्रमों में और किताबों में देखते हो। और जब वो लोग मुझे देखने आते हैं तो मुझ जैसे युवा व्यक्ति को सच्चे सन्यासी के रूप में स्वीकार नहीं कर पाते। तो हमारे सामने भी वही समस्या रहती है। हमें भी उन लोगों को गुरु के बारे में परिकल्पना से मुक्त करना पड़ता है, इसके पूर्व कि वो हमें स्वीकार करें।

लेकिन स्वामी जी, कभी-कभी हम महसूस करते हैं कि हमें तराशना जरूरी है......जैसे जब हम अपने कार्य करते हुए कर्मचारी को नियंत्रित करते हैं। उस वक्त हम क्या करें?

आप अपने तराशने का काम लगातार करो। इस बात से सजग रहो कि आप क्या करते हो- तब आप आवश्यकता से ज्यादा तराशने का काम नहीं करोगे। आप देखो कि आपकी अपेक्षाएँ अपने कर्मचारी से सच्चाई पूर्ण है। इस बात की जाँच करो कि क्या कोई वैकल्पिक समाधान है। केवल तब जब यह नितांत आवश्यक हो जाए तभी आपको किसी दूसरे व्यक्ति को मोड़ने का प्रयास करना चाहिए।

जो भी शक्ति आपको दी गयी है, उसे सजगता से इस्तेमाल करना सीखो। क्रोध और तृष्णा महान ऊर्जाएँ हैं जो आपको ईश्वर द्वारा दी गयी हैं जब आपके अन्दर उन ऊर्जाओं के लिए सम्मान होगा, आप कभी इनका दुरुपयोग और बर्बादी नहीं करोगे।

क्या हम कभी धन का दुरुपयोग करते हैं? आप धन का दुरुपयोग कभी नहीं करते क्योंकि आप उसका सम्मान करते हो। जब कोई व्यक्ति 10 रुपये की कीमत का कार्य करता है, क्या आप एक भी पैसा अधिक उसे दोगे? परन्तु क्रोध के साथ आप हमेशा जरूरत से ज्यादा देते हो। यदि किसी व्यक्ति ने कोई गलती की जिसकी कीमत '10 रुपये का क्रोध है', आप हमेशा उसका भुगतान 50 रुपये के क्रोध से करते हो। क्या ऐसा नहीं है? क्यों? यह इसलिए है क्योंकि आप अपने क्रोध अवस्था में इस्तेमाल करो, वह आपको फायदा करेगा और आपको उसके बारे में कोई ग्लानि नहीं होगी, मैं आपको इसका आश्वासन देता हूँ।

आपको अपने क्रोध से कभी भी विचलित नहीं होना चाहिए। यदि आप विचलित होते हो, इसका अर्थ है कि आपने अपने क्रोध को सजगता से नहीं देखा, आपने क्रोध को अपने ऊपर हावी होने की अनुमति दी। यही वो माप है यह देखने का कि आपने क्रोध को उचित तरीके से प्रयोग किया।

एक छोटी सी कथा :

एक बार एक साधु- एक विचरण करने वाला भिक्षुक, एक गाँव से होकर गुजर रहा था, जब उसने गाँव वालों से एक शिकायत सुनी कि एक नाग उन लोगों के जीवन के साथ कहर ढा रहा था।

वह साधु अपनी इस क्षमता के लिए जाना जाता था कि वो जानवरों से बात कर सकता है, इसलिए उन लोगों ने उससे गिड़गिड़ा कर के उस नाग को मनाने के लिए कहा कि वह गाँव वालों को छोड़ दे।

तब उस साधु ने नाग से बातें की, और नाग ने वचन दिया कि वह किसी गाँव वालों को और नहीं डसेगा। कुछ महीने बाद, वही साधु उसी गाँव से होकर के जा रहा था और अब वह उसी नाग के पास पहुँचा, तो देखा कि नाग बुरी तरह से जख्मी मरने के कगार पर था।

"आपको क्या हो गया? कैसे आपको चोटें लगीं?" साधु ने पूछा।

नाग चीखा, "ऐ साधु! ये आप थे जिसने मुझसे ये वचन ले लिया था कि मैं गाँव वालों को नहीं डसूँगा। मैंने अपने वचन का आज तक पालन किया। लेकिन ये गाँव वाले, जो पहले मुझसे डरा करते थे मेरी सरलता को मेरी कमजोरी समझ बैठे हैं। यह देखकर कि मैं डसता नहीं, वो प्रतिदिन मुझे पीड़ा पहुँचाते हैं। देखो मैं पराभव की किस स्थिति को प्राप्त हो गया हूँ।"

साधु ने उत्तर दिया, "मेरे गरीब मूर्ख मित्र। मैंने आपको डसने के लिए मना किया था। क्या मैंने आपको फुँफकारने के लिए भी मना किया था?"

आपको अपने क्रोध का प्रयोग सही ढंग से और सही मात्रा में करने की आवश्यकता है।

क्रोध एक प्रचण्ड ऊर्जा है बस यदि आप उसे सही तरीके से प्रयोग करना जान जाओ।

क्रोध के बारे में ज्ञान क्रोध को घटाता है।

बहुत से लोग मेरे पास आते हैं और मुझसे बताते हैं, "स्वामी जी, मैं अपनी पत्नी से इतना प्रेम करता हूँ इसीलिए मैं चाहता हूँ कि वो और अच्छाई के लिए अपने अन्दर परिवर्तन लाए। इसीलिए मैं उससे लड़ता हूँ।"

मैं उनसे बताता हूँ, "आप अपनी पत्नी से प्रेम नहीं करते, आप उस स्वरूप से प्रेम करते हो जो आप मस्तिष्क में लिए हुए घूमते हो।"

आप अपने उसी स्वरूप से प्रेम करते हो और जब आपकी पत्नी उसके अनुरूप व्यवहार करती है आप उससे प्रेम करते हो, आपका वास्तविक प्रेम आपकी पत्नी के लिए नहीं है, आपके उसी मानसिक स्वरूप के लिए है। यदि आप वास्तव में अपनी पत्नी से प्रेम करते हो, तो अपने पत्नी के अनुरूप अपने मानसिक स्वरूप को बदल लोगे, और यदि आप अपने मानसिक स्वरूप से प्रेम करते हो तब आप हमेशा प्रयासरत रहोगे अपनी पत्नी को बदलने में अपने उस मानसिक स्वरूप के हिसाब से।

हममें से ज्यादातर अपने मानसिक स्वरूपों से प्रेम करते हैं। यह एक सत्य है। हमारे घरों में यही शुरूआत है अशांति की। यह एक आंतरिक युद्ध की शुरूआत है। ईमानदारी से बता रहा हूँ प्रेम करने वाले आंतरिक शत्रु होते हैं। वो घनिष्ट तो होते हैं लेकिन लगातार सुरक्षा से रहते हैं। वो निरंतर प्रयासरत रहते हैं एक-दूसरे को नीचा दिखाने में। उनमें आपस में गहरी शत्रुता रहती है जिसे वे लगाव कहते हैं। सच्चा लगाव तब होता है जब आप पूर्णता से एक-दूसरे के प्रति निश्चिंत हो। यह सच्चा लगाव है।

स्वामी जी, जो आप कह रहे हैं वो ये हैं कि हमें दूसरे व्यक्ति को पूरी तरीके से सारी गलतियों के साथ स्वीकार कर लेना चाहिए?

नहीं!

स्वीकार शब्द भी अपने आप में एक भर्त्सना का भाव लिए हुए हैं। जब आप इन शब्दों को कहते हो, 'गलतियों के साथ', यह एक छुपी हुई शिकायत लिए हुए रहता है। यह कुछ इस तरह से कहना होगा, "क्या करें हमें इसी के साथ जीना है।" नहीं! मैं आपसे बताता हूँ कि स्वागत करो उस व्यक्ति का अपने जीवन में, जैसा भी है वो पुरुष या स्त्री। एक फर्क है स्वीकार करने में और स्वागत करने में। स्वीकार करना एक तरह का समझौता है। स्वागत करना अपने स्वरूप को खोलकर के, अपनी अपेक्षाओं का परित्याग करके दूसरे व्यक्ति को बिना किसी शर्त के स्वीकार करना है।

याद रखो, संपूर्ण रचना आपके लिए अस्तित्व का उपहार है। उसे सम्मान और विनम्रता से स्वीकार करो। जब आप यह करोगे मूलाधार चक्र की प्रचण्ड ऊर्जा आपके लिए खुल जाएगी। इस चक्र को जाग्रत करने का अर्थ उस चिरस्थायी ऊर्जा के स्रोत को स्पर्श करना होगा। वह प्रचण्ड ऊर्जा जो परिकल्पनाओं, अपेक्षाओं और लोभ द्वारा बाधित है जो उपलब्ध हो सकती है जीवन में सच्चाई के लिए, व्यवसाय के लिए रचनात्मकता से कार्य करने लिए।

केवल यह नहीं, आप देखोगे कि आपका घर एक क्षेत्र बन गया है- शांति के

मंदिर के रूप में। हमारे घर धर्म क्षेत्र बनने के लिए हैं- सच्चाई का निवास स्थल। परन्तु वो कुरुक्षेत्र बन गए हैं- युद्ध का घर। क्या मैं सही हूँ? और क्यूँ वे युद्ध का घर बन गए क्योंकि हम मानवों को तराश रहे हैं। यदि हम मूर्ति तराशें या लकड़ी तराशें तो बहुत खूबसूरत मूर्ति या खूबसूरत असबाब (MATERIAL) बन जाएगाा, परन्तु जब मानवों को तराशेंगे तो केवल पीड़ा निकलेगी।

प्रश्न *: एक व्यक्ति ने मुझसे पूछा, "स्वामी जी, क्या कृपया आप मुझे कोई रास्ता बता सकते हैं 18 हाथों वाली देवी से संबंध स्थापित करने का।"*

मैंने उसे बताया, "पहले आप अपनी दो हाथों वाली पत्नी से संबंध स्थापित करो, तब हम देखेंगे कि कैसे 18 हाथों वाली देवी से संबंध स्थापित किया जाए।"

एक दूसरा व्यक्ति मेरे पास आया और मुझसे तलाक के लिए आशीर्वाद माँगा। मैंने उसे बताया कि मैं शादियों के लिए आशीर्वाद देता हूँ, तलाक के लिए नहीं। मैंने उससे पूछा कि समस्या क्या है शायद मैं उलझा दूँ।

उसने मुझे बताया, "स्वामी जी आज सुबह, मैंने उससे कॉफी के लिए कहा। वो कॉफी लेकर इतनी जल्दी में आयी कि सारी कॉफी मेरे कपड़ों पर गिरा दी।"

मैं हतप्रभ था और उससे बताया कि ये घटना तो बहुत छोटी घटना है तलाक के लिए।

वह बताता रहा, "स्वामी जी, आप नहीं जानते आज उसने कॉफी उड़ेली है, कल तेजाब उड़ेल देगी।"

मैं वास्तव में हतप्रभ था। मैंने उससे बताया, "अरे बिना कारण के आप कैसे कॉफी से तेजाब पर चले गए? आखिर उसने ज्यादा से ज्यादा यही किया है न कि गुस्से और जल्दी में कॉफी गिरा दी, तो ठीक है वही है जो आपके कपड़ों को धोयेगी भी।"

वह कहता रहा, "स्वामी जी, हमारे यहाँ शादी के समय एक प्रथा है तीन पात्र पानी के रखे जाते हैं और जोड़े को उन तीनों पात्रों में से एक अँगूठी ढूँढ़नी रहती है जो उन्हीं तीनों पात्रों में से किसी एक में रहती है। उस समय इस औरत ने मेरे हाथ को नाखून से खरोंच दिया था।"

शादी के जोड़ों में आपस की दूरी खत्म करने के लिए इस तरह के छोटे खेल खेले जाते हैं। वह आदमी 10 साल पहले इस छोटी सी घटना को अपने दिमाग में संजोए हुए था। मैंने उससे बताया, "ऐ, अगर आप इस तरीके से पुलिस रिकार्ड रखोगे तो आपके साथ कैसे कोई जियेगा।"

आप देखो : दो चीजें हैं जो हम करते हैं। एक है बहस करना और फैसले के प्रति

इच्छा करना और दूसरा है पहले फैसला बना लेना और उसके बाद उन तर्कों को एकत्रित करना जो उन फैसलों के अनुरूप है। 100 में से 99 बार हम दूसरा वाला करते हैं।

आप देखो, हमारे आस-पास कितनी चीजें घट रही हैं। परन्तु हम उन्हीं चीजों के प्रति ध्यान देते हैं जिन पर हम ध्यान देना चाहते हैं, उन चीजों पर नहीं जो वास्तव में घट रही हैं। इसी कारण से सच्चाई से चूक जाते हैं। वास्तविकता लगातार अस्तित्व में रहती है परन्तु आप वही देखते हो जो आप देखना चाहते हो। शादी में, पहले कुछ महीनों में पुरुष या महिला अपना एक फैसला बना लेते हैं एक-दूसरे के प्रति और उसके बाद चाहे जो ये दोनों करे दोनों उसी फैसले के दृष्टिकोण से देखते हैं। फैसला पहले से निर्धारित रहता है वे दोनों तर्क इकट्ठे करते हैं अपने उस फैसले के अनुरूप।

यही कारण है, यदि आपने निर्णय ले लिया कि आपकी पत्नी मूर्ख है वह आपको हमेशा मूर्ख ही दिखेगी। यदि आपने निर्णय ले लिया कि आपका पति ऐसा है जो आपको नियंत्रित करता है, वो आपको हमेशा वैसा ही लगेगा चाहे वो जो भी कर रहा हो। यदि आप यह करोगे, आप अपने जीवन साथी का सही पक्ष कभी नहीं देख पाओगे, आप केवल वो पक्ष देखोगे जो आपके फैसले का पोषण करेंगे। यह कुछ इस तरीके से है कि जब आप भूखे होते हो, सड़क पर आपकी आँखों को केवल जलपान गृह दिखायी देते हैं। किसी कुत्ते की हत्या करने के पूर्व हम क्या करते हैं? पहले हम उसे पागल घोषित करते हैं फिर मार डालते हैं।

इस तरह के व्यवहार और रव्वैये को छोड़ दें। तब आप एक विशेष प्रकार की ताजगी पाओगे हर व्यक्ति में, हर चीज में जो आपके पास से गुजरेगी।

एक छोटी सी कथा :

> एक व्यक्ति एक पुलिस थाने में गया और अपनी पत्नी के 3 घण्टे से गायब रहने की शिकायत की।
>
> पुलिस वाले ने उससे पूछा, "क्या आप मुझे विस्तार में उसकी लम्बाई और वजन इत्यादि के बारे में बता सकते हो।"
>
> व्यक्ति ने कहा, "ओह! मैं नहीं जानता।"
>
> पुलिस वाले ने पूछा, "वो क्या पहने हुए थी, जब उसने घर छोड़ा?"
>
> व्यक्ति ने उत्तर दिया, "मैंने ध्यान नहीं दिया, महोदय लेकिन एक बात मुझे याद है वो कुत्ते को साथ ले गयी है ये मैं जानता हूँ।"
>
> पुलिस वाले ने पूछा, "कैसा कुत्ता है वो?"

व्यक्ति ने उत्तर दिया, "एक डालमेशन प्रजाति का कुत्ता है जिस पर भूरे-भूरे धब्बे हैं काले नहीं, उसका वजन 50 पाण्उड है, उसकी पूँछ एकदम सफेद है, उस पर कोई धब्बा नहीं है, वो एक भूरे रंग का कॉलर पहने हुए है जिसमें एक चाँदी की चेन लगी है। उसका नाम स्पॉट है।"

पुलिस वाले ने कहा, "इतना पर्याप्त है। हम उन्हें खोज लेंगे।"

एक पति-पत्नी एक-दूसरे के साथ कुछ ताजगी के साथ शादी के बाद कुछ महीनों तक रहते हैं। इन कुछ महीनों में एक-दूसरे के लिए वो फैसले एकत्रित करते हैं। उसके बाद वो एक-दूसरे से एकदम संबंधित नहीं रहते वो वास्तव में एक-दूसरे को देखते ही नहीं, वे संबंधित रहते हैं अपने फैसलों से एक-दूसरे से नहीं, बस यही होता है।

पति संबंधित रहता है अपने फैसलों से जो वो इकट्ठा किए रहता है अपनी पत्नी के बारे में और पत्नी संबंधित रहती है अपने फैसलों से जो वो इकट्ठा किए रहती है अपने पति के बारे में। वास्तविक पति और वास्तविक पत्नी दोनों भिन्न होते हैं। एक ही घर में चार लोग हो जाते हैं। एक बार फिर।

एक बार बस ईमानदारी से जाँच करो। कितने दिन हो गए जब आपने अपने पति या पत्नी की आँखों में आँखें डालकर उससे बात की? बहुत दिन हो गया होगा मुझे विश्वास है और हम सोचते हैं कि शुरू के दिन सुनहरे दिन थे और अब जीवन उबाऊ हो गया है। यह आपका व्यवहार है जो इसे उबाऊ बना रहा है।

आप किसी व्यक्ति को उभरने का एकदम से समय ही नहीं देते। आप हर वक्त एक ही तरीके से इतनी जल्दी में रहते हो कि उनके लिए आपके पास समय ही नहीं होता। आप उनके बारे में किसी नयी चीज का संदर्भ ही नहीं लेते। मैं आपसे बताता हूँ, आप अपने पति या पत्नी को वर्षों तक शादी के बाद देखते ही नहीं, क्योंकि आप उनके बारे में अपने स्वरूप से ही संबंधित रहने में खुश रहते हो।

क्या होगा तब? आप उसी व्यक्ति की तरह हो जाओगे जो अपनी पत्नी के बारे में भी कोई विस्तृत जानकारी नहीं रखता था। इस तरह से अपनी पत्नी के भी बारे में कोई जानकारी न रखना ये तो बहुत ऊपरी स्तर की समस्या है। इसका प्रभाव और गहराई तक जाता है। आप वास्तव में खो देते हो उस वास्तविक व्यक्ति को जो आपके साथ रह रहा होता है। आप उस व्यक्ति के प्रति अपने विचारों के साथ रहते हो न कि उस व्यक्ति के साथ इतना पर्याप्त है।

मात्र बस 24 घण्टे के लिए इस बात के लिए मस्तिष्क को तैयार करो कि आप अपने पति या पत्नी को इस तरह से देखोगे जैसे पहली बार देख रहे हो। उसके हर शब्द और क्रिया को इस ताजगी और निश्छलता के साथ लेते हुए और बिना

किसी निष्कर्ष पर पहुँचे हुए। उसके प्रति अपने अन्दर प्रेम का भाव लिए हुए। चाहे वो उस वक्त आपसे आपको उद्वेलित करने वाली बात ही क्यों न कहे, उन बातों को भी सजगता से सुनो और शांत और प्रेम से उसके प्रति प्रतिक्रया करो बजाए इसके कि सामान्य बहस करने वाले तरीके से। आप देखोगे कि आप वास्तव में एक-दूसरे के लिए नए आयाम खोल रहे हो, आप दोनों अपने आप के लिए उभरने का और प्रेम से जीने का नया स्थान बना रहे हो।

अचानक आपको यह अहसास होगा कि अब तक सारे समय आपका ही व्यवहार ऐसा था कि चीजें इतनी खराब दिखती थीं। निश्चित रूप से, आप ये कह सकते हो कि पत्नी को भी उसी तरह की प्रतिक्रिया करनी चाहिए। लेकिन मैं आपसे बताता हूँ : आपके अन्दर वह शक्ति है कि तुम अपने आप को भी और दूसरे को भी परिवर्तित कर सकते हो। बस मात्र थोड़ा सा परिवर्तन अपनी मानसिकता में लाओ, और आप बहुत कुछ कर लोगे जब आप अपनी मानसिकता बदलने का निर्णय ले लोगे, आपकी पत्नी भी स्वतः ही अपनी मानसिकता बदल लेगी।

एक छोटी सी कथा :

> एक दिन एक व्यक्ति एक कब्रिस्तान से होकर के गुजर रहा था, जब उसने अन्दर से जोर से रोने वाली आवाज सुनी।
>
> उसने अपना यह कर्त्तव्य समझा कि वह रुके और देखे कि वह कोई मदद कर सकता है। वह रुका और अन्दर गया और जाकर देखा कि एक कब्र के पास एक व्यक्ति जोर-जोर से रो रहा है।
>
> वह लगातार कह रहा था, "आपको क्यों जाना पड़ा? आपको क्यों जाना पड़ा?"
>
> वह व्यक्ति दुःखी हुआ उसकी पीड़ा देखकर के, इसलिए वो उसके निकट गया और पूछा, "महोदय, क्षमा चाहूँगा, क्या ये आपकी पत्नी थी?"
>
> व्यक्ति ने उत्तर दिया, "नहीं ये उसका पहला पति था।"

संबंध वीभत्स हो जाते हैं मात्र बस मेल न खाने के कारण किसी की परिकल्पना और वास्तविकता में। इससे बुरा यह होता है कि इस उम्मीद में कि दूसरे के साथ अच्छा मेल होगा जो उनकी परिकल्पना के अनुरूप होगा किसी अन्य से संबंध बनाने के बारे में सोचने लगते हैं। कुछ दिन तक वो नये संबंध के साथ चलते हैं और फिर महसूस करते हैं कि वहाँ भी कुछ कमी है और फिर उसके बाद दूसरे संबंध के बारे में सोचने लगते हैं और फिर दूसरे। यह बात उन्हें कभी समझ में नहीं आती कि वास्तव में कमी उनके अन्दर है क्योंकि वह कमी उनकी अपनी परिकल्पना के कारण है, दूसरे व्यक्ति में कोई गड़बड़ी नहीं है।

वह अपनी परिकल्पना के संसार में इतना ज्यादा व्यवस्थित हो जाते हैं कि सच्चाई उन्हें परिकल्पना लगने लगती है। मैं आपसे बताता हूँ कि हमारी सारी समस्या की शुरूआत की बिन्दु यही है जिस दिन हम वर्तमान में रहना शुरू कर देंगे, उसी दिन से हम खुशी का अनुभव करना शुरू कर देंगे, उसी दिन हम ये समझ पाएँगे कि हम इतने दिनों तक परिकल्पनाओं के कितने भारी बोझ के नीचे दबे हुए थे।

आजकल नयी उम्र के लोगों के अन्दर यह बहुत तीव्रता से बढ़ती हुई समस्या है कि वह एक-दूसरे को बर्दाश्त नहीं कर पा रहे हैं और शादियाँ कितनी तीव्र गति से टूट रही हैं। कितना दुःखद है यह सब होते हुए देखना। एक जागरूकता की आवश्यकता है इस वक्त। केवल एक गहरी समझ ही यह जागरूकता ला सकती है।

जब संबंधों की बात आती है हम एक-दूसरे पर उँगली उठाने के लिए एकदम तैयार बैठे हैं। हम भूल जाते हैं कि ताली बजने के लिए दो हाथों की आवश्यकता पड़ती है। जब आप अपने आप पर काम करोगे, तो आप अपने लिए भी चीजें बेहतर करोगे और दूसरे के लिए भी। इस बात के लिए चिंतित मत हो, कि दूसरे व्यक्ति को भी बदलने की आवश्यकता है।

आज तक की जितनी भी प्रेम कथाएँ लिखी गयीं हैं, यदि आप उन्हें पढ़ो, तो कहीं भी स्त्री और पुरुष पूर्णरूपेण हर समय एक-दूसरे के साथ उमंग के स्तर पर वास्तव में रहने के आधार पर टिके नहीं हैं।

शाश्वत प्रेमियों की एक कथा में, रवीन्द्र नाथ टैगोर द्वारा लिखी गई, नायक और नायिका शाश्वत प्रेमियों की तरह गंगा नदी के दोनों किनारों पर रहने का निर्णय लेते हैं। सप्ताह में एक दिन, दोनों नाव से आते हैं मिलते हैं और वापस चले जाते हैं।

यदि वो ये करते हैं, प्रत्यक्ष रूप से वो लोग शांति से होंगे जिस समय वो मिल रहे होंगे। हर बार जब वो मिलेंगे, हवा में एक ताजगी होगी क्योंकि वो ये जानते हैं कि वो कुछ ही घण्टों तक साथ रहेंगे, वह क्षण कितने कीमती हो जाते हैं।

सारे शाश्वत प्रेमी, चाहे वो रोमियो और जूलियट रहे हों या लैला और मजनू रहे हों या अम्बिका पति और अमरावती रहे हों, वो वास्तव में कभी एक साथ नहीं रहे। यदि वो एक साथ रहे होते तो उनके शाश्वत प्रेम की कहानी दूसरी होती।

समस्या यह है हमारे जीवन में पृष्ठभूमि का संगीत नहीं है। जब आप दूर-दर्शन पर कोई कहानी देखते हो, तो सब पृष्ठभूमि के संगीत के साथ होती हैं और आप आसानी से कल्पना जगत में चले जाते हो। संगीत में आपको पिघलाने की शक्ति

होती है और वह आपको परिवर्तन स्थिति में पहुँचा देता है। जितने भी दृश्य आप देखते हो, विशेष तौर पर प्रेम दृश्य वो सब पृष्ठभूमि के संगीत के साथ होते हैं। आप उनका इतना आनन्द पृष्ठभूमि के संगीत के कारण लेते हो। आप पूर्णतः सम्मोहित हो जाते हो उस वातावरण से जो दूर-दर्शन के डिब्बे द्वारा निर्मित होता है।

वास्तविक जीवन में, आप संगीत खोजते हो और आप उसे पाते नहीं। कल्पना करके कविता लिखने में और मानस-दर्शन करके कविता लिखने में फर्क है। पहले वाली साधारण कल्पना है, वह आकाश को छूने जैसा है। दूसरी ास्तविक है।

याद रखो : आपका पति या पत्नी ईश्वर की रचना है। आपकी रचना ईश्वर की रचना की तुलना नहीं कर सकती। विजय केवल ईश्वर की रचना की होगी।

आज अश्लीलता, दिवास्वप्न, विकृति के बहुत से उदाहरण समाज में हैं। लोग अपनी परिकल्पनाओं की पूर्ति के लिए और निकृष्ट विकल्पों का सहारा लेने लगे हैं। अश्लीलता जीवन में काम की शांति नहीं करता, वह और ज्यादा दिवास्वप्न और विकृति पैदा करता है, और इतना सब कुछ। परिकल्पना में रहने की इतनी ज्यादा बाध्यता है।

एक बात समझो, जब तक आप कमजोर और गैर बुद्धिमान नहीं हो, आपके लिए कुछ भी बाध्यता नहीं बन सकती। यदि आप बुद्धिमान बन जाओ आप उसका परित्याग कर सकते हो।

प्रश्न : *स्वामी जी, आप हम लोगों से वैसा ही रहने के लिए कहते हैं जैसे हम हैं। परन्तु हम समाज में जैसे हैं वैसे ही कैसे रह सकते हैं? मैं समझती हूँ कि हमें बदलना चाहिए, परिवार और समाज के अनुरूप।*

हाँ, प्रयोगिक स्तर पर हर व्यक्ति इस समस्या का सामना करता है। आपका कहते हो, "स्वामी जी हमें दूसरे के अनुरूप व्यवहार करना पड़ता है।" मैं आपसे कहता हूँ, कि क्यों नहीं निश्चिंत हो जाते कि दूसरे भी आपके अनुरूप व्यवहार करें? सत्य है समाज में हमें एक-दूसरे पर आश्रित रहना पड़ता है। दूसरा कोई रास्ता नहीं है, परन्तु अपनी सीमाओं को स्पष्ट रूप से जानो।

स्वतंत्रता से परतंत्र रहो।

बहुत स्पष्ट रहो, आपका क्या स्थान है और दूसरे का क्या है। अपने जीवन को समृद्धशाली बनाने का ज्यादा से ज्यादा प्रयास करो, दूसरे को परेशान किए बगैर।

निश्चित रूप से, मैं आपको एक पूर्ण समाधान दे सकता हूँ........ यदि मैं

आपको कोई प्रार्थना (मंत्र) दे सकता हूँ जो पति-पत्नी के बीच की सारी समस्याएँ सुलझा दे, तो मैं दुनिया का सबसे लोकप्रिय आदमी बन जाता।

प्रश्न : *स्वामी जी......क्या दूसरे व्यक्ति के मूलाधार चक्र को नहीं खोला जा सकता, जिससे कि वो अपनी परिकल्पनाओं का परित्याग कर दे?*

ये आप कैसे करोगे? आप केवल निश्चिंत हो सकते हो अपनी परिकल्पनाओं का परित्याग करके- जिससे कि चार लोग जो घर में रहे हैं वो गिनती घटकर के तीन हो जाएँ।

दूसरे व्यक्ति में परिवर्तन कैसे किया जाए.........? आजकल वैवाहिक जीवन की समस्याओं के सलाहकार सम्मोहन तक की राय देते हैं। मैं सोचता हूँ यह किसी व्यक्ति की व्यक्तिगत स्वतंत्रता में आपत्तिजनक हस्तक्षेप है। यह पूर्णतः गलत है।

उस दिन मैंने अखबार में एक प्रकरण के बारे में पढ़ा था, जिसमें एक महिला अपने पति के गुस्से के स्तर को नीचे लाना चाहती थी। आपने भी पढ़ा होगा- शिकागो विश्वविद्यालय में एक शोध चल रहा है जिसमें वो व्यक्ति के दिमाग में इलेक्ट्रोड स्थापित करके उसके गुस्से को पूर्णतः नियंत्रित करते हैं।

जब वहाँ पर उस शोध में भाग लेने के लिए स्वयं सेवकों की आवश्यकता पड़ी, तो सैकड़ों महिलाएँ जबरदस्ती अपने पतियों को लायीं।

प्रयोग के बाद, 72 महिलाएँ - ये सत्य है - 72 महिलाएँ वापस आयीं और विश्वविद्यालय से बताया, "कृपया इन इलेक्ट्रोडों को हटा दीजिए। हमें अपना पहला वाला पति चाहिए। मैं अपना पहले वाला गुस्सैल पति वापस चाहती हूँ।

उन लोगों ने कहा, "जीवन का स्वाद ही खत्म हो गया है। जब तक हम लड़ते नहीं, तब तक मजा ही नहीं आता कोई पारस्परिकता रह ही नहीं गयी है ये मेरी तरफ कोई ध्यान नहीं देता।"

हर आदमी को ध्यान की आवश्यकता है। व्यवहारिक मनोवैज्ञानिक कहते हैं कि एक सामान्य व्यक्ति बिना भोजन के 90 दिन तक जी सकता है परन्तु दूसरों के ध्यान के बिना केवल 14 दिनों तक जियेगा। वो पागल हो जाएगा।

हुआ यह है कि हम एक-दूसरे को कैसे प्रेम करें यह भूल गए हैं, एक-दूसरे का रख-रखाव भूल गए हैं। प्रेम एक विस्मृत भाषा हो चुकी है। इसलिए एक मात्र पारस्परिकता और ध्यान जो हम उम्मीद कर सकते हैं वो एक-दूसरे से लड़ाई करते रहें तभी।

मैं सोचता हूँ कि वो लोग भी जो यहाँ बैठे हुए हैं अपने पति और पत्नियों के बारे में शिकायतें कर रहे हैं वो आध्यात्मिक नहीं है- यदि इनके जीवन साथियों को

आध्यात्मिक बना दिया जाए, तो ये वापस आयेंगे और कहेंगे कि इन्हें पहले वाला जीवन साथी वापस चाहिए।

ठीक है। आप लोग कहते हो कि आप भिन्न हो। देखते हैं हम।

मूलाधार चक्र के बारे में सबसे खूबसूरत चीज यह है कि यदि यह चक्र खुल गया तो आपकी 50 फीसदी समस्याएँ अदृश्य हो जाएँगी। यह एक चक्र आपके 50 फीसदी जीवन को नियंत्रित करता है। चाहे आप जो करते हो, आप इस चक्र का प्रभाव पाओगे। आपके दस्तखत में भी, आपको इस चक्र का प्रभाव मिलेगा। जब मूलाधार चक्र क्रियान्वित होता है, आपका दस्तखत भी भिन्न दिखेगा। आपके एक फूल तोड़ने का तरीका भी भिन्न होगा।

तमिल संतों का एक समूह हैं जिन्हें नयनार कहते हैं। एक गीत है जो उनके बारे में कहता है कि जब वे एक फूल तोड़ते हैं तो उस वृक्ष को पीड़ा नहीं होती। इससे क्या अर्थ समझते हैं हम? आप इतने प्रेमी और संवेदनशील हो जाते हो, जब यह चक्र खुलता है। जब इस चक्र की ऊर्जा परिवर्तित होती है तो यह आपके अन्दर से प्रेम के रूप में बहेगी।

काम कोयला है, प्रेम हीरा है। काम कीचड़ है, प्रेम कमल है जो उस कीचड़ में खिलता है। यह वही तत्व है- बस एक ही बात है कि आप जानो कि आप इसे धारण कैसे करोगे। बस अपनी अपेक्षाओं का परित्याग करो और आप देखोगे कि प्रचण्ड ऊर्जा का प्रस्फुटन होगा।

आज मैं चाहता हूँ कि आप जब घर जाओ तो इस कथन का प्रयोग करो।

बैठ जाओ और अपने मूलाधार पर ध्यान केन्द्रित करो। आप ध्यान दो तो पाओगे कि आपका मूलाधार तनाव में है। वह हमेशा तनाव में रहता है। 5 मिनट के लिए, मानसिक रूप से अपनी पत्नी या पति को क्षमा कर दो किसी भी चीज के लिए जिससे उन लोगों ने आपको परेशान किया हो। वास्तव में क्षमा कर दो, जड़ तक जाओ और उस पीड़ा के भाव का परित्याग करो। इसे पूर्णता से करो। बस उन्हें स्वीकार करो जैसे वो हैं। उन्हें अपना गहरा प्रेम दो।

बस 5 मिनट के बाद, आप ये देखोगे कि आपका मूलाधार चक्र पूर्णतः आराम से है।

यदि मात्र 5 मिनट आपको यह परिणाम दे सकता है, तो कल्पना करो क्या होगा जब आप अपने संपूर्ण दृष्टिकोण को बदल दोगे। कितनी प्रचण्ड ऊर्जा के बहाव को आप अनुभव करोगे।

जिस तरह से आप इस समय रह रहे हो, यह वैसे है जैसे आपको 1 लाख रूपया मिला हो, लेकिन उसमें से 90 हजार आपने कहीं बंद कर दिया है जहाँ से आप

वापस नहीं पा सकते। आपको सारा जीवन उसी बचे हुए 10 हजार में चलाना है। तब निश्चित रूप से आप अपने आप को गरीब महसूस करोगे।

इसी तरह से, हमारी समस्त ऊर्जा गलत तरीके से खर्च की गयी है, वो सब इसकी चक्र में बंद कर दी गयी है- गुस्से में, काम में और किसमें-किसमें नहीं। हमारे पास इतनी पर्याप्त ऊर्जा भी नहीं है जो हमें दिन-प्रतिदिन जीनें में चाहिए। एक बार यह चक्र खुल गया, आपका जीवन धनी हो जाएगा। आप और बेहतर तरीके से सोच सकोगे, बेहतर तरीके से समझ सकोगे, बेहतर तरीके से योजना बना सकोगे। आप इस ऊर्जा को लगातार अपने अन्दर अपने लिए कार्य करता हुआ पाओगे। यह ऊर्जा आपके लिए उस नये आयाम को खोल देगी जिसका पहले आपने कभी अनुभव किया होगा। आप वास्तव में इस बात को महसूस करोगे कि आपका पति, आपकी पत्नी और बाकी लोग आध्यात्मिक स्वरूप है।

समझो : स्वर्ग और नर्क भौतिक स्थान नहीं हैं उन्हें आप नक्शे पर चिह्नित नहीं कर सकते। उनका अस्तित्व मनोवैज्ञानिक है। ये आपके ऊपर है कि आप अपने जीवन को स्वर्ग या नर्क बना दो। जब आप अपेक्षाओं में भरे रहते हो आप अपने नर्क को अपने मस्तिष्क में लेकर चलते हो, इसलिए जहाँ भी आप जाते हो आप देखते हो आपका व्यक्तिगत नर्क आपके साथ चल रहा है। जिस तरीके से एक सर्कस मण्डली अपने सारे टेंट इत्यादि ले जाती है, जहाँ जाती है बस उसी तरीके से आप भी अपने नर्क को लेकर के जाते हो जिस जगह जाते हो और जहाँ रहते हो। इससे बच नहीं पाते। और जब दो लोग मिलते हैं दो नर्कों की टकराहट होती है, दो घंटियों की नहीं।

आप क्यों हर जगह इस भार को लेकर के अपने साथ रहना चाहते हो?

बस इसका परित्याग करो।

बस सोचो उस सारी ऊर्जा के बारे में, जो दूसरे व्यक्ति को अपने अनुरूप तराशकर बनाने में आप बर्बाद करते हो। क्या इससे ज्यादा आसान यह नहीं है कि छिनी-हथौड़ा ही फेंक दो? यदि मात्र 10 फीसदी उस ऊर्जा का साधना की तरफ घुमा दिया जाए, आपका जीवन सत्य के रूप में जीने में परिवर्तित हो जाएगा।

स्वतंत्रता के साथ और सजगता के साथ जीना ही, जीवन जीना है।

हमारे पास एक विकल्प है। हमारे पास जागरूक होने का विकल्प है।

अब निर्णय आपके ऊपर है।

***प्रश्न** : स्वामी जी, हम कामुकता का परित्याग और प्रेम का पोषण कैसे करें?*

हाँ........आप अन्ततोगत्वा बिन्दु पर आ गये हो........

कामुकता (तृष्णा) भी क्रोध की तरह एक प्रचण्ड उर्जा है। वास्तव में, तब तक जब तक कि आप समझो कि तृष्णा क्या है और कैसे तृष्णा को परिवर्तित किया जाता है कोई भी क्रिया जो आप करते हो वह तृष्णापूर्ण होती है। चाहे आप एक कलम उठाओ, वह तृष्णापूर्ण होगी चाहे आप एक बच्चे को थपथपा रहे हो, वह तृष्णापूर्ण होगा, एक विशेष प्रकार की जानवारों की प्रकृति इसमें रहती है क्योंकि आपकी ऊर्जा अब भी आधार है और उँचे स्तर की ऊर्जा में परिवर्तित नहीं हुई है।

जिस तरह से क्रोध का ज्ञान क्रोध को घटा देता है, उसी तरह से तृष्णा का ज्ञान तृष्णा को घटा देता है क्योंकि दोनों एक ही ऊर्जा है। तृष्णा और काम के साथ समस्या यह है कि इन्हें ध्यान देकर के और परिकल्पना करके बहुत बड़ा बना दिया गया है। इस तुलना में कि जितना वो हैं। इन्हें दबाकर के और ज्यादा बड़ा किया गया इस तुलना में जितने कि ये हैं। यहीं पर सारी समस्या शुरू होती है। बहुत बड़ी सीमा तक मीडिया द्वारा इसको दूषित किया गया।

और जब आपकी तृष्णा दूसरे के द्वारा स्वीकार नहीं की जाती, वह उस व्यक्ति के प्रति क्रोध में परिवर्तित हो जाती है। इसलिए आप अखबार में पढ़ते हो ये खबर कि एक नयी उम्र के लड़के ने एक लड़की के चेहरे पर तेजाब फेंक दिया जिसने उसको अस्वीकार किया था।

देखो एक बात पहले समझो : समाज ने हमेशा विभाजन किया जैसे नीचे मानव और ऊँचे मानव। कोई मानव जो कामवासना पूर्ण होता है उसे नीचा मानव कहते हैं। कोई मानव जो तृष्णापूर्ण होता है उसे नीचा मानव कहते हैं। न तो कोई ऊँचा होता है न नीचा होता है। एक परिवर्तन होना ही है, इतना पर्याप्त है।

जो लोग इस तरह के धार्मिक मापदण्ड स्थापित करते घूमते हैं वो साधारणतः वही लोग होते हैं जो धार्मिक बनने का ढोंग करते हैं। उनमें से हर एक के पीछे छुपी हुई तृष्णा और कामवासना होती है या तो वो डरे हुए रहते हैं इन भावों के पीछे जाने में या ग्लानि से भरे हुए होते हैं इसलिए वे आध्यात्मिक व्यक्ति बनकर के जीवन बिताते हैं। ये वो हैं जो मापदण्ड बनाते हैं जैसे ऊँचा और नीचा और समाज में सारे कष्ट का कारण है।

बस समझो कि ऊँचा नीचा जैसा कुछ नहीं होता। जिस क्षण आप ये सोचते हो कि आप नीचे हो, आप उस भाव से लड़ने लगते हो और उस पर विजय प्राप्त करना अत्यन्त कठिन हो जाता है और इसके फलस्वरूप परिवर्तन होना अत्यन्त कठिन हो जाता है।

जिस चीज का आप प्रतिरोध करोगे वह और दृढ़ होगी। बस अपनी जागरूकता

को परिवर्तन करने दो और वो हो जाएगा। बस अपने अन्दर सजगता लाओ और आप परिवर्तित हो जाओगे। कभी विश्लेषण मत करो, विश्लेषण केवल विभाजन करता है। यह आपको दो भागों में विभाजित कर देगा जो आपस में एक-दूसरे से लड़ते रहेंगे। समाज हमेशा आपको विभाजित करना चाहता है।

विश्लेषण वैज्ञानिकों और शोधकर्ताओं के लिए हैं, आध्यात्मिक उन्नति के लिए नहीं। आप विश्लेषण और काट-छाँट में इतना अभ्यस्त हो चुके हो कि हर परिप्रेक्ष्य में आपका उसका परित्याग नहीं कर पाते। जब लोग आपके ऊपर निम्न और उच्च के भावों को आरोपित करते हैं तो ध्यान रखना : हर एक अस्तित्व का भाग है और कोई किसी से निम्न या उच्च नहीं है। केवल तब जब आप इस सत्य को भूल जाते हो, तभी आप निम्न या उच्च शब्द का प्रयोग करते हो।

आपके उस प्रश्न पर जो तृष्णा के बारे में हैं पहले समझो : केवल प्रेम ही हो सकता है तृष्णा कभी नहीं। यह एक सत्य है। तृष्णा परिणति है गहरी नासमझी की।

तृष्णा को प्रेम में बदलने की प्रक्रिया एक रासायनिक परिवर्तन की प्रक्रिया है रासायनिक क्रिया आधार धातु को और महँगी धातु में बदलने की रासायनिक प्रक्रिया है। इसी तरह से हमारे आधार भाव जो कि तृष्णा है और उच्च स्तरीय अभाव जिसे प्रेम कहते हैं, इसी तृष्णा को प्रेम में परिवर्तित करने की प्रक्रिया को परिवर्तन की प्रक्रिया कहते हैं। यही निर्णायक परिवर्तन होता है।

अब मैं आपको बताता हूँ वो बात, जो वास्तव में मेरे साथ घटी जब मैं हिमालय में विचरण कर रहा था :

हिमालय में, मैं बस पैदल चला करता था कहीं भी जहाँ भी मुझे जाने की इच्छा होती थी। मेरा सामान बहुत कम था और मैं भ्रमण करता था और कहीं भी रात में सो जाया करता था। उस काल में मैं बहुत से महात्माओं से मिला।

ऐसे ही एक मौके पर, मैं एक महात्मा से मिला जो बहुत कम वस्त्रों, में जिनकी जटाजूट बढ़ी हुई थी और जिनके चेहरे पर हिंसक भाव थे। वह एक नागा बाबा थे, जो महात्माओं के नागा पंथ से संबंधित थे।

मैं उनके प्रति कुछ आकर्षित हुआ और उनके पास गया।

उस वक्त हिन्दी ज्यादा बोल नहीं पाता था, लेकिन मैंने किसी तरह टूटी-फूटी हिन्दी में उनसे बातें की। मैं उनके साथ कुछ दिन रहा भी।

सारे दिन, वह अपना चिलम् पिया करते थे। मैं उन्हें ध्यान से देखा करता था और आश्चर्य करता था कि ये करते क्या हैं?

वो अपने हुक्के में दो ताँबे के सिक्के डाल देते थे, कुछ देर तक हुक्का पिया करते

थे और तब अपना हुक्का खाली कर देते थे वो उस हुक्के में से दो ताँबे के सिक्के की जगह दो सोने के सिक्के निकालते थे।

वो फिर बाजार जाया करते थे, सोने के सिक्कों को बेचा करते थे और ज्यादा ताँबों के सिक्कों को और तम्बाकू खरीदा करते थे और इसी प्रक्रिया को बार-बार दोहराते थे।

मैंने पूछा कि ये होता कैसे है।

उन्होंने मुझे कोई उत्तर नहीं दिया, लेकिन अपना हुक्का मुझे दे दिया। किन्हीं कारणों से मुझे तम्बाकू या शराब की महक कभी अच्छी नहीं लगती थी, मैं दो-तीन कदम पीछे हट गया।

मैंने उनसे कहा कि मैं हिमालय में साधना करने आया हूँ और जाग्रत होने आया हूँ, मैं हुक्का पीने में या सोने के सिक्कों में कोई रुचि नहीं रखता।

उसने मेरी तरफ देखा और पहली बार मुझसे बोला तमिल भाषा में : "अंगम पज़हुत्थाल थंगम पज़हुक्कुम" इसका अर्थ है, जब आपका स्वर्ण पक जाएगा, सोना भी पक जाएगा।

मेरे पास शब्द नहीं थे।

वो खेलते हुए मेरे चेहरे पर धुएँ के छल्ले फेंक रहे थे।

उसके बाद मैं तीन दिन तक गहरे परमानन्द में था।

ताँबे को स्वर्ण में बदलना एक रासायनिक प्रक्रिया है। यह वाह्य जगत की रासायनिक प्रक्रिया है। हमारे अन्तर जगत में जो रासायनिक प्रक्रिया चलती है, वह हमारी आधार ऊर्जा को और ऊँची आध्यात्मिक ऊर्जा में परिवर्तित करती है। जब आप आधार ऊर्जा और आध्यात्मिक ऊर्जा में परिवर्तित करने की कला सीख जाओगे, तब आप ताँबे को भी स्वर्ण में परिवर्तित करना जान जाओगे, ये कोई बड़ी बात नहीं है। आंतरिक रासायनिक प्रक्रिया में जब आप निपुण हो जाओगे, उसकी तुलना में वाह्य रासायनिक प्रक्रिया कुछ नहीं है। वह आपके हाथ में बच्चों के खेल जैसा है।

मैंने यह घटना आपको केवल यह समझाने के लिए सुनाई है कि आप इस रासायनिक प्रक्रिया की विचारधारा को समझो और वाह्य जगत की रासायनिक प्रक्रिया के पीछे मत भागो। इस बात को समझो। वाह्य जगत की रासायनिक प्रक्रिया साधारण है वह अन्तर जगत की रासायनिक प्रक्रिया है जो आपको सच्चा स्वामी बनाता है।

धातुओं की रासायनिक प्रक्रिया में वास्तव में क्या होता है। पहले उसकी अशुद्धता

दूर की जाती है, उसके बाद उसमें कुछ रासायनों का सम्मिश्रण किया जाता है, तब उसको एक प्रक्रिया के माध्यम से ले जाया जाता है और अंत में वह आधार धातु और महँगी धातु बन जाता है।

हमारे पशुंता वाले भाव को ईश्वरीय भाव में परिवर्तित किया जाना है। हमारे सबके अन्दर तृष्णा है, जो पशुता का भाव है। एक बात और : जानवरों के अन्दर तो कम से कम शुद्ध तृष्णा होती है। जब वो संबंध स्थापित करते हैं तो बाकी सारे संसार को भूल जाते हैं। लेकिन हम लोग, हमारी तो तृष्णा भी शुद्ध नहीं है। वो तो ग्लानि और कामनाओं से हमेशा भरी हुई है।

या तो हमारे पूर्व की परिस्थितियाँ हमें ग्लानि से भर देती है और हमें वापस खींचती हैं या हमारे अन्दर तीक्ष्ण कामना पैदा कर देती हैं कि हम और ज्यादा लिप्त हों, जिससे कि और ग्लानि हो। यह एक चकरघिन्नी है जो वापस खींचती है और फिर अन्दर ढकेलती है। जिसके फलस्वरूप हमारी तृष्णा भी दूषित हो जाती है। वह शुद्ध नहीं रहती।

आपने हमेशा ध्यान दिया होगा, कि जिस क्षण आपकी अपेक्षाओं की पूर्ति होती है आप ग्लानि से भर जाते हो। इसीलिए काम हमेशा आपको ग्लानि का अहसास कराता है। परिवार ने आपके अन्दर पहले ग्लानि के भाव को भर दिया, जब आप मात्र बच्चे थे और उसके पश्चात् आप अपने लिए ग्लानि पैदा करने की कला में निपुण हो गए।

सर्वप्रथम ग्लानि को समझो। किसी व्यक्ति को जब आपके ऊपर नियंत्रण करने की इच्छा होती है तो सर्वप्रथम वो आपके अन्दर ग्लानि पैदा करता है वो आपको किसी न किसी रूप में निम्नता का अहसास कराता है। तब आप स्वतः ही उनकी बात का अनुपालन करते हो।

मनुष्य केवल ग्लानि के माध्यम से ही नियंत्रण करना जानता है। मैं आपसे बताता हूँ ये नियम बच्चों के लिए ठीक है। नियमों से शुरू करना अच्छा होता है। परन्तु महत्वपूर्ण यह है कि जैसे-जैसे आप बड़े होते हो आपको मार्ग-दर्शन आपकी बुद्धिमत्ता को करना चाहिए। जब आप अपने व्यक्तित्व का एकीकरण कर लोगे ग्लानि का आपके अन्दर उदय ही नहीं होगा। वास्तव में कोई घटना आपके अन्दर ग्लानि नहीं पैदा करती। उस घटना का प्रभाव आपके अन्दर ग्लानि का कारण है।

लोग अंधों की तरह एक पीढ़ी से दूसरी पीढ़ी को नियम विरासत में देते रहते हैं और उसी के साथ-साथ ग्लानि भी। जैसा राजा का मुकुट होता है, वो परदादा से दादा, दादा से पिता, पिता से पुत्र, पुत्र से परपुत्र ऐसे चलता है। बस इसी तरह से ग्लानि भी पीढ़ी दर पीढ़ी चलती रहती है।

खूबसूरती बढ़ाने के हर उत्पाद आपको बताते हैं बार-बार कि आप देखने में उतने अच्छे नहीं हो। आप इस ग्लानि से भर जाते हो कि आपका शरीर उपयुक्त नहीं है। आप करते क्या हो? आप जाते हो उस उत्पाद को खरीदते हो और इस्तेमाल करते हो। आप स्वतः ही उनके नियंत्रण में फँस जाते हो। एक बार आप उसका प्रयोग कर लेते हो आप ग्लानि की एक और भावना से भर जाते हो- 'क्या इसी सब समस्या के लिए मैंने ये सब किया?" जैसे ही आप किसी चीज को प्राप्त करोगे, पहली चीज जिससे आप ग्रसित होगे वह होगी ग्लानि।

हम वापस तृष्णा पर आते हैं, आपकी अपेक्षाएँ और परिकल्पनाएँ आपको एक निष्क्रिय चक्र में डुबो देती हैं। आप अपने चारों तरफ अपनी परिकल्पनाओं जो आपने दूर-दर्शन, इण्टरनेट, किताबों इत्यादि से इकट्ठा किया है, से एक मानसिक दीवार खड़ी कर लेते हो और इसी दीवार के अन्दर आप मानसिक रूप से रहते हो। जब आप संबंधों में भी रहते हो, तब भी आप इसी दीवार से ही संबंधित रहते हो अपनी वास्तविक पत्नी या पति से नहीं। बेचारे वास्तविक पति और पत्नी तो मात्र एक विकल्प रह जाते हैं आपके मानसिक स्वरूपों से। आपकी तृष्णा भी दूषित हो जाती है।

जब आप इसी रूप में मग्न हो जाते हो, तो आप एक चकरघिन्नी में फँस जाते हो और इसीलिए आप उसमें गहराई तक नहीं जाते और किसी परिस्थिति के कारण वापस आते हो और ज्यादा परेशानियाँ लिए हुए। यदि आप उसमें और अन्दर गहराई तक जाओ, तब आप उसमें से खिलकर निकलोगे।

इसीलिए पूर्व के दिनों में, लोग अपनी तृष्णा का परित्याग 40 वर्ष की उम्र में ही कर देते थे। उनके पास इतने जटिल स्वरूप नहीं थे। वो सीधे अपने पति और पत्नी से संबंधित रहते थे इसीलिए वे बहुत कम उम्र से ही खिले हुए रहते थे। वो तृष्णा में गहराई तक जाते थे और उससे बाहर निकल आते थे। तृष्णा अपने आप उन्हें छोड़ देती थी, उन्हें उसका परित्याग नहीं करना पड़ता था।

भारत शादियों में एक बड़ा खूबसूरत छंद है जो पुजारी लोग शादी के जोड़ों से गाने के लिए कहते हैं। पत्नी-पति से कहती है, "आप मेरे ग्यारहवें पुत्र बनो" और पति-पत्नी से कहता था, 'आप मेरी ग्यारहवीं पुत्री बनो।" इसका अर्थ है, विवाह के ग्यारहवें वर्ष में वे दोनों एक-दूसरे को पुत्र और पुत्री के रूप में देखेंगे। दोनों का संबंध इतने बड़े परिवर्तन से होकर के गुजर चुका होगा तब तक।

जब आप अपने बच्चों को देखते हो आप भर जाते हो कितनी खुशी से, क्या ऐसा नहीं है? पति और पत्नी से आपके संबंध तब तक में बहुत बड़े परिवर्तन की प्रक्रिया से होकर गुजर चुके होंगे और आप उसी खुशी का अनुभव करोगे जब एक-दूसरे को देखोगे। पति पुत्र बन जाएगा उस महिला के लिए और पत्नी पुत्री

बन जाएगी उस पुरुष के लिए।

जब आपको अपनी परिकल्पनाओं की स्पष्ट समझ नहीं होती, तभी आप प्रभावित होते हो। समझ ही वह चाभी है इससे बाहर निकलने की। यदि आप बिना प्रभावित जीना जान जाओ, आप एक आध्यात्मिक जीवन जी रहे हो। यदि आप पीड़ाओं से बचना नहीं जानते, आप सांसारिक जीवन जी रहे हो। केवल दो ही प्रकार के जीवन हैं- समझ के साथ जीना और नासमझी से जीना। बुद्ध का जीवन या बुद्धू का जीवन।

आप भ्रमित हो अपनी कामनाओं और परिकल्पनाओं के बारे में और इसीलिए आप खुश नहीं हो चाहे आप जहाँ हो। जब आप भूमि पर किसी चटाई पर बैठते हो, आप खुश नहीं रहते क्योंकि आप कुर्सी के बारे में सोचते हो। जब आपको कुर्सी मिल जाती है, आप सिंघासन के बारे में सोचते हो। जब आपको सिंघासन प्राप्त हो जाता है तब आप उसका भोग करने की क्षमता खो देते हो। क्या आप समझ रहे हो मैं क्या कहने की कोशिश कर रहा हूँ?

यदि तुम्हारी तृष्णा शुद्ध है, बिना किसी ग्लानि की भावना या कामना के है, तब आप गहराई तक चले जाओगे बिना किसी प्रकार की ग्लानि के और परिकल्पना के और खिलकर के बाहर निकलोगे। केवल तब जब आपकी मानसिक दीवार कार्य करने लगेगी, तभी अप अपनी परिकल्पनाओं में इकट्ठे किए गए स्वरूपों और दिवास्वप्न को भी मिलाओगे और असफल हो जाओगे खिलकर के निकलने में तृष्णा के कारण।

अपनी मानसिक दीवार का परित्याग करो और अपने शरीर के प्रति और दूसरे के शरीर के प्रति भी प्रेम का अनुभव करना शुरू करो। परमानन्द तो आपके अन्दर निरंतर रह रहा है, परन्तु आप उसे उभरने का अवसर ही नहीं दे रहे हो क्योंकि आप परिकल्पनाओं में ग्रसित हो। जब आप परिकल्पनाओं का परित्याग कर दोगे अपने शरीर के बारे में और दूसरों के शरीर के बारे में, आपके तृष्णा की अशुद्धि दूर हो जाएगी और पहला कदम जो रासायनिक परिवर्तन का होगा वो होगा आपकी तृष्णा की अशुद्धि का दूर होना।

जब आप अपने शरीर के साथ आराम अनुभव करने लगो, एक विशेष प्रकार का लालित्य आपके अन्दर पैदा होगा। समझो : त्वचा की समस्त बीमारियाँ ज्यादातर आपके अन्दर आपके शरीर के प्रति आपकी घृणा के कारण होती हैं। वे होती हैं केवल इसलिए क्योंकि आपको अपने शरीर के प्रति कोई आत्म सम्मान नहीं होता और कोई आत्म उत्तेजना नहीं होती।

आप इस बात को समझते नहीं और त्वचा का इलाज करते हुए घूमते हो। इसकी

जड़ आपके मानसिक दीवार में रहती है जो वर्षों में निर्मित होती है। आप हमेशा दूसरे के शरीर को देखते हो और कामना करते हो कि आपका शरीर उसके जैसा हो। जब आप अपने शरीर से प्रेम करोगे, जब आप अपने शरीर के साथ आराम अनुभव करोगे, तब आप अच्छा अनुभव भी करोगे और अच्छे दिखोगे भी।

रामायण में तुलसीदास ने लिखा है, कि जब माता सीता जनक के दरबार में चलकर आयीं, हर व्यक्ति चाहे महान सन्यासी रहे हों, चाहे वशिष्ट ऋषि रहे हों, और सीता जी के पिता जनक स्वयं इन सब लोगों ने खड़े होकर के उन्हें सम्मान दिया। ऐसा उत्कृष्ट लालित्य था जो उसके अन्दर से निकल रहा था।

तंत्र में आया है, एक तकनीक होती है कि जब आप प्रातःकाल उठते हो आप शरीर के अपने हर बिन्दु को गहरे प्रेम से स्पर्श करते हो, और सूक्ष्म शरीर को स्थित होने देते हो पूर्णता से भौतिक शरीर में, जाग्रत होने पर।

कुछ भी हो, जितने ज्यादा स्वरूपों को बाहर से आप एकत्रित कर लेते हो, उतनी ही मोटी आपकी मानसिक दीवार होती है। पूर्व के दिनों में लोग इतने उन्मादी और जटिल नहीं होते थे, बहुत साधारण थे। मानसिक दीवार या तो होती ही नहीं थी और यदि होती थी तो बहुत पतली होती थी।

एक बार आप अपने शरीर और दूसरे के शरीर के बारे में परिकल्पना का परित्याग कर दो, तब आप दूसरे के शरीर के प्रति मित्रता और दया दिखाना शुरू कर दोगे। मित्रता वह तत्व है जिसको मिलाने की आवश्यकता है इस रासायनिक परिवर्तन में जो तृष्णा को प्रेम परिवर्तित करेगा।

ध्यान रहे हिंसा वह मार्ग नहीं है। हम समाज में, राज्य में और देश में हिंसा की बात करते हैं। अपने घरों के बारे में अपने अन्दर के बारे में और अपने मस्तिष्क के बारे में क्या कहेंगे? मैं आपसे बताता हूँ : हिंसा घर से शुरू होती है।

आप कह सकते हैं, "स्वामी जी, परन्तु हम अपने दिन-प्रतिदिन के जीवन में हिंसक नहीं है।" मैं आपसे बताता हूँ, आप केवल सोचते हो कि आप मित्रता से रहते हो और हिंसक नहीं हो। जब मैं मित्रता शब्द का प्रयोग करता हूँ तो उसका अर्थ, उस अर्थ से भिन्न है जो आपके मस्तिष्क में है। अपने आप का सूक्ष्मता से निरीक्षण करो : जब आप सड़क पर चल रहे हो या अपने बगीचे में, आप गैर जानकारी में किसी वृक्ष की पत्ती को तोड़ लेते हो, किसी फूल को तोड़ लेते हो, किसी पत्थर में ठोकर मारते हो, किसी लता को खींच लेते हो और क्या-क्या नहीं करते। ये सारी क्रियाएँ हिंसक हैं।

मात्र बस एक बार, अपने बगीचे में जाओ और नजदीक से किसी फूल को देखो या किसी पत्ती को देखो अपने अन्दर के गहरे प्रेम से। उसकी खूबसूरती को अपने

हृदय में महसूस करो और उसको प्रेम से देखो। अस्तित्व के आश्चर्यों से उसके माध्यम से जुड़ो। उसके साथ एक नवजात शिशु की तरह व्यवहार करो। ऐसा महसूस करो कि ये भाव अपके अन्तःकरण से निकल रहे हैं।

अब सोचो कई बार जब आपने गैर जानकारी में किसी फूल या पत्ती को तोड़ा हो और तोड़कर के कहीं और फेंक दिया हो। दोनों भावनाओं में फर्क समझते हो, दोनों व्यवहार में? अब मुझे बताओ क्या आप, अपने आस-पास हर चीज और हर व्यक्ति के प्रति मित्रता वाला व्यवहार रखते हो?

हर चीज को सजगता से देखो, अब आप सुषुप्तावस्था में व्यवहार कर रहे हो और हिंसक ढंग से व्यवहार कर रहे हो इन चीजों के प्रति बिना यह जाने हुए कि आप हिंसक हो गए हो। यदि आप इन चीजों के प्रति सजगता से देखो, आप इनके अन्दर की अपार खूबसूरती को देखोगे और इनके साथ प्रेम का व्यवहार करोगे।

और अब आप अपने शरीर के साथ कितना दुरव्यवहार करते हो? आप जरूरत से ज्यादाकार्य लेते हो और गड़बड़ी करते हो उस खूबसूरत पाचन प्रक्रिया से जो आपके अन्दर क्रियाशील रहती है। आप देर रात तक जागते हो अपने शरीर को पीड़ित करते हो, तब जब कि वह चीखती रहती है आराम के लिए। आप सिगरेट पीते हो और शराब पीते हो इस बात को जानते हुए कि वह आपके शरीर के लिए ठीक नहीं है। क्या ये सारी क्रियाएँ मित्रता की हैं आपके शरीर के प्रति? आप में से कुछ अपने शरीर से घृणा करते हो इसलिए उसकी उपेक्षा करते हो।

इसलिए बाहर की हिंसा के बारे में बातें करना बंद करो और अपने अन्दर की हिंसा के बारे में बातें करो। बाहर की हिंसा स्वतः ही रूक जाएगी। हम दूसरों की खामियों के प्रति उँगली उठाने के लिए हमेशा तैयार रहते हैं। हमारी अपनी खामियों के बारे में क्या कहेंगे जो गिनती में बहुत अधिक है?

एक बार एक व्यक्ति मेरे पास आया और अपने परिवार के बारे में बताया। उसने कहा कि उसकी पत्नी एक वकील है। मैंने पूछा, "ओह, वो अदालत में बहस करने जाती हैं?" उसने कहा, "नहीं स्वामी जी, वो घर में बहस करती हैं।"

हम दूसरे की तरफ उँगली उठाने के लिए तैयार रहते हैं और बहस करते हैं। इसकी जगह पर हमें अपनी अशुद्धता दूर करना प्रारम्भ कर देना चाहिए और तब बाहर स्वतः ही बहस करने की आवश्यकता नहीं पड़ेगी।

अपने साथ उन शब्दों को लेकर चलो जो दूसरों को और आपको स्वयं स्वस्थ करें। दूसरों के शरीर मस्तिष्क और स्वरूप के प्रति मित्रता का भाव रखो। यह है जिसे 'व्यवहारिक आध्यात्मिकता' कहते हैं। एक कमरे में पूजा करते हुए घण्टी बजाकर के लगातार माँ लक्ष्मी से धन के बारे में प्रार्थना करने की आध्यात्मिकता

नहीं करते। आध्यात्मिकता, माँ लक्ष्मी के गुणों जैसे कि कृपा व सद्भाव को अपने अन्दर आत्मसात करना है। धन तो स्वतः ही आ जाएगा।

हम सब सोचते हैं कि हमें केवल धार्मिक क्रियाओं को करना है और हमें परिणाम मिल जाएगा। नहीं। बहुत स्पष्ट रहो : आप राम-राम की रट प्रतिदिन एक हजार बार लगाओ बिना इस अभिप्राय के और अभिरूचि के कि आपको अपने आप को परिवर्तित करना है, यह उसी तरीके से होगा जैसे दिन भर एक हजार बार कोला-कोला, कोला-कोला की रट लगाओ। धार्मिक क्रियाओं के पीछे जो मौलिक सोच है वो है समझने की और आत्मसात करने की अपने अन्दर परिवर्तन की प्रक्रिया को और तब भौतिक परिणाम अपने आप निरंतर आने लगेंगे।

एक बार आप दूसरों के प्रति मित्रता दिखा सकोगे, इतना धैर्य और दृढ़ता रखना कि आपके भावनाओं की परिवर्तन प्रक्रिया हो सके और अंत में आप अनुभव करोगे उस परम पारस्परिक भाव को जिसे प्रेम कहते हैं। दूसरा भी आपके परिवर्तित भावों के प्रति प्रतिक्रिया करेगा और आप पहुँच गए। आपका स्वरूप परमानन्दित हो जाय। तब आपने साधना ठीक तरीके से की है।

जब प्रेम आपके स्वरूप का केन्द्र बन जाता है तो काम दो स्वरूपों को गहराई से जोड़ता है। समस्या यह है, कि सच्चा प्रेम खो गया है और तृष्णा द्वारा ढक लिया गया है। परिणामस्वरूप दोनों स्वरूप इकट्ठे होते ही नहीं, केवल शरीर इकट्ठे होते हैं। संबंध केवल सतही स्तर पर रहता है। कोई भी चीज यदि सतही स्तर पर है तो आसानी से टूट सकती है। न टूटने के लिए किसी भी चीज को बहुत गहरी जड़ की आवश्यकता है। बहुत साधारण तर्क है।

और, तृष्णा आपको अंधा कर देती है। यह आपको सुषुप्त के नशे में ले जाती है। प्रेम का भी नशीला प्रभाव होता है, परन्तु इसका नशा आपको गहरी सजगता की तरफ ले जाता है। यह ऐसी खूबसूरत स्थिति होती है। प्रेम और तृष्णा एक ही स्वरूप के दो सिरे हैं। कुछ भी जो आपको गहरी सजगता में ले जाता है वह ध्यान साधना होती है। कोई भी चीज जो आपको सुषुप्तावस्था में ले जाए वह सहायक नहीं हो सकती। यही वह माप है यह देखने के लिए कि जो कुछ भी आप अनुभव कर रहे हो वह आपके लिए अच्छा है या नहीं।

एक बात और - जब आप गहराई से प्रेम करोगे, ईर्ष्या के लिए कोई स्थान नहीं होगा। ईर्ष्या इसलिए होती है क्योंकि आप भयभीत रहते हो कि हल्की जड़े उखड़ न जाएँ। यदि जड़े गहराई तक हों तो आप भयभीत क्यों होंगे? आप ईर्ष्या क्यों करोगे? क्या आप समझ रहे हो मैं क्या बताने का प्रयास कर रहा हूँ। अपने साथ

में विश्वास हल्का होता ही है यदि संबंध सतही स्तर के हों। एक ऐसा संबंध जो परिकल्पनाओं और तृष्णा पर आधारित है।

वह रोमांस सच्चा रोमांस नहीं है जो केवल एक व्यक्ति के प्रति अनुभव किया जाए। जीवन अपने आप में रोमांस है। आपका अपना स्वरूप भी रोमांस करता है- अस्तित्व के प्रति। जब आपका स्वरूप मस्तिष्क के माध्यम से अभिव्यक्ति करता है, उसे बौद्धिकता कहते हैं, जब वह हृदय के माध्यम से अभिव्यक्ति करता है, उसे दया कहते हैं, जब वह शरीर के माध्यम से अभिव्यक्ति करता है उसे ऊर्जा कहते हैं, जब वह अभिव्यक्ति करता ही नहीं और बस होता है, उसे परमानन्द कहते हैं।

जब आप इस स्थिति को प्राप्त कर लोगे तब आप वाह्य जगत में किसी के ऊपर आश्रित नहीं रहोगे खुशी के लिए। तब आप बस अपने अन्तःकरण में हर समय आनन्द में रमण करोगे। निश्चित रूप से, आप उसे बढ़ा सकोगे औरों में बाँटकर के वाह्य जगत में।

जब आप किसी व्यक्ति से संबंध को गहराई से अनुभव करोगे, उस व्यक्ति से शारीरिक निकटता की कोई आवश्यकता नहीं होगी। आप संतुष्ट और खुश रहोगे बस इस अनुभव से कि आप उससे संबंधित हो चाहे वो स्त्री हो या पुरुष। आप अपने आप में पूर्णता का अनुभव करोगे और वाह्य जगत में किसी चीज के प्रति परिपूर्णता के लिए नहीं देखोगे। यह संबंध किसी अन्य की या अलगाव से प्रभावित नहीं होगा।

हर चीज से परे किसी व्यक्ति से संबंध का गहरे स्तर पर अनुभव करना ही संबंध है। जब आप इस बात को नहीं समझते, आप अपने आप को लोगों से कई शर्तों के आधार पर बाँधते हो और उसी को संबंध कहते हो। वह बहुत हल्का हो जाता है और आपको उसको बनाए रखने के लिए कड़ी मेहनत करनी पड़ती है और आप इस निष्कर्ष पर पहुँचते हो कि संबंध बहुत पीड़ादायक होते हैं।

लोग मुझसे बताते हैं, "स्वामी जी, मैं यही आश्रम में रहना चाहता हूँ। घर पर रहकर मैं खुश नहीं हूँ।"

मैं उनसे हमेशा बताता हूँ कि अगर वो घर पर चार के साथ खुश नहीं हैं, तो यहाँ सौ के साथ आश्रम पर कैसे खुश रहेंगे। क्या आप सोचते हो कि आश्रम कोई पलायनकर्ताओं की सराय है।

बहुत स्पष्ट रहो : घर कोई ऐसी चीज नहीं है कि जो आपके बाहर हो। परमानन्दित रहना हर समय अपने आस-पास से प्रभावित हुए बगैर, ही है जिसे कहते हैं, घर पर रहना। यदि आप इस तरह के नहीं हो सकते, आप कभी भी कहीं पर घर पर नहीं होंगे।

जब मैं '8'-'8' के कमरे में महीनों तक लगातार रह रहा था, तो मैं उतना ही परमानन्दित था जितना मैं आज इस सिंघासन पर बैठकर हूँ। कृपया इसे समझने की कोशिश करो। यह क्षमता उस समझ में सन्नहित है कि आपकी खुशी की वाह्य जगत की चीजों से कुछ भी लेना-देना नहीं।

एक कुत्ता जब हड्डी चबाता है तो उसके मुँह से ही खून निकलता है। वह सोचता है कि खून उस हड्डी से निकल रहा है और हड्डी को वो चबाता रहता है और खून चाटता रहता है। उसे क्या होगा? उसे केवल पीड़ा मिलेगी। आप भी जो कर रहे हो वह यही है। आप सोचते हो कि सुख या दुःख उसमें है जो आप वाह्य जगत में करते हो और इस तरह से उसमें और ज्यादा लिप्त हो जाते हो और अत्यन्त पीड़ादायक स्थिति हो जाती है। क्या आप समझ रहे हो? हाँ.......

प्रश्न : *स्वामी जी, हम अपने बच्चों को इस तरह की समस्याओं को पैदा करने से कैसे बचा सकते हैं?*

बहुत स्पष्टता से जानो, आप इसे पूरी तरह से नियंत्रित नहीं कर पाओगे। आप अपने बच्चों की समाज से सारी पारस्परिकता को नियंत्रित नहीं कर सकते। लेकिन कुछ चीजें हैं जिनका आप अपने घर पर अभ्यास कर सकते हो।

जैसा कि मैंने पहले कहा है, बच्चे के दूसरे भाग को मत दबाओ। उसे स्वतंत्रता के साथ विभिन्न तरीके से अनुभव और अभिव्यक्ति करने दो। उसे लिंग भेद के प्रति सजग रहने की शिक्षा मत दो। बच्चे को अपने प्राकृतिक स्वरूप में रहने दो, उसे पर्याप्त मौका दो उभरने का। बच्चे अगर सामाजिक परिस्थितियों द्वारा स्पर्श किए जाएँ तो प्राकृतिक रूप से अपनी सीमाओं में बहुत आराम से रहते हैं।

आपने यह देखा होगा कि अपनी प्रजनन इंद्रिय से खेलते रहते हैं, या अपने पैर के अँगूठे को मुँह में ले जाते हैं या इस तरह की बहुत सी क्रियाएँ करते हैं। ये बातें केवल यही दर्शाती हैं कि वे कितने आराम से हैं और प्रेम से हैं अपने स्वरूप की सीमाओं में खोज-बीन करते हुए और आनन्दित होते हुए। परन्तु हम उन्हें ये सब करने नहीं देते। हम तुरंत उन्हें रोक देते हैं, जब वो ये करते हैं। हम उन्हें बताते हैं कि ये गलत है। हम उन्हें अपने आप में खोज-बीन नहीं करने देते।

और जब उनके कपड़ों की बात आती है, अच्छा यह होगा कि उन्हें एक ही कपड़ा पहनाया जाए वनस्पति के दो भागों वाले कपड़े के। बाद वाला उन्हें विभाजित होने के भाव से प्रभावित करता है और धीरे-धीरे वे अपने शरीर के निचले भाग को भूल जाते हैं और उसके प्रति अनभिज्ञ हो जाते हैं। यह करीब-करीब उनकी जाग्रति का विभाजन है। यही कारण है कि आज यदि आपको अपने आप को देखने की बात कही जाए तो केवल आपका ऊपरी भाग ही आपके दिमाग में आता है निचले भाग को आप नकार ही देते हो।

बच्चे का बस अपने में स्वतंत्र रहने दो अपने तरीके से। चाहे आप ये सोचते हो कि आप खतरा मोल ले रहे हो। बच्चों के अन्दर अपने आप में एक नैसर्गिक अन्तर्ज्ञान होता है। इसलिए आवश्यक बचाव की व्यवस्था करके आप उन्हें अपने आप में छोड़ सकते हो।

और, बच्चे अपनी अभिव्यक्ति में इतने पूर्ण होते हैं। इसलिए उन्हें दबाओ मत वो अपने मस्तिष्क का प्रयोग करके बनावटी और दिखावे वाला व्यवहार नहीं जानते। हम सब दिखावे की कला में निपुण हो गए हैं अपने मस्तिष्क का खुलकर के प्रयोग करके और रोककर के प्रयोग करके। हम पूर्णता से अपनी अभिव्यक्ति कभी नहीं करते।

और, उन्हें अपने दोनों हाथों का स्वतंत्रता से इस्तेमाल करने दो। हम अक्सर उन्हें बांयें हाथ का प्रयोग बहुत सी क्रियाओं में करने से हतोत्साहित करते हैं बच्चा सब्यसाची क्यों नहीं हो सकता? इसमें कोई बुराई नहीं है। महाभारत में अर्जुन सब्यसाची थे। क्या आप ये जानते थे? जब हम इन बातों को सुनते हैं तो आश्चर्य के साथ सुनते हैं लेकिन यह समझने में असमर्थ रहते हैं कि हम इन सब चीजों को करने में पूर्णतः सक्षम हैं बस यदि हमने अपने आप को मौका दिया होता।

एक बात और : आपने यह देखा होगा कि सारे बच्चे तेजी से नाचना पसंद करते हैं। तेजी से नाचना उनका अपना तरीका है जिससे वे अपनी ऊर्जा को केन्द्रित करते हैं। आप तेजी से केवल तब घूम सकते हो यदि आपका मणिपूरक चक्र जो नाभि क्षेत्र में स्थित है पूर्णतः साफ हो। बच्चे इतने निश्छल और चिंतामुक्त होते हैं कि वो बिना प्रयास के भी तेजी से नाच लेते हैं। परन्तु क्या हम उन्हें तेजी से नाचने देते हैं? जब हम उन्हें तेजी से नाचते हुए देखते हैं, तो हमारा सिर तेजी से नाचने लगता है इसलिए हम उन्हें रोक देते हैं और उनसे कहते हैं, "एक जगह बैठो ये स्वास्थ्य के लिए ठीक नहीं है।" इसी तरह की और बातें कहते हैं। मैं आपसे बताता हूँ, बस उन्हें तेजी से नाचने दो, एक कम्बल नीचे बिछा दो जिससे कि यदि वो गिरें तो चोट न लगे।

एक बात और : बच्चे के अन्दर भय स्थापित मत करो। उसे स्वतंत्र रहने दो, उसे कुछ बार चढ़ने दो और गिरने दो। यदि आप उसे लगातार करते रहे तो यह विभिन्न प्रकार के भय को जन्म देगा और ऊँचाई से भय, अँधेरे से भय और अन्य प्रकार के भय, जो आने वाले काल में एक डर के रूप में बैठ जाएगा। ऊँचाईयाँ चढ़ने का डर, नई अंजान आयामों में प्रवेश करने का भय इत्यादि। इन छोटी सी बातों का पालन हमेशा करो, इतना पर्याप्त है।

प्रश्न : *स्वामी जी, आप कह रहे थे कि एक आदर्श जीवन साथी जैसी कोई चीज नहीं है। तो विवाह के पूर्व कुण्डली मिलाने का क्या मतलब है?*

अब यदि मैं बोलूँ इस विषय पर तो मुझे पूरी ज्योतिष शास्त्र का तर्क समझना पड़ेगा।

ज्योतिष अपने आप में नहीं, परन्तु जिस तरीके से हम उसका पालन करते हैं वह मूर्खतापूर्ण है और निरर्थक।

समझो : यह आपका जीवन है, आप इसे जी रहे हो आपको इसकी अच्छाई और बुराई समझनी है - परन्तु आप अपने जीवन के बारे में कुछ नहीं जानते, और आप जाते हो और दूसरों से पूछते हो। आपकी बुद्धिमत्ता कहाँ है?

किसी अंजान के प्रति अपने जीवन को समर्पित करना, उसके द्वारा अपने जीवन के निर्णय को लेने देना, मात्र यह दर्शाता है कि आप अपने जीवन को चलाने के बारे में कुछ नहीं जानते। बहुत स्पष्ट रहो। अपने जीवन की जिम्मेदारी आपको स्वयं लेनी पड़ेगी।

जब लोग मेरे पास आते हैं और अपने भविष्य के बारे में प्रश्न करते हैं, तो मैं उन्हें बताता हूँ कि मेरे पास अपना भविष्य कैसा होगा यह जानने के लिए मत आओ। मेरे पास केवल तब पाओ जब आप मेरी मदद चाहते हो अपने लिए एक अच्छे भविष्य का निर्माण करने के लिए। ये सारी भविष्यवाणियाँ केवल कमजोर मस्तिष्क वाले लोगों के लिए हैं इस बिन्दु पर बहुत स्पष्ट रहो।

प्राचीन ज्योतिष एक शुद्ध विज्ञान था। उसमें सत्य था।

अब मैं आपको बताता हूँ कि ज्योतिष का प्रार्दुभाव कैसे हुआ।

पूर्व काल में, जब एक बच्चे को स्वामी के पास गुरुकुल में शिक्षा ग्रहण करने के लिए भेजा जाता था, तो ज्योतिष से इस बात का विश्लेषण किया जाता था कि वह किस तरह के व्यक्तित्व, किस तरह की अभिरुचि और किस तरह के प्राकृतिक रुझान का वह बच्चा स्वामी है। उसी के अनुरूप उस बच्चे को शिक्षा प्रदान की जाती थी।

इसी तरह से और पहले जाति का भेद जन्म पर आधारित नहीं था और उसका आधार चरित्र और व्यक्ति की प्राकृतिक क्षमताएँ थीं।

जब बच्चे को गुरुकुल में प्रवेश कराया जाता था, स्वामी ये देखते थे कि उसके प्राकृतिक रुझान क्या हैं। यदि उसके अन्दर ब्राह्मण के रुझान बुद्धिमत्ता अति महत्वपूर्ण कारक थी। उस बच्चे को वेद विद्या के अध्ययन के लिए प्रेरित किया जाता था- वैदिक ग्रंथों का अध्ययन। यदि उस बच्चे का व्यक्तित्व क्षत्रिय का था, जहाँ बहादुरी और शक्ति की प्रधानता होती थी, उसे युद्ध की कला सिखायी

जाती थी। यदि उस बच्चे के अन्दर वैश्य के रुझान होते थे जहाँ वो अपनी विभिन्न क्षमताओं का प्रदर्शन करता था, उसे व्यवसाय करना सिखाया जाता था। यदि वह शूद्र के गुणों को धारण किए हुए रहता था और सामान्य कार्य प्रक्रिया में समय देकर के खुश था तो उसे उसी तरह के कार्य के लिए प्रेरित किया जाता था। सारी चारों भूमिकाएँ बराबर महत्व की थीं और सबको बराबर सम्मान मिलता था।

यह वह अभिप्राय था जिसके लिए ज्योतिष का प्रयोग किया जाता था। यह एक ऐसा विज्ञान था जिसको विश्लेषण के लिए प्रयोग किया जाता था। अपने आस-पास देखो, करीब-करीब हर व्यक्ति गलत स्थान पर है। एक डॉक्टर जो प्रकृति से डॉक्टर है, वह एक इंजीनियर बन गया है और एक इंजीनियर एक कर्मचारी बन गया है और क्या नहीं। इसलिए चारों तरफ समाज में एक अफरा-तफरी की स्थिति बनी हुई है। एक व्यक्ति जो चरित्र से व्यवसायी है यदि वो आध्यात्मिकता में प्रवेश कर जाएगा, तो क्या होगा आध्यात्मिकता व्यवसाय बन जाएगी।

प्रश्न *: तो प्राचीन ज्योतिष एक सिद्ध विज्ञान हैं न स्वामी जी?*

इसी बात की तो मुझे चिंता है। जिस क्षण मैं हाँ कहूँगा आप लोग ज्योतिष के पीछे भागने लगोगे। कल प्रातःकाल तब मैं देखूँगा कि मेरे सामने एक बहुत लम्बी कतार है जिसमें सब अपनी कुण्डली लिए हुए हैं और कहेंगे, "स्वामी जी, कृपया देखकर के मेरे भविष्य के बारे में भविष्यवाणी कीजिए।"

मैं आपसे बताता हूँ : ज्योतिष के लिए इतना अधिक चिंतित मत हो।

विवेकानन्द ने बहुत सटीक उत्तर दिया था किसी को जिसने उनसे ज्योतिष के बारे में पूछा था। उन्होंने कहा था, "जाओ अच्छा खाओ, अच्छी कसरत करो और अच्छा सोओ। आपका शारीरिक और मानसिक रूप शक्तिशाली रूप शक्तिशाली हो जाओगे। तब आप इन सब चीजों के बारे में चिंता नहीं करोगे।

केवल वह व्यक्ति जो मानसिक रूप से कमजोर होता है वही ज्योतिष पर इतना आश्रित होता है।

प्रश्न *: स्वामी जी, क्या इसका मतलब ये होता है कि जो लोग ज्योतिष का अनुपालन करते हैं वो कमजोर मस्तिष्क के होते हैं?*

नहीं, आप ये नहीं कह सकते। परन्तु कमजोर मस्तिष्क वालों का बाहुल्य है। सामान्य बुद्धिमत्ता के भी लोग कई बार इस विषय में मूर्खतापूर्ण ढंग से व्यवहार करते हैं। वो आते हैं और मुझसे पूछते हैं, "स्वामी जी, यदि मैं एक प्रकार का पत्थर या रत्न, पहनूँ क्या वह मेरे लिए शुभ साबित होगा?" आप कैसे किसी पत्थर पर आश्रित हो सकते हो। आप जीवन्त जागरूकता हो, आप और कुछ

नहीं स्वयं ईश्वर हो। मैं कल्पना भी नहीं कर सकता- मैं आपको सिखा रहा हूँ वह विज्ञान कि आप समस्त ब्रह्माण्ड की ऊर्जा को नियंत्रित कर सको और आप मुझसे पत्थर के बारे में पूछते हो।

हो सकता है आपने स्वामी यतीश्वरा नन्द के बारे में सुना हो। वह एक महापुरुष थे, एक जाग्रत व्यक्ति। जब वह विदेश यात्रा पर पहली बार गए, उन्होंने अपनी यात्रा राहुकाल में शुरू की- दिन का अशुभ काल, जिसकी गणना ग्रहों की स्थिति से की जाती है। किसी ने उनसे पूछा, "स्वामी जी, राहुकाल में आप यात्रा कैसे शुरू कर सकते हैं?"

उन्होंने उत्तर दिया, "हे मूर्ख! मैं वो ऊर्जा हूँ जिससे ग्रह निर्देश पाते हैं। वो मुझे कैसे नियंत्रित करेंगे?"

***प्रश्न** : देखो मनुष्य का साहस, यह वो साहस है जो गहरी समझ से उत्पन्न होता है।*

मैं आपको वह विज्ञान सिखा रहा हूँ आप ग्रहों को नियंत्रित कर सकोगे। इसलिए आप इस बात की चिंता क्यों करते हो कि कौन सा ग्रह कहाँ है और वो आपको किस रूप में प्रभावित करेगा इत्यादि? ध्यान साधना के विज्ञान को पकड़ लो आपको कुछ भी नहीं छू पाएगा।

लेकिन वह हमारी महत्व व्यवस्था का भाग बन गया है, स्वामी जी........

बहुत स्पष्ट रहो हमारा सारा महत्व और कुछ नहीं है, बल्कि जागरूकता के एवज में हैं।

यदि आप जागरूक हो, और सजग हो इस बात के कि क्या कर रहे हो, आपको महत्व की आवश्यकता नहीं है जो ये आपकों बताए कि आपको क्या करना चाहिए। आपको किसी भी नियम को पालन करने की आवश्यकता नहीं है, नियम आपका अनुसरण करेंगे। सारे सद्‌गुण, सारे नियम और आध्यात्मिकता आपके अन्दर होगी और आप प्राकृतिक रूप से खिलकर के बहुत ऊँची उठी हुई आध्यात्मिक स्थिति में होंगे।

किसी तरह, जब भी हम जागरूकता या आध्यात्मिक उत्थान जैसे शब्दों को सुनते हैं, हम हमेशा सोचते हैं नहीं-नहीं ये मेरे लिए नहीं है। बिना किसी साधना तकनीक के अभ्यास किए गए, बिना कोई प्रायोगिक मार्ग जागरूकता के लिए अपनाए हुए, हम इस निष्कर्ष पर पहुँच जाते हैं कि ये सब मेरे लिए नहीं हैं और हम विकल्प के लिए प्रयासरत हो जाते हैं, एक कृत्रिम जागरूकता के रूप में- जिसे धार्मिकता कहते हैं, महत्व कहते हैं और अन्तःकरण की आवाज कहते हैं। महत्व ठीक होता है जब आप शुरूआती बिन्दु पर होते हो- परन्तु अन्त में बिन्दु पर नहीं।

विवेकानन्द ने कहा था, "चर्च में जन्म लेना अच्छा है, परन्तु वहाँ मरना नहीं।

सर्वप्रथम हमें इस विचारधारा को त्यागना होगा कि आध्यात्मिकता बहुत कठिन है और भिन्न है।

एक गीत है भगवान रमण द्वारा :

अयायी, अति सुलभम, आत्म विद्याई अयायी अति सुलभम!

इसका अर्थ है, 'ओह कितना सरल यह आध्यात्मिकता, ओह कितना सरल।' बाद के छंद में उन्होंने कहा यदि आपको धन चाहिए, आपको कड़ी मेहनत करने की आवश्यकता है। यदि आप नाम और ख्याति चाहते हो, आपको कड़ी मेहनत करने की आवश्यकता है। यदि आप आत्मदर्शन चाहते हो, आपको कुछ न करने की आवश्यकता है।

यदि आप गहरे आलस्य में जा सको, आप दैवत्व को प्राप्त हो जाओगे। यह वह आलस्य नहीं है जिस आलस्य को सामान्यतः हम लोग जानते हैं। वह शारीरिक आलस्य नहीं है यह एक प्रकार का मानसिक आलस्य है। यदि आप अपने आप को पूरी तरह से शांत कर सको, आप वस्तुतः आध्यात्मिक हो जाओगे।

आध्यात्मिक होना न तो कठिन है और न सरल। यह तो आपका दृष्टिकोण जिससे आप देखते हो। यदि आप इसे सरल समझोगे तो यह सरल होगा। यदि आप उसे कठिन समझोगे तो यह कठिन होगा। जैसे आप हो क्या आवश्यकता है? क्या यह कठिन है या सरल?

सरल है स्वामी जी.........

आप सरल शब्द का प्रयोग नहीं कर सकते। वह वैसा ही है जैसे हम हैं। आप पहले से ही वो हो, तब आप कैसे कह सकते हो कि वो बनना सरल है? केवल अन्दर देखो, अन्दर की तरफ घूमों थोड़ी आस्था आध्यात्मिकता में और थोड़ी सी साधना - इतना पर्याप्त है। जब आप अपने इस भय को त्याग दोगे कि आध्यात्मिकता कठिन है तब आपके अन्दर यह विश्वास पैदा होगा कि हाँ मैं आध्यात्मिक हो सकता हूँ, मैं जाग्रत हो सकता हूँ। तब यह प्रश्न, कि महत्व को त्यागना ठीक है, आपके अन्दर पैदा ही नहीं होगा।

ठीक इस वक्त हम डरे हुए हैं कि मूल्यों का त्याग कैसे करें, क्योंकि हमारे पास पकड़ने के लिए कुछ है ही नहीं। हम जानते हैं एक बार हम अपने मूल्यों का परित्याग कर देंगे, हमारी सभी दबी हुई भावनाएँ उभर आयेंगी, पण्डोरा का डिब्बा खुल जाएगा और हम जानते हैं, यदि पण्डोरा का डिब्बा खुला, तो अफरा-तफरी मच जाएगी। हम अपने अवचेतन से डरे हुए रहते हैं। यह अवचेतन का भय होता है जो इस प्रश्न को जन्म देता है। यदि आप लगातार ध्यान साधना का अभ्यास

करो आपका अवचेतन पूरी तरह से साफ हो जाएगा। तब आप देखोगे कि चाहे आप पण्डोरा का डिब्बा खोल ही दो उसमें से बाहर निकलने के लिए कुछ भी नहीं होगा, आप उसमें केवल अपने चेहरे का प्रतिबिम्ब देखोगे, एक स्पष्ट दर्पण। क्या आप समझ रहे हो मैं क्या कह रहा हूँ।

हाँ अब हम ध्यान तकनीक में प्रवेश करते हैं जिसे दुःखहरण ध्यान कहते हैं। जो मूलाधार चक्र के ऊपर क्रियाशील होती है और उसमें की ऊर्जा को जाग्रत करती है।

दुःखहरण ध्यान

(काल अवधि : 30 मिनट)

इस ध्यान तकनीक को दुःखहरण कहते हैं जो कुलार्नव् तंत्र से ली गयी है। यह आपके अन्दर से सारे दबे हुए भावों को बाहर निकाल देगा। बहुत से स्वामियों ने इस तकनीक का पहले भी प्रयोग किया है। यह कुल 30 मिनट का समय लेगा।

स्वांस लेना इस संसार के लिए पुल है। यही वो प्रक्रिया है जिससे आपका मस्तिष्क जीवित है। यदि आप शांति के साथ सोचोगे तुम्हारी स्वांस भी आराम से चलेगी। यदि आप उत्तेजित होकर सोचोगे, आपकी स्वांस भी तीव्र गति से चलेगी। अपने मस्तिष्क को नियंत्रित करने के पूर्व आपको अपने स्वांस पर नियंत्रण करना होगा। इस समय, अपनी दबी हुई स्थिति में हममें से ज्यादातर अर्द्ध-जीवित और अर्द्ध-मृत है। साधना के पहले भाग में, गहरी साँसें ली जाती हैं जिससे कि आपके दबी हुई व्यवस्था में मंथन हो सके। आपकी मानसिक व्यवस्था को पूर्णतः जीवित किया जाता है ढेर सारी ऑक्सीजन अन्दर लेकर के, वह और सक्रिय हो जाता है। आपकी कोशिकाओं को और अधिक ऊर्जा मिलती है और अधिक जैविक ऊर्जा का निर्माण होता है, यह ऊर्जा आपकी दबी हुई भावनाओं को बर्फ की तरह गला देगी। यह उसी तरह से है जैसे मूलाधार चक्र को हवा देना।

आप इस तकनीक का प्रयोग खाली पेट कर सकते हो। ज्यादा अच्छा होगा प्रातःकाल। 21 दिन तक दुःखहरण तकनीक आपके स्वरूप के अन्दर वह परिवर्तन लाएगी कि आपका चेहरा और शरीर चमकने लगेगा। यह एक मनोवैज्ञानिक स्नान की तरह होगा। आप अपने अन्दर उस शांति को अनुभव कर सकोगे। जब आप दुःख या पीड़ा को मार दोगे आपके अन्दर आनन्द खिल उठेगा और आपके अन्दर से एक खूबसूरत सुगन्ध निकलेगी।

खड़े होकर के दोनों नेत्र बंद कर लो। अपनी शरीर की गहराई से और तारतम्य से गहरी साँसें लो। ध्यान रहे स्वांस केवल नाक से ली जाए, मुँह बंद रहना

चाहिए। अपने हाथ को मोड़ो अपने घुटनो को मोड़ो अर्द्ध बैठने के स्थान में आओ और उठो। इस तरह से क्रिया करो जैसे कोई पक्षी उड़ने वाला है ऊपर और नीचे, घुटने ऊपर और नीचे चलते हुए, हाथ ऊपर और नीचे चलते हुए, सब एक पंक्ति में आपकी स्वांस से तारतम्य रखते हुए।

इस चाल को धीरे-धीरे हल्के से करो। जब ऊपर उठो तो साँस अन्दर लो और जब नीचे बैठो तो साँस बाहर निकालो, इस तारतम्य के साथ। यदि आपको हृदय की कोई समस्या है, उतना ही करो जितना आप कर सकते हो। इसी तरह से गर्भवती महिलाएँ और शारीरिक रूप से कष्ट में जो लोग हैं, वो उतना ही करें जितना कर सकते हैं। इसे 10 मिनट तक करो।

अगले 10 मिनट, अपने नेत्रों को बंद रखो और शरीर के अपने हर भाग को तनाव में डालो, एक-एक भाग, हाथ-पैर अलग-अलग, फिर उन्हें आराम दो तनाव और आराम दो, एक हाथ तब दूसरे पे जाओ। अपने पैर से शुरू करो तब घुटनों तक आओ, तब जाँघों तक आओ, तब कमर तक आओ, तब पेट तक आओ, फिर पीठ पर आओ, फिर सीने पर आओ, तब पीठ के ऊपरी भाग पर आओ तब अपने हाथ और उँगलियों पर, कंधों पर पनुः गले और कंधों पर, फिर अपने चेहरे पर और फिर सिर के ऊपरी भाग। अपने पूरे शरीर के हर भाग को पहले तनाव से मुक्त करो उसके बाद दूसरे भाग पर जाओ। यह सममितीय (ISOMETRIC) व्यायाम की तरह है जो आप अपने शरीर के हर भाग के साथ करते हो।

और इन 10 मिनट के अंत में, आप अन्दर से पूर्णतः खाली हो जाओगे, आप शीतल हो जाओगे, शांत हो जाओगे, संघटित हो जाओगे।

अगले 10 मिनट के लिए, बैठ जाओ अपने नेत्र बंद करके और "हू" कार की ध्वनि निकालो। जैसे शब्द हूँ, इसे जोर से और उच्चारित करने की आवश्यकता नहीं है। इसे धीरे-धीरे और आराम से उच्चारित कीजिए जब आप इसका गान कर रहे होंगे, मात्र देखो कि आपके स्वरूप के अन्दर या बाहर क्या हो रहा है।

तकनीक के पहले दो भाग तो वास्तव में तैयार ही थे इस तीसरे भाग के लिए जो वास्तविक साधना है। जब आप इस तीसरे भाग पर आते हो, आप देखोगे कि आपका मस्तिष्क बिना किसी प्रयास के अपने आप शांत हो गया है। शांति आपके ऊपर आरोपित नहीं की जा सकती वह आपके अन्दर आपने आप ही हो सकती है। इसी आराम की स्थिति में हँसते हुए चेहरे के साथ परमानन्दित मनःस्थिति में रहो। इस समय के मध्य, बहुत से अनुभव हो सकते हैं, उन्हें मात्र देखो और आप दूर-दर्शन देखते हो। अपने मस्तिष्क में उठने वाले विचारों को अलग-अलग करके देखो। अपने मूलाधार पर साधना के मध्य में ध्यान केन्द्रित

मत करो, क्योंकि वह परिकल्पनाओं को जन्म देने लगेगा, जिन्हें आप दूर करने के लिए प्रयासरत हो।

(समूह दुःखहरण साधना का अभ्यास करता है संगीत के साथ)

ओम् शांतिः शांतिः शांतिः

अध्याय 6

भय से मुक्ति

अध्याय - 6

भय से मुक्ति

अब हम *'स्वाधिष्ठान चक्र'* में, प्रवेश करेंगे। जो नाभि क्षेत्र से 2 इंच नीचे स्थित है।

'स्वाधिष्ठान' का अर्थ है, *'जहाँ आपका स्व स्थित है'* - 'स्व' से अर्थ होता है हम स्वयं और *'अधिष्ठान'* का अर्थ होता है स्थित।

यह चक्र बाधित होता है भय से, विशेषतः मृत्यु के भय से और इसे प्रफुल्लित किया जा सकता है इस भय को स्वीकार करके, स्वयं मृत्यु को स्वीकार करके।

(ध्यान तकनीक : निभर्य ध्यान - एक तांत्रिक ध्यान)

हमारे समस्त भय, वास्तव में मृत्यु के भय हैं, परन्तु विभिन्न रूपों के पीछे छुपे हुए हैं, बस। हमारा हर एक भय संबंधित है मृत्यु के भय से, लेकिन वह कुण्डलीय रूप में है (छुपा हुआ, लपेटा हुआ)। क्योंकि वह कुण्डलीय रूप में है इसलिए हम उसे सीधे मृत्यु के भय के रूप में नहीं देख पाते। बिना भय के, शब्द मृत्यु भी स्वयं वह अर्थ खो देता है जिससे हम उसे जोड़ते हैं।

तो मृत्यु है क्या?

यदि मैं आपसे यह प्रश्न पूँछू, आप मुझसे बताओगे, "गुरु जी, मृत्यु वह है जो हमारे जीवन के अंत में होती है।" यदि मृत्यु इससे ज्यादा और कुछ नहीं होती, तो कितना सरल होता।

परन्तु मृत्यु हमारे जीवन के अंत में घटने वाली ही नहीं है, अपितु वह हमारे जीवन में हर क्षण घटने वाली कोई चीज है। हमारी हर क्रिया अवचेतन तरीके

मृत्यु से संबंधित है। मृत्यु हमारे जीवन की गुणवत्ता को बदल देती है। वह अंत नहीं है, वह हमारे जीवन की पराकाष्ठा है - जिसके अनुकूल हमारे सारे संपूर्ण जीवन को बनाया गया है।

मैं ऐंसा क्यों कहता हूँ?

क्योंकि हमारा संपूर्ण जीवन मृत्यु की धारणा से नियंत्रित है। हमारा सामाजिक ढाँचा भी मृत्यु की ही धारणा पर आधारित है।

विश्व के समस्त दर्शन और सारे महान धर्म इस एक प्रश्न : मृत्यु के पश्चात् क्या होता है? का उत्तर देने से पैदा हुए हैं।

इस एक प्रश्न का उत्तर देने में, जीवन के विभिन्न समाधानों ने जड़ पकड़ ली।

वो संस्कृतियाँ, जो एक जीवन में विश्वास रखती हैं, जिनमें पुनर्जनम की कोई धारण नहीं है, उनमें समस्त ऊर्जाएँ जीवन को ही उत्कृष्ट बनाने में लगा दी गयी है। उन संस्कृतियों के ज्ञान प्राप्ति के क्षेत्र में, भौतिक सुख-सुविधाओं के क्षेत्र में, सूचनाएँ एकत्रित करने के क्षेत्र में ऊँचाइयों को प्राप्त कर लिया है।

इन संस्कृतियों ने विज्ञान को बढ़ावा दिया है। जीवन उत्कृष्ट तरीके से विज्ञान हमारी मदद करता है। हम अपने जीवन से अधिक से अधिक प्राप्त कर सकें, इसमें विज्ञान हमारी मदद करता है।

वो संस्कृतियाँ, जो पुर्नजन्म में विश्वास रखती हैं, उन्होंने जीवन का ध्यान अन्दर की तरफ केन्द्रित किया। उनकी खोज भिन्न है। वह जीवन जल्दबाजी में जीने के प्रति प्रेरित नहीं है, क्योंकि आपको शाश्वतता प्राप्त है।

आप इस धारणा का प्रभाव भारतीय लोगों के व्यवहार पर देख सकते हो। भारत में, यदि कोई कार्यक्रम 6 बजे से प्रारम्भ होना है, तो आप निश्चिंत रहो वो 7.30 के पूर्व शुरू नहीं होगा, क्योंकि उनके समक्ष शाश्वतता है।

हमारा सारा मानसिक ढाँचा, हमारे जीवन के तरीके, हमारा समाज, हमारी संस्कृति, हमारा धर्म- सब कुछ हमारे यहाँ आधारित है और किसी चीज पर नहीं, बल्कि मृत्यु के आधार पर। हम बहुत प्रयास करते हैं कि मृत्यु के बारे में न सोचे - परन्तु मृत्यु हमारे जीवन के हर क्षण में व्याप्त रहती है।

जब हम मृत्यु की गहराई उसके रहस्य, उसकी गोपनीयता के बारे में समझ जाएँगे हम जीवन की रहस्य के बारे में भी समझ जाएँगे। हमें मृत्यु को सुलझाने की आवश्यकता है और इसे विभिन्न रूपों में एक निरंतरता के रूप में देखना है। नहीं तो जीवन से ही हम चूक जाएँगे।

यदि हम यह समझ सके कि मृत्यु और कुछ नहीं बल्कि, दूसरे रूप में निरंतरता

है तो मृत्यु से भयभीत नहीं होंगे और जब हम मृत्यु से भयभीत होना बंद कर देंगे, तब हम यह जान पाएँगे कि जीवन को किस सीमा तक हमने खोया है।

हम जीवन को अत्यन्त सरल मान लेते हैं। हम जीवन जीते हैं बहुत हल्के तरीके से, जीवन के बहुत से पहलुओं को समझने में हम चूक जाते हैं मृत्यु हमें मात्र यह सिखा देती है कि हम अधिक सजगता से जीवन के अन्दर देखें। मृत्यु अब तक का हमारा महानतम गुरु है।

जब हम किसी चीज को सिद्ध करना चाहते हैं, हम उसे दो प्रकार से कर सकते हैं एक, हम प्रयोग कर सकते हैं और अपने आप देख सकते हैं और अपने आप देख सकते हैं, कि सत्य क्या है। दूसरा, हम किसी ऐसे व्यक्ति से संदर्भ ले सकते हैं जिसे पहले ही उसका अनुभव हुआ हो। अब मैं आपको *उपनिषद* से एक उद्धरण देता हूँ।

एक *उपनिषद* है जिसे *कठोपनिषद* कहते हैं, जो मृत्यु से एक व्यक्तिगत साक्षात्कार का आश्चर्यजनक वार्तालाप है, एक बालक की यमराज से सीधे वार्तालाप। हिन्दू धर्म में मृत्यु का अधिष्ठाता देवता यमराज है। वह मृत्यु को प्रतिबिम्बित करता है।

> एक प्रसिद्ध राजा था जिसका नाम उचैश्रवास था। अचानक उसके अन्दर समस्त संसार पर राज्य करने की कामना ने जन्म लिया इसलिए उसने *वाजपेय यज्ञ* किया - किसी के द्वारा अग्नि में आहुति डालकर समस्त संसार पर राज्य करने की कामना की पूर्ति के लिए यज्ञ।
>
> इस यज्ञ के नियमों के अनुसार यज्ञकर्ता को हर अत्यन्त लगाव वाली और अत्यन्त कीमत वाली वस्तु को दान में देना पड़ता था।
>
> केवल तब कोई विश्व के राजा का स्थान प्राप्त कर सकता था।
>
> राजा हमेशा से अच्छे व्यवसायी हुए, आपको होना भी चाहिए। अन्यथा वो इतने बड़े राज्य और इतनी बड़ी संपदा पर नियंत्रण कैसे करते। वो ये देखते हैं कि कम से कम देकर अधिक से अधिक कितना वापस लिया जा सके।
>
> राजा ने उपहार देने शुरू किए - वो गाएँ जो बूढ़ी हो चुकी थी, जो अब दूध नहीं देती थी, जी अब बछड़े पैदा नहीं कर सकती थी और अब मृत्यु को प्राप्त होने वाली थी।
>
> वह इसी तरह की बेकार वस्तुओं को उपहार में दे रहे थे।
>
> उसका पुत्र नचिकेता जो लगभग 7 वर्ष की उम्र का था, देख रहा था कि

क्या हो रहा है।

नचिकेता ही इस कथा का नायक है।

वह जानता था कि उसके पिता जो कर रहे थे, वह सही नहीं था। परन्तु वह यह नहीं जानता था कि उनसे किस तरह से कहे।

आप देखो : बच्चे अत्यधिक तीक्ष्ण और बुद्धिमान होते हैं। आप आपको छल नहीं सकते। समाज भी आज तक आपको भ्रष्ट नहीं बना पाया और न ही प्रभावित कर पाया।

वह अपने पिता को लगातार देखता रहा और अंत में उनके पास गया और कहा, "पिताजी, आपको अपनी हर अत्यन्त कीमती उपलब्धि को दे देंना है। मैं आपकी कीमती उपलब्धियों में एक हूँ। आप मुझे दान में किसको दे रहे हैं?'-

राजा समझ गया कि उसका पुत्र वह जो कर रहा है, उसी पर उसे टोकना चाहता है, परन्तु उसके अहम ने उसे झुकने की अनुमति नहीं दी।

वह बेकार वस्तुओं को उपहार में लगातार देता रहा।

एक बार और, उसके पुत्र ने वही प्रश्न राजा से किया, परन्तु राजा मौन रहा।

तीसरी बार, पुत्र ने राजा को झकझोरते हुए पूछा कि मुझको किसे उपहार में देने की योजना है आपकी।

राजा क्रोधित हुआ और बिना सोचे-समझे बोला, "मैं आपको यमराज को दूँगा, आप यमराज के पास जाओ।"

आजकल के किसी साधारण बालक ने कहा होता, "मैं क्यों जाऊँ? आप अपना पूरा जीवन जी चुके हो, आप जाओ।"

परन्तु नचिकेता अत्यन्त निष्छल और निष्ठावान पुत्र था।

निष्ठा और ईमानदारी उसे प्रेम की तरह ग्रसित किए हुए थी।

अपने पिता के शब्दों का सम्मान करने के लिए, उसने यमराज से जाकर के मिलने का निर्णय लिया।

याद रखो : यमराज से जाकर के मिलने वाला, इस पृथ्वी पर पहला और आखिरी व्यक्ति नचिकेता ही था। साधारणतः यमराज ही लोगों से मिलने आते हैं। पहली बार, नचिकेता यमराज से मिलने गया।

वह यमराज के दरबार में पहुँचा, परन्तु यमराज वहाँ नहीं थे।

वह बाहर गए हुए थे।

नचिकेता ने तीन दिन तक प्रतीक्षा की।

यहाँ एक बात समझो : इस कथा के इस बिन्दु पर एक महान सत्य स्थापित होता है। जब हम मृत्यु की खोज के लिए निकलते हैं, या हमारे अन्दर मृत्यु का सामना करने का साहस होता है, मृत्यु वैसे नहीं होगी, जैसा हम जानते हैं। खैर यमराज तीन दिन के पश्चात् वापस आए।

यमराज के सेवकों ने आपको बताया, उस युवा बालक के बारे में जो उनकी प्रतीक्षा कर रहा था।

यमराज तीव्र गति से नचिकेता को देखने गए।

उन्होंने सर्वप्रथम अपनी अनुपस्थिति के लिए नचिकेता से क्षमा माँगी कि मैं नहीं था आपसे मिलने के लिए।

उन्होंने नचिकेता से आगे कहा, "आपको तीन दिन तक प्रतीक्षा कराने के कारण, मैं तीन वरदान देता हूँ। आप कोई भी तीन वरदान माँग सकते हो और मैं आपको देने का वचन देता हूँ।"

नचिकेता के लिए मृत्यु ईश्वर के रूप में बन गयी, जो उसे वरदान दे रही थी।

नचिकेता ने तीन वरदान माँगे।

पहला वरदान था : "मेरे पिता के समस्त पाप धुल जाएँ।"

यमराज ने यह दिया।

दूसरा वरदान था : "आपसे मिलने के पश्चात् जब मैं वापस जाऊँ, तो मेरे पिता मुझे स्वीकार कर लें।"

यह वरदान भी यमराज द्वारा दिया गया।

तीसरा वरदान था : "मुझे बताइये, मृत्यु के पश्चात् क्या होता है? कुछ लोग कहते हैं, मनुष्य मृत्यु के बाद भी जीता है, कुछ लोग कहते हैं कि मनुष्य मृत्यु के बाद नहीं जीता। सत्य क्या है?"

नचिकेता के इस प्रश्न पर यमराज अचम्भित थे।

उन्होंने नचिकेता से कहा, "कृपया मुझसे यह प्रश्न मत पूछो। आप मुझसे मृत्यु के रहस्य के बारे में पूछ रहे हैं जो आपके सामने मैं नहीं खोल सकता, यदि मैं आपके सामने उसे खोलूँगा, आप जाग्रत हो जाओगे। मैं आपको असीमित सम्पदा यदि आप चाहो तो दे सकता हूँ,

लेकिन कृपया मुझसे इस प्रश्न का उत्तर मत पूछो।"

परन्तु नचिकेता ने बलपूर्वक हठ किया।

उसने कहा, "यदि मैं आपसे इतनी सारी धन सम्पदा ले भी लूँ, तो मैं उसका मात्र रखवाला रहूँगा आपकी सम्पदा का चाहे सौ वर्ष के लिए या हजार वर्ष के लिए बस इतना। एक बार मुझे आपके यहाँ आना ही है और वह काल समाप्त हो जाएगा। वह मेरे किसी काम का नहीं होगा। इसलिए कृपया मुझे इसके बदले में मृत्यु का रहस्य बताइये।"

यमराज ने देखा बालक की परिपक्वता और दृढ़ता, जो अन्दर सत्य को जानने के लिए थी।

तब उन्होंने निर्णय लिया कि बालक के समक्ष मृत्यु के जाग्रत अनुभव को प्रगट कर दें।

बालक को वह जिस अनुभव के माध्यम से ले गए, बालक के लिए आत्मिक अनुभव और नचिकेता खिल उठे एवं जाग्रत आत्मज्ञानी हो गए।

यह *उपनिषद* से ली गयी एक खूबसूरत कथा है। इसका यह विश्लेषण मत करो कि यह सत्य है या नहीं। इतिहास और तारीखों के पीछे मत भागो। यह सत्य का संदेश देती है - इतना पर्याप्त है। सत्य तक पहुँचने के लिए इसे सीढ़ी की तरह इस्तेमाल करो, बजाए इसके कि सीढ़ी से चिपके रहो और सत्य को खोदो।

मृत्यु वह गुरु है जो हमें अपने आप जाग्रति प्रदान करता है। सामान्यतः हमारे सारे जीवन में, मृत्यु ही एक ऐसी चीज है जो समय पर आती है। हम एक मिनट और अधिक नहीं पा सकते। और हमारे जीवन में, मृत्यु हमसे हमारा सब कुछ ले लेती है - हमारे संबंधी, हमारी संपदा, सब कुछ। परन्तु नचिकेता के लिए, मृत्यु ने सब कुछ दिया और आत्मज्ञान भी। यह पक्षपात क्यो? हमारे और नचिकेता के बीच क्या फर्क है?

इसका एक ही कारण है : हम सब मृत्यु से भाग रहे हैं और नचिकेता मृत्यु का सामना करते हैं।

इस अद्भुत कथा से चार चीजों को समझने की आवश्यकता है। पहली चीज : जब हम मृत्यु की खोज में होते हैं उसे जानने के लिये, जब मृत्यु का सामना करने को तैय्यार रहते हैं, तब वह वहाँ नहीं होगी। दूसरी चीज : और यदि मृत्यु होती भी है वहाँ, तो वह उतनी डरावनी नहीं होती है जितनी हम सोचते हैं, बल्कि वह वरदान देने वाली और प्रेम करने वाली हो जाती है। तीसरी चीज : मृत्यु हमारी सबसे महान शिक्षक है। चौथी चीज : मृत्यु वह चीज है जो हमें

अंतिम उपहार दे सकती है - जाग्रति और आत्मज्ञान।

किसी तरह, अधिकतर लोगों के लिए जीवन *स्वाधिष्ठान चक्र* से आगे नहीं जा पाता। जीवन मृत्यु के भय को नहीं लांघ पाता। हम जीते हैं और मर जाते हैं *मूलाधार* और *स्वादिष्ठान चक्र* के मध्य में - कामना और भय के मध्य में। हम जीवन का कोई और तरीका जानते ही नहीं, या हमारे अन्दर जीवन के किसी अन्य मार्ग को अपनाने का साहस नहीं है।

प्राचीन काल में, लोग बिना किसी जीवन सुरक्षा के रहा करते थे। जैसे कि आज हम लोगों के पास है। महामारियों से बचने के लिए तब किसी प्रकार का टीका उपलब्ध नहीं होता था, प्राकृतिक आपदाओं का पूर्व संकेत देने वाले उपग्रह भी नहीं थे, बाढ़ और सूखे से कोई सुरक्षा नहीं थी, इसलिए लोग मानसिक रूप से हर वक्त संघर्ष करने के तैयार रहते थे, मृत्यु के लिए भी। खासतौर से युद्ध करने वाला वर्ग मृत्यु के लिए तत्पर रहता था।

प्राचीन जापान के समुराई योद्धा शांति के साथ मृत्यु का सामना करने का मार्ग जानते थे। यदि वे युद्ध में पराजित होते थे, तो वे एक लंबी सुई अपने *स्वादिष्ठान चक्र* में प्रवेश करा देते थे। यह एक उच्च रहस्यमय तकनीक है, जिससे कि *स्वादिष्ठान चक्र* में एकत्र जीवन ऊर्जा मुक्त की जाती है, जिसकी परिणति पीड़ाहीन मृत्यु होती है। यह प्रक्रिया *हारा-कीरी* के नाम से जानी जाती थी।

हम सब निरंतर मृत्यु के भय में जीते हैं। हम हर कीमत पर उससे बचना चाहते हैं। मृत्यु को सबसे बड़े शत्रु के रूप में देखा जाता है।

सुकरात के बारे में एक छोटी कथा :

सुकरात की हत्या आपको हेमलॉक नामक जड़ी का विषैला रस पिलाकर की गयी थी। मात्र इसके पूर्व कि वो जहर पीते, उनके एक अनुयायी ने उनसे पूछा, "गुरु, क्या आपको मरने का भय नहीं है, आप कितने शांत लगते हैं?"

सुकरात ने उत्तर दिया, "मैं क्यों भयभीत होऊँ? मैं जानता हूँ कि मृत्यु के पश्चात् केवल दो चीजें हो सकती है। या तो मेरा अस्तित्व किसी न किसी रूप में रहेगा या मृत्यु के पश्चात् मेरा अस्तित्व समाप्त हो जाएगा। पूर्व की स्थिति में चिंतित होने की कोई बात नहीं है और बाद की स्थिति में कौन रहेगा चिंता करने के लिए? तो दोनों स्थितियों में किसी प्रकार की चिंता करने की आवश्यकता नहीं है।"

सुकरात मृत्यु से पूर्णरूपेण भयरहित थे, क्योंकि आपको मृत्यु की और उसकी परिणति की स्पष्ट समझ थी। मृत्यु को हमेशा एक अंत के रूप में देखा जाता है इसीलिए लोग भयभीत होते हैं, जब वो मृत्यु को देखते हैं। मृत्यु को मौलिक

समझ का अभाव है।

मृत्यु कभी भी अंत नहीं है। वह निरंतरता है किसी दूसरे रूप में, या मात्र मुक्ति बस इतना। जब मनुष्य उसे समझ लेगा, तब वह यह महसूस करेगा कि मृत्यु को भय से प्रभावित रहना कितना मूर्खतापूर्ण है। क्योंकि मनुष्य का अपने भौतिक स्वरूप से इतना लगाव है, यही कारण है कि वो इतना अधिक प्रभावित होता है। शरीर आत्मा के लिए मात्र एक वाहन है। यह बात बहुत स्पष्ट रूप से समझने की आवश्यकता है।

हालांकि इस पृथ्वी ग्रह पर मनुष्य के लिए एक मात्र निश्चित चीज मृत्यु है, परन्तु जब वह घटती है तो वह हमेशा आश्चर्यचकित होता है। मनुष्य के बारे में यह सबसे आश्चर्यजनक बात है।

एक छोटी कथा :

> एक महिला अपना 100वाँ जन्मदिन मना रही थी।
>
> इस अवसर पर उसका पूरा परिवार उपस्थित था।
>
> वे परिजनों और मित्रों से प्राप्त सारे उपहारों को खोल रहे थे और कार्डों को पढ़ रहे थे।
>
> उस महिला को उन लोगों ने उसकी 94 वर्ष की मित्र के द्वारा भेजा गया कार्ड दिखाया।
>
> वह महिला चीखी, "हे भगवान्! वह अब भी जीवित है।"

हम मृत्यु की संभावना का आरोपण दूसरों पर करते हैं सिवाए अपने आप पर। हम सब इसी तरह के हैं। जीवन में हम हर चीज के लिए तैयार हैं सिवाए अपनी मृत्यु के। विडंबना यह है, कि हमारे जीवन में हर चीज अनिश्चित है सिवाए मृत्यु के, जीवन में केवल एक चीज निश्चित है वह है मृत्यु। परन्तु सबसे आखिरी बात जो हम सुनना पसंद करेंगे, आज या कल वो यह है कि हम मरने जा रहे हैं।

भगवान रमण महर्षि को चैतन्य मृत्यु की प्राप्ति सजग अनुभव द्वारा ही हुई थी। जब रमण युवा थे, मदुराई में अपने चाचा के यहाँ अपने यहाँ अपने बिस्तर पर लेटे हुए थे। अचानक आपको ऐसा अनुभव हुआ कि वो मरने जा रहे हैं। आपको लगा कि अब उनकी मृत्यु होगी।

उनके पास दो विकल्प थे - या तो उस भाव का प्रतिरोध करते, या उसे स्वीकार करते और उसके अनुभव से गुजरते।

सामान्यतः लोग प्रतिरोध करते हैं, इसलिए वो संज्ञाहीन अवस्था कोमा में चले जाते हैं और शरीर को अचेत अवस्था में छोड़ते हैं।

हममें से 99 फीसदी लोग अपने शरीर को अचेतावस्था में ही छोड़ते हैं।

हालांकि हम इस बात को जन्म के क्षण से जानते हैं कि हमारे जीवन की परिणति मृत्यु है, हम इसे समझने का कभी प्रयास नहीं करते, हम इस संभावना की वास्तविकता को समझने का कभी प्रयास नहीं करते, हम इसका कभी स्वागत करने का प्रयास नहीं करते।

यदि एक बार इसके माध्यम से आप सजगता के साथ गुजरो, आप मृत्यु का भय स्वतः ही त्याग दोगे।

रमण में पर्याप्त साहस था, इसलिए उन्होंने दूसरा मार्ग चुना। उन्होंने उस अनुभव के साथ सहयोग किया।

उन्होंने मृत्यु को होने दिया। उन्होंने निर्णय लिया कि वह देखेंगे कि मृत्यु होते समय क्या होता है?

उन्होंने स्पष्ट रूप से देखा कि एक-एक करके उनके शरीर का एक-एक भाग मृत्यु को प्राप्त हो रहा था।

धीरे-धीरे उनका संपूर्ण शरीर मृत था। उन्होंने देखा उनका शरीर राख में परिवर्तित हो गया।

अचानक उन्होंने अनुभव किया कि उसके बाद भी कोई चीज बची हुई है, कोई चीज जिसको नष्ट नहीं किया जा सकता। आपको झटका लगा कि उस वक्त वो शुद्ध चैतन्य रूप में जीवित थे, शरीर और मस्तिष्क से परे। वह मात्र साक्षी थे सब चीजों के।

यह एक प्रचण्ड ज्ञान था, जिसका उन्होंने साथ नहीं छोड़ा तब भी जब वह पुनः अपने शरीर में आये। इस बार वो महर्षि भगवान रमण थे - एक जाग्रत गुरु।

जब आप मृत्यु के भय पर विजय प्राप्त करते हैं, आप स्वयं मृत्यु पर विजय प्राप्त कर लेते हो, क्योंकि मृत्यु एक और परिकल्पना मात्र है। इसी तरह से जैसे हमारे *मूलाधार चक्र* में हमारा लोभ इस बात की परिकल्पना करवाता हैं कि संसार जैसा वास्तव में है उससे अधिक खूबसूरत होगा, यहाँ हमारा *भय* हमें यह कल्पना करने के लिए विवश करता है कि मृत्यु वास्तव में जैसी है उससे अधिक भयावह है।

हम लोभ और भय का चश्मा धारण किये रहते हैं। हम अपने आप को सच्चाई को देखने ही नहीं देते। जब आप मृत्यु का अनुभव मनोवैज्ञानिक तरीके से कर लेते हो, आप *स्वाधिष्ठान चक्र* में बाधित ऊर्जा को मुक्त करते हो जो मृत्यु के भय से बाधित रहती है, तब *स्वाधिष्ठान चक्र* खुल जाता है जीवन का संपूर्ण स्वरूप बदल जाता है।

मृत्यु को दूसरे प्रकार में एक निरंतरता के रूप में स्वीकार करने के कारण आपकी क्षमता आपके अन्दर जीवन का आनन्द लेने की क्षमता में परिवर्तित हो जाती है। आपका संपूर्ण शरीर आराममय हो जाता है, आपकी जागरूकता का विस्तार हो जाता है, आपकी जीवन क्षमता का भी विस्तार हो जाता है। चाहे आप स्वीकार करो या ना करो, आपके अवचेतन मस्तिष्क में, आपके जीवन का हर क्षण मृत्यु के भय से ग्रसित रहता है। मृत्यु को और मृत्यु के भय को समझने के पश्चात् आपका जीवन अत्यन्त धनी हो जाता है, हो सकता है सम्पदा से नहीं, परन्तु फिर भी धनी। इस तरह से धनवान होना ही जीवन में वास्तव में महत्वपूर्ण है।

परन्तु यदि मैं आपको अभी बताऊँ, आप मेरा विश्वास नहीं करोगे। आप सोचेगे कि मैं अव्यवहारिक चीजों के बारे में बातें कर रहा हूँ।

एक छोटी कथा :

> एक व्यक्ति जो जन्म से अंधा था, उसको एक चिकित्सक ने ठीक करने का आश्वासन दिया।
>
> चिकित्सक ने आश्वासन दिया, "कि इस शल्य चिकित्सा के पश्चात् आप देख सकोगे। आपको फिर अपनी इस छड़ी का प्रयोग नहीं करना पड़ेगा।"
>
> यह सुनकर, अंधा व्यक्ति घबड़ा गया।
>
> उसने कहा, "चिकित्सक महोदय, मैं समझता हूँ कि मैं देख सकूँगा। लेकिन बिना छड़ी के मैं कैसे चल सकूँगा?"

वह छड़ी उस अधे व्यक्ति का ऐसा अंगभूत बन गयी थी कि वह इस तत्व को स्वीकार ही नहीं कर पा रहा था कि वह आँखों की रोशनी वापस आने के बाद भी बिना छड़ी के चल सकेगा। आप कैसे समझाओगे उस अंधे व्यक्ति को कि एक बार रोशनी आ जाने के बाद उसे चलने के लिए छड़ी की आवश्यकता पड़ेगी ही नहीं? इस वक्त वो घबड़ाया हुआ है। तो आप ज्यादा से ज्यादा जो कर सकते हो वो यह ये हैं कि आप उसकी शल्य चिकित्सा करा और उसे खुद देखने लायक बनाओ, इतना पर्याप्त है। उसके पश्चात् छड़ी वो अपने आप फेंक देगा।

इसी तरह से चाहे मैं आपको बता ही दूँ : कि आपका सारा भय अन्ततोगत्वा मृत्यु का भय है, आपका स्वरूप तो अमर है, केवल आपका शरीर नष्ट होता है, और क्या नहीं, उसके बावजूद भी आप अपने इसी भाव से ग्रसित रहोगे भय के डर से, क्योंकि आपने उसका अनुभव नहीं किया।

जब तक आपको मृत्यु का जागरूक अनुभव नहीं हो जाता, भय आपको कभी

नहीं छोड़ेगा। लेकिन आप एक चीज कर सकते हो : आप इन शब्दों को बार-बार सुनो, इसके प्रति अपने अन्दर निष्ठा पैदा करो, यह देखने का प्रयास करो कि आपके छोटे और बड़े भय वास्तव में मृत्यु के भय से संबंधित हैं, अपने दिन-प्रतिदिन के भय में कुछ स्पष्टता लाओ, देखो ये सारे भय आपस में कैसे संबंधित हैं, अपने सारे भय में सजगता लाओ, तब आप नियमित रूप से उभरोगे और सत्य के निकट आओगे।

हम अपने सारे भय को पाँच श्रेणियों में श्रेणीबद्ध कर सकते हैं : पहली श्रेणी - अपनी सम्पत्ति खोने का भय, दूसरी श्रेणी - अपनी सुख-सुविधा खोने का भय, तीसरी श्रेणी - नाम और कीर्ति खोने का भय, चौथी श्रेणी - प्रतिष्ठा खोने का भय, पाँचवीं श्रेणी - अन्य वाह्य जगत की चीजों के खोने का भय। दूसरी श्रेणी का भय अपना स्वास्थ्य खोने का भय है, शरीर का कोई भाग दुर्घटना में खोने का भय है या बीमारी से शारीरिक स्वास्थ्य खोने का भय। तीसरी श्रेणी का भय अपना मानसिक स्वास्थ्य खोने का भय है, जिसे मानसिक क्षमता कहते हैं। चौथी श्रेणी का भय अपने प्रियजनों के खोने का भय, उनके प्रेम के खोने का भय। पाँचवी श्रेणी का भय उस अंजान का भय - ईश्वर का भय, भूत-प्रेत का भय और स्वयं मृत्यु का भय।

वास्तव में, यदि गहराई से अपने भय का विश्लेषण करो, सब पाँचों श्रेणियाँ भय की केवल मृत्यु का ही भय हैं। वे अपने आप को दूसरे तरीके से मात्र प्रदर्शित करती हैं बस।

लोगों के मृत्यु से डरने का मुख कारण यह है, क्योंकि वो अपना जीवन पूर्णता से जिये नहीं रहते। वो भयभीत रहते हैं, क्योंकि वे निराशा का अनुभव करते हैं इस बात से कि वो पर्याप्त जीवन नहीं जी पाए। वह ऐसा इसलिए सोचते हैं, क्योंकि वो अपना पूरा जीवन अपनी पूर्व की स्मृतियों में ही जिये हैं, भविष्य की उत्सुकता में और दूसरों के लिए, वर्तमान में कभी नहीं और क्या नहीं।

हमारी हर क्रिया एक-दूसरे की खींचतान के फलस्वरूप हुई, एक-दूसरे के अहम, एक-दूसरे की कामनाओं और एक-दूसरे की भावनाओं के फलस्वरूप हुई। यदि आप गहराई से अपने जीवन का विश्लेषण करोगे, आप समझ जाओगे, मैं क्या कहने का प्रयास कर रहा हूँ। आप अपना जीवन वहाँ से शुरू करते हो, जहाँ से आपके माता-पिता छोड़कर गए थे। आप मात्र कामनाओं, ग्लानि और भय इत्यादि का मुकुट अपने सिर पर रख लेते हो। जो पीढ़ियों के जीवन से चला आया रहता है और अगली पीढ़ी को दे दिया जाता है जाने के पूर्व, इतना बस। आप पूर्णता से कभी जिये ही नहीं।

पूर्णता से जीने का मेरा क्या अर्थ है? अधिक स्पष्टता से जीने का प्रयास करो,

इतना पर्याप्त है। लोगों द्वारा आपसे जो भी अपेक्षा की जाती है उस अपेक्षा में विवेक सन्निहित है या नहीं आपको यह सोचने पर विवश करो। स्पष्टता के साथ आप अपनी कामनाओं को और उन कामनाओं को जो आपके ऊपर आरोपित की गई हैं या आपने दूसरे से ली हैं, उनकी आप पहचान कर सकोगे। पहली श्रेणी की जो कामनाएँ हैं आपको पूर्ण करने की आवश्यकता है, किसी व्यक्ति को या किसी की सम्पत्ति को हानि पहुँचाये बिना। बाकी दोनों श्रेणियों की कामनाओं का परित्याग करने की आवश्यकता है स्पष्टता की मदद से।

यदि आप इस तरीके से जीवन जियो, आप और अधिक दूसरों की कामनाओं की पूर्ति नहीं करोगे और न ही आप और अधिक दूसरों के लिए जीवन जियोगे। आप स्वयं अपना जीवन जियोगे और परिपूर्णता का अनुभव करोगे तथा मृत्यु के लिए तैयार रहोगे जब समय आएगा। किसी प्रकार का भ्रम या मृत्यु का भय आपके ऊपर लटकता हुआ नहीं होगा। मैं आपको स्वार्थी होने के लिए नहीं कह रहा हूँ। मैं केवल पूरी चीज में आपको स्पष्टता लाने के लिए कह रहा हूँ।

एक छोटी कथा :

> एक बार एक जेन भिक्षु को राजा के द्वारा मृत्यु दण्ड दिया गया।
>
> दूसरे दिन उसकी मृत्यु होनी थी, पर भिक्षु मौन और शांत था।
>
> उसके अनुयायियों में से एक, उसकी मौनता पर आश्चर्यचकित होकर के उससे पूछा, "क्या आप महसूस कर रहे हो कि आपके पास जीने के लिए मात्र 24 घण्टे हैं? क्या आपको डर नहीं लग रहा है?"
>
> भिक्षु ने शांति के साथ जवाब दिया, "मैं जीवन जी चुका तृप्ति और पूर्णता के साथ, इसलिए मुझे मरने का भय नहीं है।"

उनके कहने का अर्थ यह है, "मैं अपने जीवन का हर क्षण जिया हूँ, क्षण से क्षण तक। मेरे लिए हर एक क्षण का महत्व था। मैं क्यों डरूँ?"

यदि आप गहराई में अन्दर तक देखो, आप महसूस करोगे कि हममें से अधिकतर मरने से नहीं डरते, हम इस बात से घबड़ा जाते हैं कि हम अभी तक पर्याप्त ढंग से अपना जीवन जिये ही नहीं। हम घबड़ा जाते हैं कि हम अब तक एक कृत्रिम जीवन जिये। एक संपूर्ण चीज के लिए एक प्रकार की गहरी न समझा पाने वाली शिकायत का हमें अनुभव होता है। हम महसूस करते हैं कि हम जिस तरह से जीना चाहते थे उस तरह से जी नहीं पाए, हम परिपूर्णता अनुभव नहीं करते - और वहीं शुरू होता है मृत्यु का भय।

दूसरों के लिये लगातार समझौता करते रहना, ऐसा जीवन जीने का प्रयास करना जो प्राकृतिक रूप से हमारा नहीं है, समाज द्वारा हमारे लिए बनाए गए

एक ढाँचे के अनुरूप जीना, ये सारी चीजें परिपूर्णता की कमी की तरफ ले जाती है। जीवन का भय ही है जो प्रतिबिम्बित होता है मृत्यु के भय के रूप में।

जब आप गहराई से संभावित तरीके से जीवन जी चुके हो अपनी पूरी संतुष्टि से, आपको मृत्यु का भय नहीं होगा, जीवन बिना भय के जियो।

एक नियंत्रित गहरो आत्मसम्मान के साथ जियो, अपनी पूर्ण संतुष्टि से जियो। आपका मृत्यु का भय टूट जाएगा।

और एक बात : यदि आप पूर्णताके साथ जियोगे, किसी भी भावना के पूर्वाग्रसन के बिना जब आप अपने भावों को स्पष्ट और पूर्णता से जीते हो, आपके अन्दर से अपने परिजनों और संबंधियों को खोने का भय भी समाप्त हो जाएगा।

आप देखो : आप किसी की हानि से इसलिए भयभीत रहते हो, क्योंकि आप महसूस करते हो कि आपने उससे अपना संबंध न्यायसंगत ढंग से नहीं निभाया। आप महसूस करते हो कि इसमें आप पूर्णता से नहीं रहे, आप उसे छोड़ने के लिए तैयार नहीं रहते। भौतिक अलगाव भय का केवल एक पहलू है, वास्तविक कारण संबंधों में परिपूर्णता की कमी है।

संबंधों में, 'न्यायसंगत' शब्द इसलिए आया है क्योंकि आपको हमेशा दूसरों के लिए जीना सिखाया गया है, दूसरों की आवश्यकताओं और कामनाओं को पूर्ण करने के लिए जीना सिखाया गया है। आप इन सब चीजों को करके अपने संबंधों को न्यायसंगत बनाने की आवश्यकता महसूस करते हो और यदि आप इन सब चीजों को नहीं करते, आप भय और ग्लानि के चक्र में फँस जाते हो। यदि आप पूर्णता से जियो, समाज के सारे खेल को स्पष्टता से समझते हुए, आप इस तरह के दबावों से कभी नहीं ग्रसित होगे।

संबंधों में प्रेम को बिना खोये हुए आप परिपूर्णता से जी सकते हो। हमने इसका जिक्र तब भी किया था, जब हम *अनाहत चक्र* के बारे में बात कर रहे थे। संबंधों के प्रति ग्लानि की भावना के कारण ही भौतिक अलगाव का भय होता है। यदि आप पूर्णता से जियो आदान-प्रदान की तरह संबंध न हो, अपितु उस संबंध के प्रति शुद्ध प्रेम ऊर्जा हो, तब भय और ग्लानि के लिए कहीं कोई स्थान नहीं होगा। चाहे वह व्यक्ति चला ही क्यों न जाए, आप उसके प्रति प्रेम को लगातार अनुभव करोगे, इतना पर्याप्त है, कभी किसी अलगाव से नहीं डरोगे।

चाहे आप किसी व्यक्ति के साथ रह रहे हो, उसके साथ अधिक स्पष्टता और सजगता के साथ जियो। असुरक्षा और एक-दूसरे को खो देने के लटकते हुए भय के कारण कई बार हमारे संबंध प्रभावित होते हैं। यदि आप किसी संबंध में भय का गहराई से विश्लेषण करोगे, आप समझोगे क्योंकि हमारे संबंध एक प्रकार

का आदान-प्रदान मात्र हैं, यह भय बना रहता है।

पति और पत्नी के मध्य, यह भय बना रहता है कि दूसरा अन्य विवाह के बारे में न सोचने लगे। माता और पुत्र के मध्य यह भय बना रहा है कि पुत्र माता के स्थान पर अपनी पत्नी की तरफ अधिक ध्यान न देने लगे। पिता और पुत्र के मध्य यह भय बना रहता है कि पिता अपना वारिस किसी अन्य को न बना दे या पुत्र परिवार की प्रतिष्ठा न बचा पाये।

इसी तरह किसी भी संबंध में एक अन्तर्निहित अपेक्षा होती है, जिसे पूर्ण करने की और सुरक्षित रखने की आवश्यकता होती है, और यह है जो भय को बढ़ाता है। मैं आपसे बताता हूँ : आप कभी भी किसी संबंध को पूर्णता से संतुष्ट नहीं कर सकते। जिसने भी आज तक पूरे परिवार को खुश करने की कोशिश की वह केवल एक बहिष्कृत बन जाता है।

यदि एक संबंध का आधार शुद्ध प्रेम हो, बिना किसी अन्तर्निहित कारण के - तो उसी तरह का प्रेम होगा जिस तरह का प्रेम हमने *अनाहत चक्र* के बारे में बात करते हुए बताया था, तब कोई भय तत्व रहेगा ही नहीं।

आप जानते ही नहीं किस प्रकार की मुक्ति का अनुभव होता है, जब आप भय से प्रेम की तरफ बढ़ जाते हो। भय हमेशा एक बंधन है, प्रेम हमेशा एक मुक्ति है। परन्तु जब तक समाज आपके अन्दर भय न प्रतिस्थापित कर दे, तब तक आप उसकी सुनोगे ही नहीं, इसलिए वो हर संभावित तरीके के माध्यम से आपके अन्दर भय प्रतिस्थापित कर देता है - असुरक्षा के माध्यम से, कानून के माध्यम से, नियमों के माध्यम से, पूजा-अर्चना के माध्यम से एवं अन्य-अनेक माध्यम से।

समाज आपको एक संत बनाना चाहता है - ऐसा संत जो अस्तित्व और हर चीज से हर वक्त डरता रहे। मैं यहाँ आपको इस तरह का कोई संत नहीं बनाने आया हूँ। मैं यहाँ आपको परमानन्दित करने आया हूँ। जब आप परमानन्दित रहोगे, आप जीवन से परिपूर्ण होगे, जीवित और सजग।

किसी तरह से, भय ही है जो हमारे संबंधों में ईर्ष्या का रूप ले लेता है। हमारी अधिकतर क्रियाओं और भावनाओं के पीछे भय का ही भाव रहता है। ईर्ष्यर्सा, क्रोध, लोभ - ये सारे भाव भय में ही बीजारोपित है। परन्तु हम इस बात से जागरूक नहीं है। हम नहीं जानते कि भय ही कारण है इन सब चीजों का। समस्या यही है। जहाँ तक हमारे व्यवहारिक स्वरूपों का प्रश्न होता है इसी कारण से हम उनमें लगातार अंधकार में ही रहते हैं। यही कारण है कि संबंधों की परिणति पीड़ादायक होती है।

समझो : भय और प्रेम दोनों एक साथ नहीं रह सकते। यदि किसी संबंध में शुद्ध प्रेम है, वहाँ भय हो ही नहीं सकता। यदि कहीं भय है, वहाँ शुद्ध प्रेम कभी नहीं हो सकता। बहुत स्पष्ट रहो : जहाँ संबंधों में सन्नहित स्वार्थ होगा, जहाँ संबंधों में कोई कारण होगा, कोई लक्ष्य होगा, सुरक्षा की कोई अपेक्षा होगी या लोभ होगा या संबंधों में प्रतिफल की अपेक्षा होगी, यही कारण होगा भय के स्थापित होने के।

हम हर संबंध में सुरक्षा देखते हैं। आराम से व्यवस्थित होने में हम उस सुरक्षा की आवश्यकता महसूस करते हैं। यह वास्तव में एक प्रकार की कैद है जिसका भाग हम कर सकते हैं। लोग स्वतंत्रता की बात करते हैं, परन्तु मैं आपको बताता हूँ : वह इतना भयभीत रहते हैं इससे। कि वो केवल कैद चाहते ही हैं। कैद के गद्देदार आरामदेय प्रभाव में वे सोचते हैं कि वे स्वतंत्र हैं।

एक छोटी कथा :

> एक छोटी लड़की ने एक दिन अपने पिता से कहा, "पिताजी, 'निश्चित' शब्द का अर्थ क्या होता है?
>
> पिता ने उत्तर दिया, "इसका अर्थ है कि कोई चीज अच्छी तरह बनायी गयी है और अधिक समय तक रहेगी।"
>
> उस रात सोने जाने के पूर्व, उस लड़की ने कहा, "शुभरात्रि निश्चित पिताजी।"

हम सब अपने जीवन में निरंतर सुरक्षा की ही तलाश में रहते हैं। परन्तु हम कहते ये हैं कि हम स्वतंत्रता की तलाश में। यदि हम वास्तव में स्वतंत्रता की तलाश में हैं, तो सुरक्षा की तलाश क्यों कर रहे हैं? भय क्यों? जब तक आपके अन्दर भय है, आप सुरक्षा तलाशते होगे। तब तक आप अपने आप को धोखा देते रहोगे, यह कहते हुए कि आप स्वतंत्रता चाहते हो।

एक गुरु वह है जो आपको जीवन की विषम असुरक्षा में फेंक देगा। केवल वह अकेला है जो आपको पूर्ण स्वतंत्रता देता है। यही कारण है कि उसके साथ, आप असुरक्षित महसूस करते हो, आप डरे हुए रहते हो। स्वतंत्रता भय पैदा करती है। अन्य संबंधों में क्योंकि लोभ का, भय का और क्रोध का व्यवस्थापन रहता है परिचित स्वरूपों में, इसलिए आप विषम क्रोध का अनुभव नहीं करते, उन संबंधों में परिचित स्वरूपों के कारण। परन्तु एक गुरु के साथ, आप पूर्णतः स्वतंत्र होते हैं। इसलिए आप भयभीत रहते हो।

एक छोटी कथा :

एक व्यक्ति 20 वर्ष तक कैद में था।

अपनी रिहाई के दिन, वह बहुत चिंतित और तनावपूर्ण दिख रहा था।

कैदखाने में ही उसके मित्र ने उससे पूछा, "आपको क्या हो गया है? आप इतना चिंतित क्यों हो?"

व्यक्ति ने उत्तर दिया, "ये डर है। जब मैं बाहर जाऊँगा, मैं करूँगा क्या?"

कैद ने उस व्यक्ति के अन्दर ऐसे ठोस सुरक्षा स्वरूप का निर्माण कर दिया था कि वह जानता ही नहीं था कि जब वो बाहर जाएगा तो क्या करेगा? सुरक्षा और उसके स्वरूपों में ग्रसित होने में यही खतरा रहता है।

जिस सुरक्षा की आपको तलाश है वो एक गुरु आपको कभी प्रदान नहीं करेगा। जिन स्वरूपों को आप तलाश रहे हो, वह एक गुरु से आपको कभी नहीं प्राप्त होंगे। जिस सुरक्षा की तलाश आप करते रहते हो, जब वह आपको नहीं प्राप्त होती, तब आप गहराई से अपने आत्मस्वरूप के प्रति केन्द्रित होने लगोगे, तब आपका उदय बिना भय के होगा, क्योंकि आप जानते रहोगे कि आपके पास खोने के लिए कुछ है ही नहीं, और जब आप यह जानोगे कि खोने के लिए कुछ नहीं है, आपको कोई भय नहीं होगा।

आपको यह दिखाने के लिए कि यहाँ खोने के लिए कुछ नहीं है, गुरु आपको विषम असुरक्षा में डाल देता है। आपके लिए गहरी दया के फलस्वरूप, आपकी उन्नति के प्रति गहरा लगाव होने के कारण, वह आपको सुरक्षा प्रदान नहीं करता। जब आप सांसारिक सुरक्षा नहीं पाते, आप ईश्वर को पाओगे, आप अस्तित्व को समझोगे।

आपके सारे भय इसलिए हैं क्योंकि आप यह स्पष्ट रूप से जानते ही नहीं कि यहाँ खोने के लिए कुछ है ही नहीं। बस एक मृत्यु का नजदीक से साक्षात्कार आपको यह दिखा देगा कि खोने के लिए कुछ नहीं है और आपके सारे भय आधारहीन हैं। गुरु तो आपको अपने तरीके से यह बात समझा देता है।

इसलिए गुरु से बचने का प्रयास मत करो। यह बात समझो कि वह यहाँ इसलिए हैं कि आपको दिखाये कि वास्तव में आप क्या हो। भयरहित रहना आपकी आंतरिक प्रकृति है। वर्षों से, आपके अन्दर भय व्यवस्थापित किया गया है। अपने ऊपर व्यवस्थाओं की सतहों को जो आपने वर्षों से ले रखा है, गुरु उन्हीं को तोड़ने का प्रयास करता है, इतना ही है। यदि आप आस्था और प्रेम से उसे अपने ऊपर मात्र कार्य करने दो, आप देखोगे आपका परिवर्तन आपके अपने नेत्रों के सामने हो जाएगा।

मैं आपको एक गुरु के बारे में जिनसे मैं परिचित था, एक छोटी कथा सुनाता हूँ :

यह गुरु, अपने कमरे में कई घड़ियाँ रखे थे, और हर घड़ी अलग समय दिखाती थीं।

मैंने इसके बारें में उनसे एक दिन पूछा। उन्होंने उत्तर दिया, "समय मेरा गुरु नहीं है। मैं उसका गुरु हूँ। जो भी समय मैं चाहता हूँ, मैं मात्र चयनित करता हूँ वही समय उस विशेष घड़ी में।"

इस गुरु ने पहले ही भविष्यवाणी कर दी थी कि कब वो एक विशेष दिन और विशेष समय पर अपना शरीर छोड़ेंगे।

अपनी मृत्यु के पूर्व की रात्रि में, गुरु ने अपने सारे अनुयायियों को अपने चारों तरफ एकत्रित होकर भजन गाने के लिए कहा।

गाने वाले में से एक कुछ अहंकारी अनुयायी ने अपनी संगीत की क्षमता के कारण, उस अवसर पर नहीं गाया।

जैसी की प्रथा थी, गुरु ने एक कागज के टुकड़े पर कुछ लिखा और उसे दे दिया। वह अनुयायी गौरवान्वित हुआ, यह सोचकर कि उससे किसी विशेष भजन गाने का अनुरोध किया गया होगा।

परन्तु जब उसने उस कागज को खोला तो देखा कि गुरु जी ने लिखा है, "मेरी मृत्यु के पश्चात कृपया मत गाना।"

अपनी मृत्यु सैया पर भी वो एक मजाक की मनःस्थिति में थे।

उसी रात देर में, उन्होंने अपने अनुयायियों को निर्देशित किया कि जो अनाथ आश्रम में रह रहे हैं, उनका अच्छी तरह ख्याल रखें। उन्होंने कहा, "विशेष तौर पर कल, आप मेरे क्रियाकर्म की तैयारी में व्यस्त रहोगे। उन बच्चों के भोजन की व्यवस्था करना मत भूलना।"

आखिरी क्षण तक उनका ध्यान उन लोगों के प्रति था, जिन्हें वह अपने पीछे छोड़ जा रहे थे।

दूसरे दिन प्रातःकाल, ठीक उसी समय पर जो उन्होंने बताया था, उन्होंने अपने दोनों हाथ सब को नमस्कार की मुद्रा में जोड़े - और दोनों हाथ उनके गिर पड़े - मात्र एक नाटक की तरह।

मृत्यु का सामना करने के लिए कितना खूबसूरत, शांत और साहसिक मार्ग। यह वह मार्ग है, जिससे हमें मृत्यु के पास जाना चाहिए और यही वह मार्ग है हमें जिससे मृत्यु को देखना चाहिए, चाहे वो हमारे परिजनों या संबंधियों की ही

क्यों न हो। जब आप इसे समझ लोगे, आपकी संपूर्ण अवधारणा जो मृत्यु के बारे में है धीरे-धीरे समाप्त हो जाएगा, क्योंकि जैसा कि मैंने पहले कहा है, अन्तर्निहित भय ही मृत्यु का आधार है।

प्रश्न *: गुरु जी, क्या यह सही है कि महिलायें ज्यादा भयग्रसित होती है?*

आप देखो : पुरुष अधिकतर *मूलाधार चक्र* में अटके रहते हैं और महिलाएँ अधिकतर *स्वादिष्ठान चक्र* में ग्रसित रहती हैं। यही कारण है कि पुरुष अधिक कामग्रसित होते हैं और महिलाएँ अधिक भयग्रसित होती हैं। तथ्य यह है, दोनों इस बात को जानते हैं और उपयुक्त तरीके से एक-दूसरे का शोषण करते हैं।

पुरुष जानता है कि किस जगह महिला की सबसे कमजोर नस को छुआ जाना चाहिए। वह महिला के अन्दर भय और असुरक्षा से खेलता है और उसका शोषण करता है। उसी तरीके से महिला जानती है कि पुरुष की चाभी कहाँ है, वह उसी उपयुक्त तरीके से पुरुष के साथ खिलवाड़ करती है और उसका शोषण करती है। यही है वो जो हर समय शादियों में होता है।

वास्तव में, हिन्दू विवाह के समय एक शपथ ली जाती है, जिसमें पुरुष और स्त्री दोनों एक साथ एक-दूसरे के कर्मों अपूर्ण इच्छाओं और कामनाएँ का भोग और उन्हें समाप्त करने में मदद की कसम खाते हैं - एक सुचारु रूप से, बिना अन्य किसी प्रारबद्ध का निर्माण जीवन में किए हुए।

परन्तु आजकल लोग इस बात के प्रति भी सजग नहीं है कि उन्होंने शपथ ली है, वो इसलिए क्योंकि वो वह नहीं है, जिनकी शादियाँ हुई हैं, वो तो पुजारी शपथ लेते होते हैं जो सारा मंत्रोच्चारण करते हैं।

कितनी अच्छी कसम है जो वे लेते हैं। आप देखो : हमने अपने जीवन में पर्याप्त कर्म संचित कर लिए हैं। अब हमारी एक चिंता होनी चाहिए कि इसी जन्म में इन सब को भोग और होष का संयोग करके समाप्त कर दें, और मुक्ति प्राप्त करें।

परन्तु हम करते क्या हैं? हम एक-दूसरे का शोषण करते हैं, एक कुटिल और एक प्रतिशोधात्मक खेल खेलते हैं। हम एक-दूसरे के संचित कर्मों में और जोड़ते हैं, जिसके फलस्वरूप इस जीवन-मृत्यु के चक्र में और फँस जाते हैं। इससे बुरा यह होता है, हम इसके लिए एक-दूसरे को दोषारोपित करते हैं। यदि आप मृत्यु के नाटक को बाहर से देखो, तो आप ये समझोगे कि किस तरह से हर एक अपने लिए कर्मों का निर्माण करता है और समस्त संसार को अंत में दोषी ठहराता है।

केवल जब आप बाहर से इसे देखोगे, तभी आप समझोगे कि कितना मूर्खतापूर्ण खेल खेला जा रहा है। मैं लोगों से हमेशा बताता हूँ : नाटक के नायक और नायिकाओं के लिए जीवन का खेल के रूप में देखना सरल है, क्योंकि वे हर

समय विभिन्न भूमिकाओं में नाटक करते रहते हैं। वो जीवन को नाटक के रूप में देखने में सबसे निकट होते हैं। बाकी और हम सब इतना अधिक ग्रसित हो जाते हैं, अपनी भूमिका में कि वह हमारे लिए एक ठोस सच्चाई की तरह बन जाता है।

महिलाएँ अधिक भयाक्रांत रहती हैं, क्योंकि आपको मनोवैज्ञानिक तरीकों से ऐसा बनाया गया है। पुरुष और महिलाएँ केवल शारीरिक रूप से ही भिन्न नहीं हैं, अपितु मनोवैज्ञानिक रूप से भी भिन्न हैं।

प्रश्न : गुरु जी, छोटी चीजों के भय पर हम विजय कैसे प्राप्त करें?

सर्वप्रथम यह समझो कि हर छोटा भय मात्र मृत्यु के अंतिम भय का प्रक्षेपण है। दूसरा, भय का अपने अन्दर प्रतिरोध मत करो। मात्र उसकी अपने अन्दर पुनरावृत्ति करते रहो कि आप उससे डरे हुए हो और उसका सामना करो, इतना पर्याप्त है। जल्द ही आपको लगेगा कि वह भय अब और नहीं है, क्योंकि आप उसके माध्यम से गुजरे थे। इसे आप हर बार करना प्रारम्भ करो, जब भी आप भय का अनुभव करो।

जब भी आप सजगता से इस पर कार्य करोगे, तो आप समझोगे कि जिसे आप भय कहते हो, वह और कुछ नहीं, बल्कि किसी घटना या विचार कें प्रति आपकी प्रतिक्रिया है या किसी क्रिया का प्रतिउत्तर। यह निर्भर करता है इस पर कि आप किस तरह से प्रतिक्रिया करते हो, आप दावा कर सकते हो कि आपको भय नहीं था या भय था और अधिक से अधिक सजगता के साथ, आप भय के प्रति प्रतिक्रिया बिना भय के कर सकते हो।

एक बात याद रखो : कोई भी भयरहित होने का दावा नहीं कर सकता। कोई भय को भयरहित होकर के नियंत्रित करना सीख सकता है, बस इतना। यदि कोई इस बात की घोषणा करता है कि वो भयरहित है, तो बहुत स्पष्टता से जान लो कि उन्होंने गहराई से भय विषय का या भय के प्रति मानव प्रतिक्रिया का विश्लेषण नहीं किया है। यह सोचना मत शुरू करो कि वो परामानव है और आप निम्न मानव हो।

प्रश्न : गुरु जी, मुझे स्मरण है अपने मकड़ियों से मेरे भय पर विजय पाने में मेरी किस तरह से मदद की थी।

(गुरु जी हँसे!) हाँ, हाँ, इन लोगों को भी बताइये, माँ।

(एक वयस्क लड़की बोली) एक दिन जब हम लोग वार्तालाप कर रहे थे, मैं एक मकड़ी को देखकर उछल पड़ी थी और आप हँसे थे मेरे ऊपर इस बात पर। आपने मुझसे कहा थ कि मकड़ी पर हर बार जब मैं उसे देखूँ ध्यान करूँ। मैंने अति सावधानी के साथ इसका पालन किया हर बार जब मैंने किसी मकड़ी को देखा,

मैं उसे सजगता के साथ और ध्यान से देखती थी। धीरे-धीरे मुझे आश्चर्य होने लगा कि मैं उससे क्यों इतना डरती थी।

हाँ, क्या आप सब लोगों ने यह सुना? प्रश्न केवल इस बात का है कि हम अपने भय में सजगता लायें। तब आप आश्चर्य करोगे कि वो क्या था जो आपके अन्दर भय पैदा करता था।

(एक दूसरी वयस्क लड़की) गुरु जी मुझे याद है, जब हम लोग आपको हिमालय में गंगा नदी के किनारे आपको घेर कर खड़े थे, एक छोटा सा पानी का साँप हम लोग जहाँ खड़े थे वहाँ आ गया था। जब मैं चीखकर के पानी में कूद गयी थी, अनुपमा शांति के साथ उसे देख रही थी तब भी, जब उसके बगल से धकेलते हुए मैं गयी थी। तब आपने मुझे डांटा था अपने अन्दर उस क्षण सजगता न लाने के कारण खासकर कि जब आप वहाँ स्वयं उपस्थित थे।

हाँ, अब आप इस बात को समझ पाने में सफल हो रहो हो, कि मेरे सजगता का कहने का क्या अर्थ है।

इन भयों से बाहर निकलने का एक ही मार्ग है कि आप उस भय को परिकल्पित करो, सच्चाई के रूप में और तब अपनी परिकल्पना की शक्ति से उसमें से गुजरो। आप अपने आप भी बैठकर के परिकल्पना कर सकते हो कि आपको भय हो रहा है। अपनी परिकल्पना में ही उस भय का सामना सजगता और शांति से करो। यदि आप इस परिकल्पना की प्रक्रिया में प्रभावित होते हो, तो ठीक है। उसे दबाने का प्रयास मत करो, उसे सजा देने का भी प्रयास मत करो। यदि आपका शरीर भय से काँपने लगता है, ऐसा होने दो। मात्र अपनी बुद्धिमत्ता से सहयोग करो और अपने आप को उसी के साथ बहने दो। जिस चीज को भी पूर्णता से जिया जायेगा, उसका आपके ऊपर कोई प्रभाव नहीं पड़ेगा। आपके सारे भय मात्र यह हैं आपके ही भय के, बस और कुछ नहीं।

एक छोटी कथा :

एक अनुयायी एक दिन एक नदी में फँस गया।

वह घबड़ा गया कि उसका जीवन चला जाएगा और वह चिल्लाया अपने गुरु के प्रति कि उसे डूबने से बचा लें।

गुरु ने कहा, "खड़े हो जाओ।"

अनुयायी चीख उठा, "मैं कैसे खड़ा हो सकता हूँ? मैं तो डूब रहा हूँ।"

गुरु ने कहा, "क्या मैंने आपको अपनी मदद करना नहीं सिखाया? अब खड़े हो जाओ।"

अनुयायी ने कहा, "गुरु जी आप इस क्षण जब कि मौत मेरे सामने

खड़ी है मुझे प्रवचन दे रहे हैं। क्यों आप बस मुझे बचाते नहीं।"

गुरु अड़े रहे, "मैंने कहा खड़े हो जाओ।"

अनुयायी क्रोधित हो गया गुरु जी के अड़ियलपन से।

वह बस खड़ा हो गया, पानी उसके घुटने तक था।

मैं आपको बताता हूँ : आपके सारे भय और कुछ नहीं, बल्कि आपके सारे भयों का भय है। यदि आप अपने सारे भयों को उतारकर फेंक दो और अपनी बुद्धिमत्ता को प्रभावी होने दो, आप ये पाओगे कि आपके सारे भय मात्र परछाईं हैं उन पदार्थों की जिनका वास्तव में अस्तित्व नहीं हैं।

यदि आप गहराई से मृत्यु के भय का विश्लेषण करो, आप जान जाओगे कि लोग मृत्यु से भयभीत इसलिए हैं, क्योंकि अवचेतन में ये वे सोचते हैं कि आपको और ऊँचाई पर होना चाहिए था वहाँ से, जहाँ वे अभी हैं। वे महसूस करते हैं कि वे जीवन में अभी उस वास्तविक स्थान पर नहीं पहुँचे हैं, इसलिए वे जाने के लिए तैयार नहीं है, और जीने की कामना से।

कुछ लोग सोचते हैं कि दूसरों की दृष्टि के कारण वे उन्नति कर पाने में सफल नहीं हुए। सच्चाई यह है : कि आपने अपने आप पर ठीक तरीके से दृष्टि नहीं डाली। यही कारण है कि अपने आखिरी दिनों में भी आप अपनी मृत्यु को दूर खींचना चाहते हो।

यदि आप ठीक तरीके से अपनी कामनाओं, भय और भावनाओं का विश्लेषण करो और समझो तो आप किसी को किसी चीज के लिए दोषारोपित नहीं करोगे। जो लोग इन कुण्डलित भय के बिना अपना जीवन जीते हैं, वे अपनी मृत्यु को भी जी लेंगे। जैसा`कि मैं पहले भी बता चुका हूँ, बहुत सी कथायें ऐसे स्वामियों की हैं जिन्होंने अपने भक्तों को निश्चित समय, निश्चित दिन बता दिया था अपनी मृत्यु का और वो उसी तरीके से मरे।

तो बहुत से अनुयायियों ने अपने गुरु की मृत्यु से बहुत कुछ सीखा, जो वो उनके जीवित रहते, उनकी शिक्षा से नहीं सीख पाये थे। हमारे यह कहने का अर्थ, कि वो अपनी मृत्यु जिये, यह है कि वे अपनी मृत्यु की घोषणा पहले से किये थे और जागरूकता से ही मृत्यु का प्राप्त हुए। उनके बारे में सत्य कहा जाए तो वास्तविक रूप से उनकी मृत्यु, "अपना शरीर छोड़ना" हुई, पर्याप्त हैं।

हम सब अपना शरीर छोड़ते हैं, परन्तु अचेतावस्था में, अत्यधिक पीड़ा के साथ - अतृप्त कामनाएँ एक तरफ खींचातानी मचाकर के पीड़ा देती हैं और शरीर दूसरी तरफ पीड़ा देता है, यह कहते हुए कि बहुत हो गया। हमारे मन और शरीर का सामंजस्य न होना हमें जीवित रहते भी कष्ट देता है और मृत्यु के

समय भी। यदि हम जीवित रहते समय, हम अपनी सीमाओं के अन्दर रहते हैं, अपने शरीर के अन्दर, तब हाम अपने शरीर को शांति के साथ छोड़ भी देंगे। समस्या यह है, कि जब हम जीवित रहते हैं, हम हमेशा शरीर से बाहर रहते हैं, अन्दर कभी नहीं।

मैं आपको इसे समझाता हूँ : मात्र गहराई से अपने जीवन के तरीके को देखो। प्रातःकाल जब आप अपने दाँतों में मंजन करते हो, आप क्या रहे होते हो? आप सोचते रहते हो, काम पर जाने के बारे में। जब आप काम पर होते हो, आप सोचते रहते हो, बस पकड़कर घर जाने के बारे में। जब आप घर पर होते हो, तब आप दूसरे दिन के काम के बारे में सोचते रहते हो। जब आप छुट्टी पर होते हो, तब आप कार्यालय के बारे में सोचते हो और जब आप कार्यालय में होते हो, आप छुट्टी पर जाने के बारे में सोचते रहते हो।

आपका शरीर जहाँ भी रहता हो, आप निश्चिंत रहो आपका मन वहाँ नहीं होगा। आप अपने जीवन का कोई भी क्षण पूर्णता से नहीं जिये। आप या तो हमेशा पूर्व में जिये या भविष्य में। यह है जिसे कहते हैं, 'अपनी सीमाओं में न जीना'। यही कारण है कि मृत्यु के समय आप पूर्वाग्रसित और अपूर्ण अनुभव करते हो और जाने के लिए इच्छुक नहीं रहते और इसलिए आप मृत्यु से डरते हो।

आप पूछ सकते हो कि सजगता से मरना जानने की आपको क्या आवश्यकता है? मैं आपको बताता हूँ : केवल तब जब आप मृत्यु के बारे में जानोगे, आप जीवन को सही तरीके से समझ कर जी सकोगे। अन्यथा, आप जीवन को सही तरीके से नहीं जियोगे।

जीवन में, आप हर चीज को टालते रहते हो। आप अपने सुख को टालते हेा, आप अपने कार्य को टालते हो, आप हर चीज को कल पर टालते हो। आपको यह समझना होना कि 'कल' केवल 'आज' के रूप में ही आएगा। जब वह आज के रूप में आ जाता है, आप कहते हो फिर कल। यह वह खेल है जो आप अपने साथ खेल रहे हो।

अन्ततोगत्वा जब मृत्यु आ जाती हे, तो आप एकदम तैयार नहीं रहते। आप सोचते हो कि अभी कितना कुछ करना बाकी है। आप महसूस करते हो कि स्वयं जीवन ने आपको छला है। सच्चाई यह है कि आप सारे जीवन अपने आप को धोखा देते आए हो और आप आज हर चीज के लिए जीवन को दोष दे रहे हो, इसलिए आपके लिए मृत्यु को समझना स्पष्ट रूप से आवश्यक है जिससे कि आप सही तरीके से जी सको। इसके पश्चात् कहीं कोई भ्रम नहीं होगा और आप तैयार रहोगे मृत्यु के लिए, जब समय आएगा।

टालमटोल करना एक मानसिकता है, जिसके कारण जीवन में बहुत सी चीजों को खो देते हैं। लोग मुझसे पूछते हैं, "गुरु जी, आप इतनी सारी चीजें इतने कम समय में कैसे कर लेते हैं?" उनका हर वर्ष का कैलेण्डर देखकर आश्चर्य होता है। वो यह देखकर आश्चर्यचकित होते हैं कि विभिन्न चीजें पूरे साल, पूरे विश्व में कैसे होती है? मैं उनसे बताता हूँ : "यह बहुत साधारण है - मैं पूर्णता से वर्तमान में जीता हूँ। मैं आपकी तरह टालमटोल नहीं करता।"

चीजों को टालने का आपका रुझान आपको हारा हुआ महसूस कराती है। हालांकि आप हारा हुआ महसूस करते हो, परन्तु फिर भी आप टालमटोल रोकने का प्रयास नहीं करते। हमारे ध्यान कार्यक्रम में, हम लोगों को एक निर्देशित ध्यान कराते हैं जिसमें उनसे बताया जाता है कि वो परिकल्पना करें कि मात्र 24 घण्टे में मर जाएँगे और आपको सारे कार्य पूर्ण कर लेने हैं, जो आपको करना है मरने के पूर्व। यह एक बहुत खूबसूरत ध्यान तकनीक है। आपको उनके मृत्यु के पश्चात् के उत्सव की भी परिकल्पना करायी जाती है।

एक बार इस ध्यान के बाद, एक वयस्क लड़की अपने अनुभव बताने आयी।

उसने कहा, "गुरु जी, मैंने एक दुकान में एक विज्ञापन पटल देखा, जिस पर लिखा हुआ था, जब आप योजना बनाओ, भविष्य के वर्षों का भी ध्यान रखकर योजना बनाओ। जब आप क्रियान्वयन करो, तो क्रियान्वयन इस तरीके से करो कि जैसे अगले क्षण आप मरने जा रहे हो। इस ध्यान को करने के पश्चात् मैं समझती हूँ कि वास्तव में इसका क्या अर्थ है।"

मैंने कहा, "सुन्दर।"

आप देखो, जब आप योजना बनाते हो, तो भविष्य की योजना का भी ध्यान आपको रखना रहता है, जिससे कि बहुत सी चीजों को कम से कम कुछ वर्षों तक तो पुनर्व्यवस्थित न करना पड़े। परनु जब आप क्रियान्वयन करते हो, आपको इस ढंग से क्रियान्वयन करना पड़ता है कि हर छोटा कार्य जो उस बड़ी योजना में आप लेते हो, वह पूर्णता से सफल हो और उसका कोई भी सिरा अछूता न रह जाये।

चाहे आप मरने ही क्यों न जा रहे हो, उस बिन्दु तक जहाँ तक क्रियान्वयन हो चुका है, सब कुछ एकदम सही रहेगा और मुख्य योजना लोगों के सामने रह जायेगी, देखने के लिए, अनुपालन करने के लिए और संशोधित करने के लिए जैसे परिस्थितियों की माँ हो। यह स्थिति केवल तभी प्राप्त की जा सकती है, जब आप बिना टालमटोल किये कार्य करो हर छोटे से छोटे कार्य में जो आप करने के लिए लो।

कई बार, टालमटोल ही है जो आपको निर्धनता की तरफ ले जाती है। निर्धनता आपका अपना चयन है। जब आप अपने निर्णयों को टालते हो, आप गरीबी की तरफ कदम बढ़ाते हो। परन्तु आप परमानन्दित रूप से इस चीज से अनभिज्ञ रहते हो। आप महसूस करते हो कि आपको ईश्वर द्वारा सही तरीके से ध्यान नहीं रखा गया और जीवन बहुत छोटा रहा आपके स्वप्नों को पूरा करने के लिए। यदि आपने अपनी समस्त ऊर्जा को सही तरीके से स्पष्टता के साथ प्रयोग किया होता, तो आप इस तरह से महसूस न कर रहे होते और आप मृत्यु के लिए तैयार होते।

यदि आप प्रतिदिन दर्पण के समक्ष अपने आप से मात्र यह कहो कि आज आपके जीवन का आखिरी दिन है, आप टालमटोल करना बंद कर दोगे। आपको सारे जीवन अपने आप से यह कहने की आवश्यकता नहीं है, बस एक महीना पर्याप्त होगा। आप अपना जीवन बिना टालमटोल के स्वतः ही जीना शुरू कर दोगे। यही नहीं आपकी इज्जत जानने का भय भी खत्म हो जाएगा, लज्जा, मान, अपेक्षाएँ सब समाप्त हो जाएँगी, क्योंकि आप जानोगे कि आपके पास खोने के लिए कुछ है ही नहीं।

जो लोग मृत्यु का निकटता से किसी न किसी रूप में अनुभव कर लेते हैं जैसे दुर्घटना से बारीकी से बचना या कैंसर का इलाज करके बच जाना या इस तरह की कोई चीज, वो ज्यादा निर्भीकता से जीवन जी सकेंगे। क्योंकि वो जानेंगे कि उनके पास खोने के लिए कुछ नहीं है। वो अपना जीवन अधिक स्पष्टता और अधिक बुद्धिमत्ता के साथ जियेंगे।

अपनी समस्त शिक्षा से जो पहला सबक आपको सीखने की आवश्कयता है वह यह है कि आपको सही चीज, सही समय पर करना चाहिए और आगे बढ़ना चाहिए। पर किसी तरह, यह आखिरी सबक रहता है हमारे लिये, हर सबक पढ़ने के बाद अंत में हम यह सबक सीखते हैं। टालमटोल एक ऐसी चीज है जिसे आप अपने आप लाते हो। लेकिन बाकी को भय समाज आपके अन्दर भर देता है। समाज आपको अपने आप से भयभीत कर देता है, दूसरों से भयभीत कराता है, ईश्वर से भयभीत कराता है। है। आपको अपने आप से बहुत छोटी चीजों के लिए भयभीत कराता है जैसे नैतिकता, नाम और स्वरूप, प्रतिष्ठा और क्या नहीं।

नैतिकता के नाम पर वह आपसे आपके अन्दर अपना आत्मविश्वास खत्म कर देता है। इसलिए आप अपने बारे में ही अनिश्चित हो जाते हो, जब बात नैतिकता की आती है। जब आप नैतिकता का पालन भय के कारण करने लगोगे तो

आपके आंतरिक बुद्धिमत्ता को मदद करने कोई मार्ग नहीं होगा। जब लोग मुझे किसी महिला के साथ यात्रा करते हुए देखते हैं वे पूछते हैं, "गुरु जी, आप कैसे, एक आध्यात्मिक प्रमुख होकर के किसी महिला के साथ यात्रा कर रहे हैं? क्या लोग आपके बारे में बातें नहीं करेंगे?"

पहली बात, वे भूल रहे हैं कि वो एक जाग्रत गुरु से बातें कर रहे हैं और यदि वो पूर्णता सजग हैं कि वो किससे बात कर रहे हैं, तो वे इस प्रश्न को लेकर खड़े नहीं होंगे? किसी तरह से, मुझे आपको उसी भाषा में उत्तर देना है, जिस भाषा में उन्होंने प्रश्न किया इसलिए मैं उनसे कहता हूँ, "मुझे अपने ऊपर विश्वास है और महिला को मेरे ऊपर विश्वास है, आप क्यों चिंतित हैं?"

वे मात्र हतप्रभ होते हैं, जब मैं यह कहता हूँ।

हमारे जीवन में नैतिकता और कुछ नहीं, बल्कि सही समझ का ओछा विकल्प है। जब आप अपनी बुद्धिमत्ता से क्रिया करते हैं आपको अपने ऊपर विश्वास होता है। परन्तु जब आप कानून और नियमों के आधार पर क्रिया करते हैं, आपको अपने ऊपर कभी विश्वास हो ही नहीं सकता, क्येांकि आप अपने आप में प्रारम्भ नहीं करते। आप अपने आप में केन्द्रित नहीं रहते आप नियमों पर केन्द्रित रहते हैं।

यदि आप बुद्धिमत्ता से जीते हैं, इस तरह के भय आपको कभी ग्रसित नहीं करेंगे। जो लोग नैतिकता का उपदेश देते हैं। वो अत्यन्त गहरे भय से ग्रसित रहते हैं। यही कारण है कि वे इसका उपदेश देते हैं। वो डरे हुए रहते हैं या तो इसलिए, क्योंकि आपको अपने ऊपर विश्वास नहीं होता और या तो जानते हैं कि वो नैतिक केवल भय के कारण हैं। तथाकथित जो नैतिक हैं वो अपनी नैतिकता और नियमबद्धता की अवधारणा के कारण मनोरोगी भी बन सकते हैं।

एक छोटी कथा :

> एक बार एक नैतिक था जो सामान्यतः सड़क पर बहुत नपे-तुले कदमों से चला करता था।
>
> एक दिन अचानक बहुत तीव्र गति से वर्षा होने लगी।
>
> जो नैतिक था वो भीड़ के साथ भागा। कुछ दूर भागने के बाद, उसने यह महसूस किया कि वो अपने चलने के व्यवहार के प्रति असावधान हो गया था।
>
> उसने अपने आप से कहा, "मैं क्या कर रहा हूँ? दौड़ना अशोभनीय है। एक भले आदमी को गलती मानते हुए अपनी गलती को सुधार लेना चाहिए, यदि उसने कोई गलती की है तो।"

उसके पश्चात् वो वापस उसी वर्षा के स्थान पर आ गया, जहाँ से वो भागकर गया था, और पुनः अपने पूर्व के तरीके से नपे-तुले कदमों में चलने लगा।

नैतिकता आपको पूर्णतः सुस्त और मृत बना देती है।

एक बात समझो : जब मैं यह बात आपसे कहता हूँ, तो मैं आपसे यह नहीं कह रहा हूँ कि यह एक मुक्त संसार है और आप जो भी चाहो वो कर सकते हो। मैं आपसे अपनी बुद्धिमत्ता को बढ़ाने के लिए कह रहा हूँ और इस तरह से जीने के लिए कह रहा हूँ कि नियम व कानून उस चीज की पुष्टि करे, जो आप पहले से जानते और महसूस करते हो। यह सच्ची बुद्धिमत्ता है। कोई भी उचित नियम केवल पुष्टि करेगा, उस बात की जो सही ढंग से बुद्धिमानीपूर्वक सोची गयी है। तो अपने भय का परित्याग करो और खोजने का प्रयास करो अपनी आंतरिक बुद्धिमत्ता को, प्रज्ञा को, अपने अन्तःकरण की आवाज को, अपने अन्तःकरण के गुरु को।

एक छोटी कथा :

एक युवा सन्यासी सड़क की दूसरी तरफ एक दरबारी नर्तकी के सामने वाले घर में रहता था।

सन्यासी हर समय ध्यान करने का प्रयास करता था।

नर्तकी दूसरी तरफ अपने ढंग से धनोपार्जन में लगी हुई थी।

लोग उसके घर आते थे और घर से जाते थे।

सन्यासी अपनी पूरी कोशिश से एकाग्र होकर ध्यान करने का प्रयास करता था, परन्तु उसका ध्यान उस युवा महिला के प्रति अधिक लगा हुआ था और वो हमेशा उसे कोसता रहता था कि किस तरीके का अनैतिक जीवन वो जी रही है।

दूसरी तरफ नर्तकी को ये भी भान नहीं था कि सड़क के उस पार कोई सन्यासी भी रहता है।

पुरुषों को सुख देने की अपनी जीवन शैली के बावजूद वह नर्तकी भगवान श्रीकृष्ण के प्रेम में डूबी हुई थी और जो भी समय मिलता था, वो उनकी प्रार्थना और उनके स्वरूप से खेलने में बिताती थी।

सन्यासी और वह नर्तकी एक ही दिन मृत्यु को प्राप्त हुए और यमराज के दरवाजे पर पहुँचे - मृत्यु के देवता के घर।

जब उनके अभिलेखों का विश्लेषण किया गया, तो नर्तकी को स्वर्ग भेजा गया और सन्यासी को नर्क में भेजा गया।

सन्यासी ने यमराज की इस न्याय व्यवस्था में व्याप्त अन्याय के बारे में पूछा है।

यमराज ने शांति से सन्यासी को समझाया : "आपने सारा जीवन ध्यान की आड़ में अपने अन्दर उस नर्तकी के प्रति लिप्सा को पाला। वह दूसरी तरफ, बावजूद इसके कि वो क्या कर रही थी, पूर्णतः ईश्वर की सच्चाई के प्रति केन्द्रित थी।"

जो नैतिक होते हैं वो सतही, डरा हुआ और छिछला जीवन जीते हैं। वो पूर्णता से नहीं जीते। नैतिकता से उनके कदम हट न जाएँ, वे निरंतर इस भय से ग्रसित रहते हैं। उनका सच्चा अभिप्राय नैतिकता की आड़ के पीछे छुपा रहता है। समस्या यही है कि आपको क्रिया करनी पड़ती है, नैतिक नियमों के आधार पर बजाए अपनी आंतरिक बुद्धिमत्ता से।

जब आप अपनी बुद्धिमत्ता से क्रिया करोगे, आपके अन्दर एक प्रकार की शुद्धता होगी। जब आप वाह्य दीवार पर खड़े होकर के नैतिक निमों के आधार पर क्रिया करोगे, आपमें न तो कोई खूबसूरती होगी और न शुद्धता।

जो डरे हुए होते हैं और जिन्हें अपने ऊपर विश्वास नहीं होता, वो नैतिक नियमों को बनाते हैं और उनका पालन करते हैं। जो बुद्धिमान होते हैं, वो अपने आप मात्र क्रिया करते हैं, सही चीज को करते हैं, गहराई से केन्द्रित होकर के क्रिया करते हैं और बिना भय के क्रिया करते हैं।

नैतिकता की ही तरह, प्रतिष्ठा भी भय को बढ़ाती को बढ़ाती है, प्रतिष्ठा, नाम और शोहरत, सामाजिक स्तर - ये सब भय को बढ़ाते हैं। ये भय और कुछ नहीं, बल्कि आपके अहम का भय है। किस प्रतिष्ठा को आप ढकने प्रयास कर रहे हो? मात्र आंतरिक परिपूर्णता और गरिमा के साथ जियो, इतना पर्याप्त है। जो लोग अपनी प्रतिष्ठा बचाने में लगे रहते हैं वो सबसे पाखण्डी हैं इस पृथ्वी ग्रह पर।

और यही वो लोग है, जो निरंतर भयग्रसित रहते हैं। उनकी तथाकथित प्रतिष्ठा उनके ऊपर इस तरह का नियंत्रण किये रहती है।

एक छोटी कथा :

एक व्यक्ति नदी में मछली पकड़ रहा था।

वो बहुत देर से बैठा था, बिना एक भी मछली पकड़े हुए।

वो मछली पकड़ने वाली छड़ी हाथ में लेकर के ऊँघ रहा था।

अचानक, एक बहुत बड़ी मछली डोर में फँसी और डोर अपनी तरफ खींची।

इसके पूर्व कि वह आदमी जाग पाता, वह पानी में लुढ़क गया।

एक लड़का ये सब देख रहा था, उसने अपने पिताजी से पूछा, "पिताजी क्या ये मछली पकड़ रहा था या मछली इसे पकड़ रही थी?"

प्रतिष्ठा के साथ भी आपको बहुत सावधान रहने की आवश्यकता है। जब प्रतिष्ठा आपके लिए जीवन से बड़ी हो जाती है, वह आपको निगलना शुरू कर देगी। वह आपको मात्र खत्म कर देगी, इतना पर्याप्त है। आपको और अधिक उसकी खोज में जाने की आवश्यकता नहीं है।

और आप इस बात के लिए क्यों डरे हुए हो कि आपकी प्रष्ठिता खो जाएगी? क्योंकि आपकी प्रतिष्ठा आपको यह अहसास दिलाती है कि आप अति विशिष्ट हो। आपकी प्रतिष्ठा आपको समाज में एक ठोस पहचान देती है। धन और प्रतिष्ठा से सम्पन्न लोग इस तरीके की मूर्खतापूर्ण और अनैतिक चीजें करते हैं और उसी के साथ रहते हैं। लोग उन्हीं लोगों के पीठ पीछे बुराई करते हैं और सामने आने पर उनका स्वागत करते हैं, उनकी शक्ति और प्रतिष्ठा के कारण।

यह इसी प्रकार की प्रतिष्ठा है जिसे वो सावधानी से सुरक्षित रखने का प्रयास कर रहे हैं। एक बात मैं आपको बता देता हूँ : अस्तित्व आपका चयन कभी नहीं करेगी, यदि आप इस तरह के हुए तो। इस भौतिक जगत में, आप जो भी चाहो उसे पा सकते हो, आप देखने में सफल भी लग सकते हो, परन्तु अस्तित्व के नजर में आप निर्धन ही रहोगे। चयनित करने के अस्तित्व के अपने तरीके हैं।

इस बात को अच्छी तरह से समझ लो कि प्रतिष्ठा, नाम, शोहरत और शक्ति ये सब आपकी अपनी परिकल्पनायें हैं। आप इन्हें जीवन प्रदान करते हो, आप इनका निर्माण करते हो, इन्हें बढ़ाते हो और फिर इन्हें खोने के डर से भयभीत करते हो।

अपने आस-पास की चीजों के लिए और लोगों के लिए मात्र असीमित प्रेम के साथ जियो। जो भी आपके मार्ग में आये, उसके लिए अपने अन्दर गहरा प्रेम अनुभव करो। यदि आप इस तरह से जियोगे, प्रतिष्ठा स्वतः ही आपके पास आएगी। लोग आपका सम्मान आपके गुणों के कारण करेंगे, न कि आपके आकार के कारण और इस तरीके की प्रतिष्ठा का, खोने का भी कोई भय नहीं होता, आपको हमेशा सुरक्षित भी नहीं करना पड़ता, आप इन सब भयों से मात्र मुक्त हो जाते हो।

यहाँ तक कि इस बात का भय कि लोग क्या कहेंगे, इत्यादि। एक तरह से अपनी प्रतिष्ठा खोने का भय होता है। जब आप किसी समूह के समक्ष कुछ कहने में डरते हो, आप वास्तव में इस बात से भयभीत रहते हो कि लोग आपके बारे में

क्या कहेंगे। आप इस बात से भयभीत रहते हो कि जो कुछ भी लोग कह सकते हैं, उससे आपकी प्रतिष्ठा पर आघात आ सकता है। अपने अहम की रक्षा करने का यह एक निष्क्रिय स्वरूप है। भय बहुत कुछ आपके अहम का ही प्रकटीकरण है। इस बात को समझो।

क्या हुआ, यदि लोग आपके बात का अनुमोदन नहीं करते? आप जब भी बोलो पूर्णता की अनुभूति लिए हुए बोलो, इतना पर्याप्त है। मात्र अपने आप में खुश रहो और उसे करो, दूसरे उसके बारे में क्या कहेंगे, इस बात की चिंता मत करो। जिस क्षण आप इस बात से भयभीत होते हो कि लोग क्या कहेंगे, आप अपने अहम की रक्षा करने लगते हो।

प्रतिष्ठा के प्रभावित होने का भय भी एक कारण है कि लोग डरते हैं, जब वे ध्यान करने जाते हैं। जब आप ध्यान में जाते हो, इस बात का भय हमेशा बना रहता है कि आप अपने आप को अस्तित्व के प्रति खो दो, उस विद्यमान ऊर्जा के प्रति जो आपके चारों तरफ पैली हुई है, इसलिए आप रुक जाते हो। आप ध्यान का विरोध करने लगते हो। बजाए उसके, यदि मैं आप से कुछ गाने के लिए कहूँ, आप खुशी-खुशी गाओगे। तब वहाँ कोई भय नहीं होगा।

आपको आपके अहम के खत्म होने का इतना अधिक भय होता है। यदि वह समाप्त हो गया, जितने लेबलों के द्वारा अपनी पहचान करते हो, वे भी समाप्त हो जाएँगे। यह आपके अहम के लिए बहुत अधिक होता है। आप 'कोई नहीं' बन जाते हो। इसलिए आप विरोध करते हो कि आप कम से कम अपने आप के लिए ही 'कोई है' बने रहो। यह विरोध शुद्ध रूप से आपके अहम का भी भय होता है। आप असुरक्षित बन जाने से इतना डरते हो, हल्के बन जाने से डरते हो।

भय भी एक कारण है, जिसके कारण सामाजिक घेरों में लोग इतनी बातें करते हैं। यदि आप लोगों का अवलोकन करो, वे अपने आप को कितना बाध्य महसूस करेंगे, अपनी तरफ से भी कुछ कहने के लिए। वे महसूस करते हैं कि आपको कुछ न कुछ कहना ही है अन्यथा लोग आपको अनुपयुक्त समझ लेंगे। इसलिए वो कुछ न कुछ कहते हैं- चाहे उसका मतलब न निकलता हो। ये सब सूक्ष्म प्रकटीकरण हैं भय के जो आपके महसूस करना कठिन है।

प्रश्न : *गुरु जी, आपने उस 'अज्ञात' के भय के बारे में बोला था। क्या आप और उसे स्पष्ट करेंगे......?*

हाँ, मैं उस पर आता हूँ।

आप देखो : अज्ञात का भय और कुछ नहीं, बल्कि उस भय की तरह है जो हम लोगों को अंधेरों का है, जो भय भूत-प्रेतों का है, जो भय ईश्वर का है और अंत

में जो भय हमें हमारी मृत्यु का है।

वास्तव में, हम अपने से भयभीत हैं। यह एक सत्य है। हम अपने भय का सामना करने से डरते हैं, इसलिए हम अपने भय का बहुत बड़ा अनुपात बनने देते हैं और उससे अधिक से अधिक भयभीत रहते हैं।

एक छोटी कथा :

> एक व्यक्ति रेलगाड़ी में यात्रा कर रहा था।
>
> टिकट निरीक्षक उसके पास आया और उससे माँगा।
>
> वह उत्तेजित होकर के अपने टिकट को अपने पर्स में, अपने सामान में, अपनी पैंट में खोजने लगा। टिकट निरीक्षक जो उसे देख रहा था उससे कहा, 'महोदय, आप अपनी कोट की जेब में क्यों नहीं खोजते?"
>
> व्यक्ति ने उत्तर दिया, "कृपया मुझे उसमें खोजने के लिए मत कहिये। वही स्थान मेरी अकेली उम्मीद बचा है कि वो वहाँ होगा जरूर।"

हम इतना अधिक भयभीत रहते हैं अपने भय की तरफ देखने में, सारी समस्या यही है। इसलिए हम अपने आप को आरामदायक चीजों के क्षेत्र में ले जाकर के धोखा देते हैं और इसी तरह कार्य करते रहते हैं।

भय की तरफ देखने में भयभीत मत हो। जिस क्षण आप देखने में भयभीत होगे आप और अधिक भय का निर्माण कर रहे होगे, क्योंकि वह भय आपके लिए और अधिक अपरिचित हो जाता है। मात्र भय की तरफ देखो और स्वीकार करो कि आप भयग्रसित हो। भय स्वतः ही समाप्त हो जाएगा। यदि आप सजगता के साथ एक भय के पश्चात् दूसरे का सामना करते रहोगे, कहीं न कहीं यह करते हुए बुद्धिमत्ता आपके भय का स्थान ले लेगी और धीरे-धीरे भय का भाव आपके अन्दर कम से कम हो जाएगा।

किसी तरह जब हम उस अज्ञात के भय की बात करते हैं, भूत और प्रेतों का भय बहुत सामान्य है। उनसे डरने की कोई आवश्यकता नहीं है। मात्र इतना समझो कि भूत और प्रेत हमसे बहुत कम और आपको अपने भय को नियंत्रित करने देते हैं। समस्या यहाँ शुरू होती है। भूत और प्रेतों के विषय में बहुत अधिक मत जाओ। वह किसी प्रयोग का नहीं। यदि आप अच्छी तरह से केन्द्रित हो और अपने आप में स्पष्ट हो, इतना पर्याप्त है। कोई भी चीज आपको स्वतः ही नहीं छू पायेगी और आपको इस तरह की चीजों का कोई भी नहीं होगा।

अंधकार का भय भी अज्ञात का ही भय है। अंधकार का भय और कुछ नहीं, अपितु मृत्यु का ही भय है। जरा सोचो : वही बगीचा आपके घर का, जिसमें आप दिन में टहलते हो, क्या आप उसमें रात्रि के समय टहलोगे? नहीं, आप डरते हो,

क्यों? आखिर आप जानते हो अपने बगीचे की चारदीवारी को अच्छी तरह, क्या ऐसा नहीं है? तब आप क्यों डरते हो? आप अपने बगीचे से नहीं डरते, बल्कि उसे अंधकार से डरते हो।

आप इस बात से डरते हो कि अंधेरे में आपको कहीं कुछ हो न जाए। आप अपने जीवन मात्र के लिए डरते हो। मेरे कहने का यह अभिप्राय: है जब मैं कहता हूँ कि आपके सारे भय किसी न किसी रूप में अन्ततोगत्वा मृत्यु के भय से संबंधित हैं। अंधेरे के बारे में तो ऐसा ही है, लेकिन आपके अन्य भयों के बारे में, यह अति सूक्ष्म है, इतना पर्याप्त है।

वास्तव में, अंधकार कितना खूबसूरत है। वह आपके माँ के गर्भ की ही तरह है। जब आप अपने माँ के गर्भ में थे, आप पूर्ण अंधकार में थे। परन्तु जब इस संसार में आये, आप अंधकार से अपने संबंध को खो देते हो, आप उससे डरने लगते हो, जैसे कि वह कोई अपरिचित चीज हो। तांत्रिक ध्यान करने वाले अंधकार पर ही नहीं ध्यान करते हैं, अस्तित्व की गहनता को समझाने के लिए।

अंधकार से भयाक्रांत होने की आवश्यकता नहीं है। मात्र एक बार, यदि आप गहरे प्रेम से अंधकार में देख सको, एक शांति का अनुभव करने वाले भाव से कि वह आपके माँ का गर्भ हो, आप उससे भय का अनुभव और अधिक नहीं करोगे।

जब एक बच्चा अंधकार से डरने लगता है, उससे यह मत कहो कि वह बहादुर बने। यदि आप उससे यह कहोगे, तो वह केवल तनावग्रस्त होगा, क्योंकि उसे डरना नहीं चाहिए था। वह अंधकार के प्रति अपने भय का परित्याग नहीं करेगा। उसे अंधकार के भय के अन्दर से मात्र जाने दो। उसे थोड़ा काँपने दो। कम से कम उसे एक मौका अपने भय का अन्वेषण करने को मिलेगा। जब वो इसे कुछ बात करेगा, तो वह धीरे-धीरे **अंधकार के** प्रति अपने भय को खो देगा।

अब ईश्वर के प्रति भय **पर हम आते हैं**, क्योंकि ईश्वर हमारे लिए अज्ञात है, इसलिए हम ईश्वर से डरते **हैं**। **समझो : ईश्वर** और कुछ नहीं, बल्कि वह नाम है जो हम अस्तित्व को देते हैं, ब्रह्माण्ड को देते हैं, ऊर्जा के अस्तित्व को देते हैं, उस जीवन के पीछे छुपी शक्ति को देते हैं जो समस्त ब्रह्माण्ड में व्याप्त है। यह अस्तित्व, यह सर्वभौमिक ऊर्जा केवल प्रेम करना जानती है। यदि आप मात्र इतना समझ सको, आपके समस्त भय स्वतः ही खत्म हो जाएँगे। लोग ईश्वर से कितना भयभीत रहते हैं। लोग मुझसे पूछते हैं, "गुरु जी, लोग कहते हैं कि यदि हम अच्छे कर्म करेंगे या पुण्य करेंगे, वनस्पति के बुरे कर्म के या पाप करने के, तो हम स्वर्ग में जाएँगे और नहीं तो नर्क में। क्या यह सत्य है?"

सर्वप्रथम यह समझो कि नर्क या स्वर्ग कोई भौगोलिक स्थान नहीं है। आपके

सिर के ऊपर कोई स्वर्ग या नर्क स्थित नहीं है। ये मात्र नामित कथन हैं, मनुष्य के अन्दर लोभ और भय स्थापित करने के लिए, इतना पर्याप्त है। नर्क या स्वर्ग की व्याख्या इस तरह भी की जा सकती है जैसे कोई अत्यन्त पीड़ादाय मृत्यु या शांति से मृत्यु (देह का परित्याग), इतना पर्याप्त है।

कोई भी क्षण आपके जीवन का जो आपने ध्यान में गुजारा है वह पुण्य का क्षण है और अच्छा कर्म है। जब मैं ध्यान कहता हूँ, तो मेरे कहने का अर्थ यह नहीं है कि आँखे बंद करके बैठ जाना। मेरे कहने का अर्थ है वो क्षण जो सजगता से आप वर्तमान में थे, जब आपकी जागरूकता आपके साथ थी, वो क्षण जब आपकी अपनी सुषुप्तावस्था से बाहर निकल कर वर्तमान में थे, वो क्षण जब आपने अस्तित्व की ऊर्जा की प्रतिध्वनि को महसूस किया हो।

कोई भी क्षण जो उपरोक्त स्थितियों में नहीं बिताया गया वो सब पाप है। सजग स्थिति के सारे क्षण आपके बैंक के खाते में धन की स्थिति की तरह हैं। आपकी मृत्यु के समय, यही वो स्थितियाँ होंगी जो उभरेंगी और आपको मुक्त करेंगी।

लोग सोचते हैं कि यदि वो किसी मंदिर के देवता के समक्ष एक पात्र में दूध चढ़ा देंगे, तो उनका पुण्य बढ़ जाएगा और वह स्वर्ग पहुँच जाएँगे। मैं आपको बताता हूँ : ईश्वर को दूध चढ़ाने से कुछ नहीं होने जा रहा है। जब आप अस्तित्व के प्रति अपने अन्दर आभार का भाव बढ़ता हुआ पाओ तो आप उसकी अभिव्यक्ति मूर्ति पर दूध चढ़ाकर कर सकते हो। यह एकदम ठीक है। परन्तु कृपया इसे पुण्य इत्यादि से मत जोड़ो।

वह एक क्षण जिस क्षण एक बूँद भी दूध का यदि शुद्ध प्रेम और श्रद्धा के साथ अर्पित किया गया होगा तो वह भी ध्यान का क्षण होगा और वो आपके बगल में खड़ा होगा, आपकी मृत्यु के समय और दूसरी, तरफ घड़ों दूध यदि चढ़ाया गया होगा, केवल इस भाव से कि यदि पुण्य एकत्रित हो, तो उसका प्रतिफल कुछ भी नहीं मिलेगा। इसलिए कृपया अपनी सजगता को बढ़ाओ और जागरूकता के साथ जियो। चाहे आप जो भी **कर** रहे हो और चाहे जहाँ कर रहे हो, हर क्षण को ध्यान बना दो, इतना पर्याप्त है। इसके पश्चात् पापों के भय से मुक्त हो जाओगे।

मैं आपको एक घटना सुनाता हूँ :

> भारत के सुदूर गाँव में स्थित एक शिव मंदिर में मैं गया।
>
> मुख्य मूर्ति के प्रवेश द्वार पर एक ट्यूब लाइट जल रही थी।
>
> रोशनी बहुत मंद थी परन्तु उस पर लिखा गया काली स्याही से स्पष्ट होता था, विष्णुनाथन बी.एस.सी.।

मैं आश्चर्यचकित था कि कैसे भगवान शिव का नाम विष्णु नाथ पड़ा। तब उसी के नीचे मैंने देखा सामने की तरफ लिखा था कैलाशनाथन - भगवान शिव का सही नाम।

विश्वनाथन उस व्यक्ति का नाम था जिसने ट्यूब लाइट दान में दी थी।

अच्छे कर्मों को एकत्रित करने में चूक जाने से हम जीवन में इतना भयभीत क्यों रहते हैं, शायद इसलिए कि हम अत्यधिक भौतिकवादी हो गये हैं और अच्छे कर्मों को बैंक खाता निर्मित करके उसको अपने लिए बढ़ाने में लगे हैं और हम यही पर रुकते भी नहीं। इसके पश्चात् भी हम लगातार ईश्वर को अपनी हर अच्छी चीज के बारे में सूचित करते रहते हैं, जिससे कि वो भूल न जाएँ। हम इतने अधिक भौतिकवादी बन गये हैं, चाहे वह बात ईश्वर से ही संबंधित क्यों न हो।

समझो : ईश्वर स्वर्ग में कोई आरामगाह नहीं चला रहे हैं, जहाँ आपको प्रवेश करने की अनुमति आपके पृथ्वी पर तथाकथित किए गए अच्छे कर्मों के कारण मिल जाएगी। जब आप जीवित रहते हो, आप हमेशा इसी तरह की भौतिकवादी चीजें करने के लिए प्रयासरत रहते हो बिना यह जाने या महसूस किये कि उसके पीछे सत्य क्या है और इन्हीं चीजों से आप एक बहुत बड़े महल का निर्माण कर लेते हो, जिसे पुण्य कहते हैं और उसके पश्चात् आप यह अपेक्षा करते हो कि वह महल मृत्यु के समर्थ रक्षार्थ आपके बगल में खड़ा हो।

यह कुछ इस तरह से हैं : आप स्वप्न में एक घर बनाते हो, उसे रंगते हो, सजाते हो और भोग करते हो। क्या होता है जब आप स्वप्न से जागते हो? घर कहाँ है? क्या वह आपके किसी काम का है जानने के बाद? नहीं, इसी तरह से, पुण्य की अवधारणा से अपने आप को केवल धोखा दे रहे हो। हम हर चीज को कम करते चले गये और अंत में ईश्वर को भी घटाकर के साधारण व्यापार बना दिया, इतना पर्याप्त है।

मैंने देखा है लोगों : वे लोग सप्ताह के प्रति शनिवार एक विशेष मंदिर में, एक विशेष देवता के पास चढ़ावा लेकर जाते हैं। यदि वो किसी कारण वश किसी शनिवार को नही जा पाये तो वे अपने कार चालक को ही चढ़ावा लेकर के मूर्ति के पास भेज देते हैं। बहुत स्पष्ट रहो यह भौतिक जगत आपके साथ नहीं आएगा, जब मृत्यु को प्राप्त हो रहे होगे। केवल सजगता, जागरूकता और ध्यान के ही क्षण आपके साथ होंगे।

इस एक चीज को और समझो : ईश्वर आपके बारे में जितना आप जानते हो, उससे बेहतर जानता है। आप उससे कुछ भी छुपा नहीं सकते, क्योंकि वो जानता

हूँ। इसलिए कोई कारण नहीं है, उससे डरने का या उसको खुश करने का। यदि ईश्वर आपको नहीं समझ सकता हो इस पूरे संसार में कोई समझ है ही नहीं।

आपके माता और पिता से बेहतर, ईश्वर आपको जानता हूँ। वह आपको केवल इसी जन्म से नहीं जानता, बल्कि सारे जन्मों से जानता है, जब-जब आपने शरीर धारण किया है। इसलिए डरने की कोई बात नहीं। आप उसके समक्ष एक खुली हुई पुस्तक हो। वह किसी भी पृष्ठ को किसी भी समय संदर्भित कर सकता है।

इसलिए ईश्वर के प्रति अपने भय का परित्याग कर दो और उसे अस्तित्व की पूर्णता के रूप में देखो। उसे एक मित्र के रूप में देखो। चाहे समाज का जितना कठिन प्रयास हो आपको ईश्वर से डराने का, उसकी कभी मत सुनो। ईश्वर से अपना स्वयं का संबंध स्थापित करो - जो ठोस हो और विश्वसनीय हो, यही एक संबंध है जिसकी किसी को जीवन में आवश्यकता पड़ती है।

जब आप अस्तित्व या ईश्वर से संबंध बढ़ाते हो, तब आप अपने आप से पहले की अपेक्षा बेहर तरीके से जुड़ते हो। आप ये जानोगे आपके अन्दर वास्तव में क्या हो रहा है? स्पष्टता पदार्पण करेगी। आपकी आंतरिक बुद्धिमत्ता बढ़ेगी, आपके भय का परित्याग हो जायेगा। आप किसी चीज को देखने का हसी तरीका सीख जाओगे उससे भयाक्रांत होने के पूर्व। आप किसी प्रकार का दबाव महसूस नहीं करोगे, किसी भी चीज को करने में, क्योंकि बुद्धिमत्ता भय का स्थान ले लेगी। आप और अधिक आराम से और आनन्द से होगे, आप मुक्ति का अनुभव करोगे।

जब आप अस्तित्व के बारे में यह समझोगे, सारे युद्ध जो धर्म के नाम पर हो रहे हैं, वो नहीं होंगे। जो लोग धर्म से डरते हैं, जो लोग अपने-अपने धर्मों के नाम पर लड़ते हैं ये वो लोग हैं जिन्होंने अस्तित्व के प्रेम को स्पष्ट रूप से समझा ही नहीं। वे निरंतर संपूर्ण चीज को खो रहे हैं। वे अंधे लोगों की तरह आपस में लड़ रहे हैं।

और सबसे महत्वपूर्ण : ईश्वर के प्रति अपने विचारों को अपने बच्चों में न प्रसारित करो और न ही उनके अन्दर भय स्थापित करो आपको ईश्वर का आलिंगन करता है, आपको सिखाओ कि ईश्वर एक शुद्ध प्रेम है और कुछ नहीं, आपको ईश्वर और संपूर्ण अस्तित्व के प्रति प्रेम की भावना के साथ बढ़ने में मदद करो। इस तरह से, वो बहुत से भयों के बिना बड़े होगे वनस्पति के जैसा सामान्य स्थिति मतें बच्चे बड़े होते हैं।

***प्रश्न** : गुरु जी, हम अक्सर आश्चर्य करते हैं - कि जो कुछ भी हमारे साथ हो रहा है, क्या यह भाग्य है या हमारा चयन है?*

(गुरु जी हँसे!) एक अक्सर साधारणतः पूछा जाने वाला प्रश्न।

देखो समझो : आपके पूर्व के समस्त निर्णय का प्रभाव यह आपका वर्तमान क्षण है। आप इस समय यहाँ इस जगह पर हो। आपने प्रातःकाल जल्दी उठने का निर्णय लिया, सही मार्ग पर चले, यहाँ आए बैठे और लगातार बैठे हो, क्या मैं सही हूँ?

इसी तरह, आपके पूर्व का समस्त निर्णय आपका वर्तमान बन जाता है - जैसे ठीक इस वक्त यहाँ होना। इसी तरह, आपका भविष्य आपके सारे वर्तमान के निर्णयों का फल होगा। अब, आप यह क्यों सोचते हो कि यह भाग्य है? वो इसलिए कि हम बहुत से निर्णय सुषुप्तावस्था में लेते हैं और जिस तरह से हम परिणामों की अपेक्षा नहीं करते, कुछ परिणाम उस तरह के हमारे जीवन में आते हैं। जब अनपेक्षित और प्रतिकूल परिणाम आते हैं, हम उसे भाग्य कहते हैं।

जब हम सजगता से निर्णय लेते हैं, हम उसकी परिणति से भिज्ञ रहते हैं। अपने निर्णयों की इन्हीं परिणतियों या उनके प्रभावों के प्रति जब हम सजग नहीं होते, हम उसे भाग्य कहते हैं। वास्तव में, जीवन शुद्ध रूप से आपका चयन है। ये हम हैं जो निर्णय लेते हैं, हमारे लिए और कभी निर्णय नहीं लेता।

ईश्वर इतना दयालु है, जबकि यह संसार उसका है, वह हमें निर्णय लेने की अनुमति देता है। सही निर्णय लेने का एक ही मार्ग आपके पास है कि आप अपनी हर साँस में सजगता लाओ जिससे कि आपकी हर क्रिया, हर निर्णय सजगता से लिया जाये और आप किसी भी रूप में सुषुप्त अवस्था में निर्णय लेने की स्थिति में न जाओ, इतना पर्याप्त है। इसके पश्चात् आपको भाग्य और नियति के बारे में चिंतित नहीं होना है।

और एक बात समझो : कोई भी आपकी संपदा पर हाथ साफ करने के लिए और आपको दुर्भाग्यशाली कहलाने के लिए नहीं बैठा है। इसी कारण से हम निरंतर से ग्रसित रहते हैं कि लोग हमारी संपदा चुराने की प्रतीक्षा कर रहे हैं। यह संपत्ति को खोने का भय है।

इसी भय में हम अपने चारों तरफ कई दीवारें खड़ी कर लेते हैं। अंत में हम अपने आप को उसी में फँसा हुआ पाते हैं। इसीलिए मैं कहता हूँ, "दरवाजा खोलो, हवा अन्दर आने दो", इतना विश्वास रखो कि जीवन शक्ति आपका ध्यान रखेगी। बहुत स्पष्ट रहो। मैं यह नहीं कह रहा हूँ कि, "अपने घरों में ताला मत लगाओ।" आपको अपने घरों में ताला भौतिक स्तर पर लगाना है। मैं कह रहा हूँ कि मानसिक स्तर पर ताले के प्रति अपने पूर्वाग्रसन का परित्याग करो, इतना पर्याप्त है।

उदाहरण के लिए, जैसे आप एक रेलगाड़ी में यात्रा कर रहे हो। जब आप बैठकर

स्थिर हो जाते हो, क्या करते हो? आप अपने बगल में बैठे हुए व्यक्ति से वार्तालाप शुरू करते हो। आप उनसे पूछते हो वह कहाँ से आ रहे हैं। आप यह जानने का प्रयास करते हो कि वह किस धर्म के हो सकते हैं। आप उनसे उनकी पृष्ठभूमि के बारे में पूछते, इत्यादि। क्यों? क्या ये इसलिए कि आप वास्तव में इस सारी जानकारी में रुचि रखते हो? नहीं, यह इसलिए है कि आप आपको अंजान के रूप में देखते हो और जब आप उनके बारे में सारी जानकारी प्राप्त कर लेते हो, मनोवैज्ञानिक रूप से, किसी अज्ञात के प्रति जो आपका भय होता है वह घट जाता है और आप सामान्य हो जाते हो, इतना पर्याप्त है।

यदि आप एक हिन्दू हो और वो भी हिन्दू हैं, आप आराम महसूस करते हो। यदि आप हिन्दू हो और आपको पता चलता है कि वे मुसलमान हैं, आप असहज महसूस करने लगते हो और आपको शंका की दृष्टि से देखने लगते हो। आप अपनी जगह भी बदलने के बारे में सोचने लगते हो। इस तरह से आपका भय प्रभावी और क्रियाशील होता है। आप हमेशा सुषुप्त अवस्था में अपनी सम्पत्ति खोने के भय से ग्रसित रहे हो।

शारदा देवी कहती हैं, "दूसरों का विश्वास करो चाहे आपका शोषण ही क्यों न हो रहा हो। संसार के ऊपर विश्वास करने का गुण, आपके स्वरूप को आपको इस पृथ्वी पर ईश्वर की तरह जीने लायक बना देगा।"

जब बुद्धि प्रखर होगी, आप एक वैज्ञानिक की तरह समझोगे, जब भाव प्रखर होंगे, आस्था खिलेगी, जब भावनाएँ प्रखर होंगी जागरूकता खिलेगी। इसलिए भय का परित्याग करो समझ और आस्था को अपने अन्दर पैदा होने दो।

तो अपनी सम्पत्ति के भय का परित्याग करो। एक बात समझो : हर चीज अस्तित्व का है। आप एक अस्थायी धारक हो उसके, इतना पर्याप्त है। यदि आप इस बात को गहराई के स्तर पर समझोगे, तो आप अपने आप को सम्पत्ति के भय से ग्रसित नहीं होने दोगे।

सम्पत्ति के संदर्भ में हम लोगों ने अपरिचितों से भय के बारे में भी बात की थी। परन्तु देखो कि प्रतिष्ठा के संदर्भ में किस तरह से भय कार्य करता है। सोचो कि कोई ऐसा काम करना चाहता है जिसकी समाज अनुमति नहीं देता, जैसे विवाहेत्तर संबंध रखना या मात्र परित्याग करना, वे लोग क्या करते हैं? वे अपने आप में किसी अपरिचित व्यक्ति के साथ खुश रहते हैं, जो उनसे किसी भी तरह से समाज की नजरों में किसी प्रकार की पहचान नहीं बनाते।

इस तरह से वह अपरिचित भय का मित्र बन जाता है, यहाँ निष्ठा और सम्मिलित होना भय को बढ़ावा देते हैं और तब आप कम परिचित लोगों को

खोजते हो, जहाँ निष्ठा और सम्मिलित होना कम किया जा सके, अगर पूर्णरूपेण खत्म न किया जा सके तो। मात्र देखो भय किस तरह से प्रभावी होता है। बस देखे कि आप हर समय किस तरह से भय के चंगुल में रहते हो।

गुरु जी, जब हमें भय होता है, तो आप कहते हैं कि और सजग रहो और उसमें देखो। परन्तु कुछ बार, भय एकदम अचानक होता है। वो आता है और जाता है - अचानक झटके के साथ। उस वक्त हमें उसके अन्दर देखने का हमारे पास समय ही नहीं होता...।

हाँ.......जो आप कह रहे हो उसे भय-आघात कहते हैं।

भय-आघात भय की छोटी-छोटी कीलियाँ हैं। वो मात्र आती हैं और जाती हैं कुछ क्षण के समय के लिए। उदाहरण के लिए, आप सड़क पर चल रहे हो और अचानक आपने एक रस्सी देखी और उसे साँप समझ लिया। आपको अचानक भय का उतना अनुभव होता है, जो शांत हो जाता है मात्र कुछ क्षणों में। क्योंकि तब तक आप यह जान जाते हो कि वह एक रस्सी है। यह एक भय-आघात है।

आप देखो : यह इस तरह से हैं : हमारे अन्दर हर वक्त भय की एक लहर रहती है। कभी-कभी वह उठकर के पराकाष्ठा तक जाती है, इतना ही सब कुछ। ये जो भय-आघात है ये बहुत अधिक तीक्ष्णता से भी हो सकते हैं, हालांकि ये होते बहुत कम समय के लिए हैं। भय-आघात उन्मुक्त व्यवस्था को कमजोर करते हैं। ये निकालते हैं हतोत्साहित करने वाले रसायनों को और हमारी उम्र प्रक्रिया को भी तीव्र कर लेते हैं। ये हृदय-आघात भी करा सकते हैं या हमारे केशों को श्वेत भी कर सकते हैं।

औसतन, हर एक को प्रतिदिन लगभग छः बार जाग्रत या सुषुप्तावस्था में भय-आघात लगता है। जाग्रत भय-आघात लगते हैं उन चीजों से जैसे - अर्द्ध-रात्रि में मात्र टेलीफोन की घण्टी का बजना या जब आप कार में हो और कोई चालक आपकी तरफ मोटर घुमा दे या जब आप कोई डरावनी फिल्म देख रहे हो कोई आपकी पीठ ठोक दे और इसी तरह की बहुत सी चीजें।

आपको भय-आघात स्वप्न में भी लगता है, परन्तु आप उसे जागने पर भूल जाते हो। भय-आघात उसी तरह से हैं, जैसे किसी गुलाब के पौधे को जड़ से हिला दिया जाये। यह व्यवस्था के लिए अत्यन्त खतरनाक है।

जैसा कि आपने कहा, भय-आघात के समय, आपके पास सजगता में जाने का कोई समय नहीं होता, आपके पास किसी भी ईश्वर का नाम लेने का समय नहीं होता, उस आघात से होकर के गुजरने का, क्योंकि वह मात्र एक कील की तरह होती है। परन्तु भय-आघात के पश्चात्, आप बहुह अच्छी तरह से विश्लेषण कर

सकते हो, उसे आघात का और गहराई से उस भय के स्वरूप को समझ सकते हो। यह आपकी मदद करेगा भय को खत्म करने में।

भय-आघात की तीव्रता और आवृत्ति को बड़ी सीमा तक कम किया जा सकता है, अपने अन्दर के निरंतर व्याप्त रहने वाले भय की तीव्रता को और गहराई को कम करके। केवल इसी निरंतर भय से ही, भय-आघात उत्पन्न होते हैं। यदि गहरी समझ और स्पष्टता निरंतर रहने वाले भय को कम कर सकती हैं, तो भय-आघात भी कम हो जायेंगे।

भय सामान्यतः इतना शक्तिशाली होता है, आपको नियंत्रित करने में कि वह आपको पूर्णतः नियंत्रणहीन कर देगा।

एक छोटी कथा :

> एक सूफी गुरु को उसका अनुयायी बराबर परेशान करता था कि वह उसे दीक्षा दे।
>
> अंत में गुरु ने उससे कहा कि वह उसे दीक्षित करेगा, एक शर्त पर कि वो नजदीक के शहर में जाये बुरके में किसी महिला का चुबंन करे और फिर जंगल की तरफ प्रस्थान करे, अपनी छड़ी से एक चींटे को मारने के लिए।
>
> दूसरे अनुयायी ने विरोध, किया यह कहते हुये कि यह अति साधारण है।
>
> गुरु मात्र हँसे और उनसे कहा कि प्रतीक्षा करो।
>
> एक सप्ताह के उपरान्त वह अनुयायी वापस आया, वह बुरी तरह जख्मी और रक्तरंजित था।
>
> गुरु ने उससे पूछा कि क्या हुआ?
>
> अनुयायी बोली, "मैं नहीं जानता क्यों, लेकिन मैंने महिला को मारा और चींटे का चुबंन लिया।"

भय बस आपको अंधा बना सकता है। वह कुछ क्षणों के लिए आपकी सोचने की क्षमता और बुद्धिमत्ता दोनों खत्म कर देता है। इसलिए ये आवश्यक है कि आप भय को गहराई से समझो और उस पर विजय प्राप्त करो।

बहुत से प्रकरण में आपने सुना होगा : जब कहीं कोई आपदा होती है या आग लग जाती है, लोग हर दिशा में भय के कारण इधर-उधर भागते रहते हैं, वो गलत दिशा में दरवाजे खोलने लगते हैं, वो बाहर निकलने के गलत मार्ग पर जाने लगते हैं, जबकि सामान्य समय में वो जानते रहते हैं कि बाहर निकलने

का वह सही मार्ग नहीं है। ये सारी चीजें कई बार आपको मृत्यु को भी प्राप्त करा देती हैं, उस आपातकालीन स्थिति में। भय इस सीमा तक अंधा कर देने वाला होता है।

मैं आपसे हर समय भय के बारे में सजग रहने के लिए कहता हूँ, क्योंकि केवल सजगता के माध्यम से आप आधार ऊर्जाओं को और ऊँची ऊर्जा में परिवर्तित कर सकोगे। जैसे किस तरह से तृष्णा प्रेम में सजगता द्वारा परिवर्तित की जा सकती है, भय परिवर्तित किया जा सकता है, भयभीनता में और बुद्धिमत्ता में शुद्ध सजगता के माध्यम से।

कोई भी चीज दबायी जायेगी, केवल वही दूसरा रूप लेगी। वह पूर्णता से जड़हीन नहीं हुई रहती। इसलिए दबाना भय पर विजय प्राप्त करने का मार्ग नहीं है। सजगता ही वह मार्ग है। वास्तव में, यदि आप भय को दबाओगे, आप उस पर विजय प्राप्त करने का एक मौका खो रहे होगे।

जब आप लगातार सजगता क साथ भय को देखोगे, चाहे मृत्यु के समय ही, आप उसके अन्दर सजगता से देखोगे और उसे होने दोगे। यह महत्वपूर्ण है कि इसे किया जा सके, क्योंकि अन्ततोगत्वा आपके सारे भय और कुछ नहीं, बल्कि मृत्यु का भय हैं। जब आप इस तरह से दिन-प्रतिदिन के अपने भय पर कार्य करोगे, आपका मृत्यु का भय सुषुप्त रूप से कम जो जायेगा और जब आपका मृत्यु का भय कम हो जाता है, आपके दिन-प्रतिदिन के भय भी कम हो जाते हैं।

हाँ......हम अब एक खूबसूरत ध्यान करेंगे, जिसे *निर्भय ध्यान* कहते हैं, जो कार्य करता है सीधे *स्वादिष्ठान चक्र* पर।

निर्भय ध्यान

(काल अवधि : 30 मिनट)

निर्भय ध्यान वेदांत से ली गयी ध्यान तकनीक है। यह ध्यान शरीर के बाहर का एक अनुभव होती है।

यह शरीर के बाहर का अनुभव मृत्यु का अनुभव है। यदि यह नियमित रूप से की जाये, तो हर बार सार्वभौमिक ऊर्जा, जो अंधकार के रूप में आपके आस-पास व्याप्त रहता है, आपको लगातार शक्तिशाली और ऊर्जावान मानसिक और शारीरिक रूप से बनाती है। वह आपके *स्वाधिष्ठान चक्र* को भी शक्ति प्रदान करता है। यह एक निर्देश में की जाने वाली 30 मिनट की ध्यान है।

भूमि पर आराम से बैठ जाओ। जो भूमि पर न बैठ पायें, वह कुर्सी पर बैठ सकते हैं। सिर, गर्दन और रीढ़ तीनों को एक सीधी रेखा में होना चाहिए।

(मंद संगीत बज रहा है।)

अपने नेत्र बंद करो। गहराई तक साँस लो। कल्पना करो कि आप घने जंगल में चल रहे हो। आप जंगल के सबसे घने भाग में चल रहे हो। आप एक गहरी अंधेरी गुफा में प्रवेश करते हो। आप नेत्रों से कुछ भी देख नहीं पा रहे हो। आप गहरी गुफा में बैठ जाते हो। आप अपने शरीर को भी नहीं देख पा रहे हो। सिवाए अपनी भावनाओं के कि आप वहाँ हो आपके पास और कोई पहचान नहीं है।

चाहे आप जितना प्रयास करो, आप कुछ भी देख नहीं पा रहे हो। उस गहन में आप केवल छूकर महसूस कर सकते हो कि आप वहाँ हो.......। *(1 मिनट)*

आप अंधकार से ही पैदा हो, जो आपके माँ के गर्भ में था और आप उसी में मिल रहे हो, उसी प्रेम करने वाले दयालु अंधकार में। *(1 मिनट)*

उस गहन अंधकार का जो आपके चारों तरफ व्याप्त है, गहराई तक साँस के साथ अन्दर लो। उस अंधकार को गहराई तक साँस के साथ अन्दर लो, जिसने आपकी पहचान खत्म कर दी है।

धीरे और बहुत धीरे, अनुभव करो कि आपका शरीर उसी अंधकार में विलीन हो रहा है। *(5 मिनट)*

धीरे और बहुत धीरे, अनुभव करो कि आपका शरीर अंधकार में बन रहा है। *(5 मिनट)*

आपका संपूर्ण शरीर अंधकार को साँस के माध्यम से अपने अन्दर ले रहा है। आपके शरीर की हर कोशिका अंधकार को साँस के माध्यम से गहराई तक अन्दर ले रही है। *(15 मिनट)*

अपने आप को अनुभव करना शुरू करो। अपनी समस्त इंद्रियों से अपने पूरे शरीर का अनुभव करो। अपने शरीर को धीरे-धीरे बैठने की मुद्रा में लाओ। उठो और उस गुफा से बाहर आओ। आप अब उस घने जंगल से बाहर आ रहे हो।

अब आप ध्यान कक्ष में वापस लौट रहे हो....... *(3 मिनट)*

ओम शांति शांति शांति ही

मात्र इस शांति को अपने साथ ले जाओ जब तक हम दूसरे सत्र में नहीं मिलते। धन्यवाद

परिशिष्ट

परिशिष्ट

परमहंस नित्यानंद जी

भारत के दुर्लभ सजीव अवतार, परमहंस नित्यानंद हमारी सहस्त्रा की के एक बाध्यकारी आध्यात्मिक शक्ति बनकर उभरे हैं। हर वर्ष विश्व भर में 2 करोड़ लोगों के साथ अपनी शक्ति बांटते हुए कार्यरत नित्यानंद जी समस्त मानवता को एक बड़ी देन : महाचेतना, प्रदान करने के लिए प्रयत्नशील हैं।

"विश्व की सबसे पुरानी व प्रसिद्ध, mind-body-spirit, magazine 'Watkins' ने स्वामीजी को दुनिया के सौ सबसे आध्यात्मिक व प्रबल हस्तियों में नामित किया है।" प्रतिदिन सुबह, स्वामीजी के सत्संग, 150 देशों में हजारों लोग इंटरनेट द्वारा entv.nithynanda.org पर देखकर लाभ उठाते हैं। एक आध्यात्मिक मेधा और प्रबुद्ध अर्न्तदृष्टि से संपन्न जो प्रबंधन से ध्यान तक सारी प्रक्रियाओं, सम्बन्धों से धर्म और सफलता से संन्यास का मर्म समझते हैं। नित्यानंद जी हमें व्यवहारिक ज्ञान से समृद्ध कर ध्यान के वे सूक्ष्म गुर बताते हैं जो हमारे अन्दर एक स्थायी परिवर्तन ला सकते हैं। इसके अलावा लाखों लोगों को उन्होंने मात्र अपने एक स्पर्श से स्वस्थ किया है जिनमें शामिल है अवसाद से लेकर कैंसर ग्रस्त रोगी भी । आज नित्यानंद जी 'यू ट्यूब' पर सबसे ज्यादा देखे जाने वाले आध्यात्मिक गुरु तथा 27 भाषाओं में प्रकाशित 300 से अधिक अंतराष्ट्रीय पुस्तकों के 'बेस्ट सेलिंग' लेखक भी हैं।

अभी हाल ही में उन पर धर्म और कानून की आड़ में एक झूठा मामला चलाकर कारावास में भी भेजा गया था जिससे वे और ज्यादा शक्तिवान एवम् सटीक बनकर उभरे हैं और उनका विश्व को योग एवम् ध्यान का आलोक प्रदान करना बदस्तूर व निर्बोध रूप से जारी है। पूर्व के प्राचीन रहस्यदायी ज्ञान में निकाली गई इन मणियों द्वारा वह लाखों का अज्ञान जनित अंधकार दूर करने में संलग्न है। प्रांजलता, प्रमाणिकता के साथ श्री नित्यानंद जी की सदय अंर्तदृष्टि जन मानस के

संघर्षो एवम् अपेक्षाओं का आलोकन कर उन्हें ऐसी प्रासांगिक शिक्षा प्रदान करती है जो देश-काल एवम् मन के बन्धनों से परे रहती है।

नित्यानंद मिशन : समग्र विश्व एक नई चेतना में प्रवेश कर रहा है जिसमें भोगकामी और आध्यात्मिक जीवन के भेद, बाह्य वृद्धि और अर्न्तवृद्धि के फर्क तेजी से मिटते जा रहे हैं। इस नए युग का मानव एक ऐसा समरसतापूर्ण विश्व बनाने को उद्यत है जिसमें भोग-योग और प्राचीन ज्ञान व आधुनिक वैज्ञानिक समझ एक दूसरे के पूरक होकर एक ऐसे समृद्ध और संतुष्टिदायक जीवन का सृजन कर रहे हैं जहां सब कुछ एकात्मक प्रतीत होता है।

इसी क्रांतिकारी सत्य को वैश्विक समाज तक उपलब्ध कराना नित्यानंद मिशन का उद्‌देश्य है । नित्यानंद मिशन का विश्वव्यापी आंदोलन है जो जीव मात्र में सत्य की जागरुकता भरने को कटिबद्ध है। यह नस्ल, लिंग भेद या राष्ट्रीयता की सीमाओं से परे जाकर समष्टि को चेतन करता है। आधुनिक जीवन के संदर्भ में प्राचीन वैदिक ज्ञान की पुनर्व्याख्या कर यह मिशर व्यष्टि को समष्टि में बदलने के शक्तिवान परिवर्तन के लिए अवसर उपलब्ध कराने को निंरतर कार्यरत है।

कार्यक्रम एवं कार्यशालाए : नित्यानंद ध्यान पीठ वैश्विक स्तर पर विशिष्टध्यान के कार्यग्म उपलब्ध कराता है। जिससे शारीरिक, मानसिक और आत्मिक स्तर पर लाखों लोगों को लाभ पहुंचे। इनमें से कुछ नीचे दिए गए हैं :

आंतरिक जागरुकता पैदा करना : यह 21 दिनों का एक गहन एवम् अनूठा प्रोग्राम है जिसका उद्‌देश्य है व्यक्ति को जीवन के हर क्षेत्र में अपनी पूरी संभावनाओं की तलाश करने को तैयार करना । इसकी कुछ विशेषताएं हैं:

- योगिक शरीर तैयार करने हेतु नित्य योग।
- शरीर को शुद्ध और मस्तिष्क एवं आत्मा को पूरी तरह उर्जावित करने के लिए विविध ध्यान तकनीक का यथोचित समिश्रण (भय पूर्व जन्म में प्रवेश करने की विधि)
- शक्तिवान ऊर्जा-दर्शन
- बोधक कैम्पफायर सत्र
- कुण्डली जागरण के गहन सत्र जिसमें प्रतिभागियों के शरीर उत्तोलन की भी अनुभूति होती है।

वैज्ञानिक रूप से यह सिद्ध हो चुका है कि यह कार्यक्रम 1300 प्रतिशत माईटी केन्द्रिपल सैल एनर्जी (कोशिका की अन्तर्निहित शक्ति) बढ़ा देता है जिससे व्यक्ति कई प्रकार के स्वास्थ्य-लाभ प्राप्त करता है - यथा रक्त शर्करा एवम् रक्त चाप

का नियंत्रण, भार संतुलन और अनिद्रा जैसी कई व्याधियों में राहत पाना इत्यादि।

एनवैल्थ : परमहंस नित्यानंद जी यह एक अनूठा साप्ताहिक कार्यक्रम है जिसमें वे धन सम्पदा सर्जन के छिपे वैदिक रहस्य उजागर करते हैं – यथा धन को आकर्षित एवम् सही रूप में प्रबन्धित करने के लिए सही आंतरिक अवकाश पैदा करना, त्रुटिहीन और पूरे दायित्वपूर्ण निर्णय लेना, सहज रूप से सफलता पाने के तरीके और गुर सीखना।

नित्यानंद मिशन की विशेषताएं

- मेडीटेशन एण्ड डी-एडिक्शन कैम्प्स वर्ल्डवाइड **:** आज तक 50 लाख लोगों को लाभान्वित कर चुके हैं।
- **नित्या स्पिरीचुअल हीलिंग :** एक ब्रह्माण्डीय ऊर्जा चंगा करने का तंत्र जो 5000 से अधिक निष्णात् शिक्षकों द्वारा प्रदान कर शरीर और मन को दुरुस्त करता है।
- **अन्न-दान (मुफ्त भोजन कार्यक्रम) :** आगन्तुकों, भक्तों और शिष्यों के लिए हर हफ्ते दस हजार भोज्य पदार्थों का मुफ्त वितरण आश्रम के अन्न मंदिरों में किया जाता है जिससे उनका स्वास्थ्य अच्छा रहे।
- **दि नित्यानंद ऑर्ट एंड इट्स ट्रेनिंग :** यह प्रशिक्षण आध्यात्मिक साधना के इच्छुक संन्यासियों, ब्रह्मचारियों एवम् ब्रह्मचारिणियों को दिया जाता है। इसके दौरान इन्हें योग, ध्यान, गहन आध्यात्मिक अभ्यासों, संस्कृत, वैदिक उच्चारण, एवम् जीवन में योग्यता पाने की कलाओं का कड़ी तपस्या द्वारा ज्ञान दिया जाता है। फिर ये ही लोग 100 प्रतिशत स्वयंसेवी रूप में विश्व भर के नित्यानंद ध्यान पीठम् चलाते हैं और मिशन की सारी गतिविधियां नियंत्रित करते हैं।
- **नित्य योग :** पंतजलि ऋषि की मूल शिक्ष पर आधारित एक क्रांतिकारी योग-शिक्षा का कार्यक्रम जो 15 देशों में सिखाया जाता है।
- **नित्यानंद वैदिक टैम्पल्स :** 33 से अधिक वैदिक मंदिर और आध्यात्मिक शोध अकादिमयां जो सारे विश्व में फैले हुए हैं।
- **मेडीटेशन प्रोग्राम्स इन प्रिजन :** कारागारों एवम् बाल सुधार गृहों में संचालित यह कार्यक्रम बन्दियों में अतिवादी व्यवहार में सुधार लाता है जिससे उनके जीवन में एक अद्‌भुत और आश्चर्यजनक परिवर्तन आता है।

- **मेडिकल कैम्प्स :** एलोपैथी होम्योपैथी, आयुर्वेद, एक्यूपंक्चर, नेत्र परीक्षा व नेत्रों की शल्य-क्रिया, कृत्रिम अंग-दान के कैम्प, स्त्री-चिकित्सा इत्यादि के लिए ये मुफ्त इलाज के शिविर हैं।
- **ग्रामीण क्षेत्रों में बाल-सहायता :** ग्रामीण इलाकों में स्कूल की इमारतें, बच्चों के यूनिफार्म बनवाना, पढ़ाई की सामग्रीं मुफ्त प्रदान करना इत्यादि हेतु।
- **नित्यानंद विद्यालय :** ऐसी शिक्षा द्वारा छात्रों को प्रबुद्ध करना जिसमें प्राचीन वैदिक तंत्र और आधुनिक प्रौद्योगिकी का ज्ञान समाहित हो, तथा बिना किसी दबाव, भय या मां-बाप की जोर जबरदस्ती के बच्चों को फूलों की तरह वृद्धि सुनिश्चित करना।
- **कारपोरेट मेडीटेशन प्रोग्राम्स :** विश्व भर की बड़ी-बड़ी कारपोरेट फर्मों तथा माइक्रोसॉफ्ट, एटी एण्ड टी, क्लालकोम्म, जेपी मोरगन, पेट्रोबाज, पेप्सी, ओरेक्ल, अमेरिकन एसोशिएशन ऑफ फिजीशयन ऑफ इण्डियन ओरिजिन (ए ए पी आई) के लिए डिजाइंड और संचालित इन प्रोग्राम का इन्ट्यूटिव मैनेजमेंट (अन्तप्रज्ञात्मक प्रबन्धन), नेतृत्व की दक्षता और दल के काम करने को सिखने पर रहता है।
- **नित्यानंद इन्स्टीट्यूट ऑफ टीचर्स ट्रेनिंग :** 300 से अधिक शिक्षकों को प्रशिक्षण दिया जाता है : ट्रॉन्सफारमेशनल मेडीटेशन प्रोग्राम्स, क्वांटम मेमोरी प्रोग्राम्स, नित्या-योग, हेल्थ एण्ड हीलिंग प्रोग्राम्स एवम् स्पिरीचुअल प्रोग्राम्स सदृश कार्यक्रमों को दूसरों को सिखाने के लिए।
- **मीडिया :** राष्ट्रीय एवं अंतर्राष्ट्रीय अखबारों तथा पत्रिकाओं में छपने वाले लेखादि निकाले जाते हैं जो नित्यानंद जी से प्राप्त क्रांतिकारी परिवर्तन पाने के संदेशों से भरे-पूरे रहते हैं।
- **नित्यानंद पब्लिशर्स :** इन हाऊस में 5000 घंटों से ज्यादा अवधि के परमहंस नित्यानंद के प्राथकनों को लिपिबद्ध करना, संपादन के बाद प्रकाशन कर, उन्हें पुस्तक, डी वी डी या सीडी के जरिए पुस्तक भंडारों में उपलब्ध करने का काम चलता रहता है।
- **लाइफ बिल्स गैलेरियाज :** विश्व व्यापी स्टोरों और मोबाइल शॉपों में नित्यानंद जी के 23 भाषाओं में लिपिबद्ध पुस्तकों एवं नित्यानंद कीर्तनों को उपलब्ध कराना।

- **नित्यानंद मेडीटेशन एण्ड हीलिंग सेन्टर्स :** विश्वभर में व्याप्त, ध्यान एवं रोग-हर तकनीक का मुफ्त ज्ञान देने वाले केंद्र।
- **नित्यानंद संगीत अकादमी :** संगीत, नृत्य एवं अन्य कला-विधियों को युवाओं तथा व्यस्कों को सजीव रूप से इन्टरनेट के माध्यम से सिखाता है।
- **यू ट्यूब पर मुफ्त डिस्कोंसेज :** 1500 से अधिक मुफ्त प्रवचन www.youtube.com पर उपलब्ध, जो स्वामी जी के ज्ञान से भरपूर रहते हैं। ये आसानी से उपलब्ध हैं और दर्शकों को बेहद प्रिय भी हैं।
- **सपोर्ट टू साइन्सटिस्ट्स एण्ड रिसर्च:** विज्ञान और अध्यात्मक के मध्य लगातार एक पुल बनाने में संलग्न जिसमें आध्यात्मिक ऊर्जा द्वारा हीलिंग पर विशेष ध्यान रहता है।
- **नित्यानंद इन्टरनेशनल यूथ फाउण्डेशन (एन आई वाई एफ) :** एक प्रेरक युवाओं का चुना हुआ समुदाय जो निरंतर शांति एवम् उद्बोधन के आदर्शवाद से प्रेरित एक गतिशील समाज बनाने में संलग्न रहता है।
- **वीमैन्स एम्पॉवरमेंट (डब्लू ई):** महिला सशक्तिकरण हेतु जुड़ी कर्मठ महिलाओं का एक गतिशील समूह जो महिलाओं को प्रबुद्ध करने, समाज की हर स्तर - शारीरिक, मानसिक एवम् आध्यात्मिक स्तर पर सेवा करने को तत्पर रहता है।
- **नित्य धीर सेवा सेना :** आत्म-रूपांतरण के माध्यम से 'आनंद सेवकों' का यह स्वयंसेवी दल मानवता की सेवा में निरंतर दत्त चित्त है यदि कोई प्राकृतिक आपदा आती है तो पूरी तत्परता से राहत के काम में जुट जाता है।

हम से सम्पर्क करें :

यू एस ए (अमेरिका)
नित्यानंद वैदिक टेम्पल,
9720, सेन्ट्रल एवेन्यू, मोन्टक्लेयर सी ए 91763
फोन + 1 9096251400
E mail : program@lifewinfoundation.org. shop@lifewiss.org
web : www. nithyanandavedictemple.org

सिएटल

नित्यानंद वैदिक टेम्पल

2877, 152na AVCNE, Bldg - 13

रेड मोण्ड डब्लू ए

फोन - + 1425 - 749 - 7073

web : http:www.vedictempleseattle.org

कोलम्बस, ओहियो

नित्यानंद वैदिक टेम्पल,

820 पॅलक रोड

डेलावरे OH - 43015

web : http: www.vedictempleohio.org

सैनजोस

नित्यानंद वैदिक टैम्पल

513, लॉस कोचेस स्ट्रट

मिलपिटास, CM - 95035

फोन : +1 408-263-6375

E-mail : infor.vedictemple@gmail.com

web : http: www.vedictemplebayarea.org

फीनिक्स

नित्यानंद वैदिक टैम्पल

6605 5 39thAve

फीनिक्सए AZ 85041

फोन: +1 602-268-0233

E-mail : vedictemlephx@gmail.com

web : http:vedictemplephonix.org

भारत

बेंगलुरु, कर्नाटक
नित्यानंद ध्यानपीठम्
नित्यानंद पुरी कल्लूगोपाहल्ली
ऑफ मैसूर रोंडद्व बिड़ादी - 562109
रामनगर डिस्ट्रिक्ट, कर्नाटक,

हैदराबाद, आन्ध्र प्रदेश
नित्यानंद ध्यानपीठ्म
नित्यानंद गिरी, पशम्बन्ध सथामराई विलेज
शामशाबाद मंडल
रंगारेड्डी डिस्ट्रिक्ट - 501218
फोन +91 - 9866500350, 91-9396482358
E-mail : dhyanpeitamhyd@gmiail.com
web : http : www.dhyanapeetam.org/web/ap/

तिरुवन्न मलाई, तमिलनाडु
नित्यानंद ध्यानपीठ्म
नित्यानंदपुरी, गिरिवालापथ, आदि अन्नामलाई
तिरुवन्नमलाई - 606604
फोन +9 -9175-23766, 09444991089
E-mail : tvmalai@nithyananda.org
url : http://arumachela.nithyananda.org/

मलेशिया
नित्यानंद ध्यानपीठम, मलेशिया
14, जलन देस गोम्बाक 5,
तमन देस गोमबाक
53000 कुआलालम्पुर, मलेशिया
फोन +601 78861644/+601 22350567
E-mail : nithya-nirnatarananda@gmail.com

en galleria

आनंददायक जीवन के लिए विविध तरह के उत्पाद

नित्यानंद जी के दूर दृष्टि पूर्ण संदेश वीडियो, ऑडियो टेप्स, सीडी और किताबों में

जीवन्त करने वाला संगीत और जाप ध्यान और आंतरिक चैन के लिए

मेडीटेशन (ध्यान) और योग पर पुस्तकें, किट्स और सीडीज़ शरीर, दिमाग और आत्मा को तरोताजा रखने के लिए

मंत्रसिद्ध मालाएं, ब्रेसलेट्स, तस्वीरों, कपड़े और अन्य गिफ्ट आईटम जीवन यापन के ढंग को सुधारने के लिए

एथनिक इनर्जी बीड ज्वेलरी - आदमियों और औरतों के लिए जिनसे शांति और ऊर्जा लगातार प्राप्त की जासके।

visit: www.nithyanandagalleria.com or wwww.lifethissgaeleria.com

अधिक जानकारी के लिए

e-mail करें : nithyanandagalleria@gmail.com & shop @ lifethis.org

e books, amagon, kindle, google books, scribd and brop e

■■■

व्यक्तित्व विकास

हिम्मत है
किरण बेदी जीवनी

गलती किसकी?
किरण बेदी

स्त्री शक्ति

भारतीय पुलिस

नेतृत्व और प्रशासन

गलती किसकी
किरण बेदी

किरण बेदी
यह संभव है

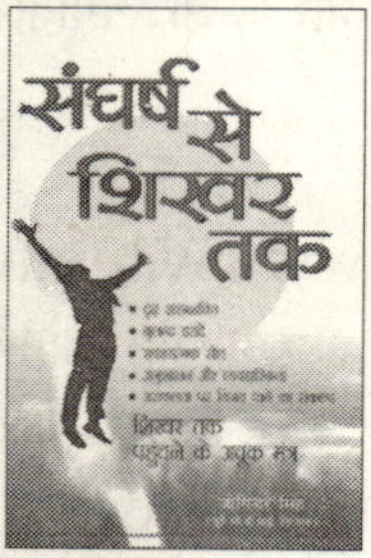
संघर्ष से शिखर तक

पॉजिटिव थिंकिंग
सफलता का सूत्र

सोच बदलो सफलता पाओ
जोगिन्दर सिंह

सफलता आपकी मुट्ठी में
जोगिन्दर सिंह

आप भी सफल हो सकते हैं
जोगिन्दर सिंह

डॉ. सुनील जोगी
टिप्स ऑफ सक्सेस

हम होंगे कामयाब
पं. गोपाल शर्मा,बी.ई

जो सोचें सो कैसे पाएं

सुनहरे कल की ओर